CHOIX
DE
LETTRES
D'EUGÈNE BURNOUF
1825-1852

SUIVI D'UNE BIBLIOGRAPHIE

AVEC PORTRAIT ET FAC-SIMILÉ

PARIS
H. CHAMPION, LIBRAIRE
9, QUAI VOLTAIRE
1891

LETTRES

D'EUGÈNE BURNOUF

CHOIX
DE
LETTRES
D'EUGÈNE BURNOUF

1825-1852

SUIVI D'UNE BIBLIOGRAPHIE

AVEC PORTRAIT ET FAC-SIMILÉ

PARIS

H. CHAMPION, LIBRAIRE

9, QUAI VOLTAIRE

1891

AVERTISSEMENT.

Un volume de lettres est toujours accueilli avec intérêt, surtout quand ce sont des lettres écrites par un homme qui a laissé après lui une trace lumineuse et qui a contribué à créer une science nouvelle. Néanmoins ce recueil, formé d'une partie de la correspondance très étendue d'Eugène Burnouf, ne prétend pas à une grande publicité. Il a été fait pour le cercle intime d'une famille où la mémoire des parents est l'objet d'un culte pieux. En nous décidant à le publier aujourd'hui, nous devons donner quelques explications sur son origine et sa destination.

Bien des années se sont écoulées depuis la mort prématurée d'Eugène Burnouf. Les témoins de sa vie et les amis qui gardaient fidèlement son souvenir disparaissent à leur tour. Ses grandes découvertes dans le domaine de la Philologie et de l'Histoire ne sont pas connues de tout le monde, et les livres dans lesquels il a prodigué les trésors de son merveilleux esprit ne s'adressent qu'à un petit nombre de lecteurs. Si donc, plus tard, dans les nouvelles générations qui se succèdent, ses petits-enfants ne peuvent pas tous connaître les travaux qui ont illustré le nom de leur aïeul, il faudrait, du moins, que tous pussent entrevoir quelques rayons de sa brillante et belle intelligence, et sentir que dans cette âme d'élite la vertu égalait le génie.

Le seul moyen de réaliser un vœu si légitime était de rechercher, de réunir et de conserver par l'impression ce qui pouvait se retrouver de la correspondance d'Eugène Burnouf. Les lettres que nous avons recueillies ne sont pas très nombreuses. Elles suffiront cependant pour laisser voir, dans les rapports d'Eugène Burnouf avec sa famille, la tendresse de son cœur; avec ses amis, la sûreté et l'agrément de son commerce; avec tous ses correspondants, l'étendue et la profondeur de ses vues, la justesse de son jugement, l'aménité de son caractère, et cette grâce aimable qui séduisait tous ceux qui l'approchaient. Elles peindront le savant, le père de famille, l'homme de bien, le causeur spirituel, d'une façon plus vraie et plus vivante que ne pourrait le faire la meilleure des biographies.

D'ailleurs, nous n'aurions jamais eu la pensée d'entreprendre la biographie d'Eugène Burnouf. Elle se résume dans l'histoire de ses travaux, et elle est complète dans les excellentes Notices qui ont paru au lendemain de sa mort, et où la vie et les œuvres de l'illustre orientaliste ont été appréciées avec autant d'équité que de vive admiration. Des savants éminents lui ont consacré des pages éloquentes, et plusieurs avaient déjà fait sur ses livres, au moment même de leur apparition, des articles, profondément étudiés, destinés à en signaler l'importance. On devra lire Notices et Articles si on veut se former une idée des belles études auxquelles Eugène Burnouf a consacré sa vie, apprécier l'immensité de ses travaux, sentir l'importance des résultats de ses découvertes, et connaître le jugement que ses contemporains les plus autorisés ont porté sur ses ouvrages et sur son enseignement au Collège de France. Pour rendre possible la recherche des articles épars dans les Journaux ou les Revues, nous essaierons de donner plus loin, à la suite de la Bibliographie, la liste de ceux qui ont paru en France.

Les lettres, encore trop rares à notre gré, que d'heureuses circonstances nous ont permis de rassembler, peuvent se diviser en trois groupes principaux, différents par le caractère et l'intérêt.

Les premières lettres, celles qui datent de la jeunesse d'Eugène Burnouf, sont presque toutes adressées à Christian Lassen, son collaborateur pour l'Essai sur le Pali, et à François Bopp, le grand philologue allemand. Elles traitent presque uniquement de questions de philologie indienne. Leur importance toute spéciale et les études qu'elles révèlent devaient les ranger parmi les travaux de pure érudition, et, par conséquent, les exclure d'un recueil dont le cadre est trop restreint pour elles. Il était cependant impossible de les omettre tout à fait. Outre que ce sont les seules lettres que nous ayons de cette époque, elles sont précieuses puisqu'elles montrent la manière dont Eugène Burnouf travaillait, et par quelle suite de raisonnements, par quels efforts persévérants, aidés d'une merveilleuse sagacité, il arrivait à ses découvertes. Elles sont précieuses aussi par les indications qu'elles fournissent sur l'origine et le plan de ses premiers travaux : l'*Essai sur le Pali*, la publication du *Vendidad-Sadé*, l'un des livres de Zoroastre rapportés en France par le zèle héroïque d'Anquetil Duperron, et le

Commentaire d'une partie de cet ouvrage dont il avait en même temps conçu le dessein.

Seulement, dans toutes les lettres reproduites ici, quand des obstacles matériels nous ont obligés à laisser de côté des développements importants, mais trop abstraits, nous avons remplacé par une ligne de points ce qu'il nous eût été difficile de publier d'une façon correcte. Nous craignons bien que cette mesure ne satisfasse personne, et que, dans une publication ainsi comprise, on ne trouve qu'il y a trop pour un recueil familial, et pas assez pour la correspondance du savant. Mais l'impossibilité de bien publier ces lettres tout entières étant reconnue, comment renoncer tout à fait à y laisser voir Eugène Burnouf, à vingt-quatre ans, dans l'enthousiasme des belles études si nouvelles qui allaient recevoir de son génie et de ses efforts une impulsion décisive? Les lecteurs soucieux de comprendre et de compléter ce qu'indique la correspondance, ainsi tronquée, du jeune orientaliste français avec ses émules d'outre-Rhin, pourront, au sujet du zend, se reporter à l'*Avant-propos* du *Commentaire sur le Yaçna*, où la marche et le résultat des travaux annoncés dans les lettres sont exposés avec une extrême clarté. Enfin, les lettres elles-mêmes subsistent toujours dans toute leur intégrité. On les retrouvera plus tard, soit en original, soit en copie quand les originaux ne nous appartiennent pas, dans les collections de la Bibliothèque nationale, où, conformément à la volonté de Madame Eugène Burnouf, nous nous sommes fait un devoir d'en assurer la conservation, à côté de tous les papiers déjà légués par elle.

Viennent ensuite des lettres d'un caractère moins exclusivement scientifique. On y trouvera des détails intéressants pour l'histoire des études orientales dans la première moitié du xix⁰ siècle, de curieux récits de la manière dont on voyageait en France et à l'étranger avant les chemins de fer, d'amusants tableaux de mœurs, et des observations fines et toujours judicieuses sur les hommes et sur les choses.

A ce groupe des lettres de voyage, intimes et familières, succède la correspondance plus générale des dernières années.

Ce n'est pas sans beaucoup d'hésitation que nous nous sommes décidés à accompagner les lettres de notes qui, forcément, en rendent la lecture moins commode et moins attrayante, et dont le moindre inconvénient serait encore d'exposer l'éditeur au reproche de pédantisme. Mais la date, déjà ancienne, de cette correspondance, les sujets qu'elle traite, les personnages qui y sont nommés, rendaient parfois nécessaires quelques explications. Autant que possible, nos renseignements ont été puisés dans les lettres mêmes d'Eugène Burnouf ou de ses correspondants.

Le même désir de rendre cette publication accessible à tous les lecteurs nous a engagés à traduire en français, quand elles ont été écrites en anglais ou en allemand, les pièces que nous donnons dans l'Appendice ; mais, chaque fois que nous avons pris cette liberté, nous n'avons pas manqué de l'indiquer.

Notre recueil a été formé, pour la plus grande partie, au moyen de quatre collections particulières.

D'abord, la petite collection, pieusement conservée par Madame Eugène Burnouf, des lettres qui lui ont été adressées par son mari, et qui, presque toutes, ont été écrites pendant les années 1834, 1835 et 1837, au cours des voyages d'Eugène Burnouf en Allemagne et en Angleterre et pendant une saison à Vichy. Nous avons choisi celles qui offraient quelque intérêt historique, et qui, tout intimes qu'elles fussent, pouvaient se publier sans manquer d'une respectueuse réserve envers des mémoires vénérées. Au milieu de ces lettres, et quelquefois sur la même feuille de papier, il s'en est trouvé plusieurs adressées à M. Burnouf père. Avec les réponses de celui-ci, c'est tout ce que nous possédons de la correspondance de ces deux hommes éminents qu'unissait étroitement la plus tendre affection. Les fonctions d'inspecteur général des études tenaient pourtant chaque année, pendant de longs mois, M. Burnouf père éloigné de son fils, duquel, le reste du temps, il ne se séparait jamais. Ils avaient pendant ces absences l'occasion et le besoin de s'écrire fréquemment, et nous aurions attaché un grand prix à posséder une correspondance qui n'existe plus.

Ensuite une série de lettres à M. Jules Mohl, l'ami le plus cher d'Eugène Burnouf. Une égale bonté de cœur, le même genre d'esprit, les mêmes goûts, et presque les mêmes études avaient créé entre les deux savants une amitié vraiment fraternelle, dont le charme se révèle dans leur correspondance. Après la mort de M. Mohl, Madame Mohl a bien voulu nous témoigner qu'elle partageait les sentiments de son mari à notre égard, en nous faisant don de toutes les lettres qu'il avait conservées d'Eugène Burnouf. Si elles ne sont pas plus nombreuses ici, c'est que les deux amis se voyaient presque tous les jours et ne faisaient que de rares absences; de plus, il nous fallait omettre celles dont le sujet est purement scientifique.

Nous avons puisé largement aussi dans une réunion de

lettres écrites par Eugène Burnouf à son oncle, M. Charles Burnouf, et à son cousin germain, M. Émile Burnouf, membre de l'École d'Athènes et plus tard directeur de cette même École. Celui-ci a reçu les dernières lignes tracées par la main mourante d'Eugène Burnouf; il a conservé avec un soin pieux toutes ces pages empreintes d'une affection sincère, et nous ne saurions assez le remercier de les avoir mises bien cordialement à notre disposition.

Nous avons déjà parlé des lettres adressées à Christian Lassen, avec lequel Eugène Burnouf a entretenu jusqu'à sa mort une correspondance amicale. La collection en est soigneusement conservée à la Bibliothèque de l'Université de Bonn, et elle a été pour nous une source précieuse. Malheureusement elle ne contient que trente-trois lettres, commençant en 1825 et s'arrêtant en 1837. Il est regrettable de ne pas avoir toutes les lettres qui ont suivi et dont nous possédons les réponses, c'est-à-dire les lettres de Lassen, au nombre de vingt-huit, de l'année 1837 à l'année 1852.

Pour compléter cette série, dans le même ordre d'idées et de travaux, nous désirions beaucoup retrouver la correspondance d'Eugène Burnouf avec Auguste-Guillaume de Schlegel. Ayant acquis la certitude que ces lettres ne sont pas à Bonn, nous avions renoncé à l'espoir de les joindre à celles qui ont été adressées dans le même temps à Lassen, quand un heureux hasard nous a mis sur la trace de quelques-unes. La Bibliothèque royale de Dresde en possède quinze, et le bibliothécaire en chef, M. Schnorr von Carolsfeld, a eu la complaisance de nous en envoyer une excellente copie. Il était trop tard alors pour insérer ces lettres à leur date, elles vont de 1827 à 1839; nous avons dû en faire l'objet d'un supplément.

Plus tard encore, et comme ce volume était déjà imprimé, il nous est parvenu une lettre adressée à un savant qu'Eugène Burnouf tenait en grande estime, M. Obry, d'Amiens, qui a consacré des articles très étendus au *Commentaire sur le Yaçna* et au *Mémoire sur deux inscriptions cunéiformes*. Nous regrettions vivement de ne pas pouvoir profiter d'une communication intéressante, due à l'obligeance de M. Ernest Obry, président du tribunal d'Amiens. Une ingénieuse combinaison typographique nous a ôté tout regret, en nous permettant d'insérer la pièce à sa date. Le léger trouble que cette intercalation jette momentanément dans la pagination est largement racheté par l'intérêt qui s'attache à cette lettre, la seule peut-être qui subsiste d'une active correspondance, et, pour nous, la seule qui soit de l'année 1836.

C'est à M. le professeur Paul de Lagarde, de Gœttingue, que nous devons la connaissance des lettres à Lassen, recueillies par la Bibliothèque de l'Université de Bonn. Il a bien voulu nous les signaler, et nous en faire obtenir le prêt sous sa propre responsabilité, nous fournissant ainsi le moyen de les copier et de les faire entrer dans notre collection. Non content de nous procurer cette précieuse communication, il a encore pris la peine de copier pour nous les lettres qu'il a reçues lui-même autrefois d'Eugène Burnouf et celles qui ont été adressées à F.-A. Pott, et que garde la Bibliothèque de l'Université de Halle. Il nous a indiqué plusieurs lettres à Théodore Benfey, déjà publiées en Allemagne dans une Revue consacrée aux études indo-germaniques, lettres dont Madame Louis Benloew, une des filles de Théodore Benfey, nous a depuis, très gracieusement, communiqué les originaux, ce qui nous a permis de vérifier la parfaite exactitude de la publication première. Enfin, M. P. de Lagarde a eu la bonne pensée de nous mettre en rapport avec le fils de Bopp, M. le conseiller W. Bopp, lequel a consenti à nous céder, en échange des lettres de son illustre père, celles de Jean-Louis et d'Eugène Burnouf. Nous avons les plus grandes obligations à M. le professeur Paul de Lagarde : sans son généreux concours, si bienveillant et si actif, il nous aurait été impossible de réaliser notre dessein et de rassembler assez de lettres pour en former un volume. Qu'il reçoive ici l'expression de notre sincère gratitude !

En dehors de ces sources principales il s'est retrouvé un certain nombre de lettres adressées à divers correspondants ; et, là encore, nous avons été aidés avec une extrême bienveillance et une complaisance inépuisable par Madame Charles Lenormant, par M. le professeur Lœwenfeld, de Berlin, et par M. Théodore Dufour, directeur de la Bibliothèque de la ville de Genève. A eux, comme à toutes les personnes qui nous ont donné ou communiqué des lettres, nous offrons nos plus vifs remerciements.

Et, malgré tout, il y a encore beaucoup de lacunes dans ce recueil. Même pour l'Allemagne, où nous avons trouvé le concours le plus empressé, trop de lettres font défaut. Il nous manque la correspondance, que nous savons avoir été très suivie, avec les frères Guillaume et Alexandre de Humboldt, avec Frédéric Creuzer, avec tant d'autres hommes illustres, philologues, historiens ou philosophes, célèbres dans toute l'Europe; avec une foule de jeunes orientalistes qui allaient bientôt devenir célèbres aussi, et qui, après quelques années passées à Paris pour suivre le cours de sanscrit, avaient rapporté dans leurs savantes Universités un souvenir reconnaissant de l'accueil qu'ils avaient reçu du professeur, souvenir inséparable de celui qu'ils gardaient de ses belles et fructueuses leçons. En Angleterre notre récolte a été à peu près nulle. Nous savons pourtant qu'Eugène Burnouf avait de nombreux correspondants à Londres comme à Oxford, et dans l'Inde, à Calcutta, à Bombay, à Madras.

Eugène Burnouf a conservé presque toutes les lettres qu'il recevait, et c'est par elles que nous pouvons mesurer l'étendue de ce qui nous manque. Il nous eût été bien précieux de retrouver les réponses aux lettres si pleines de faits, si curieuses, si amicales, souvent même si touchantes de ses correspondants. Ces lettres attestent toutes l'estime et l'admiration qu'il inspirait au monde savant. Quelques-unes, comme celles que lui écrivait James Prinsep au sujet de ses propres découvertes, sont de la plus haute importance. Quel intérêt n'offrirait pas la correspondance complète entre ces deux hommes de génie, et l'échange de leurs idées et des résultats de leurs recherches ?

C'est pour indiquer des lacunes regrettables, et surtout pour compléter l'esquisse de la vie d'Eugène Burnouf, qui se dessine d'elle-même dans sa correspondance, que nous avons tenu à donner en appendice plusieurs lettres à lui adressées. Les unes répondent à des questions touchées dans une précédente missive et les expliquent ; les autres ne font que se rapporter à certains événements personnels ; d'autres encore sont adressées à M. Burnouf père, mais rappellent à chaque ligne et le souvenir et les études de son fils. Toutes nous ont paru intéressantes, soit par leur sujet, soit par le nom des signataires. Au premier rang des pièces les plus importantes il convient de mettre la petite correspondance échangée entre Jean-Louis Burnouf et François Bopp, de l'année 1820 à l'année 1825. C'est là que se montre, pour la première fois, le goût passionné d'Eugène Burnouf pour les études orientales. On voit qu'il le tenait de son père, épris lui-même de ces belles études, auxquelles de graves devoirs l'empêchaient de se livrer comme il l'aurait souhaité.

L'Appendice est suivi d'une Bibliographie des ouvrages imprimés d'Eugène Burnouf. Le nombre en est considérable et pourrait laisser croire qu'ils sont le fruit d'une vie aussi longue que laborieuse, si on ne savait que la mort a enlevé Eugène Burnouf au moment où il atteignait sa cinquante et unième année. Et, cependant, la masse de ses ouvrages restés manuscrits dépasse encore de beaucoup celle de ses livres imprimés. Quelle somme de travail représentent tous ces volumes, au nombre de plus de cent, qui sont venus enrichir les fonds orientaux de la Bibliothèque nationale ! Nous ne sommes pas en mesure d'en donner le catalogue; mais, comme l'a dit excellemment M. Naudet, « la nomenclature « des œuvres d'Eugène Burnouf resterait trop imparfaite si « on n'y ajoutait un aperçu de ses travaux inédits, qu'il « se proposait d'achever et de publier, ou qui, sans être « destinés à la publication, simples instruments de ses « études et de ses découvertes, sont des chefs-d'œuvre « ou des témoignages admirables de sa sagacité, de sa « méthode, de sa patience. »

Nous avons emprunté à un savant article de M. Barthélemy Saint-Hilaire l'énumération et la description de la plupart de ces travaux inédits ou inachevés.

Tel qu'il est, et malgré trop d'omissions involontaires ou

quelquefois inévitables, ce recueil ne peut manquer d'offrir un intérêt réel. Tout ce qui est tombé de la plume d'Eugène Burnouf mérite le respect ou commande l'attention. De cet ensemble de lettres, si incomplet qu'il soit, ressort l'image vraie de la vie d'un homme d'un grand cœur et d'un grand esprit. Vie bien trop courte, hélas ! mais si admirablement remplie, si pure et si belle !

Pour terminer, nous emprunterons quelques lignes au rapport fait par M. Jules Mohl à la Société asiatique, dans l'année 1852. Ce jugement sincère, porté sur le savant par un autre savant bien digne de l'apprécier, suppléera à ce que la piété filiale serait impuissante à exprimer.

« ..... Il (Eugène Burnouf) avait le véritable génie des « découvertes, un amour inaltérable du vrai, une concep- « tion hardie et une méthode d'une sagesse et d'une sûreté « presqu'infaillibles. Il ne lui a pas été donné de terminer « ses ouvrages, de tirer lui-même toutes les conséquences de « ses grandes découvertes ; mais leur effet n'en sera pas « moins durable. Il a rehaussé la gloire littéraire de la « France, et son nom ne cessera pas de grandir avec les « études qu'il a créées. »

Mon cher Maître

Je voulais vous reporter moi-même votre volume de l'Encyclopédie anglaise que vous avez été assez bon pour me prêter. mais je souffre tellement d'un rhumatisme qui s'est logé dans ma tête, que je ne puis bouger de ma chambre. Veuillez donc m'excuser et soyez convaincu que ma première sortie sera pour aller vous remercier.

Tout à vous
E. Burnouf
Dimanche 13. 8bre 1846.

Monsieur
Mr le Chevalier Graves Haughton
15 rue de Tournon

Mon cher Mohl

Je vous envoie le relevé de la fonte des 75 poinçons himyarites ; je la crois bien exécutée ; mais comme je n'ai pas les originaux sous les yeux, j'ignore si les poinçons ◌, ◌◌, ◌ ∞, doivent, comme ils font dans la liste, porter sur le bas de la ligne ou bien s'ils doivent occuper soit le haut soit le milieu du corps. Ayez la complaisance de vérifier le fait et de m'en avertir ; car si les ◌◌ ◌ devaient occuper le milieu du corps, comme cela m'est probable, un changement à l'œil serait vraisemblablement nécessaire.

A propos, j'oubliais de vous prier de ne pas vous engager pour samedi. Roulin vient tirer les Rois avec nous, chaussée St Hilaire.

Tout à vous
E. Burnouf
Jeudi matin

1. Renvoyez-moi la liste avec les épreuves, s'il vous plaît.

LETTRES

D'EUGÈNE BURNOUF.

I.

A M. Chr. Lassen[1], à Paris, rue Sainte-Anne, 31.

Meaux, 6 septembre 1825.

Mon cher Monsieur,

L'intérêt des travaux que nous avons commencés ensemble est si grand que le souvenir m'en poursuit au milieu d'occupations et de soins tout différents. Je n'ai pas avec moi le moindre morceau de Sanscrit[2] ni de Pali, et je n'ai que mes souvenirs pour me repaître. J'envie le sort heureux dont vous jouissez.

J'ai cependant à vous annoncer une nouvelle que vous savez probablement si vous avez vu depuis peu M. Abel Rémusat[3]. Dans la dernière entrevue que j'ai eue avec cet illustre et excellent homme, il m'a fait entendre qu'il ne serait pas impossible d'avoir, au moyen de l'Ambassade française à Rome, l'extradition, si l'on peut ainsi dire, du manuscrit traduit du

---

1. Voy. l'Appendice, n° X.
2. Dans les premiers temps, Eugène Burnouf écrivait *samskrit;* mais il ne tarda pas à adopter la forme *sanscrit,* qui a prévalu.
3. Voy. l'Appendice, n° III.

Kammouva dont parle Paulin[1]. Je lui ai donné, avec une vive reconnaissance, une note détaillée du manuscrit, et j'y ai ajouté quelques renseignements sur d'autres manuscrits importants que l'on pourrait obtenir en même temps; car, si l'on en demande un, par quelle raison n'en demanderait-on pas deux, ou trois, ou quatre? Peut-être M. Rémusat ne vous aura-t-il pas parlé de cela; il peut avoir pour vous le taire des raisons de convenance; aussi je vous serais obligé de ne pas lui dire que je vous l'ai dit.

Au reste, mon cher *fellow student*, je vous serais bien reconnaissant de m'écrire si vous faites quelques découvertes; mais vous comprenez les raisons que j'ai à vous engager à finir ce qui peut vous rester à faire du Ramâyana; nous serons bien plus libres de travailler à mon retour, qui aura lieu avant la fin de ce mois-ci. Je serais très heureux de recevoir de vous une lettre, si vous avez le temps de l'écrire.

Donnez-moi des nouvelles de M. Rémusat, auquel je vous prierai de présenter mes respects très humbles, et surtout du colérique *Mahâgourou Douchmanta Chesysoûnouh*.

Excusez, Monsieur Lassen, la liberté que je prends de vous déranger par mon épître inutile; mais attribuez-la à l'amitié sincère que je vous porte.

Votre dévoué serviteur,

E. BURNOUF.

Je lis dans mes moments perdus l'histoire de nos

---

1. Le Père Paulin de Saint-Barthélemy (1748-1806), missionnaire à Malabar, avait rapporté à Rome des manuscrits très précieux pour l'histoire et la littérature de l'Inde.

communs compatriotes, les Normands. Car, si vous êtes fils de Swen, fils de Sweyn, fils de Thor, je suis fils de la vieille terre anglo-normande; nous sommes donc compatriotes.

Mon adresse est : Meaux, rue de la Boucherie, 7, chez M. Frignet (Seine-et-Marne)[1].

II.

A M. F. Bopp[2], à Londres.

Paris, 14 novembre 1825.

Monsieur,

Mon père, qui avait le plus vif désir de vous répondre tout de suite, ne le pouvant pas en ce moment, me charge de remplir auprès de vous ce devoir qui lui est si agréable, et se réserve le plaisir de l'accomplir dans un temps assez prochain; mais il n'a pas voulu que l'expression de son amitié et de sa reconnaissance pour votre aimable lettre tardât davantage, et il m'a chargé de vous la communiquer en attendant qu'il le puisse faire lui-même. Il n'a pas encore reçu la seconde livraison de votre admirable Grammaire, travail excellent, que l'on ne peut assez louer et auquel on devra

---

1. En 1825, Eugène Burnouf n'avait pas voyagé avec son père, comme ils le faisaient tous les ans pendant les vacances. Il était allé seulement passer trois semaines à Meaux, chez le père d'un de ses condisciples, M. Frignet, ancien Directeur des Contributions sous l'Empire.
2. Voy. l'Appendice, n° II, 1 et 8.

de pouvoir pénétrer profondément dans l'étude de la grammaire et de la langue sanscrite.

Vous avez été bien indulgent pour moi, Monsieur, de faire mention dans votre lettre de l'article où je n'ai pu que très légèrement, et d'après le peu que je sais, apprécier un ouvrage conçu et exécuté sur un plan aussi vaste. Quant au Vocabulaire latin que vous préparez, c'est une idée excellente; il devra beaucoup aider les amateurs de la littérature sanscrite, et il sera surtout utile pour les Lois de Manou, qui manquent encore, malgré le travail de M. Haughton, d'une édition critique. Vous êtes encore beaucoup trop bon de me croire capable de publier bientôt quelque texte sanscrit; je n'ai pu faire dans cette langue de grands progrès cette année, d'une part, parce que ma santé, qui n'a pas été bonne, m'a fait perdre beaucoup de temps, et, d'autre part, parce que mes études de droit m'ont beaucoup occupé. J'ose cependant accepter avec une reconnaissance bien sincère l'offre que vous voulez bien me faire de m'envoyer quelques variantes et gloses des manuscrits de Londres; mais je désire avant tout que cela vous donne le moins d'embarras possible; je serais désolé d'abuser le moins du monde de votre complaisance.

Quant au Sakountala, je dois vous parler franchement. Quelque temps après que vous avez eu la bonté de m'indiquer ce morceau comme bon à publier, il est venu dans l'idée à M. Chézy[1], qui devrait s'occuper de choses plus dignes de sa science, de traduire cet

1. A.-L. de Chézy (1773-1832), membre de l'Académie des inscriptions et belles-lettres, professeur de sanscrit au Collège de France.

épisode et de le lire à la Société [asiatique], et même de témoigner l'intention de le publier. Par respect pour un maître, j'ai dû renoncer à mon projet, dont je n'avais d'ailleurs parlé à personne. Mais M. Chézy, comme vous devez savoir, dit qu'il publiera tout, et ne publie rien. L'extrême amitié qu'il a pour M. Langlois fait même croire à quelques personnes que M. Chézy ne fera rien par lui-même et communiquera ses travaux à ce dernier. Je confie ce détail à votre discrète bienveillance pour moi. Mais vous devez comprendre que le scrupule qui m'arrête à l'égard de mon maître ne m'arrêtera pas s'il se substitue M. Langlois. Et c'est pour cela que je ne refuse pas le secours que vous voulez bien me promettre pour m'en servir en temps convenable.

Mais, si j'ai peu avancé relativement à l'Inde, j'ai tiré de ma faible connaissance du sanscrit un résultat qui pourra devenir important. Voici le fait : M. Rémusat, qui a pour moi autant de bontés que s'il était mon professeur, m'avait prié de mettre, conjointement avec M. Lassen, qui est ici maintenant, un ordre au moins extérieur dans les manuscrits sanscrits. En faisant ce travail purement mécanique, nous avons trouvé des manuscrits, qui, d'après leur titre, paraissaient être en langue *palie*, idiome du bouddhisme dans la presqu'île au delà du Gange. Nous avons aussitôt conçu le projet de les déchiffrer, et ce travail, fait en commun, a produit une dissertation ou Essai sur le pali, accompagné de planches contenant trois alphabets inédits et de fac-similés de trois sortes de manuscrits. J'ai personnellement rédigé la partie des alphabets et ce qu'il y a d'historique sur le pali, le bouddhisme, etc. M. Lassen, de l'amitié et de la coopération duquel je me félicite tous les jours, a rédigé une partie de la comparaison du pali avec le sanscrit, et exclusivement la comparaison du pali et du prakrit, travail que seul il pouvait faire, car je n'ai pu prendre nulle part de notions sur cet idiome, tandis qu'il a consulté à Londres la grammaire de *Vararoutchi*. Je me suis chargé en outre de lithographier les planches, travail que je n'ai pas voulu confier à la négligence d'ouvriers ignorants. J'ai l'honneur de vous envoyer avec cette lettre une épreuve des planches avec l'alphabet pali de La Loubère[1], qui a servi de base à notre déchiffrement, et un tableau comparatif des alphabets palis et de quelques alphabets de l'Inde, dont je suis actuellement occupé à rédiger les conclusions. Je réclame pour les lithographies toute votre indulgence, vous y verrez quelques inexactitudes; mais ce n'est qu'une épreuve encore, et les fautes, au moins celles que je verrai, disparaîtront au tirage définitif. Quant à notre dissertation, elle va être livrée bientôt à l'impression sous les auspices de la Société asiatique. Nous aurons occasion d'y faire usage du beau caractère sanscrit que la générosité de votre gouvernement nous a envoyé[2]. Lorsqu'elle aura paru, j'aurai l'honneur de réclamer plus particulièrement votre indulgence pour ce premier essai dans une étude encore aussi neuve.

1. La Loubère, envoyé de Louis XIV à Siam, où il résida de 1687 à 1688. (Voy. la relation de son séjour publiée à Paris en 1691, 2 vol. in-12.)
2. Voy. dans l'Appendice, n° II, le post-scriptum de la lettre de Bopp datée du 1er novembre 1824.

Il faut même avouer que la nouveauté de cette étude et le peu de secours que nous avons en France l'exposent à mourir aussitôt qu'elle est née, si votre bonté et votre zèle pour les études orientales ne viennent à son secours. Je m'explique : il y a à la bibliothèque de l'honorable Société asiatique de Londres un manuscrit semblable à celui dont j'ai l'honneur de vous envoyer un fac-similé, n° 2 de ma planche VI, sous le titre de fac-similé du *Kammouva*. Nous avons cet ouvrage à la Bibliothèque du roi, mais malheureusement nous n'en possédons pas la dernière page, dans laquelle j'espérerais de pouvoir trouver le titre. Si vous pouviez découvrir une personne qui pût prendre un fac-similé de ce manuscrit, qui est très court, les frais ne m'épouvanteraient pas, et je vous en aurais une reconnaissance extrême, comme au bienfaiteur de l'étude du pali. Ce fac-similé me serait très indispensable dans le dessein où je suis de publier ce petit ouvrage, dont Buchanan a donné une paraphrase dans le t. VI des *Asiatic Researches*. De plus, la bibliothèque de la Compagnie des Indes doit posséder les papiers de feu le Dr Leyden[1], qui avait, à ce qu'il paraît, acquis une certaine connaissance du pali; ces papiers doivent contenir aussi un travail sur la grammaire siamoise, et surtout un vocabulaire de cette langue, manuscrit à ce que je crois, car il m'a été impossible de me procurer l'imprimé. Si vous aviez la bonté de vous munir d'un copiste pour ces morceaux qui doivent être très courts, moi et la Société

---

1. Chirurgien militaire et orientaliste anglais, mort à Java en 1811.

asiatique tout entière, et surtout M. Rémusat, vous en seraient reconnaissants plus qu'on ne peut dire. C'est en effet M. Rémusat qui désire que je tente une excursion dans le domaine de la langue de Siam : 1° pour publier une grammaire fort incomplète, de six pages seulement, que possède la Bibliothèque du roi ; 2° pour pouvoir lire plus facilement quelques manuscrits palis qui viennent de Siam et sont entremêlés de commentaires dans la langue de ce pays. La réunion de ces deux langues pourrait donc conduire à des résultats fort intéressants, surtout pour la connaissance du bouddhisme dans la presqu'île au delà du Gange.

Mais je vois, Monsieur, que je me laisse entraîner bien loin. J'abuse de votre offre obligeante. Mais, si ce que je prends la liberté de vous demander vous donne le moins du monde de ce que les Anglais appellent *trouble*, considérez que cette lettre ne vous a pas été écrite, ou au moins n'y voyez que le témoignage du respect et de l'admiration profonde qui m'animent. Ce sera toujours un assez grand honneur pour moi d'avoir attiré l'attention de celui qui prend dans la science du sanscrit le haut rang qu'occupent dans le chinois et l'arabe les Rémusat et les de Sacy.

Croyez donc, Monsieur, à mon respect et à ma reconnaissance sincère, et surtout excusez-moi.

E. BURNOUF,
Avocat, rue Saint-Jacques, n° 115.

III.

A M. F. Bopp, à Londres.

Paris, décembre 1825.

Monsieur,

Si j'eusse bien réfléchi aux embarras qu'entraînaient pour vous les demandes que j'avais pris la liberté de vous faire, jamais je ne vous les eusse adressées. Mais je vous ai écrit sous l'impression d'une étude que j'aime parce qu'elle est nouvelle et qu'elle doit, par la suite, conduire à des résultats historiques d'un assez grand intérêt. Je vous prie donc de nouveau de m'excuser et de vous venger de mon trop de liberté en me chargeant de pareilles commissions pour Paris. Je suis désolé entre autres de toutes les peines que vous vous êtes données pour déterminer quel était le beau manuscrit de la Société asiatique. L'imperfection de mes planches a seule suffi pour causer tout l'embarras. Le manuscrit que vous avez bien voulu me décrire si soigneusement dans votre lettre me semble devoir être le *Kammouva*, et voici les raisons de cette opinion, qui ne peut cependant être regardée que comme une hypothèse : il a onze feuilles, comme celui de Paris, et cinq lignes à la feuille ; les deux feuilles, initiale et finale, sont ces pages dorées, déplacées par erreur sans doute, et mises au milieu du manuscrit. . . . .[1].

Je regrette sincèrement que les inexactitudes de ma

---

1. Suit la description du ms. et de quelques caractères palis.

planche vous aient causé tout cet embarras. J'espère vous en offrir une autre exempte de reproches sous le rapport matériel. Je ne pense pas, au reste, qu'il soit bien urgent pour moi de faire faire un fac-similé du manuscrit de Londres. Il se pourrait que d'ici à un ou deux ans j'allasse à Londres, et alors je collationnerais la copie que j'en ai faite avec le manuscrit de la Société asiatique. Je vous suis donc infiniment reconnaissant de toutes vos peines, et vous prie de ne pas en prendre davantage relativement à cet objet, sans toutefois annoncer la cause que je vous en allègue, car mon voyage est encore fort incertain, et M. Rémusat, qui me procurera cet avantage, exige absolument qu'il soit tenu secret.

Quant au Thay, j'ai trouvé un exemplaire du Vocabulaire de Leyden que M. Klaproth[1] a bien voulu me prêter. J'ai aussi trois vocabulaires manuscrits qui font partie de la collection des Langues étrangères faite avec un grand soin à la Chine. Ce sont des vocabulaires de trois dialectes du Thay très rapprochés entre eux. Avec ces secours et la petite grammaire de six pages de la Bibliothèque royale, j'avance dans le travail sommaire que j'ai entrepris sur cette langue curieuse et qui aura pour titre : *Recherches sur l'écriture et la langue siamoises*[2]. Je donnerai des planches qui montreront l'identité de cette écriture, quant à l'ordre et à la forme des caractères, avec les écritures palies, et je déterminerai l'influence qu'a eue cette

---

1. Membre de la Société asiatique, né à Berlin en 1783, et, après de longs voyages en Asie, fixé à Paris, où il mourut en 1835.
2. Ce travail se trouve, inachevé, dans les papiers d'Eugène Burnouf conservés à la Bibliothèque nationale.

langue sur le Thay. Ce travail, qui m'intéresse, m'empêche, avec mes autres occupations, de faire paraître quelque chose en sanscrit ; mais je tiens à le finir promptement, parce qu'il est à craindre pour moi que la nouveauté seule fasse tout son mérite. Je m'occupe cependant du *Prabodha tchandrodaya*, que je désirerais donner, surtout si je puis, comme je l'espère, consulter les précieux commentaires de Londres ; car la Bibliothèque du roi, quoique riche, ne possède pas un assez grand nombre d'exemplaires d'un même ouvrage, et surtout de cette composition philosophique curieuse, pour qu'on puisse sûrement donner un texte. Je rassemble aussi les passages des Pourânas sur le système géographique des Indiens, pour en faire une dissertation avec les textes à l'appui. Mais ce travail est encore subordonné à mon voyage de Londres, car nous n'avons pas tous les Pourânas à Paris. Enfin le *Méghadoûta* me paraîtrait curieux à donner avec quelques passages des commentateurs qui se trouvent à Londres. Avec les fragments des Pourânas, cela compléterait ce qu'on a de plus authentique sur la géographie de l'Inde.

Voilà quels sont mes projets ; mais je suis si occupé que je ne puis répondre quand je les remplirai. Je vous suis cependant reconnaissant des bontés que vous avez pour moi, et, quant au *Sakountala*, je prends la liberté d'attendre, toujours pour les causes que je vous ai dites plus haut. Je serais au désespoir de vous faire faire ce que je puis accomplir moi-même en allant à Londres.

Je vous annoncerai comme une grande nouvelle que M. Chézy, sortant de son repos, va donner le texte du drame de *Sakountala*, et (mirum!) finir le *Yadjnadattabadha*. Vous saurez tout cela avec plus de détails dans un des prochains numéros du *Journal asiatique*.

Il me reste, Monsieur, à vous prier d'excuser la longueur de mes lettres, à vous remercier de nouveau, et à vous prier d'accepter l'hommage de ma vive reconnaissance et de mon entier dévouement.

Votre très humble serviteur,

E. BURNOUF.

Mon père me charge de vous adresser ses respects et attend toujours avec une vive impatience l'arrivée de votre excellente Grammaire que vous avez bien voulu lui annoncer.

IV.

A M. CHR. LASSEN, à Bonn[1].

Paris, 13 mars 1826.

Mon cher collaborateur et ami,

J'ai reçu avec un vrai et vif plaisir la lettre que vous avez bien voulu m'écrire, et sans les nouvelles que j'ai eues de vous par M. Schulz[2], vous en eussiez déjà reçu une de moi.

---

1. Après un séjour de deux ans à Londres et à Paris, Lassen s'était fixé à Bonn, où l'avait attiré l'amitié de Guillaume de Schlegel.

2. F.-E. Schulz, né à Darmstadt en 1799, membre de la Société asiatique de Paris. Chargé par le gouvernement français d'une mission scienti-

Vous êtes trop bon de regretter les réunions que nous avions ici dans cette ville de Paris, si anti-scientifique. C'est bien plutôt moi qui ai fait une perte sensible, puisque je n'ai plus personne dont je puisse entendre les observations amicales, et au jugement solide duquel je puisse proposer les résultats journaliers de mes études solitaires. Voyez en effet, mon cher Lassen, combien ma position à Paris, comme indianiste, est précaire. Il n'y a absolument en France que trois personnes qui s'occupent de cette partie de la littérature orientale, deux sont mes ennemis et je suis le troisième. J'envie véritablement votre sort heureux auprès de l'homme, célèbre à tant de titres, qui termine si glorieusement sa carrière, déjà si pleine, par cette vaste et belle étude de l'Inde [1].

Mais c'est trop vous parler de ce qui me regarde; je ne vous répéterais pas ces choses, que je vous ai déjà dites souvent, si je ne savais quel intérêt amical vous avez bien voulu me témoigner.

Votre lettre est très pleine, quoi que vous disiez, et surtout ce qui est admirable, c'est l'assurance que vous nous donnez ici que le grand travail du Ramâyana sera conduit avec toute l'activité que M. de Schlegel a toujours mise à ce qu'il a entrepris. Je communiquerai

---

fique en Perse, il fut massacré dans le Kurdistan à la fin de 1829.

C'est dans les papiers de Schulz que se trouvaient les inscriptions qui ont fourni à Eugène Burnouf le sujet de son *Mémoire sur deux inscriptions cunéiformes trouvées près d'Hamadan*, etc. Paris, Impr. roy., 1836, 1 vol. in-4°. (Voy. la lettre à Lassen du 13 octobre 1834, et un article d'Eugène Burnouf dans *Nouv. journal asiatique*, 1836, 3ᵉ série, t. I, p. 527. Voy. aussi l'Appendice, n° VI, 2.)

1. A.-W. de Schlegel. Voy. l'Appendice, n° IX.

ce détail à M. Rémusat aussitôt que je le verrai, ainsi que les témoignages de votre reconnaissance, que je partage, comme vous le savez, à tant de titres.

L'apparition de la réponse aux critiques de M. Langlois[1] est aussi une nouvelle qui ne m'est pas indifférente. Mais passons au *Sânkhya*[2]. Il me semble que ce serait un travail très utile pour les indianistes, et, en particulier, fort honorable pour vous, que la publication des *Soutras*[3]. Cela vous placerait au rang que vous méritez d'occuper parmi les orientalistes, à un rang auquel bien peu peuvent prétendre. Je ne puis que vous engager à entreprendre ce travail, si votre grande étude de l'arabe vous en laisse le loisir. C'est en effet quelque chose de peu attrayant dans le principe que cette langue arabe, et il faut l'heureuse position où vous vous trouvez et la certitude où vous êtes que l'orientalisme sera votre carrière, pour m'expliquer que vous vous y soyez décidé ; je vous avoue que mon courage français en eût été effrayé.

Je vous remercie de nouveau de votre amitié qui m'engage à poursuivre l'étude du zend ; c'est quelque chose de fort intéressant, mais, je vous assure, de très difficile. Si je suis isolé pour le sanscrit, je le suis bien davantage encore pour le zend. La traduction d'Anquetil-Duperron n'est vraiment bonne à rien, et, dans les endroits où l'on sent qu'elle peut servir,

---

1. Les articles de Langlois sur le Bhagavad Ghîta de Schlegel ont paru dans les tomes IV, V et VI du *Journal asiatique*; la réponse de Schlegel, dans le t. IX.

2. Traité de philosophie que Lassen traduisit et publia plus tard. Voy. plus loin la lettre du 6 juillet 1834.

3. Axiomes en vers.

elle est si éloignée du texte qu'il faut une sorte de divination pour y retrouver le sens du français. Ajoutez les incorrections et les variations des textes transcrits par des prêtres qui n'en entendaient pas un mot. Mais je suis résigné à mettre à cette étude le temps nécessaire, dussé-je faire en dix ans ce que d'autres font en deux. Quoique je sois très peu avancé, j'ai cependant trouvé quelques-unes des lois qui modifient les mots d'origine indienne. Ces lois se reproduisent dans toutes les occasions avec une merveilleuse régularité, et je me flatte que la grammaire de cette langue, qui, quant à présent, me paraît fort embrouillée, pourra plus tard être exposée avec un degré de clarté assez grand, surtout si on fait intervenir la langue grecque ; car, j'en ai la conviction, dans les mots et dans les formes grammaticales qui sont communs au zend et au sanscrit, le zend doit être considéré comme un intermédiaire. Si vous ne le trouvez pas désagréable, j'aurai occasion de vous en donner quelques exemples dans une lettre prochaine. Je serai heureux d'avoir sur ce point curieux, et dont les conséquences peuvent être fort grandes, l'appui de vos excellentes observations.

J'arrive au dernier point de votre lettre, car vous devez sentir dans ma marche quelque peu du métier que je fais quelquefois et pour lequel la nature ne m'a pas cependant créé : je suis le développement méthodique de vos idées, et, de plus, je bavarde, condition indispensable de la profession d'avocat[1].

---

1. Après une thèse brillante : *De re judicata,* Eugène Burnouf avait été inscrit, en novembre 1824, sur le tableau des avocats à la Cour d'appel de Paris:

Sur le Pali[1] j'ai à vous donner à la fois d'excellentes nouvelles, et, en même temps, à vous exprimer mon chagrin sur quelques points. Après votre départ, Dondey-Dupré, qui me protestait toujours de son activité et de son zèle, n'en a pas été plus vite ; mais, deux jours avant la séance [de la Société asiatique], c'est-à-dire le 4 mars, j'ai vu arriver avec la feuille 5, non seulement les lettres désirées, mais aussi les feuilles 6 et 7. Depuis ce moment son activité ne s'est pas ralentie, et, dans ce court espace de temps, j'ai reçu depuis la feuille 5 jusqu'à la feuille 9 qui commence le chapitre des conséquences de notre exposé grammatical. J'ai, dès le principe, fait les démarches nécessaires pour vous envoyer par la poste, comme nous en étions convenus, les feuilles que je recevais, avec l'espoir que Dondey ne me presserait pas assez pour que je ne pusse avoir votre réponse. Dondey, auquel j'ai dû communiquer notre arrangement, s'est alors efforcé de me démontrer qu'il fallait huit jours pour le départ et l'arrivée d'une lettre de Bonn (ce que je savais), que cela empêcherait notre travail de paraître au moment de la séance, etc. Ces considérations n'étaient pas assez fortes pour me décider à manquer à la promesse que je vous avais faite ; mais, dans le même temps, on me refusait à la poste de vous faire parvenir une feuille d'impression, sur le motif que l'on pourrait ainsi faire entrer dans le royaume, par portions, des livres prohibés. M. Rémusat m'offrait bien de

---

1. « Essai sur le Pali ou langue sacrée de la presqu'île au delà du Gange, avec six planches lithographiées, et la notice des mss. de la Bibliothèque du roi, par E. Burnouf et Chr. Lassen, membres de la Société asiatique de Paris. » Paris, 1826, 1 vol. in-8°.

parler à M. Roger[1]; mais, en même temps, il me faisait sentir tout ce qu'il y avait d'urgent à ce que nous pussions paraître en avril. Ajoutez à cela que j'acquérais la certitude que l'ouvrage sera plus considérable que nous ne l'avions cru; les développements successifs qu'il a reçus, sans en agrandir le cadre, en ont allongé certaines parties, et vous voyez que, si nous ne faisons que commencer le chapitre IV à la fin de la page 138, l'ouvrage ne peut manquer d'avoir 13 ou 14 feuilles, peut-être plus. Dans cette alternative, pressé par Dondey, qui m'envoyait toutes les deux heures une épreuve nouvelle, j'ai donné les *bons à tirer*, qu'il m'arrachait en quelque sorte, avec le dessein de vous envoyer huit bonnes feuilles d'ici à deux ou trois jours, et en me résignant à l'inconvénient de laisser échapper, avec ma tête française, des fautes d'inattention que nous relèverons dans un errata. Car ce que je craignais est arrivé : la partie que contiennent ces feuilles est fort difficile à imprimer, et, quoique j'aie relevé avec un très grand soin la masse énorme de fautes qui s'y trouvaient, ils ont oublié d'en corriger quelques-unes ou ont fait très ridiculement les corrections que j'avais indiquées. Cela porte en partie sur des $\breve{a}$ pour des $\hat{a}$, sur des n pour des $ṇ$, et l'oubli ou l'insertion fautive de quelques h. Mais je pense que, vu la difficulté d'imprimer de pareils textes, jointe à l'ignorance des imprimeurs de Paris, et entre autres des ouvriers de Dondey, vous n'en trouverez pas le nombre très considérable. Je n'ai jusqu'à

---

1. Le baron Roger (1775-1842), membre de l'Académie française, secrétaire général des postes.

présent que quatre feuilles, les quatre suivantes vont me revenir et je vous les adresserai immédiatement par la voie de Treuttel ou de Dondey, ce qui est plus sûr que la poste ; mais certainement vous les recevrez avant huit jours.

Voilà ce que j'ai à dire pour ma justification sur le point important des épreuves. J'espère que mes raisons vous satisferont. Si, dans le relevé des fautes que vous aurez la complaisance de faire, quelque chose vous choquait dans la rédaction, et si vous trouviez matière à quelque observation nécessaire, veuillez me le dire, nous pourrions faire un supplément en petit caractère, sous le titre d'*Additions* et de *Corrections*.

Voilà, mon cher Lassen, ce que j'ai à vous communiquer de plus pressé ; dans une autre occasion je vous parlerai de la réponse de M. Schulz[1], qui n'a pas fait aussi bon effet que ses amis l'eussent désiré. M. de Sacy[2] a été d'une partialité extrême en menaçant d'interrompre la lecture, et il s'est déclaré en quelque sorte pour Lagrange. Schulz, qui va partir pour Bonn, à ce que je crois, vous donnera sur cet objet les détails que vous désirerez.

---

1. Dans deux articles insérés au *Journal asiatique*, t. VII, 1825, Schulz avait critiqué les « philologues-poètes » qui publient des « fatras érotiques ou romantiques, » à l'exclusion d'ouvrages historiques sérieux et importants.

Cette allusion avait vivement blessé Chézy et Grangeret de Lagrange. Celui-ci riposta par une défense de la poésie arabe et persane ; c'est de la réponse de Schulz à cette défense qu'il est question ici.

2. Le baron Silvestre de Sacy (1758-1838), membre de l'Institut, professeur au Collège de France et pair de France sous le règne de Louis-Philippe, était président de la Société asiatique. Voy. l'Appendice, nº XIV.

Recevez, mon cher ami, l'expression sincère de mon attachement inaltérable.

Tout à vous,

E. BURNOUF.

Mon père me prie de le rappeler à votre souvenir.

V.

A M. CHR. LASSEN, à Bonn.

Paris, jeudi 30 mars 1826.

Mon cher Lassen,

Je remets à l'instant à Dondey, qui vous les fera parvenir, les feuilles 9, 10, 11, et la feuille 5, avec le tableau qui n'était pas tiré encore. Je corrige les feuilles 12 et 13 et le commencement de la 14ᵉ qui achèvera l'ouvrage. Je rédige en même temps l'index des mots, qui occupera dix pages. Vous voyez que notre travail avance. Je ne me plains pas de l'activité des imprimeurs, seulement je leur demanderais un peu plus d'exactitude dans les corrections. Je n'ai pas reçu de vos nouvelles depuis que les feuilles 1-8 vous sont arrivées; ne les auriez-vous pas reçues? Cela m'étonnerait beaucoup, car Dondey m'a assuré qu'il avait pris tous les moyens possibles pour que vous les eussiez sûrement et vite. Je vous serai infiniment obligé de me faire savoir ce qui en est à cet égard. Si vous pouviez aussi m'envoyer vos corrections pour l'errata nécessaire, et qu'il est pressant de rédiger, parce que les imprimeurs le demandent? Tout retard pourrait en effet nous être préjudiciable, parce que, suivant Dondey, il faudra pour brocher et arranger les planches un temps assez considérable. Je vous expose toutes mes raisons, et je m'en rapporte à votre zèle, à votre activité.

Je continue mes études sur le zend et je m'occupe dans ce moment de composer le dictionnaire. Ce travail, qui me met en possession d'un grand nombre de mots, sera la base de ma comparaison du zend et du sanscrit. J'ai écrit, pour fixer mes idées, mon système de lecture. Il est identique dans deux points importants avec celui de M. Rask[1], ce qui, à mon avis, lui donne quelque autorité. En effet, M. Rask n'ayant, comme vous savez, donné aucune raison des corrections qu'il a faites, je ne puis savoir par quel procédé il y est arrivé; j'y parviens par deux voies : le raisonnement et la régularité qui apparaît dans l'alphabet zend, quoique Anquetil l'ait entièrement confondu, et les faits qui sont : 1° l'identité des mots zends et sanscrits, 2° l'orthographe des mots de la doctrine dans le manuscrit zend-sanscrit d'Anquetil. Quant à la suppression de l'*ă* bref que je considère comme un *elif*, je n'en vois pas de trace dans M. Rask, et je le crois cependant indispensable. Je vous en entretiendrai prochainement, car je n'ai ici personne avec qui parler, et je vous soumettrai une singulière objection qui se présente contre ce système. Elle n'est pas à l'avantage de l'antériorité du zend sur le sanscrit.

Je remets dans ce moment l'*Avertissement* pour notre

---

1. Philologue danois, né en 1787, mort à Copenhague en 1832, qui a fait d'importants travaux sur le zend.

Essai à Dondey. J'y paie à l'obligeance de M. Rémusat un juste tribut de reconnaissance.

Écrivez-moi, je vous prie, mon très cher collaborateur, et ne laissez pas languir un pauvre Français dans le pays le plus gai, mais le plus illettré et le moins bouddhiste du monde.

Recevez l'assurance de mon amitié sincère et durable.

Votre serviteur,

E. BURNOUF.

VI.

A M. CHR. LASSEN, à Bonn.

Paris, 4 avril 1826.

Le commencement de cette lettre traite des fautes d'impression relevées dans l'*Essai sur le Pali*, et de la manière de les corriger. Elle continue ainsi :

..... Je vous écris une lettre bien peu intéressante, car la vôtre, qui contenait beaucoup d'observations, avait au moins l'avantage d'améliorer notre *Essai*, ce que la mienne n'a pas. Je vous avouerai que j'aurais bien pu trouver, surtout dans la lecture des manuscrits palis-siamois, matière à un assez grand nombre d'observations neuves ; mais l'insertion eût retardé l'achèvement du travail, événement après lequel j'aspire pour être délivré des absurdes ouvriers de M. Dondey.

Dans ce moment la Société asiatique, qui a tenu sa séance hier soir, languit singulièrement par la maladie subite de M. Abel Rémusat. Il est pris d'un violent mal de gorge qui le tient au lit depuis quatre jours.

Nous avons pu juger hier de l'intérêt, de la vie et de la chaleur qu'auraient ses séances sous un secrétaire tel que M. Garcin[1], si M. Abel Rémusat venait à cesser de l'être, ce qu'il paraît vivement désirer. Je ne sais comment toutes ces choses tourneront ; mais je vous dirai, sous le secret, que M. de Sacy veut frapper un grand coup. Il désire faire exclure de la Commission du journal MM. Saint-Martin[2] et Klaproth, contre lesquels il a une inimitié personnelle qu'il ne déguise plus, et qu'il veut remplacer par MM. Garcin et Grangeret. Vous comprenez la perte que ferait la Société, car M. Saint-Martin, *seul*, fait aller le journal, et il faudrait, je crois, donner aux deux intelligences de MM. Garcin et Grangeret un développement, dont quelques personnes ne les croient pas susceptibles, pour qu'elles pussent remplir la place de M. Saint-Martin. Aussi M. Klaproth, qui a la vue très longue, a-t-il dès longtemps établi une espèce d'asile pour ceux qui voudraient déposer quelque part quelques articles. Il a déjà proposé à MM. Saint-Martin et Rémusat, au cas où le projet, je dois dire destructeur, de M. de Sacy aurait lieu, d'agrandir le cadre du *Magasin asiatique* et d'en faire ce que son nom indique réellement. Je vous dis ces choses n'ayant rien de mieux à vous annoncer.

M. Bopp est ici pour six jours seulement, et il nous

---

1. Garcin de Tassy, 1794-1878, depuis professeur d'hindoustani à l'École des langues orientales vivantes, et membre de l'Académie des inscriptions et belles-lettres.
2. Saint-Martin (A.-J.), 1791-1832, membre de l'Académie des inscriptions et belles-lettres, inspecteur de la typographie orientale à l'Imprimerie royale, rédacteur du *Journal asiatique*, et, jusqu'en 1830, conservateur de la bibliothèque de l'Arsenal.

a donné une scène fort intéressante chez M. Rémusat, en soutenant une thèse contre M. Saint-Martin, sur l'antériorité du sanscrit sur le zend. J'avais causé avec M. Rémusat, qui, généralisant tout de suite quelques-uns de mes résultats, en tirait des conclusions qui tourmentaient M. Saint-Martin. Ce dernier a montré en linguistique et en philologie un système vraiment bizarre, jusqu'à faire venir *datus* de *dator*, par le changement de *o* en *u* et de *r* en *s*!!! Vous concevez combien M. Bopp triomphait. J'ai été heureux de cette discussion, car elle me met pour quelques semaines à l'abri des attaques singulières de M. Saint-Martin.

Quand je serai tout à fait quitte du pali, je vous communiquerai quelques-uns de mes résultats sur le zend. Je ne vais pas vite, parce que le sujet est difficile et que mon temps est assez divisé.

Vous sentez combien j'ai dû être sensible au jugement indulgent que M. de Schlegel a bien voulu vous témoigner en ma faveur; il faut, mon cher ami, que je partage avec vous ce qu'il peut avoir de flatteur; car dans ce travail je ne veux pas dire d'une seule ligne *je* ou *moi*, mais *nous*. Il me reste à vous prier de présenter à M. de Schlegel mes respects très humbles et ma reconnaissance sincère de ce qu'il veut bien penser à moi, quand j'ai si peu de titres pour attirer son attention. Nous devons en commun être satisfaits si un homme de son talent et de son esprit n'a pas trouvé notre travail en général trop au-dessous du sujet.

Adieu, mon cher ami, vous recevrez prochainement la feuille 12, et envoyez-moi vos remarques. J'en ai fait quelques-unes sur les feuilles 9, 10, 11, que je mettrai sur l'errata. Elles sont peu importantes.

Vale et me ama.

E. BURNOUF.

VII.

A M. CHR. LASSEN, à Bonn.

Paris, le 21 avril 1826.

Scriptus et a tergo nec dum finitus Orestes!

Mon cher Lassen,

Je reçois votre lettre du 16 avril au moment même où je me disposais à vous écrire, ce qui ne m'engage que plus à vous répondre. Des deux fautes que vous m'avez indiquées, l'une a été relevée dans l'Index et l'autre m'a échappé. Cela vient de la satiété que je finis par éprouver à voir sans cesse la même épreuve; je suis incapable de m'apercevoir même des fautes les plus choquantes. Du reste, je vous annonce la fin de notre travail; je dois recevoir aujourd'hui ou demain les feuilles 13 et 14 contenant la fin des Notices et l'Index. Voici, à l'égard de ce dernier objet, le parti que j'ai pris : je l'ai fait aussi complet qu'il m'a été possible, cependant j'ai commis quelques omissions difficiles à éviter. Comme en quelques endroits il y a des différences d'orthographe, desquelles on ne peut encore dire si ce sont réellement des fautes ou des variantes, j'ai donné les deux formes en en mettant une entre parenthèses avec *alias* (al.);

par ce moyen nous ne nous compromettons pas. Le petit nombre de fautes qui m'ont échappé dans l'Index se trouvera rectifié par la lecture du texte pour les personnes qui auront la patience de se reporter de l'Index à l'ouvrage même. J'ai mis exactement la page où se trouve chaque mot ; ce qui donne à cet Index un double avantage, celui de Dictionnaire, puisque les mots sont traduits, et celui de Table des règles et principaux faits de la grammaire. Vous ne serez donc pas étonné de ne pas voir dans l'*errata* quelques-unes de vos observations[1].

. . . .

J'avais pris la liberté de disposer toutes ces petites choses sans vous en avertir, car j'ai été véritablement pressé ; la composition de l'Index m'a aussi donné l'occasion de rectifier des fautes dans la traduction de quelques mots, ce qui, au reste, n'attaque nullement l'exactitude de nos règles. Vous recevrez donc très prochainement la fin, et de plus quelques-uns des exemplaires qui vous sont destinés, quand la Société, dans sa séance du 1er mai, aura déterminé le nombre qui vous appartient.

Je quitte, mon cher ami, ces détails insipides pour vous remercier de votre offre obligeante relativement aux renseignements que nous pourrons obtenir de M. Rask sur le pali et le zend. Je ne doute pas que ce savant homme ne puisse en ce genre nous être fort utile, et je suis bien loin de regarder comme inutiles ses observations sur l'alphabet zend, quoiqu'elles

---

[1]. Suit un relevé des corrections proposées par Lassen et déjà mises par Eugène Burnouf dans l'index de l'*Essai sur le Pali*.

soient fort courtes. Il ne serait pas impossible qu'il pût nous faire avoir un fac-similé du *Kammouva*. Vous pourrez, au reste, par l'occasion de notre travail, lui demander à cet égard tout ce que votre prudence jugera convenable.

J'oubliais de vous dire que, M. de Humboldt[1] m'ayant fait demander par M. Klaproth un exemplaire très promptement, je m'occupe à faire brocher mes propres bonnes feuilles, et je les lui enverrai immédiatement. Vous êtes donc délivré de cet envoi. Je me charge également des Anglais, en vous laissant les Allemands.

Je profite, mon cher collaborateur, d'un peu d'espace blanc qui me reste pour commencer mes communications sur le zend. C'est un besoin pour moi d'en entretenir un ami si éclairé et si bienveillant que vous. Voici l'ordre de mon travail : j'étudie avec assez de zèle le zend, pour lui-même d'abord, parce que, comme vous le faites très bien observer, l'étude des rapports sera bientôt faite quand on le connaîtra à fond. Pour cela j'ai l'Izechné (Yadjña) zend-sanscrit, avec la traduction d'Anquetil. Je m'aide de ces deux interprétations, dont la plus exacte et la plus intéressante est sans contredit le sanscrit. Elle contient en outre des gloses et des détails sur les principaux êtres mythologiques, qui sont souvent très utiles. Elle a cela d'important en outre qu'elle avait, au temps

---

1. Guillaume de Humboldt, né en 1767 à Potsdam, mort en 1835, plusieurs fois ministre en Prusse, ambassadeur à Rome et à Londres, avait voué ses dernières années à la philologie. Il entretenait une correspondance active avec J.-L. Burnouf sur l'étude du grec et de la grammaire comparée.

d'Anquetil, environ trois cents ans d'antiquité; mais elle offre avec la version du Zend Avesta français cela de commun qu'elle a été faite sur un original pehlvi.

Mais, en réalité, cette traduction est plutôt une paraphrase qu'une version littérale, ce qui me laisse de grandes difficultés. Ajoutez plusieurs habitudes d'orthographe tout à fait provinciales, *ch* pour *kh* et vice versa; aucune distinction dans les *s*, *sh*, *ṣ*, etc., etc., parfois même du Guzarati, qui m'arrête tout court. Ces obstacles font que je suis bien loin d'aller aussi vite que je le désirerais, et qu'il serait nécessaire pour l'intérêt de mon travail. Cependant, aussitôt que j'ai déterminé le sens d'un mot zend et sa place dans le discours, je le recueille dans mon dictionnaire qui est maintenant fort considérable. Le premier objet que j'ai dû examiner a été la lecture; je m'en suis formé une toute nouvelle, qui admet seulement deux ou trois corrections de M. Rask; elle est fondée sur des raisons purement logiques, puis sur le témoignage irrécusable du manuscrit sanscrit[1].

M. Erskine, dans la dissertation dont vous m'avez parlé, avait remarqué que l'alphabet zend paraissait offrir des traits d'un mélange de deux systèmes alphabétiques d'origine différente; mais il n'avait rien précisé dans ce morceau, qui, du reste, est assez léger. M. Mohl[2], avec lequel, par hasard, je l'ai lu, en porte ce jugement relativement à la partie persane. Et, quant au zend, M. Erskine prouve qu'il n'en a pas la moindre notion. Je crois même que, encore bien qu'il

---

1. Suivent plusieurs exemples de lecture.
2. Voy. l'Appendice, n° VI.

ait écrit à Bombay, il ne connaît les livres des Parses que par la traduction française d'Anquetil[1].

. . . .

Je compte donner prochainement une notice étendue du manuscrit zend-sanscrit, que je mettrai dans le *Journal asiatique* en quatre ou cinq articles, et que je réunirai après en lui donnant quelques développements. J'ai senti la nécessité de ce travail préliminaire, d'abord pour annoncer ici ce dont je m'occupe, ensuite parce que la notice du manuscrit n'eût pu entrer que difficilement dans le travail spécial sur le zend que je prépare. Une fois cette notice publiée, je serai tranquille pour les conséquences, et j'aurai attiré l'attention sur un manuscrit vraiment remarquable. Voilà ce que j'ai de plus nouveau à vous annoncer.

Donnez-moi de vos nouvelles arabes et croyez-moi
Votre dévoué et affectueux ami,

E. BURNOUF.

Si vous avez besoin de moi ici pour traduire en français quelque morceau de critique, je suis à vos ordres.

VIII.

A M. CHR. LASSEN, à Bonn.

Paris, ce 8 mai 1826.

Le commencement de la lettre est relatif au partage et à l'en-

---

[1]. Après quelques remarques grammaticales, Eugène Burnouf fait ici l'examen philologique du nom zend d'Ormuzd.

voi des exemplaires de l'*Essai sur le Pali*, puis Eugène Burnouf raconte qu'il a été nommé secrétaire-adjoint de la Société asiatique.

..... Voilà tout ce que j'avais à vous dire concernant ces arrangements fastidieux. Quant aux nouvelles d'ici, vous les savez déjà, car M. Mohl, que je vois souvent et dont j'aime beaucoup le caractère franc et loyal, m'a dit qu'il vous avait écrit le lendemain même de la séance publique [de la Société asiatique]. Vous savez donc tous les changements qu'on y a faits, et comment l'astre chinois prédomine sur l'astre arabe entraîné comme simple atome dans la révolution rapide et puissante de la constellation de première grandeur. Je me suis trouvé placé aux lieux où Garcin de Tassy ne répandait qu'une lumière douteuse. Cela a excité dans le parti Chézy une rage qui s'exhale par tous les moyens possibles et qui vraiment me cause quelque effroi. Croyez-vous qu'au moment actuel je n'ai pas encore osé porter au *Kaïlasa* l'hommage de notre *Essai?* M. de Sacy n'est pas plus content, et la première fois que j'ai siégé comme secrétaire-adjoint, j'ai pu remarquer son extrême froideur. Mais aussi j'ai vu quelles amitiés et quelles prévenances il avait pour M. Abel Rémusat, d'où j'ai conclu qu'il était bien aise de ne pas faire d'éclat, par la raison, je pense, qu'il redoute l'esprit actif de M. Abel Rémusat. Cela m'a consolé, car, me suis-je dit, je glisserai entre deux à la faveur de l'espèce de crainte que M. Rémusat inspire à M. de Sacy, et je me trouverai inviolable de la puissance d'un autre. Mais tout ceci est tout à fait ridicule.

Je ne puis vous dire rien de bien nouveau relativement à mes travaux. Les tracasseries que j'ai eues pour la fin de notre travail et un peu d'indisposition qui me vient du sang m'ont privé de quinze jours d'étude ; j'espère m'y remettre cette semaine. J'ai adressé à M. Saint-Martin l'article dont je vous parlais sur le manuscrit zend-sanscrit ; mais il ne veut entendre à aucune de mes observations, et cependant il n'avance rien pour les réfuter. Dans un moment de chaleur il est allé jusqu'à me dire qu'il serait obligé d'écrire contre moi. Je lui ai répondu que ce serait le plus grand honneur qui pût m'arriver. M. Abel Rémusat, qui fait ici l'office du génie qui tourmente, me pousse à continuer, pour forcer M. Saint-Martin à se déclarer ; mais, entre nous, si quelqu'un écrit, ce ne sera pas M. Saint-Martin. D'ailleurs, je n'avancerai rien que ce dont je serai aussi sûr qu'il me sera possible, et, si je me permets quelques hypothèses, avertissant le lecteur de ce qu'elles sont, j'aurai soin de ne pas paraître y tenir beaucoup. Je compte même, pour adoucir M. Saint-Martin, lui adresser sous la forme de lettre que je ferai imprimer, un travail préparatoire sur le vocabulaire zend d'Anquetil. J'y rectifierai les erreurs nombreuses et donnerai la correspondance des mots sanscrits. Je ne me refuserai pas les discussions grammaticales qui naissent à chaque instant, et qui certainement sont les plus concluantes dans cette question.

Mais je vous entretiens, mon cher Lassen, de choses de trop peu d'importance, et je vous fais perdre votre temps précieux. — Je vous dirai seulement que j'ai prié M. Abel Rémusat d'annoncer, dans son rapport annuel, votre travail sur le prakrit. Quand vous aurez reçu le rapport de M. Rémusat, je pense que vous le lirez avec intérêt.

Je finis ici et vous salue bien amicalement, en vous priant de me donner de vos nouvelles.

E. BURNOUF.

IX.

A M. Chr. Lassen, à Bonn.

Paris, le 23 mai 1826.

Mon cher Lassen,

Je réponds en une seule fois à vos deux lettres si intéressantes du 9 et du 19 courant. Je commence par la plus ancienne. Vous ne pouviez pas me faire de plus grand plaisir que de prendre ainsi en considération les remarques que je vous avais envoyées, et de me soumettre vos excellents avis[1].

. . . .

Les observations que vous avez ensuite la bonté de me donner sur la question : *Qu'est-ce que le zend?* etc., m'ont vivement intéressé, et je les garde soigneusement pour m'en servir comme d'indications quand j'examinerai ce sujet. Dans l'état où je suis, je n'ai vraiment aucune opinion, tant le sujet est obscur. M. Saint-Martin est le seul qui l'ait considéré historiquement. Il a sans doute une opinion fondée à cet égard; mais je ne la connais nullement. L'opinion que le zend serait une langue étrangère adoptée par un

---

1. Dissertation sur le mot Pahălavïdjandât, dont le résultat est exposé dans l'avant-propos du *Commentaire sur le Yaçna*.

réformateur religieux se rapproche de celle d'Erskine (Mem. of Bombay), qui la considère, je crois, comme du *Sauraseni;* mais je ne sais vraiment sur quoi on peut fonder cette hypothèse. J'aimerais mieux dire, comme vous faites, que le zend a été une langue voyageuse en quelque sorte, mais en ce sens que l'extension de la doctrine de Zoroastre l'a introduite chez des peuples dont les idiomes étaient fort différents; comme aussi les conquêtes que firent les Médo-Perses dans l'Asie durent à leur tour la répandre encore davantage. Mais cela ne prouve pas qu'elle n'ait pu avoir une origine locale, celle qui lui est attribuée par les livres zends eux-mêmes, l'*Iran vedj*, *Iryana* ou *Airyana*, car c'est dans ce pays que s'est toujours prononcé la parole, l'*avesta*, en un mot c'est le siège de la doctrine de Zoroastre. Qu'on trouve maintenant le zend sur les monuments persépolitains, cela ne complique pas la question, et, quand on les connaîtra mieux, cela pourra peut-être aider à déterminer l'antiquité de cette langue, car ces monuments sont d'origine sémitique, et ils prouvent, s'ils portent du zend, que cette langue s'était déjà propagée chez les Sémites, sans doute comme idiome sacré. Au reste, je n'ai rien vu nulle part de vraiment satisfaisant sur les ruines persépolitaines, et, si l'on doit y trouver du zend, on conviendra sans doute qu'il est prématuré de chercher à les déchiffrer sans savoir mieux cette langue.

Je suis bien flatté que vous adoptiez mon explication de *ahoura mazdao*. M. Saint-Martin se refuse à l'admettre, et je comprends parfaitement pourquoi; mais il n'a rien à répondre. Enfin, vous le dirai-je? Il retarde de mettre mon article dans le *Journal asiatique* sous le prétexte qu'il espère me le faire modifier, selon lui dans mon intérêt, et pour que je ne me déconsidère pas par des hypothèses hasardées à mon entrée dans la carrière; mais je consens bien à changer quelques expressions sans toucher le moins du monde aux faits. Mon article ne pourra donc paraître (de plus parce qu'il y a beaucoup de matière pour le *Journal*) avant le mois de juillet. Je le ferai tirer à part et réunir à deux ou trois autres que je ferai suivre. Cela sera fini en automne. Je prendrai la liberté de vous en adresser quelques exemplaires. Dans l'intervalle je compte achever un travail commencé avec ce titre : *Observations sur le vocabulaire zend d'Anquetil*. Ce sera une brochure courte, dans laquelle je ferai connaître le fragment de vocabulaire qu'Anquetil a si indignement mutilé. Cela me donnera l'occasion d'exposer beaucoup de mes idées sur la lecture et sur l'altération des mots en zend. Ces observations seront accompagnées de phrases extraites et expliquées du Zend-Avesta. Le tout sera terminé par la liste des mots. Je donnerai peut-être une planche pour donner des exemples de ma lecture; car je suis très malheureux de ne pas avoir de caractères zends. Tout cela doit m'occuper cet été et m'empêcher d'entreprendre d'autres travaux que j'avais en vue[1].

Je ne finirai pas sans vous féliciter sur la haute marque d'estime que vous a donnée M. de Schlegel en vous chargeant de professer le sanscrit pour lui. Cela vous met au centre de vos études et vous place

---

1. Tous les travaux annoncés ici ont pris place dans le *Commentaire sur le Yaçna* et dans les *Études sur la langue et sur les textes zends*.

dans une situation fort brillante. C'est aussi avec un grand intérêt que j'ai reçu des détails sur votre dissertation relative au Pendjab ; ce sujet est fort curieux, et, avec vos connaissances et votre esprit, vous le rendrez très intéressant ; j'attends de votre amitié pour moi que vous m'en envoyiez un exemplaire. — Soyez convaincu que je suis pleinement à votre disposition pour copier tels extraits du Mahâbhârat que vous désirerez ; ne craignez pas de me fatiguer à cet égard ; c'est pour moi un vif plaisir de pouvoir ainsi vous obliger de loin. Je désirerais être plus instruit et avoir plus de temps ; mais, nous autres Français, nous sommes faits de gaz et d'eau, c'est-à-dire que nous avons la complexion la moins travailleuse du monde, surtout en été.

Il me reste à peine de la place pour vous parler du morceau de M. de Schlegel en réponse à Langlois. La partie philologique en est parfaite. C'est un vrai exemple de bonne discussion ; mais tout le monde ici a trouvé la partie personnelle beaucoup trop forte. On ne veut pas lui proposer de rien modifier ; mais il est, d'autre part, difficile que le morceau soit mis dans le *Journal asiatique*. M. Chézy étant membre de la commission du journal, on serait obligé de le lui soumettre, et jugez de sa fureur ! Je crois que M. Rémusat aura écrit à M. de Schlegel et lui proposera de le faire tirer à un aussi grand nombre que le Journal, en le distribuant en même temps ; ceci est un moyen jésuitique qui donnerait de la publicité au morceau sans compromettre personne. Sans doute que M. de Schlegel le répétera dans son *Indische Bibliothek*.

J'enverrai à Londres l'exemplaire pour M. Reinouard, plus un avec une lettre en commun pour le duc de Sussex, dont M. Bopp nous a fait faire la connaissance à l'occasion du pali. Cette connaissance peut nous être de quelque utilité quand nous aurons occasion d'aller à Londres. J'aurai soin de vous faire parvenir un ou plusieurs exemplaires du rapport de M. Rémusat aussitôt que le très lent Dondey l'aura fait paraître.

J'ai vu le *Mahâgourou* du *Mahâgiri* qui m'a reçu très froidement. Je sais d'autre part qu'il est furieux de l'avertissement de l'*Essai*. Le nom de M. Rémusat lui a paru le signe d'un complot funeste dirigé contre ses jours. Vous verrez enfin dans le *Journal asiatique* un article de M. Saint-Martin sur notre *Essai*. Il vous en adresse par mon canal ses compliments sincères et en paraît assez content.

Adieu donc, mon cher Lassen, voilà pour le moment ce que j'ai de plus neuf à vous dire; mais, au milieu de votre vie savante de Bonn, plaignez quelquefois un misérable Parisien qui vous admire et ne peut vous imiter.

Mon père est bien sensible à votre bon souvenir; il me prie de vous en adresser ses remerciements sincères. Ne serait-il pas bien que vous pussiez déposer mon respect aux pieds de M. de Schlegel, en l'assurant que je donnerai toute mon attention à faire imprimer son morceau?

Vale et me ama.

E. Burnouf.

X.

A M. CHR. LASSEN, à Bonn.

Paris, le 5 juillet 1826.

Mon cher Lassen,

Je vous écris pour vous apprendre quelques nouvelles relatives au pali. Vous saurez donc que j'ai reçu il y a quelques jours une lettre de sir Alexander Johnston[1], auquel notre ouvrage avait été envoyé. Après un assez grand nombre de compliments qui nous sont collectivement adressés, sir Alexander m'annonce qu'il est prêt à mettre à ma disposition deux grammaires palies *en pali*, et il m'offre de faire venir de Ceylan tous les ouvrages que je désirerais. Sa lettre est accompagnée d'un prospectus de trois ouvrages palis traduits en anglais et édités par M. Upham[2]. Ces livres sont le Mahâvansi ou l'histoire de Bouddha, de sa race, etc., le Râdjâvali, que nous connaissons, et le Râdjâratnâkari, autre ouvrage historique, d'un grand intérêt, dit-on[3]. Pendant que j'étais

---

1. Alors vice-président de la Société asiatique de Londres, ancien Grand Juge à Ceylan.

2. Homme de lettres et l'un des officiers de la Chambre des Lords.

3. « C'est pendant que sir Alexander Johnston exerçait les hautes fonctions de Grand Juge à Ceylan que les prêtres bouddhistes, touchés de la tolérance de son administration, vinrent lui offrir les ouvrages auxquels ils attachaient le plus de prix, l'histoire de leur dieu Bouddha et de son culte et un recueil étendu de chroniques cingalaises. Sir Alexander fit faire sous ses yeux une traduction anglaise de ces trois livres, et c'est cette traduction qu'il autorise aujourd'hui M. Upham à publier. » (Eugène Burnouf, *Journal asiatique*, 1826, t. IX, p. 125.)

dans l'enchantement de ces nouvelles, lundi, à la Société asiatique, quelqu'un me demande, et c'est M. Upham lui-même. Jugez de ma surprise ! M. Upham m'annonce qu'il a avec lui les deux grammaires dont sir Alexander m'avait parlé, et, de plus, les trois ouvrages susnommés, et qu'il met le tout à ma disposition. J'ai donc obtenu de lui un rendez-vous ce matin, mercredi, et j'ai vu ces magnifiques ouvrages écrits sur olles, en caractères cingalais[1]. Il m'a sur l'heure laissé les deux grammaires et m'a seulement montré les trois autres ouvrages.

Ce n'est pas tout. Sir Alexander, outre qu'il veut publier la traduction de ces livres et de quelques autres qu'il possède encore, tels que les Sentences philosophiques attribuées à Bouddha lui-même, paraît désirer que le texte pali même paraisse dans un délai plus ou moins éloigné, et il a chargé M. Upham de me faire des ouvertures à ce sujet. Mais il ne m'a rien dit à cet égard de bien positif. Quant à moi, quelque difficile que soit la tâche, je me suis offert avec dévouement, car vous comprenez quelle facilité pour donner un texte fournira la traduction anglaise, que l'on dit fort littérale. De plus, le Mahâvansi contient, outre l'histoire de Bouddha, un exposé de sa doctrine, avec une table explicative des mots philosophiques. Quel avantage pour l'explication du Boromat et des livres chinois sur le Bouddhisme ! Lors donc que toutes ces choses seront plus déterminées avec M. Upham, je vous en informerai, et vous pro-

---

[1]. Nous respectons l'orthographe d'Eugène Burnouf, qui a d'abord écrit *cingalais*. A partir du mois de novembre 1826, il écrit *singhalais*.

poserai de deux choses l'une, ou de vous arranger de manière à pouvoir faire un petit voyage à Paris, pendant lequel nous préparerions le texte; l'ouvrage alors serait sous notre nom commun; ou bien, si vos occupations nombreuses et la direction déterminée et fructueuse qu'ont prise vos études ne vous laissent pas le loisir nécessaire pour vous déplacer, je me chargerai du travail, me réservant de vous consulter dans quelques passages graves. Les explications que vous voudriez bien m'envoyer paraîtraient ainsi duement et exactement sous votre nom.

Mais tout cela n'est que des paroles, car il n'y a absolument rien de fixé avec M. Upham. Il me paraît rempli d'excellentes intentions, et je suis assez libre pour en profiter à mon aise. La misérable carrière des lettres asiatiques ne me rapporte pas assez pour que je me gêne pour elle. Ainsi je me réserve de prendre un sujet suivant qu'il m'amuse ou me déplaît, et je vous avoue que lire en original le texte du Râdjâvali, dont nous connaissons l'importance, pique vivement ma curiosité.

Je n'ai examiné que pendant quelque temps les grammaires dont je vous ai parlé. Elles sont en *Cinhala*. Ce caractère est très fin et ressemble beaucoup au Télinga; c'est exactement votre Râmâyana, cela n'est pas fort aisé à lire, surtout sans alphabet; mais j'en trouverai un dans Cordiner. J'ai cependant lu la formule *namo*, etc. Sur un petit morceau de papier, on lit : *bâlâvatâra*, nom d'une de ces grammaires, et sur le revers je crois voir le mot *pali avatâre*. Ce passage nous donne la vraie orthographe du mot *pali*. Espérons que nous en trouverons bientôt le sens.

Voilà tout ce que je puis vous dire de plus certain jusqu'à présent. Dans une prochaine lettre, je saurai et vous dirai peut-être davantage. Je vous donnerai aussi les détails que je vous ai promis sur une particularité de l'orthographe zende relativement à l'insertion d'un *i* dans les mots où cette lettre n'est pas en sanscrit.

Pardonnez-moi, mon cher Lassen, ma prolixité et ma vacuité toute française, et croyez-moi votre tout dévoué,

E. BURNOUF.

N. B. — M. Abel Rémusat, après avoir, à ce qu'il m'a dit, fait subir quelques modifications à l'article que vous savez bien[1], a convoqué la commission du Journal pour délibérer sur l'admission du morceau. Cette commission se compose de MM. Rémusat, Saint-Martin, Klaproth, Hase[2], Chézy; majorité : 4 contre 1.

Je m'occupe en ce moment de faire insérer dans le *Journal asiatique* le prospectus de sir A. Johnston avec des additions que m'a communiquées M. Upham.

---

1. L'article de Schlegel en réponse à ceux de Langlois. Voyez le jugement qu'en porte Eugène Burnouf dans la lettre du 23 mai 1826.

2. Ch.-B. Hase, né en Saxe en 1780, mort à Paris en 1864, membre de l'Institut (Académie des inscriptions et belles-lettres), professeur à la Sorbonne et à l'École polytechnique, conservateur des mss. à la Bibliothèque nationale, etc.

XI.

A M. Chr. Lassen, à Bonn.

Paris, 26 juillet 1826.

Mon cher Lassen,

Je vais successivement répondre à vos deux dernières lettres et vous expliquer comment je ne l'ai pas fait plus tôt. Votre première, du 2 juillet, m'a trouvé saisi d'une maladie très gênante et qui, pour ne m'avoir pas retenu au lit très longtemps, m'a cependant laissé des infirmités dont je ne sais pas quand je pourrai être débarrassé. C'est un abcès à la gorge, causé, dit-on, par l'inflammation du sang. A peine étais-je un peu mieux que j'ai été repris de nouveau d'une espèce d'inflammation aux entrailles, qui m'a laissé seulement hier la force d'aller à la Bibliothèque royale pour collationner vos passages du Mahâbhârat. Je suis encore bien faible et tout travail m'est presque interdit. Ainsi plaignez-moi, vous qui, libre de corps et d'esprit, pouvez poursuivre avec tant de succès vos études chéries.

Ma collation ne m'a pas donné un grand nombre de variantes ; en voici le relevé, avec des *sic* quand vous avez lu comme moi.

(Suit la liste des mots collationnés par Eugène Burnouf sur le manuscrit de la Bibliothèque royale.)

Voilà, mon cher Lassen, tout ce que j'ai pu trouver dans ce manuscrit, d'ailleurs très mal écrit. Je réponds maintenant à votre lettre du 19.

Les belles espérances dont j'étais si enflammé et

dont je vous avais communiqué l'ardeur par ma lettre écrite la veille de ma maladie, sont, sinon complètement évanouies, au moins ajournées très indéfiniment. Voici comment : pendant ma maladie je correspondais par lettres avec M. Upham, représentant à Paris sir Alexander Johnston. Il désirait publier en pali le texte des trois ouvrages : Mahâvansi, Râdjâvali, Radjâratnâkari. Dès les préliminaires, j'ai vu qu'il n'avait aucune idée de l'entreprise et de son étendue. D'abord il ne voulait, non plus que sir Alexander, faire aucunes avances, et avait résolu, au contraire, d'attendre le nombre suffisant de souscripteurs pour couvrir les frais. J'essayai en vain de lui démontrer que ces sortes d'entreprises ne pouvaient pas procéder ainsi; que, par exemple, si on avait voulu publier ainsi l'*Essai sur le Pali*, il n'aurait jamais paru, tandis qu'une suite de fonds aussi peu considérable que la somme de 16 à 17 cents francs avait mis la Société à même de le publier assez promptement. En conséquence, je lui dis que, dans mon opinion, il fallait avoir devant soi une somme de 15 à 20,000 francs :

1° Pour fondre un caractère pali quelconque, sujet sur lequel on se serait entendu le plus tôt possible (on avait le choix ou du caractère du *Patimokka* ou du caractère barman cursif, représentant très exactement le pali carré, qu'il est, je crois, fort difficile, au moins d'ici à longtemps, d'avoir complet).

2° Pour les frais d'impression des textes en deux volumes.

Je lui proposais de me mettre à la tête de la publication. Je prenais sous ma responsabilité les fonds déposés chez un banquier de Paris et je m'engageais à en rendre compte tous les mois, avec les mémoires des frais. Cette proposition, qui ne me paraît pas exorbitante, l'a presque fait tomber à la renverse. Je n'ai jamais pu le faire renoncer à son projet d'attendre les souscripteurs. J'avais à peine parlé de nous servir du dévanagari, tant cela me semblerait un contresens historique. Je lui dis qu'il serait possible d'employer le caractère européen, ce que désire très vivement M. Rémusat; mais, pour cela, il faut toujours de l'argent; or M. Upham ne veut pas donner un sou; il attend celui du public, qui ne l'emploie guère à ces sortes de choses. Désespéré de la tournure que prenait une affaire si brillamment annoncée, je lui demandai de me confier, au moins pour quelques jours, les manuscrits, pour que je pusse apprécier leur étendue, etc. Jugez de mon étonnement à la vue du seul qu'il m'ait laissé pendant quelques heures. Malgré l'état de souffrance dans lequel j'étais, j'ai pu reconnaître que nos bons Anglais avaient fait la plus singulière méprise qu'il soit possible de voir. Du manuscrit du Râdjâvali je n'ai pu comprendre en tout que *namo Bouddhâya*. Puis venaient des mots à moi inconnus, au milieu desquels étaient semés quelques-uns d'origine indienne, plus sanscrits que palis. Je reconnaissais les noms des rois que nous connaissons déjà; mais le mot de « roi » était invariablement écrit *rădjă* par des brèves. Enfin il y avait des signes en assez grand nombre qui ne me paraissaient pas avoir de valeur en pali, entre autres un petit trait qui surmonte certaines lettres et qui avait quelque analogie avec le virama des Telingas. De là s'élevèrent dans mon esprit des doutes très forts sur la qualité palie du livre. J'examinai la Bible cingalaise et je ne fus pas peu surpris d'y voir l'emploi des mêmes signes que dans mon manuscrit. Incapable de pousser cette vérification très loin, d'une part parce que le manuscrit est fort difficile à lire, de l'autre parce que je n'avais pas sous la main de dictionnaire cingalais, j'ai rendu le Râdjâvali à M. Upham, presque persuadé que j'étais, qu'il doit être en cingalais, ce que je soupçonne aussi devoir être pour le Ratnâkari, autre histoire nationale; mais j'avais encore quelque espoir que le Mahâvansi, ou l'histoire de Bouddha, pouvait être en pali. M. Upham me répondit qu'il partait immédiatement pour Londres et qu'il ne pouvait me laisser ses autres manuscrits à examiner. Il m'annonçait qu'il allait faire faire à Londres des recherches pour savoir en quelle langue ils étaient écrits, que, s'il y en avait en pali, comme il le croyait, il comptait toujours sur moi, etc., etc. Je lui ai répondu que j'étais toujours à son service, et voilà où nous en sommes, lui à Londres, moi à Paris, attendant que Messieurs les Anglais sachent ce qu'ils veulent et ce qu'ils possèdent.

J'ai toujours avec moi les deux livres que sir Alexander Johnston m'a obligeamment prêtés. L'un est une grammaire *Bâlâvatâra*, à laquelle je ne comprends pas grand'chose, je l'ai si peu examinée, et il y a des formules. L'autre, au moins au commencement, n'est nullement un ouvrage de ce genre. Il commence par une histoire abrégée de Bouddha, en slokas, fait très curieux. Cela ne serait pas très difficile à comprendre si on pouvait le lire; mais vous ne pouvez vous figurer rien de plus affreux que le cingalais écrit sur olles au poinçon. Ce sont de vrais cheveux. Avec cela il n'y a pas de groupes; les lettres sont mises à côté l'une de l'autre sans emploi de *virama*, et *tassa* est écrit *tasasa*, ainsi de suite. La mesure seule m'apprendra à lire. Sur un petit morceau de bois qui accompagne le manuscrit, je crois lire *Mahâvaggayi*, ce qui semble signifier *le livre contenant les grandes classes*. J'emploierai le peu de santé que je trouverai cet été à débrouiller le caractère cingalais pour lire concurremment ce manuscrit et la Grammaire. Voilà tout ce que j'ai de plus nouveau à vous annoncer.

Je ne vous dis pas combien je serais charmé que vous vinssiez à Paris dans deux ans. L'amitié qui a commencé entre nous à l'occasion d'un premier travail pourra nous en suggérer, je l'espère, de nouveaux, et je serai toujours aussi heureux qu'honoré si vous voulez bien consentir à faire quelque chose en commun. Il y aura certainement matière à travail.

En attendant, croyez-moi votre dévoué,

E. BURNOUF.

XII.

A M. CHR. LASSEN, à Bonn.

Paris, le 24 novembre 1826.

Mon cher Lassen,

Je suis bien en retard pour vous répondre; mais votre amitié m'excusera quand je vous dirai que des affaires de famille m'ont seules empêché de le faire.

J'ai malheureusement égaré en revenant de la campagne votre dernière lettre, dans laquelle vous m'annonciez l'honneur que M. de Schlegel a bien voulu me faire en m'envoyant deux numéros de sa *Bibliothèque indienne*. Je sais bien que je suis redevable de ce précieux cadeau à votre bon souvenir, et je vous prie d'en agréer ici l'expression de ma reconnaissance. J'aurai l'honneur d'écrire prochainement à M. de Schlegel lui-même et de lui en exprimer toute ma gratitude.

Vous aviez la bonté dans cette lettre de m'annoncer la prochaine apparition de votre dissertation sur le *Pendjab*, et les travaux ultérieurs par lesquels vous vous fondez une belle réputation européenne comme indianiste. Mais, malheureusement, comme je vous l'ai dit, la perte de votre lettre m'empêche de m'entretenir avec vous de ces objets si intéressants.

Je vais vous tenir sommairement au courant du peu que j'ai fait dans ces derniers temps. Vous savez que l'arrivée de M. Upham avec ses manuscrits palis a suspendu mes études sur le zend. Je n'ai pu les reprendre que faiblement, sans pourtant les quitter, parce que je suis entraîné par l'intérêt qui s'attache à la lecture du Mahâvansa, un des ouvrages que sir Alexander Johnston m'a fait remettre. C'est une grande Chronique en vers sur l'histoire de Ceylan. Les renseignements qui y sont contenus sont d'autant plus curieux pour moi qu'ils s'accordent avec le petit nombre de notions historiques que nous avons consignées dans notre *Essai*. Vous ne sauriez croire combien il est curieux de voir les mots et les noms propres de l'histoire de Ceylan avec leur vraie forme palie, tandis qu'elle est si défigurée par le cingalais.

Pour continuer la suite des événements arrivés au

sujet des manuscrits palis, je vous dirai que j'ai reçu de sir Alexander Johnston l'autorisation expresse de publier le texte du Mahâvansa; que M. Rémusat a parlé de ce projet au conseil de l'Imprimerie royale; qu'il a été adopté et que l'ouvrage paraîtra à l'Imprimerie royale, avec des types barmans[1]. On y possède ceux de la Propagande, et je m'occupe de rectifier les caractères qui sont cassés ou ne peuvent servir parce qu'ils sont spécialement usités pour le barman. M. Upham, de son côté, va faire paraître la traduction du Mahâvansa et de deux autres ouvrages cingalais, et il m'a promis pour un délai très prochain une portion de la traduction de la Chronique, ce qui me sera d'un très grand secours. Je pense que, quand j'aurai entendu et analysé exactement 1,000 vers, avec ce secours je serai à même de publier le tout, parce qu'il y a dans cet ouvrage, très platement (non poétiquement) rédigé, un nombre considérable de répétitions. D'ailleurs une matière historique est toujours beaucoup plus intelligible qu'un autre sujet. Voilà l'objet qui m'occupe spécialement.

Chemin faisant, j'ai trouvé occasion de faire quelques rectifications à la partie grammaticale de notre *Essai*. Elles sont de peu d'importance et viennent de ce que les manuscrits de Ceylan sont beaucoup plus corrects que ceux de Siam. J'en ai fait un article court pour le *Journal asiatique*, et je le ferai tirer à part avec

---

1. Ce travail est resté à l'état de projet, comme on le voit par la lettre du 13 mai 1827. Mais il existe une traduction latine du Mahâvansa dans les papiers d'Eugène Burnouf conservés à la Bibliothèque nationale.

des additions[1]. Je vous en adresserai alors huit ou dix exemplaires. Remarquez que ces quelques pages n'ont pas la prétention de compléter notre *Essai*, la tâche serait trop longue, mais seulement de corriger quelques inexactitudes que d'autres pourraient relever. Or il me semble qu'il vaut beaucoup mieux que nous nous critiquions nous-mêmes que d'attendre que d'autres le fassent. J'apprends en effet par M. Lajard[2] que M. Rask s'occupe très activement de pali. Il serait très possible qu'il se fût aperçu des fautes que je relèverai, quoique légères et surtout inévitables dans l'état de nos manuscrits palis. Il paraît qu'il a à sa disposition un grand nombre de livres en cette langue, ce qui doit favoriser ses études. Veuillez, si vous en avez l'occasion, me faire connaître dans votre prochaine lettre par quel moyen je pourrais me procurer le catalogue des livres qu'il a rapportés de l'Inde. Il y a plusieurs années que je l'ai fait demander à Copenhague, et je n'ai jamais eu de réponse.

M. Abel Rémusat est en ce moment occupé à traiter pour l'acquisition d'une collection de livres singhalais et palis, qu'on lui propose pour la Bibliothèque royale ; je ne la connais pas encore, et, aussitôt que je l'aurai vue, je vous en donnerai les détails ; mais, en attendant, veuillez tenir ce renseignement secret.

Adieu, mon cher Lassen, soyez bien convaincu de l'amitié sincère que je vous garde et ne m'en veuillez

---

1. « Observations grammaticales sur quelques passages de l'Essai sur le Pali de MM. E. Burnouf et Lassen, par E. Burnouf. » Paris, 1827.

2. Félix Lajard, membre de l'Académie des inscriptions et belles-lettres, mort en 1858. (Voy. la lettre du 15 mai 1830.)

pas pour n'avoir pas mis à vous répondre toute l'activité dont je voudrais user pour vous servir, si j'en étais capable.

Eug. BURNOUF.

Seriez-vous assez bon pour présenter mes respectueux hommages à M. de Schlegel?

XIII.

A M. le Dr J. MOHL, à Londres.

Paris, 3 janvier 1827.

Monsieur et ami,

Je vous suis infiniment obligé d'avoir pris la peine de mettre sir Alexander et M. Upham au courant de notre entreprise. Quelques expressions d'une lettre de ce dernier m'avaient fait croire qu'il se méprenait sur son vrai caractère; mais l'explication est donnée maintenant, ainsi n'en parlons plus. Je ne m'étonne plus, d'après ce que vous me dites, des causes pour lesquelles il ne se presse pas de me communiquer une partie quelconque de la traduction anglaise. Mais il a bien tort de craindre que je paraisse avant lui. Jugez de ce que peut être l'impression d'un livre dont le premier caractère n'est pas fondu. On ne commencera qu'au commencement du mois de janvier, et vous savez combien ces sortes de travaux entraînent de retards nécessaires. Si donc je demandais à M. Upham quelque peu du commencement de la traduction, ce n'était pas pour paraître avant lui,

Dieu m'en garde ! Cela me paraissait et cela me paraît encore entièrement impossible ; mais je voulais pouvoir présenter quelque portion du texte avec ma traduction faite en sûreté de conscience, afin que la commission chargée de pousser ces travaux n'objectât pas que les personnes qui en étaient les auteurs ne travaillaient pas. En outre, la traduction de 300 vers, par exemple, devait me donner les moyens de continuer avec fruit la lecture du reste du manuscrit. Mais, Dieu et M. Upham le voulant, j'attendrai ; seulement je crains d'attendre longtemps, car quels peuvent être les souscripteurs à un ouvrage oriental dans un pays où les nouvelles nécrologiques sont si peu connues[1] ? Ce sera toujours une grande preuve de votre bonne amitié pour moi si vous voulez bien m'envoyer les épreuves à mesure qu'elles paraîtront, calmer M. Upham sur ses craintes relativement à mon apparition prochaine et lui demander quelques éclaircissements sur un point qu'il m'avait promis de m'expliquer. Il s'agit du caractère birman dont il m'a envoyé fort obligeamment un spécimen. Vous l'en remercierez, si vous avez occasion de le voir, et tâcherez de savoir s'il a reçu ma lettre, fort longue, dans laquelle je lui soumettais mon embarras sur l'emploi de quelques lettres. Vous savez qu'on peut à Londres fournir ces documents, car il y a des missionnaires qui ont surveillé l'impression du Nouveau Testament en pali. Ils me seraient fort utiles, à moi qui suis ici privé de tout secours, pour savoir comment, par

---

1. M. J. Mohl avait raconté, dans sa lettre du 19 décembre 1826, que la Société asiatique de Londres avait songé à élire Rasmussen, le savant danois, dont la mort remontait à plusieurs mois.

exemple, se forment les groupes, etc. Au moment où nous commençons ici la revision du caractère, tous ces éclaircissements me seraient indispensables. Veuillez avoir la bonté de vous entendre avec M. Upham sur ce sujet.

Je suis fort honoré de l'attention que M. Haughton a bien voulu faire à mes remarques sur sa belle édition de Manou[1]. Entre nous elles étaient de trop peu d'importance pour qu'il les prît en considération. Présentez-lui mes hommages très humbles et dites-lui que je serai toujours honoré d'être en relation avec lui, mais que sa science variée éloignait de ma part toute autre idée que celle du respect. Ceci est sincère, car je savais tout ce qu'on dit de l'amabilité et du savoir de cet homme respectable[2].

Vous me demandez des nouvelles d'ici. En sais-je? Je pourrais aussi bien, et mieux, vous en demander à vous, qui êtes à Londres, au centre du pays qui fait la paix, la guerre, le froid, le chaud, tout ce qu'il lui plaît, au moins. Nous ne savons ici quel bien la guerre ferait à l'Angleterre, mais nous conjecturons qu'elle nous ferait, à nous, beaucoup de mal. Nous avons trois à quatre bateaux qui sont à l'aise sur tous les océans du monde et s'étonnent de prendre si aisément leurs ébats ; ce à quoi on mettra bon ordre de votre côté ; il s'agit d'une somme en millions qui ferait sourire de

---

1. Voy. l'article d'Eugène Burnouf sur le Mânava dharma shastra or the Institutes of Manou, éd. G. Haughton. (*Journal asiatique,* 1826, t. IX, p. 243-255.)

2. Sir Graves Chamney Haughton, auteur de cette édition des lois de Manou, d'une Grammaire et d'un Dictionnaire bengali, associé étranger de l'Académie des inscriptions et belles-lettres, mort à Saint-Cloud près Paris, le 28 août 1849.

pitié les Anglais, mais qui, nous autres, nous ruinerait de fond en comble.

La guerre ou la paix, d'ailleurs, ne sont pas les sujets qui nous occupent le plus vivement. On offre à notre méditation deux projets sur le jury et la presse qui font beaucoup causer. Pour moi, je regarde tout cela de mon quartier latin, où l'on s'occupe beaucoup de droit et de médecine, et beaucoup moins de politique qu'on ne serait tenté de le croire. Je suis livré complètement, pour ma part, au pali et au zend, dans mes moments de loisir.

Si vous me faites l'amitié de répondre à cette lettre, malgré vos travaux que je conjecture devoir être fort grands, dites-moi si vous pouvez ravir quelques instants au Schah-nameh pour le Zend-avesta. J'ai fait, il y a quelques jours, la connaissance de M. Olshausen, mais je ne l'ai pas encore pratiqué assez pour savoir s'il est très avancé. Il m'a montré une dissertation de M. Rask, d'environ 40 pages in-12, insérée dans les *Mémoires de la Société de Copenhague*. Il y a là quelques faits, mais peu de preuves. Dans l'état d'ignorance où est le public à l'égard du zend, ce n'est pas ainsi, ce semble, que doit être fait un livre. D'ailleurs vous connaissez probablement déjà ce dont il s'agit. M. Olshausen a eu l'extrême complaisance de m'expliquer une partie de ce mémoire, car je ne sais pas le danois.

Il se pourrait faire que vous entendissiez parler à Londres de la Collection *Mackenzie*, je crois, qui se compose d'un grand nombre d'inscriptions indiennes, de médailles, etc. Veuillez me dire, si vous en avez occasion, si elle est arrivée à Londres.

Voilà bien des choses que je vous demande, c'est bien abuser de votre temps; mais vous m'en offrez l'emploi si cordialement que je ne puis m'empêcher de vous demander ces services, si toutefois ils ne vous causent pas trop de dérangement.

Je vais faire vos commissions près de MM. Cousin[1] et Guigniaut[2], et je vous prie de présenter mes devoirs respectueux à sir Alexander et à M. Upham.

Agréez l'hommage de mon amitié sincère.

Si vous avez ici besoin de quelques renseignements, dites-le-moi.

Tout à vous,

Eug. Burnouf.

XIV.

A M. Chr. Lassen, à Bonn.

Paris, 6 janvier 1827.

Mon cher Lassen,

Je reçois avec une vive reconnaissance la lettre amicale et curieuse que vous avez bien voulu m'adresser. J'étais avide de vos nouvelles et je suis heureux de les recevoir accompagnées de détails scientifiques si intéressants.

---

1. Victor Cousin, l'illustre philosophe, professeur à la faculté des lettres, membre de l'Institut, pair de France, ministre de l'Instruction publique, etc., né à Paris en 1792, mort en 1867.

2. M. Guigniaut, l'excellent ami de la famille Burnouf, professeur au Collège de France, secrétaire perpétuel de l'Académie des inscriptions et belles-lettres, etc., né en 1794, mort en 1876.

D'abord, pour le Tabari[1], je vais en parler à M. Saint-Martin. Ensuite, pour le zend, je vous dirai que j'ai entre les mains la dissertation de M. Rask, dont vous avez eu la bonté de me parler. Voici comment elle y est venue. J'ai fait, chez M. Rémusat, la connaissance d'un de vos compatriotes, M. Olshausen, qui étudie le zend et le pehlvi. Je ne l'ai pas encore assez pratiqué pour voir s'il est bien avancé. Il ne sait pas le sanscrit et je suis entièrement convaincu que, sans l'étude de cette langue, on ne peut que très lentement avancer dans celle du zend. Il a eu la complaisance de m'expliquer une partie de la dissertation danoise, et j'ai pu en porter exactement le même jugement que vous. Ce travail est extrêmement incomplet et ne traite que peu de points, et encore le fait-il superficiellement. Il me prouve que M. Rask n'a pas fait de grands pas hors des ténèbres où nous a laissés Anquetil Duperron; ceci soit dit entre nous, car mes observations n'empêchent pas qu'il y ait des faits dans ce morceau avec des remarques ingénieuses. Quand j'aurai reçu la traduction allemande, cela sera un peu moins obscur pour moi. Je prierai M. Saint-Martin d'en faire insérer la traduction française dans le *Journal asiatique*. J'en ferai l'examen critique dans le même journal. Dans cet examen, je ne compléterai pas, vous pensez bien, les vides qu'a laissés M. Rask. Il faudrait pour cela un gros volume, que j'ai dessein de publier quand j'aurai réuni tous les faits nécessaires. Mais je puis montrer en attendant que M. Rask n'est pas complet, même sur les points qu'il traite[2].....

1. La Chronique arabe de Tabari, historien musulman du xe s.
2. Suivent des remarques sur la déclinaison des mots zends.

En un mot, je pense comme vous que le point sur lequel doivent se diriger toutes les recherches est la détermination exacte des rapports du zend et du sanscrit. Il se passera bien du temps avant qu'on puisse, avec les matériaux que nous possédons, faire une grammaire complète et un dictionnaire zends. Mais ce qu'on trouve de grammaire dans ces livres, on peut l'extraire et le comparer au sanscrit, terme tout à fait connu. Je tâcherai de faire cela relativement à ce qu'a donné M. Rask, car il n'a pas vu du tout les rapports saillants qui unissent les deux langues. Le reste de mes recherches paraîtra dans un ouvrage spécial, auquel je travaille avec le plus d'activité que je puis, ou qu'on peut à Paris. Dans l'impossibilité de réunir une grammaire complète, je me suis arrêté à un plan un peu bizarre, qui certainement ne plaira pas aux lecteurs français (mais ils sont si peu nombreux!), mais qui me paraît le seul qu'on puisse prendre. Je traite successivement et suivant leur importance des noms des êtres divins mentionnés dans le Zend-avesta. Je rassemble tous les passages des textes qui en parlent, et après j'en extrais la grammaire de ces mots. J'ai déjà examiné ainsi : *Ormuzd*, *Mithra*, les *Amschaspands*, *Bordj*, *Hom*, *Djouti*, *Zour*, les *Gah*. J'y joindrai une liste d'autres mots qui se reproduisent souvent, le *soleil*, la *lune*, la *terre*, etc., comparant sans cesse le zend au sanscrit. Comme les observations grammaticales seront ainsi sans ordre sous des titres divers, je ferai un résumé avec des tableaux de tous les faits contenus dans cette variété d'articles. Mais cela est long, et les jours sont si courts pour le travail dans notre malheureuse ville!

En attendant, je recevrai avec reconnaissance la traduction allemande de M. Rask, et je vous en remercie d'avance.

Veuillez être assez bon pour présenter mes humbles respects à M. de Schlegel et me croire toujours votre tout dévoué,

Eug. BURNOUF.

M. Rémusat va prochainement faire paraître la traduction du *Foë kouë ki*, ou voyage bouddhique dans l'Inde.

XV.

A M. CHR. LASSEN, à Bonn.

Paris, 13 mai 1827.

Mon cher Lassen,

Il y a bien longtemps que je voulais vous répondre ; mais j'ai travaillé beaucoup dans ces deux derniers mois, et j'attendais de jour en jour le départ de M. Olshausen, qui passe par Bonn et vous remettra cette lettre avec mes compliments. Notre communauté d'études, puisque nous nous occupons tous deux de zend, a occasionné entre nous un rapprochement dont j'ai tout lieu d'être flatté. On peut dire que M. Olshausen a pour la science le même amour que vous, avec le même désintéressement, et aussi peu de jalousie, passion qui est très connue des orientalistes français. C'est un caractère très honorable et que j'aime beaucoup, quoique je ne le connaisse pas depuis très longtemps.

Je ne puis vous donner rien de nouveau relativement à mes études. J'ai commencé à rédiger un mémoire sur le zend. La traduction de M. Rask se faisant attendre, j'ai renoncé à mettre des observations dans le *Journal asiatique*, comme on m'en priait ici, parce qu'elles n'eussent pu être accompagnées de tous les développements nécessaires. Je donnerai tout ensemble, parce que, dans un sujet aussi neuf, il ne peut y avoir trop de preuves et trop de moyens de contrôle. J'en suis assez avancé (à la déclinaison en *ou*), et j'avais l'espoir d'avoir fini dans deux mois, quand sir Alexander Johnston a eu la complaisance de m'envoyer une grammaire palie en pali et en singhalais. — Vous vous rappelez probablement que je vous ai déjà parlé d'un ouvrage de ce genre que j'avais reçu avec le Mahâvansa; mais je n'en avais pas été aussi satisfait que je l'espérais, parce que c'était un commentaire singhalais sur une grammaire en pali dont le texte n'était pas reproduit par le commentaire. — Le nouvel ouvrage, au contraire, que m'envoie sir Alexander Johnston, contient le texte pali d'une grammaire avec des exemples et un commentaire singhalais. Cet ouvrage est extrêmement curieux, et il me servira à faire une grammaire palie complète, que j'espère avoir achevée prochainement si l'état de ma santé continue à être aussi bon et aussi propice pour le travail.

Dans ce moment, je suis extrêmement occupé à copier cette volumineuse grammaire de 108 pages très longues, écrites en singhalais très menu, et que sir Alexander ne veut me laisser que deux mois; mais j'espère obtenir un délai.

Une fois la copie faite, je reprendrai la suite de

mon zend et je commencerai à rédiger la grammaire palie; cela ne sera pas très difficile, au moins dans nos idées; car je ne pense pas que, pour une langue comme le pali, il soit nécessaire de donner une *ausführliche Lehrgebaude*. Cela serait à n'en plus finir si on voulait faire des dissertations sur les rapports du sanscrit et du pali; il faut que la connaissance du sanscrit se sente dans une grammaire palie, mais ne se montre pas trop. Au reste, je demanderai à votre amitié quelques conseils en temps et lieu.

Nous allons avoir prochainement un caractère barman à l'usage du pali, dont j'ai surveillé la gravure à l'Imprimerie royale. C'est une acquisition très importante. Je voudrais avoir plus d'un manuscrit du Kammouva, je le donnerais immédiatement. M. Saint-Martin m'a engagé à rédiger, en une feuille ou moins, un alphabet pali afin de faire connaître le caractère. Il a dessein de populariser ainsi tous les caractères que possède l'Imprimerie royale. Cela fera une collection comme celle de la Propagande, avec cette différence que les types seront plus beaux.

Quant au Mahâvansa, je suis loin de pouvoir en dire des choses aussi favorables que pour les objets précédents. Vous savez que je n'aurais jamais osé me charger d'un tel travail sans le secours d'une traduction anglaise, que je comptais employer comme dictionnaire. Mais figurez-vous que celle que sir Alexander Johnston et master Upham m'avaient promise n'existe pas. Ce qu'ils ont à Londres et ce qu'ils vont publier est une traduction anglaise d'une traduction hollandaise d'une paraphrase singhalaise du texte pali. C'est le Mahâvansa, comme ce couteau auquel on avait mis sept lames et dix manches; c'était toujours le même. Cela est une nouvelle preuve de l'exactitude que mettent nos amis d'outre-Manche dans leurs travaux. Malheureusement pour moi, j'ai la certitude que cela ne pourra pas m'être d'un grand secours. Aussi j'ai obtenu que M. Rémusat, dans le rapport des travaux de la Société, n'annonçât mon travail que comme conditionnel. Comme je ne l'ai dit qu'à un très petit nombre de personnes, je puis prendre autant de temps qu'il m'en faut pour acquérir les connaissances nécessaires pour achever cette entreprise.

Adieu, mon cher Lassen, pardonnez-moi ma mauvaise écriture; je suis très pressé pour remettre cette lettre à M. Olshausen, qui va partir.

Tout à vous,

Eug. Burnouf.

Auriez-vous la complaisance de présenter mes humbles respects à M. de Schlegel?

Est-ce que vous avez renoncé à donner l'Amaracocha?

XVI.

A M. Chr. Lassen, à Bonn.

Paris, 15 juillet 1827.

Mon cher Lassen,

Je profite du départ de M. Bonar pour répondre à votre très obligeante lettre accompagnée de l'envoi du mémoire de M. Rask. Je vous suis infiniment reconnaissant de cet envoi, d'autant plus que, faute de communication avec l'Allemagne, à cause de Dondey-Dupré, nous ne savons pas ce qui paraît dans ce pays et nous ne connaissons pas le moyen de nous le procurer.

Je porte à peu près le même jugement que vous sur le mémoire de M. Rask. Ce savant n'a, à ce qu'il me paraît, qu'une connaissance très superficielle de la langue zende, idiôme qui demande, pour être étudié à fond, presque la même attention que le sanscrit et qui est moins intelligible, parce qu'on a, pour cela, beaucoup moins de secours. Il a donc dû, puisqu'il voulait absolument faire un mémoire, se livrer à des hypothèses en très grand nombre, mais qui ne me paraissent pas de nature à satisfaire tous les lecteurs. Il me semble que le zend ne doit pas être ainsi considéré. Il faut avouer franchement qu'on ne sait ce que c'est que ce mot zend, qu'à peine peut-on dire où et quand la langue a existé; enfin, il faut laisser *in obscuro* toutes les questions historiques auxquelles cette langue peut donner lieu. Mais, d'un autre côté, il reste une matière fort vaste aux recherches dans l'étude grammaticale, qui, j'en suis de plus en plus persuadé, ne peut se faire avantageusement qu'au moyen d'une comparaison avec le sanscrit. C'est, au moins, comme j'ai conçu qu'un mémoire sur le zend pouvait mener à quelque résultat philologique.

Je vous remercie beaucoup de la trop bonne opinion que vous avez de moi relativement à cet objet. J'ai rédigé presqu'en entier mon travail, que je ferai probablement paraître en deux parties si je suis pressé par quelque circonstance de paraître avant l'achèvement du tout. Sinon, j'attendrai pour publier tout ensemble. Mais je rencontre un grand obstacle dans l'absence d'un caractère zend. Vous ne sauriez croire à combien de méprises on est exposé en se servant du caractère européen pour certaines consonnes de l'ancien alphabet persan, et, pour ma part, je ne suis nullement flatté de certains caractères de l'invention de M. Rask. J'ai déjà bien souvent parlé à M. Saint-Martin de la nécessité de faire graver à l'Imprimerie royale un caractère zend. Mais sa bonne volonté est arrêtée par les grands frais dont menace cette entreprise, parce qu'il faudrait faire graver un nombre très considérable de poinçons pour les entrelacements des queues de certaines lettres, et encore serait-il très difficile d'obtenir une ressemblance complète avec les manuscrits, qui, en ce genre, se permettent de grandes licences[1].

J'ai grande hâte de juger de tout l'intérêt qu'aura votre ouvrage sur le Pendjab. Connaissant le sanscrit aussi bien, et surtout ayant lu une si grande variété de textes, il est impossible que ce mémoire ne soit d'une très grande utilité. Si vous le permettez, j'en rendrai compte dans le *Journal asiatique*, ou, s'il y a moyen, dans le *Journal des Savants*, en en obtenant l'autorisation.

M. Mohl va faire, comme vous savez, un bien beau voyage dans l'Inde[2]. Il est capable de rendre, à diverses branches de la littérature orientale, de très grands services. Je l'ai prié de me rapporter d'Allemagne le *Rosen*, dont je crois comme vous que l'uti-

---

[1]. Le manque de caractères zends obligea Eugène Burnouf à faire lithographier à ses frais son édition du Vendidad-Sadé.
[2]. Voy. l'Appendice, n° VI.

lité pourra être considérable dans l'état des études indiennes.

En France, il n'y a rien de nouveau. Personne ne travaille; on respire le frais, on jouit du chaud; nous sommes de vrais animaux sensitifs. Il y a seulement, à la Société asiatique, une petite révolution en train, dont le résultat est de dégager la Société des mains de Doudey, et conséquemment de nous donner de l'argent, dont nous avons bien besoin, car nous sommes très bas.

A propos de ce sujet, ayez la complaisance de présenter à M. Freytag[1] mes très humbles respects, et soyez bien convaincu que la lettre que je lui ai écrite était officielle. Dans toute autre circonstance, je ne lui aurais adressé que l'expression de mon respect. Dites-lui bien que M. Rémusat pousse vivement pour qu'on lui fournisse des encouragements; mais si vous saviez combien la Société est pauvre! On tremble de prendre des souscriptions à un livre dont on ne saurait que faire ici, quand tant d'entreprises sont languissantes.

Adieu, mon cher Lassen, tenez-moi au courant de ce qui se passe dans votre laborieux pays et croyez-moi votre dévoué,

E. Burnouf.

Ma nouvelle adresse est : Place de l'École de médecine, n° 13.

---

[1]. Professeur d'arabe à l'université de Bonn, correspondant de l'Institut, mort en 1861.

XVII.

A M. Chr. Lassen, à Bonn.

Paris, 8 septembre 1827.

Mon cher Lassen,

J'ai reçu avec un vrai plaisir votre dernière lettre, où vous m'annoncez la suite de vos travaux et notamment la fin et la publication de votre dissertation sur le Pendjab. J'attends avec une bien vive impatience ce livre, que je n'ai pas encore reçu. Je suis bien satisfait d'apprendre que vous avez trouvé assez de faits nouveaux pour composer un second mémoire. Aussitôt que j'aurai reçu votre livre, j'en rendrai immédiatement compte au *Journal asiatique*.

Je n'avance pas aussi vite que je voudrais. Les travaux que je suis obligé de faire sur le pali retardent l'achèvement de mon travail sur le zend, qui, cependant, est fort avancé. Il y a, d'ailleurs, un autre obstacle, c'est l'impossibilité presque absolue d'imprimer aucun mot zend avec le caractère européen. M. Saint-Martin, qui, à l'Imprimerie royale, est très zélé pour faire fondre de nouveaux caractères, paraît avoir tout à fait oublié le zend, dont cependant il parle tous les jours.

La grammaire palie, que je rédige, avance assez; elle pourra être complète dans trois ou quatre mois. Ce qui me retarde, c'est que je suis obligé de lire une grande quantité de textes afin de trouver des exemples. Cependant, ce travail ne doit pas être trop étendu, parce que ce qui ne sera pas dit dans la grammaire palie pourra être suppléé par le sanscrit avec assez de facilité. En même temps, et comme complément de ce travail, je m'occupe du dictionnaire pali, que je fais pour mon utilité personnelle et que je publierai peut-être plus tard[1]. Tout cela me prend le peu de temps que me laisse la vie dissipée et oisive de Paris.

Il n'y a pas de nouvelles orientales ici. La Société asiatique ne fait rien, parce que l'état de ses finances ne lui permet pas les grandes entreprises. Si nous étions aussi riches qu'à Londres, certains travaux plus ou moins intéressants pourraient se publier. Mais le zèle des membres se sent de l'état des fonds, et je suis vraiment étonné de savoir ce qu'on pourra présenter à la séance de l'année prochaine. Nonobstant cet état critique, la Société vient, dans sa séance du mois de septembre, de décréter qu'une somme de mille francs serait appliquée à l'encouragement de l'entreprise de M. Freytag[2]; vous pouvez lui faire part de cette nouvelle, s'il ne la sait pas déjà *by some of the leading members*. Mais je ne puis rien vous dire sur la manière dont on disposera de cette somme. Cela sera l'objet de la séance du mois d'octobre.

M. Olshausen, qui s'occupe beaucoup de zend, est de retour à Paris; il m'a exprimé le regret de ne pas vous avoir pu rencontrer à Bonn. Si M. Bonar est encore dans votre ville, ayez l'extrême complaisance de me rappeler à son souvenir et de lui transmettre

---

1. La Grammaire palie n'a jamais été publiée, non plus que le Dictionnaire. Les matériaux de ces ouvrages presque achevés sont conservés à la Bibliothèque nationale, avec tous les papiers d'Eugène Burnouf donnés par sa veuve.

2. Une édition du Hamasa, recueil de poésies arabes.

l'expression de ma reconnaissance pour le précieux cadeau de la grammaire singhalaise qu'il a bien voulu me faire. Son intention est-elle d'aller à Berlin ? Sinon, j'aurai l'honneur de lui écrire à Bonn.

On a reçu de bonnes nouvelles de Schulz[1]. Il était à Erzeroum, à ce que je crois sans en être bien certain.

Si, dans votre seconde dissertation sur le Pendjab, vous avez besoin de quelques extraits ou collations du *Mahâbhârata*, mettez-moi, je vous prie, à contribution de la manière la plus libre. Je suis ici complètement à vos ordres.

Veuillez croire à mon affection sincère et en agréer le témoignage.

Eug. BURNOUF.

XVIII.

A M. CHR. LASSEN, à Bonn.

Paris, 25 octobre 1827.

Mon cher Lassen,

Je sais bien que vous êtes si occupé que je ne me

---

1. « M. Schulz, professeur à l'Université de Giessen, membre de la Société asiatique, est parti de Paris au milieu de l'été de 1826 pour exécuter un voyage littéraire dans l'Orient, et particulièrement dans les provinces qui forment l'empire persan.

« Nous allons donner aujourd'hui les extraits des lettres qu'il nous a adressées pendant son séjour à Constantinople et à Arzroum. »

(J. Saint-Martin, dans le *Nouveau Journal asiatique*, 1828, t. I, p. 68.)

sens pas le courage de vous en vouloir lorsque vous ne m'écrivez pas. J'apprends toujours par vos lettres à quels intéressants travaux vous vous livrez et quelles curieuses publications vous préparez. Une de celles que je désirerais le plus de voir est votre dissertation sur le Pendjab, que je n'ai pas encore reçue. Je compte bien sur votre amitié pour ne pas m'oublier dans votre distribution parisienne. Je n'ai pu voir M. Rémusat ces jours passés et n'ai pu lui demander si le *Journal asiatique* admettrait des morceaux en latin. Je ne puis vous répondre exactement à cet égard; mais ce dont je puis vous assurer, c'est que, si vous avez besoin de moi ici pour cet objet, comme pour tout autre, mes services vous sont acquis.

Je ne puis que vous féliciter sincèrement d'avoir occasion de faire un cours de sanscrit; rien n'est si utile pour bien apprendre que d'être forcé d'enseigner. Il paraît, en même temps, que vous avez fait de grands progrès en arabe, puisque vous comptez faire et que vous faites déjà des publications relatives à cet objet. En vérité, je ne sais où vous pouvez trouver le temps nécessaire pour faire tant de choses.

M. Cousin vous a exagéré (comme c'est son habitude) l'importance de mon travail sur le zend. Je n'ai encore que des notes, dont peu sont complètement rédigées; cela n'est pas un livre. Quand j'y aurai mis la dernière main, il ne vaudra pas encore grand'chose. Ce qui me fâche, c'est que je n'ai pu en tirer aucun résultat historique, car, quoi qu'en dise l'école des *fleuristes*, comme dit M. Mohl, je ne puis aimer autre chose que le bon sens et le positif. Quant à M. Saint-Martin, il n'est pas hostile, mais plutôt lent quant à ce qui regarde la gravure d'un caractère zend. M. Olshausen (duquel je ne puis dire autre chose sinon qu'il vous ressemble par la droiture du caractère et la rectitude de l'esprit) l'a presque décidé à faire commencer cette besogne avec l'année 1828. Si elle était de nature à aller vite, j'aimerais mieux attendre, car c'est une chose terrible que d'imprimer du zend en caractères européens.

Mon temps ne peut, du reste, pas être donné tout entier à la philologie zende. Je suis sur le point de terminer ma grammaire palie, que je commencerai d'imprimer au plus tard dans quatre mois. Je suis occupé à finir la conjugaison, pour laquelle on ne peut trop rassembler d'exemples, sauf à ne pas les mettre tous en usage. Je dois commencer par ce travail, parce que M. Saint-Martin a eu la complaisance vraiment scientifique de faire graver à l'Imprimerie royale un caractère barman, dont il faut que je me serve aussitôt qu'il sera fini.

Où en est le Ramâyana? Suppliez donc M. de Schlegel de faire paraître rapidement son premier volume, et les suivants le plus tôt possible, ne fût-ce que pour faire périr de dépit certaines personnes que M. Mohl appelle du bétail oriental et dont je pourrai bien quelque jour vous entretenir plus au long. Il y a ici des gens qui crèvent d'envie et de jalousie basse de voir ce qui se fait, dans les langues orientales, hors de chez eux, qui ne font rien. Mais vous en savez déjà quelque chose, et il ne vous manque que la description détaillée de certaines espèces nouvelles dont s'enrichit le troupeau des fleuristes. Nous en parlons souvent, nous deux M. Mohl. Vous faites bien aussi très fréquemment le sujet de nos entretiens. Mais comment se résigner, à Paris, à dire du bien et toujours du bien? Pour dire du mal, il faut vous oublier et penser à certaines autres personnes tout à fait divertissantes. Il en est auxquelles il ne manque qu'un peu d'esprit pour être tout à fait absurdes.

Quant à vous, mon cher Lassen, vous êtes de ceux qu'on aime à voir à Paris pendant que vous y êtes et qu'on regrette quand vous n'y êtes plus; aussi devez-vous y revenir pour le chinois.

Votre dévoué et affectionné,

Eug. Burnouf.

Présentez mes humbles respects à M. de Schlegel et dites-lui que, s'il a ici des envieux, il a, en revanche, des admirateurs.

XIX.

A M. Chr. Lassen, à Bonn.

Paris, 15 décembre 1827.

Mon cher Lassen,

J'ai un peu tardé à vous exprimer mes remerciements sincères pour le cadeau que vous m'avez fait, d'une part, parce que je voulais le lire en entier et avec attention, de l'autre, parce que j'ai été dérangé par quelques affaires personnelles. Je ne saurais vous dire avec quel plaisir j'ai étudié votre Dissertation. Elle me paraît excellente, pleine de science et d'esprit, inattaquable sur tous les points. Vous y énoncez des conjectures qui, pour moi, de la manière dont vous les présentez, sont des vérités. Je suis entièrement convaincu de la bonté de votre correction : *Bâhîka* pour *Bâhl*. De même, vous insistez sur la distinction de *Pantchanada* et *Pantchâla;* cela me paraît très vrai. Vos explications des noms conservés par les anciens me paraissent parfaites; enfin, le tout est présenté avec une clarté et une méthode qui sont tout à fait dans le goût français. Je vais m'occuper très prochainement d'en faire un extrait, dans lequel j'énoncerai publiquement combien ce travail me paraît neuf et précieux. Je ne suis pas le seul ici qui pense ainsi; M. Rémusat a été fort content de votre Dissertation, ainsi que M. Klaproth. Maintenant, votre devoir est de nous donner les Sères.

Je n'ai rien de nouveau à vous annoncer. On dit (car je vais rarement m'en informer) que M. Chézy avance dans sa Sacountala. Dieu le souhaite!

Vous avez pu voir, par le *Journal asiatique*, que je composais un petit texte bien léger, agréable, fleuri et galant, en un mot français, pour une collection de dessins sur l'Inde[1], lesquels sont assez vrais et exécutés avec beaucoup de soin ici. Voici comment je me suis trouvé engagé dans cette misère, pour laquelle je sens que j'ai besoin de m'expliquer avec vous, qui

---

1. Les premières livraisons de cet ouvrage, qui forme deux volumes in-folio, portaient ce titre : « L'Inde française ou Collection de dessins lithographiés représentant les divinités, temples, costumes, physionomies, meubles et armes des peuples hindous qui habitent les possessions françaises de l'Inde et en général la côte de Coromandel et le Malabar, par MM. Géringer et Cie, avec un texte explicatif, par M. E. Burnouf. »

n'accueillez avec raison que les travaux solides, positifs et véritablement scientifiques. Un voyageur français, qui a séjourné six ans au Malabar et au Coromandel, s'est amusé à dessiner un assez grand nombre de costumes de castes diverses, puis à peindre quelques individus appartenant aux classes avec lesquelles il était le plus en relations. Voyant que sa collection s'avançait, il y a joint quelques cérémonies, et de là est résultée une masse de représentations dont la vue peut être assez amusante pendant un quart d'heure. De retour ici, connaissant M. Rémusat, il lui a demandé de lui faire un texte d'une page devant chaque dessin pour l'expliquer. M. Rémusat a pensé à moi et m'a fortement engagé, malgré la légèreté du travail, à m'en charger, afin de ne laisser échapper aucune occasion qui pourrait me faire un titre, auprès de notre gouvernement, pour l'avenir. Il pense, d'ailleurs, que c'est un préjugé de croire qu'il faille laisser faire ces notices aux hommes tout à fait ignorants. Il ne voit pas pourquoi ceux qui savent un peu les langues ne les composeraient pas eux-mêmes, ne fût-ce que pour ne pas donner trop de notions inexactes. Ces dessins ont, d'ailleurs, un caractère de localité qui les rend assez curieux, et les noms des langues du sud, telles que le Tamoul et le Malabar, sont si mal écrits par les voyageurs qu'il n'est pas tout à fait inutile de rectifier ces notions peu rigoureuses. Vaincu par ces raisons, je me suis fait descripteur de l'Inde à la page. Aussi, vous jugez comme cela doit être beau! Dire en une page ce que c'est que Brâhma et autres! Mais enfin, on fait des phrases sur la couleur du vêtement et autres belles choses qui plaisent aux dames. Car il arrive que, n'ayant pas beaucoup de place pour entrer dans de grands détails, on ne dit rien du tout, et pas même autant qu'on pourrait le faire dans l'espace accordé. — Au reste, cela n'ira pas jusqu'à vous, et je compte me laver bientôt à vos yeux par quelques recherches plus sérieuses sur le zend et le pali.

Veuillez, cependant, mon cher Lassen, agréer l'assurance de ma parfaite amitié et me croire, avec un entier dévouement,

Votre tout dévoué serviteur,

Eug. Burnouf.

XX.

A Mme Eugène Burnouf, chez M. Poiret, à Roissy[1].

Paris, 12 mars 1828.

Ma bonne petite,

Je suis bien délicieusement ravi de ta charmante lettre. Que je suis content que tu ailles mieux! mais combien je te conjure de ne pas en abuser! Je n'ose pas te répondre sur le fait du retour, car tu sais combien je désire que tu sois avec moi. Mais tu sais aussi que je serais profondément affligé si je te voyais subitement retomber par suite du petit tracas auquel tu serais obligée de te livrer. Quand on a su ici que tu voulais revenir lundi, on a hautement improuvé cette idée. Ton père m'en a parlé d'un ton très affecté et il m'a dit que, pour sa part, il y mettrait toute l'oppo-

1. Voyez l'Appendice, n° IV.

sition possible. Quant à moi, je me suis mis hors de cause, bien décidé à ne te rien dire et à faire absolument comme tu voudras, bien persuadé que tu seras convaincue que les dangers et les embarras d'une rechute n'affligeraient personne plus profondément que moi.

Je vais tout disposer pour pouvoir partir samedi, et non dimanche. Tu me verras quelques heures plus tôt, et ton bon petit cœur n'en sera pas fâché.

J'ai reçu un deuxième spécimen de l'Agnipourâna. Je dois probablement recevoir une feuille samedi; je l'emporterai avec moi si je vais te trouver. Lafont a repris le caractère sanscrit, et je lui ai signé 37 poinçons gravés d'une manière parfaite. Le pali est de même complètement fini, et Macagni m'a apporté ce matin les cinq vers du Mahâvansa dont j'ai besoin dans mon article, lequel, de cette façon, sera dans le numéro d'avril[1]. Le pali est venu très bien et très lisible. Je te montrerai ce spécimen.

Tu vois, mon cher cœur, que je ne manque pas d'occupation. J'ai fini complètement hier, mardi, le texte des six sujets de l'Inde française; mais je n'ai encore rien reçu de l'imprimerie, ce qui me tourmente un peu. Je suis allé chez la colorieuse, pour voir quelques sujets; il y en avait deux : le portrait et un droguiste. Je n'ai pas vu du tout qu'il y ait, dans les lithographies, ce mieux dont parle M. Géringer[2] chaque fois qu'il me voit. Le droguiste n'est pas trop

---

1. « E. Burnouf : Lettre à M. le rédacteur du Journal asiatique sur l'alphabet tamoul. » (*Nouveau Journal asiatique,* avril et octobre 1828, t. I, p. 257-290; t. II, p. 244-277.)

2. L'auteur des dessins de l'Inde française.

mal, mais le portrait est insoutenable. La colorieuse m'a dit qu'il lui était impossible de rien faire avec de si horribles lithographies. Il est de la même main que Mouttavira, qu'elle a eu toutes les peines du monde à rendre tolérable. Aussitôt que je verrai M. Géringer, je lui donnerai une graisse terrible. Je le menacerai de la perte de ses souscripteurs et lui dirai que le gouvernement ne prendra pas les exemplaires convenus si on ne lithographie pas mieux. Cela sera convenu avec M. Rémusat. Cette mesure l'effraiera sans doute et l'engagera à mieux faire.

Tu vois, ma chère bonne amie, que je te conte toutes mes affaires; car qui peut y prendre plus d'intérêt que toi?

. . . .

Je ne sais si tu pourras lire cette lettre, je l'écris très vite dans le cabinet de papa, pendant que ton père, qui vient d'arriver, déjeune; s'il a à sortir, je ne veux pas qu'il attende.

Adieu, chère amie, adieu.

Ton bien-aimé,

EUGÈNE.

XXI.

A Mme EUGÈNE BURNOUF, chez M. POIRET, à Roissy.

Paris, 21 mars 1828.

. . . .

J'ai pu, mardi, commencer une série de courses nécessaires, comme tu vas le voir : primo, le matin, à 8 heures, chez Schubart, pour lui dire qu'il ait à envoyer le papier qu'il voudra chez Dondey. J'avais donné le bon à tirer de la première demi-feuille dès jeudi, et lundi, en rentrant, je trouve une lettre de Dondey qui demande du papier à cors et à cris; le lentissime Schubart n'en avait pas encore envoyé, et croirais-tu qu'aujourd'hui mercredi, à 10 heures du soir, je n'ai rien reçu de l'imprimerie, d'où je conclus qu'on n'y a pas encore de papier. Ainsi, on avance beaucoup à se presser avec tous ces animaux-là ! Heureusement que le premier pas est, avec Schubart, le seul qui coûte, car, une fois le papier livré à l'imprimerie, je ne m'inquiète plus de lui et je n'aurai plus que Dondey sur les bras, ce qui est bien suffisant. En second lieu, Schubart m'apprend que l'écrivain qui s'était chargé de dresser ma planche, pour mon article, et de la préparer au graveur a jugé la chose trop difficile et n'a rien fait. L'animal n'a pas cru digne de lui de nous en donner avis, de sorte que nous voilà en plan avec notre planche. Je n'ai plus qu'une ressource, c'est de la lithographier moi-même, ce qui va me tenir au moins une grande journée en deux fois. Pour comble de malheur, quoique ce hâbleur de Schubart m'eût promis que j'aurais le manuscrit de la Bibliothèque, que j'ai mis dans les mains du graveur dans la journée de mardi, ce soir je ne l'ai pas encore vu.

Autre accident : Lundi, je rentre, je déjeune et glisse chez M. Saint-Martin. En arrivant, déluge de reproches : « Où est votre planche ? et surtout votre « article ? Voilà 12 jours qu'on vous a envoyé l'épreuve ! « D'où vient que vous ne l'avez pas encore corrigée ?

« Votre article commençant le numéro d'avril, le
« Journal est par là suspendu, on ne peut le conti-
« nuer. Je voulais vous en parler chez M. Rémusat ;
« mais je ne vous y ai pas vu. » Tu conçois dans quel
toliboire je me trouvais, content comme une carpe
dans un grenier. Heureusement, j'exhibe mon agenda
et je prouve à M. Saint-Martin que j'ai remis l'épreuve
à Schubart. Nouvelles transes : l'animal l'aura perdue !
Aussitôt, c'est-à-dire après une conversation de deux
heures, je file au quai Voltaire, de l'Arsenal, j'arrive
chez Schubart, je fais un bruit d'enfer dans son bureau
et je finis par trouver sur la table mon article, qui
attendait sans doute, pour se réunir à ses confrères
du Journal, l'heure du jugement dernier dans la célèbre
et très élastique vallée de Josaphat. As-tu jamais vu
tant de malheurs à la fois? J'ai cru que ma tête en
péterait. Enfin, j'en suis dehors, sauf ma planche que
je n'ai pas encore et que je vais sommer Schubart de
me donner demain matin.

Rien de neuf ici, ma chère bonne ; maman va mieux,
elle est sortie aujourd'hui, et, pendant ce temps, est
venue Victoire[1] avec Mme Delaporte. Maman était
allée chez Mme d'Est-Ange, et ta sœur me disait ici
qu'elle a la fièvre de lait, est au lit et ne peut nourrir.
Voilà les nouvelles.

Dis à ton papa qu'il se tranquillise sur le compte
de l'*Histoire de Napoléon ;* je lui en apporterai deux

---

1. Mlle Victoire Poiret, depuis Mme Laverne, née en 1806 et
enlevée le 14 septembre 1890 à la respectueuse affection de sa
famille, dont elle était le chef depuis la mort de Mme E. Burnouf,
sa sœur aînée. Le fils unique de Mme Laverne a épousé en 1865
la plus jeune des filles d'Eugène Burnouf.

volumes : III et IV, et bientôt deux autres ; l'ouvrage se continue et finira bientôt.

Adieu, adieu, ma chère et toute bonne, je suis horriblement pressé pour aller dire bonsoir là-bas ; cependant, je veux t'écrire avant, t'embrasser la première, et encore la dernière, et toujours, c'est-à-dire comme je t'aime, et pour la vie.

Ton bien-aimé, qui ne respire que pour toi,

EUGÈNE.

XXII.

A M. CHR. LASSEN, à Bonn.

Paris, 30 avril 1828.

Mon cher Lassen,

Je suis bien coupable d'avoir tardé si longtemps à vous répondre ; mais, en premier lieu, j'ai été un peu dérangé par une indisposition dans ces derniers temps, et, de plus, je n'ai jamais pu trouver votre lettre, dans laquelle, je crois, vous me demandiez des détails sur le singhalais. Je ne sais absolument rien de cette langue, quoiqu'il existe un assez bon nombre de manuscrits palis et singhalais nouvellement acquis par le zèle de M. Abel Rémusat. Il m'a semblé, en les parcourant, que la langue singhalaise (je ne parle que de celle des livres) se composait presque exclusivement de mots sanscrits et de mots palis, les premiers étant évidemment plus nombreux que les seconds et offrant de grandes facilités pour l'intelligence des textes. Les mots palis y sont peu fréquents, encore est-il permis de douter si les mots qui ont cette apparence n'ont pas été produits à Ceylan par l'altération naturelle du sanscrit (analogue, mais non identique, au pali proprement dit), au lieu d'être des mots pris des textes palis eux-mêmes, dont la langue me paraît être, rigoureusement parlant, l'idiome sacré des Singhalais. Les mots sanscrits ou palis passés dans la langue de Ceylan y sont assez irrégulièrement apocopés et revêtus de désinences en fort petit nombre et particulières à la grammaire de ce pays. Ces désinences, qui sont quelquefois de plusieurs syllabes, me paraissent être de véritables particules douées d'un sens propre. La conjugaison est formée sur le plan de celle de tous les idiomes dérivés; elle a un verbe auxiliaire et toutes les conséquences de ce système. La langue me paraît devoir être assez claire, et elle vaudrait bien la peine d'attirer un peu l'attention des philologues. Je crois que vous vous formeriez une idée suffisante de cet idiome dans l'ouvrage, mauvais il est vrai, de Chater[1], car, avec votre merveilleuse sagacité et votre grande habitude des dialectes de l'Inde, vous suppléerez aisément à ce qui lui manque.

Vous êtes plus que moi au courant de la malencontreuse aventure arrivée à M. Loiseleur des Longchamps, qui voulait faire imprimer, aux frais de la Société, une édition de l'*Hitopadesha*. Dites-moi donc, bien sérieusement, si M. de Schlegel a dessein de donner la sienne? Quelle que soit votre réponse, je vous

---

1. « A Grammar of the Cingalese language, by J. Chater. » Colombo, 1815, in-8°.

promets le plus grand secret. Je me trouve en ce moment dans un rapport assez peu agréable avec M. L. des Longchamps, voici comment : La publication de Wilson sur le théâtre hindou a été pour moi une occasion de parcourir le recueil assez riche de ce que nous possédons à la Bibliothèque du roi. J'ai déjà lu le Urvashi et Vikrama, et j'avais commencé le Moudra Rakchasa et le Ratnâvali quand, subitement, M. Loiseleur est venu me requérir de lui communiquer les manuscrits. Je ne suis pas dans la disposition d'un Monsieur que vous connaissez bien et qui voudrait bien avoir toutes les bibliothèques chez lui pour que nul n'y pût travailler. Aussi lui ai-je promis successivement les manuscrits ; mais cela me dérange un peu, car j'avais dessein d'examiner avec le texte, critiquement, trois pièces de Wilson, et je ne pourrai maintenant faire ce travail que sur une seule. Comme je sais que vous avez copié un bon nombre de drames, ayez la bonté de me dire, aussitôt que vous le pourrez, et seulement par un mot très court, quels sont ceux sur lesquels vous avez travaillé ; je les laisserai de côté, et M. Loiseleur ne vous en serait pas fâché, car il tremble de commencer de nouveau un texte, dans le dessein plus ou moins rapproché de le publier, et de le trouver préparé par un autre. L'*Hitopadesha* l'a rendu singulièrement timide. Je crois me rappeler que vous avez donné une attention particulière au drame de Moudra Rakchasa. Veuillez, au reste, me donner là-dessus les détails qui s'accorderont avec votre intérêt ; je tiendrai secret ce que vous voudrez, et ne dirai à M. Loiseleur que ce que vous voudrez que je dise. Cette lecture que j'ai commencée des drames m'intéresse beaucoup, et elle m'a fait jeter les yeux sur le prakrit, que j'ai étudié à cette occasion avec curiosité et pour lequel j'attends votre précieux travail. Le Ramâyana paraît-il?

Nous avons maintenant à Paris M. de Humboldt[1], homme éminent par sa haute intelligence des langues, et surtout excellent homme et fort indulgent. C'est un de ces hommes honorables et bons, comme l'Allemagne en a beaucoup.

Quand donc venez-vous à Paris, mon cher Lassen? Mohl va partir pour l'Inde; me laisserez-vous ainsi seul, livré aux *bêtes?* Dites-moi un peu, quand je n'aurai plus Mohl pour me moquer des *fleuristes*, que deviendrai-je? Je n'aurai à qui parler. Il faut absolument que vous veniez en France. Il y a de gros traités *Nyaya* et *Sankhya*[2] qui vous attendent. Et le chinois que vous devez apprendre!

En attendant que nous vous possédions, je suis heureux de me dire,

Votre dévoué et fidèle serviteur,

Eugène BURNOUF.

XXIII.

A M. CHR. LASSEN, à Bonn.

Paris, ce 2 juin 1828.

Mon cher Lassen,

Je m'empresse de profiter du recouvrement d'un

---

1. Guillaume de Humboldt.
2. Deux doctrines philosophiques des Indiens.

peu de santé pour vous répondre. Malheureusement, j'ai perdu votre lettre et ne sais pas si elle ne contenait pas quelque renseignement intéressant, dont je serais heureux de profiter; mais j'espère la retrouver plus tard. Vous m'y parliez, je crois, des drames sur lesquels vous avez fixé votre attention, le Moudra Rakchasa et *Dhurt. Sam.* Si vous avez besoin, par la suite, de quelques revisions pour telle ou telle partie de ces textes, dont j'ai parcouru les manuscrits, l'un avec le secours de Wilson, l'autre à cause de sa brièveté, et sans me flatter d'entendre tout, vous savez que je suis à votre service pour tout ce qui pourra vous être agréable. J'ai travaillé avec beaucoup d'attention l'Urvashi et le Ratnâvali; malgré les difficultés que présente le prakrit du premier de ces drames, j'ai pu me convaincre de l'étonnante infidélité de la traduction de Wilson.

Mais ce n'est pas tout : cette malheureuse Urvashi m'a bien puni de mon audace. Elle a attiré sur ma tête l'inévitable malédiction d'Indra. Nouvelle Briseïs, elle a jeté la discorde dans le camp des Grecs. Vous comprenez très bien que, quand Indra se met en colère, ce ne peut être que pour quelque céleste beauté, et que, quand il s'arme de ses foudres pour disputer à un profane un trésor précieux, ce n'est ni un traité de philosophie, ni de mythologie, ni d'histoire. En d'autres termes, et sans figures, je m'occupais tranquillement dans mon lit de l'espoir d'être bientôt débarrassé d'une terrible colique néphrétique, quand M. Chézy me fait demander le manuscrit de l'Urvashi-Vikrami, parce que : 1° il croit avoir remarqué des pensées communes à cet ouvrage et au Sacountala ; 2° qu'il croit que Wilson n'a pas rendu tout très exactement ; 3° qu'il veut faire l'analyse et la critique de cette pièce dans sa préface de Sacountala. Comme je commençais à peine à me tenir sur mes jambes, mon père, que vous connaissez sans doute pour un des mortels les plus modérés, et je dirais presque en anglais *backward*, voulut bien se charger d'aller dire à M. Chézy que je faisais sur ce drame exactement le même travail que lui, qu'il était déjà fort avancé et que j'en perdrais inévitablement le fruit si, avec sa supériorité dans l'intelligence de la poésie sanscrite, M. Chézy entreprenait une critique de cet ouvrage. Il lui dit enfin que ce serait *écrémer* mon travail. A ce mot populaire, qui exprimait avec précision le genre de tort que pouvait me faire M. Chézy, et l'intérêt que je pouvais avoir à ne lui prêter le manuscrit que quand j'en aurais tiré ce que je voulais, le vénérable patron des lettres indiennes s'enflamme d'une colère indicible. « Eh quoi ! « (voici quelques-uns de ses termes) n'est-ce pas lui « qui a écrémé *mon* travail, quand, il y a deux ans, « avec *son* Lassen, il n'a pas craint de faire ce pitoyable « pali contre moi. Leur pali, c'est du prakrit, et votre « fils devait bien savoir que je devais quelque jour « m'occuper de prakrit. » J'espère que vous sentirez la force de tous ces mots, surtout de ceux que je souligne ; et sans doute vous serez fier comme moi qu'un petit travail de commençant, avec ses fautes, ait pu à ce point exciter l'envie du maître. Cette phrase a été le commencement d'un débordement de bile. Rien de ce que je lui ai entendu dire de M. Abel Rémusat n'a égalé, à ce que mon père m'a assuré, la violence de sa philippique.

. . . .

Mais je m'aperçois que je ne vous entretiens que d'absurdités. Il n'y a pas de mal cependant que vous connaissiez la carte de nos régions orientales. Vous verrez que tout y est en émoi, et vous ne vous en étonnerez pas, connaissant les hommes.

Pour parler de choses sérieuses et de personnes vraiment respectables, je vous dirai que j'ai vu M. G. de Humboldt, avec lequel j'ai eu de longs entretiens sur le zend. C'est un homme étonnant pour la science, la sagacité et la hauteur dans les vues. Sa conversation est particulièrement féconde. Je compte bien, quand il repassera par Paris au mois de juillet, lui représenter de nouveau mes hommages et profiter de ses lumières. Je lui ferai alors vos compliments. J'avais reçu votre lettre après qu'il était parti pour Londres. Ayez donc la bonté de me dire où et quand a paru sa dissertation sur le *duel*, dont vous me parlez.

Adieu, *mon* cher Lassen (je dis *mon*, Chézy dit bien *son*). Ma prochaine lettre sera, je l'espère, moins pleine de puérilités ; mais, quelque chose que je vous écrive, croyez-moi toujours, avec les sentiments de l'amitié la plus véritable,

Votre tout dévoué,

Eugène BURNOUF.

Présentez mes respects très humbles à M. de Schlegel, s'il vous plaît.

XXIV.

A M. Chr. Lassen, à Bonn.

Paris, 1ᵉʳ juin 1829.

Mon cher Lassen,

Il y a bien longtemps que je n'ai reçu de vos nouvelles; mais je m'explique votre silence par le nombre des occupations dont vous êtes chargé. J'espère cependant que vous me répondrez un petit mot à cette lettre, ne fût-ce que pour me prouver que vous n'avez pas oublié notre ancienne liaison.

Vous recevrez très prochainement, par la voie de Schubart et Heidelhof, qui vous l'enverront par Strasbourg, la première livraison de la publication que j'ai commencée et qui comprend la plus grande partie des textes zends que possède la Bibliothèque du roi[1]. Ma première livraison comprend le texte zend de l'ouvrage nommé *Vendidad Sadé*, que vous connaissez par la traduction d'Anquetil, mais qui, en réalité, diffère tant de cette paraphrase inexacte. Il y aura dix livraisons de texte, ce qui fera un volume in-folio de près de 600 pages. J'en adresse également un exemplaire à M. de Schlegel, auquel je vous prierai de le présenter en mon nom et avec mes très humbles respects. Le seul mérite de cette publication est de livrer

---

1. « Vendidad Sadé, l'un des livres de Zoroastre, publié d'après le manuscrit zend de la Bibliothèque du roi, avec un commentaire et une traduction nouvelle, par Eugène Burnouf. Paris, 1829-1843. » 1 vol. in-fol. en dix livraisons, lithographié aux frais de l'auteur.

enfin au public ces fameux textes de Zoroastre sur lesquels on n'a tant disserté que parce que on ne les connaissait pas. Maintenant on dissertera encore, ne fût-ce que pour montrer que ce qu'on a dit jusqu'ici est, ou inexact, ou même ridicule; mais au moins on aura une base, le texte même, et j'ose vous assurer qu'on aura pour plusieurs années de travail, si on veut expliquer à fond ces livres qui donnent lieu à tant de curieux problèmes. C'est au moins l'opinion que je m'en suis formée en rédigeant un commentaire explicatif, que je donnerai après ou peut-être même en même temps que le texte. J'y essaie un commencement d'interprétation, grâce à la ressemblance du zend avec le sanscrit; mais à vous dire vrai, quoique ce travail m'ait coûté quelque peine, et doive m'en coûter encore, j'y attache bien moins d'importance qu'à la publication du texte même. Par là j'ai la certitude de rendre un service quelconque à la littérature orientale; car maintenant, avec le Zend Avesta d'Anquetil et l'original lithographié d'après le manuscrit même avec un soin dont, je crois, vous serez satisfait, pour ignorer ce qu'est la langue zende, la doctrine de Zoroastre, etc., il faut le vouloir. Vous ne sauriez croire quel effet la seule apparition du texte a produit sur certaines personnes, quels conseils prudents on m'a donnés sur la nécessité de ne pas sortir du domaine de l'Inde, pour ne pas m'aventurer dans des hypothèses que je pourrais plus tard me repentir d'avoir avancées! J'ai été inflexible et j'ai publié, *seul*, et *à mes frais*, un travail qui, en réalité, ne pouvait guère être entrepris que par un libraire courageux ou riche. Mais je compte sur l'Allemagne et sur les Universités de ce pays, qui, certainement, voudront avoir un exemplaire de ce texte curieux. Vous devez sans doute, par votre position, être lié avec les bibliothécaires de Bonn et d'Heidelberg. Je vous serai bien obligé, si vous pouvez m'en faire prendre un exemplaire par chacun de ces établissements. Vous pouvez leur dire que la chose est de quelque intérêt, puisque je n'en fais tirer que cent exemplaires et que mes relations me forcent d'en donner à beaucoup de personnes.

Adieu, mon cher Lassen, portez-vous bien et donnez-moi quelque signe de vie.

Tout à vous de cœur,

Eugène BURNOUF.

Seriez-vous assez bon pour me donner votre opinion sur le mérite d'un livre de Rhode sur la mythologie indienne dont je ne connais pas le titre, et sur l'Histoire de la philosophie par Windischman? N'ayant pas plus de communication avec l'Allemagne que nous n'en avons, nous ne pouvons connaître le mérite réel d'ouvrages que nous désirerions avoir, mais qu'aussi nous pourrions nous repentir d'avoir achetés.

XXV.

A M. CHÉZY, à Paris[1].

Paris, 21 décembre 1829.

Monsieur,

J'apprends par M. Jouy, qui doit lithographier une

---

1. Communiquée par M. le Prof. Löwenfeld, de Berlin, qui a bien voulu nous envoyer la copie, faite par lui-même, de quatre

feuille du manuscrit de Sacountala, que vous êtes sur le point de terminer votre belle édition de ce drame. Comme vous m'avez fait connaître, il y a plusieurs mois, votre désir de comparer quelques passages du drame d'Urvashi qui peuvent offrir de la ressemblance avec divers endroits du Sacountala, je m'empresse de vous communiquer le manuscrit même de l'Urvashi, en vous priant d'avoir la bonté de me le renvoyer quand vous en aurez fait l'usage que vous désirez. Si vous n'avez pas eu plus tôt ce manuscrit entre les mains, c'est que je m'occupais de le traduire pour en publier le texte avec une version latine et des notes. Cette traduction est achevée, et j'eusse commencé à la faire paraître, sans quelques passages en prakrit pour lesquels la traduction de Wilson ne me paraît pas un secours suffisant.

J'ose réclamer, Monsieur, de votre complaisance, que vous ne communiquerez pas à d'autres personnes un manuscrit qui a été pour moi l'occasion d'un travail long et pénible. C'est d'ailleurs le seul des drames de la Bibliothèque royale qui soit en ce moment entre mes mains. J'ai cru inutile de l'y reporter, et j'ai préféré le remettre directement à vous-même, parce que j'espère en reprendre la traduction aussitôt que vous en aurez achevé l'examen.

Veuillez agréer, Monsieur, l'assurance du respect avec lequel j'ai l'honneur d'être,

Votre très humble et très obéissant serviteur,

Eugène Burnouf.

lettres et de deux notes, lesquelles sont tout ce que la Bibliothèque de Berlin possède d'autographes d'Eugène Burnouf.

XXVI.

A M. Chr. Lassen, à Bonn.

Paris, 8 janvier 1830.

Mon cher Lassen,

Ne m'accusez pas de négligence pour ne vous avoir pas répondu plus tôt. J'attendais de jour en jour l'arrivée de votre édition de l'Hitopadesha pour vous en remercier et, en même temps, vous en faire mon compliment. Autant que j'en puis juger, c'est une édition excellente, faite, comme tout ce que vous ferez, avec talent et exactitude. Je me promets surtout bien du plaisir à lire vos notes; comme il y a dans l'Hitopadesha des styles assez différents, elles ne peuvent manquer, avec la connaissance profonde que vous avez du sanscrit, d'être extrêmement profitables.

Je n'ai pu retrouver la dernière lettre que vous avez bien voulu m'adresser, et je ne puis espérer pouvoir répondre à toutes les observations que vous m'y adressiez.

Je me rappelle seulement *Stuyé*, qui commence le Vendidad. J'ai tout lieu de croire que c'est ainsi qu'il faut lire et que c'est une barbarie de la langue zende. Je me fonde sur ce que tous les manuscrits donnent *Stuyé* et, ensuite, sur ce que je crois avoir remarqué que, quand en zend on a à joindre *é* avec la voyelle *u*, on met entre deux un *y*, qui semble, dans ce cas, n'être qu'une « bindevokal; » ainsi je trouve, au datif de *tanu*, *tanuyé*.....

Quant au second mot : *Staônem*, c'est, je crois, une

faute du manuscrit, que j'ai dû donner, puisque je ne fais que calquer un manuscrit et n'ai pas prétendu donner une édition. Mon Commentaire fera voir la vraie leçon.....

Au reste, mon cher Lassen, pour peu que vous vous y livriez, vous saurez toutes ces misères bien plus vite et bien mieux que moi, et j'ai la conviction que, si vous voulez publier vos remarques sur le zend, les miennes seront tout à fait inutiles. Quelque parti que vous preniez à cet égard, mes notes, qui s'élèvent en ce moment à deux forts volumes in-8°, sont tout à fait à votre service ; disposez-en comme d'une chose vôtre, et ne craignez pas de me mettre à l'épreuve. Je serais trop heureux de fournir quelques pierres brutes à vos ingénieux travaux.

Auriez-vous la complaisance de me donner quelques détails circonstanciés sur le prix de l'impression du sanscrit à Bonn? Dondey est ici horriblement cher, et d'ailleurs le caractère de Berlin a été fondu trop mal; il est à peu près détruit par la Sacountala et le Manou. J'aurais quelque envie de publier, comme étude sur la langue sanscrite, un poème attribué à Bhartrihâri (à tort, je crois), qui n'est autre qu'un Râmâyana poétique, mais avec de très grandes beautés de langage. Le poème n'a guère que trois ou quatre mille vers. Je donnerais des extraits de deux commentaires récemment publiés à Calcutta et que je possède depuis quelque temps. Cela ferait un volume in-8°. Le tout pourrait être prêt à publier en août. Ayez la bonté de me dire ce que vaut, texte et notes, la feuille, argent de France.

Recevez, mon cher Lassen, la nouvelle assurance

de ma bien sincère amitié et du désir que j'aurai toujours de faire ici quelque chose qui vous soit agréable.
Votre tout dévoué,
Eugène Burnouf.

XXVII.

A M. Jules Mohl, à Londres.

Paris, 15 avril 1830.

Mon cher ami,

J'ai certainement un remerciement à vous faire pour l'envoi d'un exemplaire de *Mackenzie Collection*, qui m'a été adressé par M. Auber de la part de la Cour des Directeurs. Il m'est évident que c'est à vous ou à Briggs[1], peut-être à tous les deux, que je dois cet honneur agréable. Si c'est seulement à M. Briggs, remerciez-l'en pour moi bien sincèrement.

Vous avez dû recevoir une lettre de Mohammed; il m'a envoyé, pour me demander votre adresse, un de ses petits billets bien secs, comme sa respectable personne, et passablement polis s'ils étaient écrits au bottier. D'autre part, Ampère[2] m'a adressé, avec un exemplaire pour vous, que je garde pour votre retour, un discours fort spirituel sur l'histoire de la poésie. Hormis cela, rien de neuf ici, si ce n'est que je me

---

1. Voy. Appendice, n° V.
2. J.-J. Ampère, né en 1800, mort en 1864, membre de l'Institut, professeur de littérature française au Collège de France, fils de l'illustre physicien.

suis violemment décidé à écourter le Rapport[1], en le réduisant au simple exposé de ce qu'a fait le Conseil, c'est-à-dire à quatre pages. Il m'est venu un beau matin à l'esprit que je serais fort ridicule d'aller faire l'aimable à propos d'ouvrages que je n'ai jamais vus de ma vie, que je ne verrai jamais, et que je pourrais voir des siècles sans y rien comprendre. A. R. a pu, pendant sept ans, se donner ce genre ; mais il ne me plaît pas d'être sa seconde édition. Notez bien que c'est lui qui m'a, en quelque sorte, suggéré cette idée de rentrer dans le cadre primitivement tracé par le règlement ; puis, ô profondeur du cœur humain ! il s'est fâché tout rouge quand il a vu que je l'avais pris au mot. Mais, Dieu merci, je connais la mesure de ses éloges et de ses colères, et, si je pouvais avoir une opinion dans ce grave sujet, je penserais qu'il est flatté de voir un des « Dii minores gentium » reculer modestement devant son astre.

Je ne vous aurais pas écrit ces choses qui tournent au stupide, si je n'avais cru pouvoir profiter de l'occasion de M. Allen, qui est venu me voir. J'oubliais de vous dire que Brosset[2] est de plus en plus admirable ; ce jeune homme se surpasse chaque jour ; il vient de nous *délivrer* un morceau sur le roman de Tariel d'un fini, d'un poli, d'un parfum ! Je vous jure que les mots manquent pour parler de ces beautés ; c'est cent fois mieux que le « Mulet. »

---

1. « Rapport annuel sur les travaux de la Société asiatique, en 1829-1830, par E. Burnouf, secrétaire. »

2. Orientaliste français, né à Paris en 1802, qui se fixa plus tard à Saint-Pétersbourg. Il s'occupait surtout de la littérature et de l'histoire de la Géorgie.

Faites, je vous prie, mes compliments à nos amis les gentlemen; et, si vous avez deux minutes avant de vous coucher, jetez à la poste trois lignes pour me donner de vos nouvelles.

Vale et me ama.

E. Burnouf.

XXVIII.

A M. Jules Mohl, à Londres.

Paris, 15 mai 1830.

Mon cher Mohl,

J'ai reçu hier votre lettre, et j'y réponds tout de suite, car j'ai un si violent mal de gorge que je ne sais pas si je serai sur mes pieds demain.

Je vous remercie mille et mille fois des livres que vous m'avez achetés, et je suis un peu honteux des peines et courses que ces acquisitions doivent vous donner; je ne puis cependant pas m'empêcher de vous prier d'ajouter au crédit que vous voulez bien m'ouvrir une somme d'environ 150 fr. pour quelques livres qui vous tomberaient sous la main. Mais je vous prie, au nom de votre fièvre, de ne pas faire un pas pour cela. Quand vous vous trouverez chez Parbury, mettez la main sur ces bouquins particuliers qui deviennent rares si vite, comme le Dictionnaire barman de Judson. Je suis vraiment ravi de posséder le *Bhootánta* et le *Hamilton*. Ajoutez à vos complaisances celle de dire à votre groom de faire de ces livres, ou de la partie qu'il vous plaira, un paquet que vous ferez porter chez Würtz, ou autre part, à votre plus grande commodité; il me semble que vous seriez terriblement chargé s'il vous fallait revenir à Paris avec vos malles et ce ballot.

Je vous assomme de mes sottes affaires. Encore de moi : le savant Montbel[1] a souscrit pour 16 exemplaires du Vendidad, ce qui vous explique mes appétits bibliographiques. J'ai vraiment à me louer de ce ministre ; le seul argent que l'État m'ait jamais donné me vient de lui. Rien de neuf du reste ; si ce n'est que mon Rapport, que vous voulez voir, est stupide, c'est le compte-rendu d'une administration prospère, comme celle du Gaz hydrogène ou des Assurances sur la vie. L'année prochaine, il me faudra tresser la guirlande de la louange avec les fleurs embaumées de la juste appréciation, ou, en d'autres termes, voir l'Orient d'en haut. Dieu sauve mon âme !

Le Vendidad va lentement ; la 4ᵉ livraison ne paraît pas encore ; Jouy me fait damner ; il me menace de retarder le commencement de la 5ᵉ livraison de deux mois ; il paraît qu'il est riche. Aussitôt que j'aurai fini avec ce petit particulier, je vous jure bien qu'il n'entendra guère parler de moi. La peste soit des sots qui se croient de l'esprit !

Tâchez de ne plus avoir la fièvre ; il me semble qu'on doit être bien tristement à Londres en pareille compagnie. Je vous ai plaint de toute mon âme ; mais enfin vous en êtes quitte.

Abel Rémusat est heureux comme un roi de votre petit *Tagalien*[2] ; il est si ravi de votre lettre et de son

---

1. M. de Montbel (1787-1861) était alors ministre de l'intérieur.
2. Cette expression plaisante désigne vraisemblablement une

bon tour français qu'il me l'a lue en entier, excepté peut-être le commencement. Vous savez sans doute déjà leurs élections académiques : Champollion, Thurot, Thierry, Lajard, Jaubert, Mionnet; c'est, dit-on, la liste, mot pour mot, de notre savant maître. Le *Globe* a fulminé hier une lettre grossière contre Lajard; on la croit de Θρονος; elle est dans le goût des expéditions anti-Pouquevilliennes.

Avez-vous eu occasion de voir Rosen[1]? On dit qu'il commence à mordre aux Védas; si vous savez quelque chose là-dessus, informez-m'en; il en a une si belle collection sous la main que c'est sa faute s'il n'en fait rien.

Empoignez vivement cette collection Hindee, avec son *Bridj-Bhakh*[2]. Que je saute de joie d'avoir deviné juste, au moins d'après ce que vous m'en dites! Je n'ai pas la moindre notion de ce livre, que j'aspire à posséder, quel qu'il soit pour le fond.

Je ne sais plus que vous dire, je suis à sec comme une carpe dans un grenier. J'ai un affreux mal de gorge, et ce pauvre M. Desormeaux, mon médecin et ami de famille, que vous avez vu, je crois, vient de

---

courte préface en français que M. J. Mohl avait mise aux *Fragments relatifs à la religion de Zoroastre,* ouvrage publié de concert avec M. Olshausen de Kiel. Le Tagala est une langue de l'archipel polynésien.

1. Voy. l'Appendice, n°s V et XIII.

2. Dans la lettre de Mohl à Eugène Burnouf, datée du 4 mai 1830, on lit : « Avez-vous vu *Hindee Selections* (Serampore, 1827, 2 vol. in-4°), avec une grammaire Brij-bhac, ce qui est le Hindee pur et simple des *Upper provinces?* » Voy. sur ce livre deux articles de Garcin de Tassy dans le *Journal des Savants,* juillet et août 1832.

mourir, laissant quatre enfants! Je ne sais à qui confier le soin de me saigner et médicamenter. Quant à cette fois, je suis décidé à me passer de la Faculté.

C'est ce crocodile d'Allen que j'avais chargé de vous faire parvenir ma lettre; il paraît que le camarade n'est pas vif. J'aime mieux cette fois vous faire payer le port entier. Mais, de grâce, enseignez-moi par quelle voie vos lettres me parviennent à si bon marché.

Adieu, mon cher, tâchez de ne pas avoir de nouvelle fièvre ni de mal de gorge, et faites de nouveaux remerciements à cet excellent Haughton.

Tout à vous,

E. BURNOUF.

Ma femme est bien sensible à votre souvenir, ainsi que le petit crocodile des bois.

P. S. — A propos, ayez la bonté de ne pas dépasser, pour toutes vos acquisitions si complaisantes, la somme de 600 fr., dont je ne vous ai donné que 300 fr., pas même tout à fait; si vos affaires vous empêchent de disposer de vos fonds pour le reste, je vous adresserai une lettre de 12 livres; mais surtout ne vous gênez pas, j'en suis honteux!

XXIX.

A M. J. MOHL, à Londres.

Paris, 6 juin 1830.

Mon cher Mohl,

Il paraît que la fièvre vous a paralysé le bras, car vous êtes d'une sobriété épistolaire que je ne puis comprendre. J'attends toujours de vous quelques nouvelles, et vous me laissez dans une ignorance complète de ce que vous devenez. Quant à moi, je vous écris, non pas pour vous annoncer quelque chose, mais uniquement pour vous écrire et vous forcer à me répondre.

Ici absolument rien de neuf, si ce n'est que la Sacountala de Chézy va paraître demain lundi. La préface contient encore d'autres aménités relatives à notre ami commun Abel Rémusat, qui y est outrageusement traité, quoique non nommé. Aussi le Renard-subtil s'est senti piqué vivement, et il a fait savoir à Indra, par l'intermédiaire de l'Éléphant Demanne, que lui, le Renard, passerait le reste de sa vie à faire repentir Indra d'avoir écrit cette préface. Ainsi la guerre est déclarée; c'est le plus grand événement de la semaine dernière; cela vaut, pour le moins, une éclipse de soleil ou une éruption de l'Etna. J'ai bien aussi une jolie petite nouvelle intitulée : « Le Baudet et le Diplôme de savant. » Mais, comme vous savez quelque chose sur le susdit bétail, et que vous ne voulez pas vous en expliquer avec moi par lettre, je vous tiendrai rigueur et je ne vous conterai mon histoire que quand je saurai la vôtre.

J'ai vu ces jours derniers Brönstedt à l'Institut, et, avec cet air affable que vous lui connaissez, il m'a exprimé sa douleur de ne pas avoir reçu de vos nouvelles : « Nous sommes dans une grande disette de lettres de notre cher Mohl, » m'a-t-il dit avec presque des larmes. « Pas moi, du moins, » lui ai-je répondu, et je l'ai charitablement informé que j'avais déjà deux lettres de vous, que vous aviez été malade, etc. Cette nouvelle a jeté dans sa petite personne un trouble immense; vous auriez ri de bon cœur en voyant les lignes épanouies de sa figure s'allonger perpendiculairement à l'horizon, de manière qu'un peu plus il eût pu passer pour un bel homme. Le pauvre diable a de la vanité pour cent; entre nous, il m'a paru profondément blessé que vous ne lui ayez pas écrit. Qu'il se guérisse donc de sa blessure !

Je ne sais plus que vous dire; nous sommes dans une véritable stagnation. Personne ne fait rien ici : les uns, par la bonne raison qu'ils n'ont rien commencé du tout; les autres, parce qu'ils n'ont pas encore fini le peu qu'ils ont commencé. J'ai mis le nez dans le peu de Védas que nous avons à la Bibliothèque, à cause de quelques analogies que j'ai cru remarquer entre le zend et le dialecte des Védas. Mais nos manuscrits sont dans un état affreux d'imperfection; il n'y a rien à faire avec si peu de secours. Si vous savez quelque chose sur ceux de Londres, je vous serais bien obligé de me le transmettre; Rosen s'en est beaucoup occupé dans ces derniers temps; je ne veux savoir seulement que les bibliothèques où ils se trouvent, en tout ou en partie.

Au reste, quoi que vous m'écriviez, votre lettre sera toujours la bienvenue, et je ne la laisserai pas longtemps sans réponse, parce que, comme dit un poète persan dont vous vous rappelez sans doute le nom, si on laisse sécher l'encre limpide de la réponse dans le kalam bien fendu de la correspondance, autant vaut laisser dormir le kalam dans la boîte de l'oubli.

Dans l'espoir que vous ne commettrez pas une si grave faute, je me dis avec amitié,

Tout à vous,

Eugène BURNOUF.

A propos, dites-moi donc si Tod est mort ou vivant; je n'ai pas reçu de ses nouvelles depuis son arrivée à Londres. Trouverait-il que je ne l'ai pas assez bien traité pour son Râdjasthân? Je sais qu'il a écrit ici pour avoir un article au *Globe*[1].

XXX.

A M. Chr. Lassen, à Bonn.

Paris, 24 juin 1830.

Mon cher Lassen,

Il y a bien longtemps que je devrais vous avoir répondu; mais j'en ai été empêché par diverses occupations, et un peu aussi par la paresse naturelle à notre race de Français. J'ai, cependant, différentes choses à demander à votre complaisance amicale.

En premier lieu, il faut que vous fassiez tous vos efforts pour m'excuser auprès de M. de Schlegel d'avoir si mal rempli sa commission relativement au Mémoire de M. de Sacy. Je puis vous assurer que je n'ai pas épargné les démarches pour obtenir de la rédaction du journal, *la Revue de Paris*, le cahier séparé qui contenait ce Mémoire. Je n'ai jamais pu y parvenir, parce qu'on m'a toujours répondu que plusieurs collections avaient déjà été dépareillées par la vente à part de ce cahier. Je crois que le mieux serait de

---

1. Voy. dans le *Nouveau Journal asiatique*, 1828, t. I, p. 397-400, un article d'Eugène Burnouf sur les inscriptions sanscrites découvertes par le lieutenant-colonel Tod dans le Râdjasthân et données par lui à la Société asiatique de Paris.

s'adresser à M. de Sacy. L'autorité de M. de Schlegel auprès de lui doit être bien suffisante, malgré Chézy-Durvasas, pour obtenir cette petite et sèche brochure. Mais, encore une fois, je vous en prie, tâchez de faire agréer mes excuses à M. de Schlegel; je suis vraiment honteux d'avoir si peu réussi.

Je vous prie d'accepter avec votre bienveillance ordinaire la quatrième livraison des livres zoroastriens; je suis maintenant presqu'à la moitié, et j'ai hâte de terminer cette entreprise, qui me coûte beaucoup d'argent.

Il y a ici une grande nouveauté que vous recevrez probablement bientôt; c'est la Sacountala, enfin parue. Je pense que vous serez satisfait d'avoir ce texte à cause de sa beauté et en même temps pour le prakrit. Mais je crois que vous serez étonné de l'emphase de l'éditeur et de la critique maigre et superficielle de ses notes. J'en ai encore lu fort peu; mais déjà, en comparant attentivement la traduction, et surtout quelques notes, avec le texte, j'y ai trouvé plus de fautes qu'il n'est permis à un homme qui étudie le sanscrit depuis trente ans et qui se dit le maître de l'Europe indienne. Au reste, vous en jugerez, et sans doute il en paraîtra quelque critique en Allemagne.

Depuis que je vous ai écrit, j'ai regardé un peu les Védas qui sont dans ces affreux manuscrits télingas. La forme même sous laquelle ils se trouvent empêche qu'on y fasse des progrès un peu marqués; mais je voulais voir quel effet pouvait produire le mélange des façons de parler anciennes que Panini indique comme appartenant aux Védas; voici quel était le but de cette recherche. M'étant procuré un Panini dans lequel je me suis mis tout entier, je n'ai pas été peu surpris d'y rencontrer des formes qui appartiennent à la langue zende et qui manifestent une antiquité évidente. Ces formes ne sont pas, il est vrai, en grand nombre ; mais le peu qu'on en trouve est concluant. Je ne vous citerai que la séparation de l'*upasarga* d'avec le verbe, auquel, dans le sanscrit classique, on le joint le plus souvent. (Panini, I, 4, 82.) J'avouerai que, dans le peu que j'ai lu des Védas, j'ai été frappé : 1° de la rareté de ces formes obsolètes ; 2° de la ressemblance du style avec le sanscrit classique ; 3° enfin, ce qui était le but principal de ma recherche, de l'étonnante analogie de ces hymnes et prières du Sâma-Véda avec celles du Zend-Avesta. Il y a là un problème curieux, mais dont, pour ma part, je ne vois pas encore la solution.

Le zend m'a également mis dans la nécessité de rassembler tout ce que je pouvais réunir de pali et de prakrit ; car ce vieux dialecte médique est tellement mélangé qu'on n'a pas trop de recherches polyglottes pour en comprendre quelques bribes. Cela m'a remis à mon drame d'Urvashi, qui est une composition délicieuse et que je vais décidément publier. J'en présenterai le manuscrit préparé à la Société asiatique le mois prochain ; et, si les fonds n'en permettent pas l'impression, je m'adresserai peut-être au libraire de Bonn que vous avez eu la bonté de m'indiquer. M. Stenzler[1] m'a dit qu'il avait copié ce drame pour vous ; mais c'est sans doute pour le prakrit, car je crois me rappeler que c'était le Mudrá Râkchtasa que

1. Stenzler, depuis professeur à Breslau, était à Paris pour y étudier les mss. de la Bibliothèque royale.

vous aviez choisi quand je vous ai communiqué, il y a près de deux années, que je désirais publier l'Urvashi, ce qui, comme vous le verrez par une note de la Sacountala, m'a brouillé à mort avec cet excellent Chézy. Au reste, j'attends de votre amitié de me dire, aussitôt que vous le pourrez, vos intentions relativement aux drames indiens qui se trouvent à Paris, parce qu'il y en a d'inédits sur lesquels je pourrais m'exercer, mais je ne le voudrais pas faire si vous les aviez choisis déjà.

J'admire vraiment, en relisant votre lettre, l'étendue et l'importance des travaux qui vous occupent maintenant. Comment pouvez-vous trouver le temps pour composer tous ces travaux à la fois? C'est surtout une idée parfaite de publier une grammaire des Védas, d'après Panini. C'est, je crois, ce que les Indianistes attendront de vous avec le plus d'impatience, et, quant à moi, c'est un service signalé que vous me rendrez pour la suite de mes comparaisons avec le zend. Votre grammaire prakrite sera aussi une belle chose, d'après les secours que vous avez rassemblés à Londres et à Paris; et, à ce sujet, je vous dirai que j'ai trouvé dans l'Art poétique de *Dandi* un passage fort curieux sur les dialectes prakrits; mais vous le connaissez vraisemblablement. Et votre Mâlati Mâdhava, est-ce que vous ne le continuerez pas?

Mais je m'aperçois que je vous fais perdre votre temps avec mon bavardage. Croyez au plaisir que j'ai, dans ma solitude parisienne, à causer avec vous de ces belles études, et comptez-moi au nombre de ceux qui vous sont le plus dévoués.

E. Burnouf.

XXXI.

A M. J. Mohl, à Londres.

Paris, 14 juillet 1830.

Mon cher Mohl,

Vous êtes le plus aimable des hommes d'écrire ainsi à vos amis deux fois de suite sans attendre la réponse, et je vous sais gré d'avoir cru que votre lettre était perdue.

Je vous remercie bien sincèrement de toutes les peines que vous prenez pour enrichir ma bibliothèque. Comme vous possédez la mesure de la satisfaction que me cause toute acquisition nouvelle de livres, textes surtout, vous avez, par cela même, celle de la reconnaissance que je vous garde pour votre complaisance. A vrai dire, les nouveaux volumes sanscrits arrivés de l'Inde ne sont, à l'exception du Vedanta et d'un traité relatif à l'histoire littéraire, que médiocrement intéressants; mais, enfin, c'est du sanscrit. Si vous ne pouvez les soutirer au trop riche Parbury, achetez-les-moi, car ils sont à bon marché, et joignez-y un certain volume en *Bh-ak-ha* intitulé, je crois, *Tchhatra Prakas*. Pour en finir de mes affaires personnelles, mille et mille remerciements pour les manuscrits palis, chose encore si rare; et mettez la main sur tous ceux que vous trouverez, dussiez-vous, pour vous faire payer, saisir mes meubles à votre retour. Puis, si vous voulez m'envoyer quelque chose, faites-le remettre à Payne et Fox, Pall Mall, qui correspondent avec de Bure; c'est par là que M. Feuillet[1] reçoit ses

---

1. Bibliothécaire de l'Institut.

paquets d'Angleterre ; il se loue beaucoup de la célérité et du bon marché de de Bure.

Julien me persécute depuis plus d'un mois pour vous écrire, afin de vous enjoindre (le mot n'est pas trop fort) de passer à la Société asiatique pour voir si on a reçu la dernière livraison de son Mencius. Vous ne pouvez vous figurer l'insistance presque brutale qu'il met dans cette demande dont la cause est si ridicule. C'est que, depuis un mois, il s'attend à voir son nom dans l'*Asiatic Journal* figurer au nombre des donateurs de la Société. Et, comme il n'a pu encore se mirer dans l'image resplendissante de son glorieux nom, vous jugez les transes de vanité, les déchirements de l'amour-propre qui travaillent ce pauvre diable. Ajoutez la douleur si légitime de voir dépareiller un exemplaire, si par hasard la IVe livraison n'était pas arrivée ! Et, si elle était arrivée, comment ne pas l'annoncer ? Mais, comme je le vois par le numéro de juillet, ses douleurs vont cesser, à ma grande satisfaction, car j'étais décidé à fuir pour quelques mois la Bibliothèque de l'Institut.

Rien absolument ici ; nous vivons sur le fonds de gloire littéraire amassé par Sacountala. En vérité, les Anglais sont injustes, comme vous le dites, et leur Société n'a guère le droit d'être difficile sur ce que produisent les autres. Il y a au moins dans Sacountala un texte qui servira à quelque chose, tandis que tous les Tai et tous les Hatrin ne feront pas remuer d'un pouce la charrette orientale. Sans Chézy, après tout, le texte n'eût paru de longtemps, et, sous ce seul point de vue, c'est une belle publication et un événement important pour les études indiennes que la possession de l'original même d'une si belle œuvre poétique. J'aurais cru que la beauté et le bon marché du volume les auraient touchés ; mais, décidément, les beefsteak sont terriblement cuirassés de préjugés.

J'ai ri comme un fou de la grande victoire remportée par Paravey sur le vieux Ours. Et, quant à Colebrooke[1], je ne sais pourquoi, j'avais un pressentiment de ce que vous m'en dites. Ce doit être un personnage fort triste.

A la Société, on vient de décider que Jouy ne continuerait pas le dictionnaire chinois ; lui qui a conçu cette belle entreprise ! Jugez du frémissement universel des mécontents ! Ce qu'il y a de curieux, c'est que le *Snake-Craft fellow* a fait faire cette besogne par notre ami commun le bibliomane Stahl.

J'ouvre votre lettre avant de finir, et je vois que vous me demandez des nouvelles de ma personne physique. Je n'avais pas besoin de ce bon souvenir pour savoir que vous pensez à moi amicalement ; mais j'ai la satisfaction de vous annoncer que, moyennant quelques précautions, j'ai, cet été (qui peut passer pour un hiver), sauvé mon gosier des serres de la maladie, jusqu'à nouvel ordre.

Mais l'espace me manque et surtout la matière, car je suis complètement à sec de nouvelles, de faits, de

---

1. Colebrooke, 1776-1837. Envoyé dans l'Inde par la Compagnie des Indes, il y occupa longtemps le poste le plus élevé dans la magistrature et employa toutes ses ressources à réunir une riche collection de précieux manuscrits sanscrits, qu'à son retour en Angleterre il donna généreusement à la Compagnie des Indes. Voy. la lettre du 11 avril 1835, dans laquelle Eugène Burnouf exprime son admiration pour cette belle collection.

ce qui, enfin, pourrait vous intéresser. Reinaud est toujours lui, Julien se perfectionne, et moi je n'avance guère, quoique travaillant quelquefois beaucoup.

Tout à vous, et, si vous ne revenez, écrivez-moi souvent.

E. BURNOUF.

XXXII.

A M. J. MOHL, à Londres.

Paris, 29 août 1830.

Mon cher Mohl,

Vous devez être terriblement fâché contre moi d'être resté si longtemps sans vous demander de vos nouvelles et sans vous donner des miennes. Et, au premier coup d'œil, je suis en effet bien négligent; mais voici mon excuse. Peu de jours après votre lettre, fin de juillet, qui s'est, comme vous savez, croisée avec la mienne, j'ai rencontré Fauriel[1], qui m'a assuré, de la manière la plus positive, que vous reveniez immédiatement. Cela concordait assez avec le sens que j'avais cru trouver à votre lettre, qui m'annonçait vos démarches relativement aux passeports. Là-dessus arrivent les événements politiques de juillet; comme tout le monde était intéressé dans ces affaires, je me suis reposé sur la voix publique du soin de vous les annoncer, et, d'ailleurs, je vous attendais de jour en jour. Or, vous avez pu, comme moi, vérifier que rien ne tue l'action comme l'attente.

1. Fauriel (1772-1844), membre de l'Institut, Académie des inscriptions et belles-lettres, professeur de littérature étrangère à la Faculté des lettres.

Voilà comment s'est passé pour moi le mois d'août, pensant à vous chaque jour, et bien souvent plusieurs fois dans une même journée, d'autant plus que je vous attendais avec plus d'empressement et presque avec certitude. Ce qui me décide à vous écrire, c'est une lettre de Rosen à Stenzler, qui assure que vous serez encore à Londres dans la première semaine de septembre. Je vous écris donc ces quatre lignes uniquement comme marque d'amitié, car, si Rosen dit vrai, vous serez à Paris bien peu de temps après les avoir reçues.

Vous savez maintenant au long et au large ce qui s'est passé chez nous, et sous nos fenêtres, en quelque sorte. Je vous sais trop amateur des scènes qui mettent en dehors le caractère d'un peuple et l'influence qu'exerce sur ce caractère un certain état de civilisation, pour croire que vous ne regrettez pas vivement de n'avoir pas été témoin des trois journées de juillet. Qu'un parti les exploite à son profit, cela ne fait rien à l'affaire, c'est seulement le cas de l'adage : *desinit in piscem*. Ce qui reste et ne passera pas, c'est le pas immense que nous avons fait dans la pratique des gouvernements libres. Après la lecture des journaux, vous vous en voudrez, ou plutôt à nos animaux de diplomates, de ce que vous n'avez pas pu apprécier sous une face nouvelle le caractère de ces Parisiens à figure joviale dont les mœurs débonnaires et paisibles nous ont si souvent amusés. Il fallait voir ces gaillards de boutiquiers faisant le coup de feu pendant trois jours, enlevant du canon avec leurs bras, chemises retroussées, et, le plus beau de l'affaire, n'ayant pas eu, un seul instant, l'idée que cela ne fût pas aussi parfaitement dans l'ordre que la promenade du dimanche. Je ne vous dis rien de la canaille, parce que je raye ce mot définitivement de mon vocabulaire, ou si, d'après le conseil de notre aimable ami Ampère, je consens à le garder, c'est pour le faire un peu remonter, et l'appliquer à certains individus, que je ne vous nommerai pas, mais que tout le monde connaît, comme dit le *Globe*.

Après cela, que devient l'Orient? Pour ma part, j'y ai perdu un mois; il y avait là de quoi remuer les plus immobiles; et, au trouble que ces diables d'événements m'ont causé, j'ai vu avec un vrai chagrin combien peu encore j'étais avancé dans la voie du véritable quiétisme brahmanique. Ne croyez pas pour cela que je me sois remué le moins du monde pour tourner à mon profit un petit bout de tout ce remue-ménage. Ce que j'ai gagné à la révolution, c'est d'être de la garde nationale, c'est-à-dire, en d'autres termes, une charge réelle en ce moment, mais qui diminuera par la suite. En deux mots, le changement le plus apparent que cela ait apporté à mes habitudes, c'est que je lis les épreuves de Zoroastre en bonnet de police.

En attendant que vous veniez m'admirer dans mes fonctions civico-philologiques, croyez toujours aux sentiments de l'amitié bien sincère que j'aurai pour vous en ce monde et dans l'autre, et donnez-moi une preuve de la vôtre en jetant à la poste deux lignes de réponse.

Tout à vous de cœur,

E. BURNOUF.

XXXIII.

A M. J. Mohl, à Londres.

Paris, 16 octobre 1830.

Mon cher Mohl,

Je n'ai reçu votre lettre que plusieurs jours après sa date, parce que j'étais à la campagne ; je reviens en ce moment, et je m'occupe immédiatement d'y répondre.

Je vois, avec un bien vif regret, que votre nouveau plan de voyage en Perse ait manqué aussi complètement que vous le dites ; certainement, il vous reste l'Inde, ce qui est bien quelque chose, mais toujours avez-vous le droit de vous plaindre d'avoir retardé votre premier voyage pour un second qui vous convenait si bien[1]. Quelque convaincu que je sois que votre séjour dans l'Inde sera fort utile et à vous et à la science, j'aurais bien désiré que vous eussiez pu vous laisser aller au découragement et vous fixer pour tout de bon à Paris. Vous n'auriez pris ce parti que par suite de la persuasion, où je suis comme vous, qu'il y a même là de fort belles choses à faire.

Permettez-moi de vous parler encore un peu de vos projets. Est-ce que vous ne reviendrez pas à Paris ? Cela était votre premier plan ! Est-ce que votre départ pour l'Inde ne peut se concilier avec cette disposition ? Le bateau à vapeur n'est-il pas établi régulièrement entre Bombay et l'Égypte ? Si, comme j'y

---

1. Voir à l'Appendice les lettres de J. Mohl du 17 avril et du 6 septembre 1830, n° VI.

compte, vous trouvez le temps de me répondre un petit mot, laissez-moi l'espoir de vous revoir encore une semaine ou deux.

Trêve de curiosité importune. Je vous dirai que je suis, comme bien d'autres, complètement démoralisé. L'exertion, résultat de la fusillade, a cessé, et, à la place, nous avons les doctrinaires au pouvoir, dissertant en long et en large sur l'ordre légal, sur les utopies dangereuses, sur les agitateurs, etc.; puis se plaçant très lestement aux gros emplois que les *ultras*, battus ou peureux, ont laissés vacants; reconstruisant à petit bruit toute la boutique de Charles X; et, au moment où je vous parle, n'ayant pour soutiens, au moins à Paris, que les hommes tarés du parti Polignac. N'était cet honnête fou en prison, il n'y aurait absolument rien de changé. Avec la collection de cornichons auxquels, suivant la caricature, Dupin fait conjuguer : *J'ai sauvé la patrie, tu as sauvé...*, etc., vous concevez aisément qu'on ne peut rien faire. Vous savez déjà comment ils ont gaspillé, de la manière la plus déplorable, la plus belle question du monde : la peine de mort. Mais les journaux de Londres ne vous font peut-être pas connaître l'indignation très peu déguisée que leur Adresse au roi a causée dans Paris; le peuple est beaucoup plus furieux que quand il chassait les Suisses. Nous sommes, à vrai dire, dans l'attente d'événements déplorables, si la Chambre des Pairs, suivant le système du ministère, qui se guinde avec raideur contre l'opinion publique, ne condamne pas les ministres.

Vous me demandez, au milieu de tout cela, ce que je fais, et ce que font mes amis de toutes les nuances. Je voudrais bien vous dire que je suis heureux ou satisfait, au moins ; mais, outre que vous me connaissez assez pour savoir que la plus jolie sous-préfecture ne me tenterait pas, je vous dirai que je suis profondément affecté des affaires publiques ; je n'aurais jamais cru que je pusse y prendre un intérêt si vif. Mais le commencement était si beau que je m'y suis attaché malgré moi, et maintenant je souffre du *desinit in piscem*. En deux mots et sans phrases, je ne fais rien du tout ; mes journées se passent à lire des feuilles politiques et des placards dont Paris est plein. Je ne vois absolument personne. Toutes mes connaissances sont devenues sous-préfets et même conseillers d'État. Le plus petit nombre se fait prendre mesure d'habits noirs pour solliciter encore. Mais, au milieu de tout cela, ne vous désolez pas sur le sort de notre ami Cousin. Il a empoigné le Conseil royal, qui eût dû sauter avec Charles X. Et Sphinx ? *ô megas!* Sphinx est radieux, et en même temps sombre, comme un mythe qui se dégage des profondeurs de l'intuition pour se réaliser dans l'épopée active. Il faut le voir sabrant les agitateurs, écrasant les folliculaires, faisant guerre à mort aux utopies dangereuses. Il est, en vérité, tout à fait amusant. Il parle, sauf les épigrammes, comme votre savant et consciencieux ami d'une autre couleur, qui, en honnête homme, se rallie de cœur à l'ordre de choses établi.

C'est une vertu asiatique que l'obéissance, et j'en vais de temps à autre prendre quelques leçons à la Bibliothèque du roi. C'est un petit tour de conversion qui est tout à fait facétieux, si j'avais le moins du monde envie de rire. Comme il est de bon ton de fronder la révolution et de prendre son mouchoir pour pleurer l'auguste famille, et d'arborer une très grosse cocarde en l'honneur de Philippe, il fronde, il prend son mouchoir et il arbore, cela tout ensemble, parce que le ministère fait tout cela et parce que les honnêtes gens ne peuvent entourer de trop de force un gouvernement nouveau. Au reste, j'admire la liberté de son esprit au milieu de tout ce galimatias; il a, depuis le mois de septembre, composé un Mémoire. Cela vous donnera une idée de la souplesse et de la facilité de son esprit, ce qui n'empêche pas que sa figure ne se décompose visiblement quand il parle politique; mais, comme il rit aussi facilement dans la minute, j'ai fini par prendre mon parti sur son air dolent. Le Turc, lui, ne change pas, il rédigeait les fameux articles de l'*Universel*, et il pense encore de même; il persiste fermement dans son opinion, c'est sa croyance.

Je vous remercie mille fois de la peine que vous avez prise pour mes achats de livres; mais je vois que je vous dois encore des aiguilles, qui font les délices de ma femme, et pour lesquelles elle vous est bien vivement obligée. Si vous ne pouvez obtenir gratis le dernier envoi de livres sanscrits, ayez encore la bonté de m'acheter le *Vedanta Sâra* et un traité de rhétorique, intitulé, je crois, *Kâvya-Darsha*. Les autres livres sont de jurisprudence, et j'ai toujours le temps de me les procurer. Pourriez-vous aussi me donner le titre d'une certaine collection Hindee dont vous m'avez parlé et que je ne vois annoncée nulle part? Enfin sauriez-vous si on peut se procurer à Londres un exemplaire du *Shabda kalpa druma*, grand dictionnaire en sanscrit dont deux volumes sont cités dans le catalogue de la Société asiatique? Sitôt que vous aurez pu me faire l'achat du *Vedanta* et autres, s'il y a lieu, envoyez-m'en la note, ou indiquez-moi la personne à laquelle je pourrai payer ici. Mais ne vous dérangez que le moins possible pour toutes ces misères.

En attendant votre réponse, qui me fera bien plaisir si elle vient bientôt, croyez-moi,

Votre ami dévoué,

E. BURNOUF.

XXXIV.

A M. J. MOHL, à Londres.

Paris, 3 décembre 1830.

Mon cher Mohl,

Il y a bien quelques semaines que j'aurais dû vous répondre et je fais mon confiteor, comme un bon catholique, avec d'autant plus d'espoir de rémission que vous savez, aussi bien que moi, combien l'homme est enclin à pécher en fait de correspondance.

En deux mots, voici la cause de mon silence. Quand j'ai reçu votre lettre, par laquelle j'ai appris, avec bien du regret, que vos arrangements pour la Perse étaient dérangés, j'avais pris la résolution courageuse d'échapper à cette vie destructive de la politique, et, comme mes travaux ordinaires ne m'y arrachaient pas assez promptement, je me suis mis sur le corps une occupation de passade, une de ces opérations qu'il faut faire dans un temps donné, à peine de ne pas les faire du tout. J'ai écrit un Mémoire de 150 pages, avec 16 planches, sur les alphabets de l'Inde, et je vais le déposer à l'Institut pour la question de Volney[1]. Cela a été brusqué et complété depuis la fin d'octobre jusqu'à ce jour 1er décembre. Il faudrait certainement revoir tout ce mémoire si on voulait le faire paraître, il serait nécessaire d'avoir sur quelques idiomes de l'Inde plus de détails que je n'en ai ; mais, tel qu'il est, ce n'est pas lui faire beaucoup d'honneur que de le croire digne des 1,200 fr. de cet excellent Volney. Or, pour faire cette misère en un mois, j'ai tout interrompu. Père, mère, femme, enfant, j'ai tout planté là ; j'ai jeté au feu la plume de la correspondance ; je me suis armé du stylet rapide de la composition ; bref, j'ai tant travaillé, surtout le matin, en me levant avant quatre heures, que j'en ai le cerveau ossifié, et que je rêve caractères sanscrits.

Maintenant je vais entrer dans un autre tracas de travail. Vous savez que l'humanité, dans sa marche nécessaire et dans son progrès fatal, a enfanté l'École normale, qu'Ampère y professe, que Fauriel est à la Faculté des lettres, qu'enfin Guigniaut a ceint l'auréole de la gloire, et qu'il est directeur de ce superbe établissement, lequel est logé, comme autrefois, dans une cuisine du collège Louis-le-Grand. Or, cet énorme accroissement de puissance de notre ami commun tourne à ma désolation complète. Il a lu dans le livre du Destin que j'étais l'homme que l'Éternel avait mis au monde tout exprès pour enseigner la langue latine, et comme, pour enseigner une chose, il n'est pas inu-

---

[1]. Voy. l'Appendice, n° VII.

tile de la savoir un peu, me voilà suant sur *Rosa* et autres fadaises. Dans cette grave circonstance, vous pouvez me rendre un éminent service, un de ces services qui sauvent un homme. Quand vous ne voudrez rien faire que vous promener, fantaisie qui doit vous prendre comme à tout autre, faites-moi l'amitié grande de vous transporter, avec votre complaisance accoutumée, dans la plus belle caverne de *second hand* qu'il vous sera possible de trouver, et là déterrez-moi le livre suivant qu'il vous sera facile de rencontrer à Londres, mais qui n'existe pas à Paris. En voici le titre, copié avec toute l'exactitude philologique dont ma pauvre tête française est capable :

Grammaticae latinae institutiones facili atque ad puerorum captum accomodata methodo praescriptae; additae sunt in provectiorum gratiam notae perpetuae, quibus non solum latini sermonis praecepta plenius explicantur, sed et ea pleraque omnia quae a summis grammaticis aliisque ad hanc artem illustrandam sunt observata succincte simul perspicueque traduntur; perfecit et suis annotationibus auxit Thomas Ruddimannus. Pars I^a, Edinburgi, 1725. Pars II^a, ibid., 1731.

Ceci est la vraie perle orientale de la latinité; c'est la pierre de Yu que je donnerais tout au monde pour posséder; faites-m'en la découverte et dirigez-moi-la le plus promptement possible. Mais, par Zoroastre! je vous conjure de ne pas la confondre avec trois à quatre petites éditions abrégées en un volume, tant latines qu'anglaises. Je vous donne le titre, le nom, la date de la bonne, avec les *Notae perpetuae*, sur lesquelles j'appelle votre attention savante. Je ne doute pas que les libraires classiques ne possèdent ce livre; payez-le ce qu'il faudra; je vous enverrai un billet à vue, ou je paierai ici à la personne que vous indiquerez. Je m'en rapporte à votre complaisance éprouvée et je crois tenir mon Ruddiman.

A propos, est-ce que vous n'avez pas dessein de m'envoyer mes livres indiens? Je vous avouerai franchement que j'ai une terrible envie de les voir, et entre autres ces six petites momies ultragangétiques. Faites-moi donc l'amitié de jeter cette masse chez Würtz, car, tout bien considéré, on paye, par cette voie, un peu cher; mais au moins elle est rapide, et vous savez qu'en fait de livres j'ai beaucoup de la curiosité féminine. Je sais bien que vous avez l'intention très humaine de ravir au vautour Allen son *Vedanta*, et que c'est dans l'espoir de le joindre à mon paquet que vous attendez à me l'expédier; mais, tout bien considéré, je le ferai venir par Würtz, avec lequel je suis en compte, et qui m'a déjà procuré un *Desatir* et autres bonnes choses. Je vous remercie toujours de vos intentions toutes philanthropiques à l'égard de ma bibliothèque, et j'attends de votre complaisance la plus belle collection de bouquins hindous que j'aie encore reçus à la fois. — Sauriez-vous, par hasard, si réellement la grammaire de Forster est épuisée, ainsi que les quatre vocabulaires sanscrits contenus dans un in-8° sous le titre d'*Amara, Trikanda*, etc.? Würtz les a demandés à Parbury, et on lui a répondu que ces ouvrages n'étaient pas en ville. Ces animaux de Parbury sont si peu complaisants que je suis sûr qu'ils ne se sont pas donné la peine de chercher le livre; j'ai peine à croire qu'ils n'aient plus de Forster, il est sur leur dernier catalogue.

Donnez-moi quelques nouvelles anglaises. Les John Bull veulent-ils nous faire la guerre comme les Prussiens, ou nous regarderont-ils en se frottant les mains? Messieurs les Prussiens trouveront certainement à qui parler, s'ils entrent chez nous. Je connais un orientaliste, père de famille fort estimable, qui fait la charge en douze temps très proprement, et qui aurait grande envie de venger les claques et coups de pied que lui ont donnés certains officiers prussiens en 1814. Voyez jusqu'où va la fureur guerrière si elle gagne la classe naturellement pacifique des Hindous. Au reste, tout Paris est armé, et j'ai fait l'acquisition d'un fusil de carton pour le petit magot dont vous êtes si bon de vous souvenir.

Encore une fois, est-ce que vous ne reviendrez pas voir tous ceux qui vous aiment ici? Croyez bien que, s'ils ne vous écrivent pas plus souvent, ils n'en pensent pas moins à vous, et qu'ils comptent parmi les jours les plus agréables ceux où ils vous voyaient assis auprès du feu de charbon de terre et des pommes martyres de la cuisson.

Un mot de réponse, et mille amitiés.

E. BURNOUF.

XXXV.

A M. J. MOHL, à Londres.

Paris, 3 janvier 1831.

Mon cher Mohl,

Je ne veux pas laisser passer la première semaine de l'année sans vous répondre, parce que, si je me laissais aller une fois à mes distractions, à mes affaires, et un peu à mon travail, je ne sais plus quand je vous écrirais.

J'ai bien des remerciements à vous faire de l'extrême complaisance avec laquelle vous avez bien voulu vous charger de l'envoi de mes livres; je les ai reçus il y a huit jours, et j'ai été vraiment ravi de la belle collection que je dois à vos bons soins. Seulement je suis fâché contre vous de ce que vous n'avez pas mis sur une note ce que je vous dois pour le Ruddiman et pour les frais d'emballage. Je compte bien que vous réparerez cette omission, et qu'avant votre départ vous voudrez bien m'indiquer, à Paris, la personne à laquelle je remettrai ce que je serai en position de vous devoir, pour les acquisitions que le hasard vous mettrait à même de faire pour moi, en Angleterre ou à Benarès!

Je vous remercie aussi de la grande et belle mécanique, laquelle excite la stupéfaction des citoyens de la capitale. Il s'élève sur la destination de ce précieux instrument des opinions très graves, sur lesquelles je me déclare tout à fait incompétent, car je ne sais pas, en conscience, à quoi il peut servir. Nous voyons bien tous qu'il s'adresse à la bouche, car à quoi bon le peuple sage l'aurait-il inventé? Mais comment l'employer? Voilà pour des Parisiens aussi peu mondains que nous autres un problème terrible. Il y en a qui pensent que c'est pour prendre du sel, mais ce serait un peu comme l'industriel qui avait inventé une pompe à feu de la force de vingt chevaux pour lui mettre son habit sans le secours d'un domestique. Au reste, nous attendons votre explication avec une vive impatience;

c'est bien le moins que vous donniez le commentaire des cadeaux que vous faites.

Il est bien vrai que Saint-Martin est destitué de l'Arsenal; mais il est vrai aussi que Daunou, nommé à la direction des Archives, ayant donné sa démission de la chaire d'histoire ancienne au Collège de France, Saint-Martin a été présenté par les professeurs et par l'Institut, et qu'il sera probablement nommé. Cela fait hurler les journaux libéraux; mais aussi pourquoi l'avoir destitué sottement? Ici, du reste, rien de neuf qu'une politique étourdissante. Vous savez les événements comme moi. On est loin d'être satisfait, parce que la Chambre, qui est le parti stationnaire, a profité du dévouement que la Garde nationale a montré, au moment du procès des ministres, pour opérer dans le Gouvernement un mouvement de réaction. Le départ de La Fayette, au moment où le vieux fou venait de se conduire en parfait honnête homme, celui de Dupont de l'Eure ont fait une vive sensation, qui sera partagée par les départements, qui ne veulent pas de Jacobins, mais qui n'aiment pas davantage le Parlement croupion. La Chambre est tombée dans le plus grand mépris, plus grand que celui qu'on portait aux chambres de la Restauration. C'est Royer-Collard, par ses intrigues sourdes, et Guizot, par ses leçons d'histoire, qui la mènent où ils veulent. Cette sotte Chambre a accueilli avec colère la nouvelle loi d'élections qui n'est pourtant pas bien méchante. Ils ont murmuré violemment quand on leur a annoncé que le cens d'éligibilité serait abaissé à 500 fr. Nous ne savons pas comment nous sortirons de ce mauvais pas, et ce qu'on pourra faire si la Chambre s'obstine à refuser toutes les lois libérales, et surtout celle-là. Croiriez-vous que ces imbéciles, en accordant à un grand nombre le droit électoral, voulaient porter à mille écus d'impositions le cens d'éligibilité! Mais trêve de politique; j'en suis malade.

Vous comprenez qu'au milieu de tout cela on ne fait pas grand'chose en fait de travail. Cependant je me force et finis par empiler les uns sur les autres quelques cahiers de mon commentaire zend. Je me lève le matin à cinq heures et me couche de bonne heure, j'ai changé ma vie, au grand avantage de ma santé. Le jour, je lis des Védas, dont nous avons quatorze boîtes à la Bibliothèque; mais, depuis que j'ai reçu le petit morceau de Rosen, je suis peu encouragé, quand je compare les admirables secours qu'on a à Londres, en lexiques anciens et en commentaires, avec la nudité de nos horribles manuscrits télingas. Cependant, dans l'intérêt de mon commentaire zend, je lis le plus que je puis de ce vieux sanscrit, qui a un rapport étonnant avec le zend; cela a considérablement modifié les idées que j'avais quand vous êtes parti. Au reste, avec les secours que possède Rosen, je crois très possible de publier le Rig-Véda. Quand on a lu cinquante pages de ces livres, on les connaît à peu près; la langue est, comme les idées, très uniforme.

Quand vous verrez Rosen, faites-lui, s'il vous plaît, mes compliments et mes remerciements. Faites-en autant pour Stenzler, en m'excusant de ce que je ne lui ai pas répondu sur son offre de me collationner le drame d'Ourvashi. J'en ai été empêché par d'autres travaux, et surtout par l'activité que je mets à la lecture des Oupanishads des Védas. Si les affaires s'arrangent ici, je tâcherai d'aller au mois d'août à Londres.

Rémusat a reçu le drame *Mritchtchhakati* de la part de Wilson. Pourquoi cet animal de Parbury ne me l'envoie-t-il pas? Si j'étais bien sûr qu'il me le refuse, comme au fond cela me paraît juste dans son intérêt, je l'achèterais immédiatement avec le *Vedanta*, car ces deux livres seront bien vite épuisés. L'Allemagne en demande beaucoup, à ce que j'entends dire.

Écrivez-moi, mon cher *Sannyasi*[1], et ne soyez pas trop sévère pour moi si je ne vous écris pas plus souvent. Je suis chargé, ou plutôt je me charge, de vous faire les compliments d'Ampère, que je vois quelquefois. Dites-moi donc si vos affaires s'arrangent.

Ma femme est bien sensible à votre souvenir, et le petit magot est tout à fait amusant.

Tout à vous de cœur,

E. BURNOUF.

XXXVI.

A M. F. BOPP, à Berlin.

Paris, 23 octobre 1831.

Monsieur,

Il y a déjà longtemps que je voulais vous remercier de la manière si bienveillante avec laquelle vous avez annoncé le commencement de mes travaux, malheu-

---

[1] Nom des religieux qui se retirent du monde pour se livrer à la vie contemplative. Voyez l'article d'Eugène Burnouf sur le Shrî-Bhâgavata-Pourâna. *Journal asiatique*, t. VII, 1825, p. 46.

reusement encore peu avancés, sur le Zend-Avesta et sa langue. Je vous suis infiniment reconnaissant d'en avoir parlé en termes si favorables, et je ne puis trop vous exprimer mon admiration pour les vues ingénieuses et si neuves que vous avez semées dans cet article, et pour la manière dont vous appréciez l'ensemble de la langue zende comparée au sanscrit. Il est bien vrai que, si cette langue se distingue par un grand nombre de caractères qui attestent un idiome postérieur et, pour ainsi dire, usé, elle n'en présente pas moins un grand nombre de faits grammaticaux qui sont antérieurs aux formes sanscrites actuellement en usage et dont l'analogue ne se trouve plus que dans les Védas. Plusieurs de ces faits mettent dans le plus grand jour un certain nombre de règles sur la langue sanscrite dont une sagacité qu'on ne peut se lasser d'admirer vous avait révélé l'existence, et entre autres le *dhi* de l'impératif, deuxième personne. On en peut dire autant de la désinence *maidhé* pour *mahé*, si toutefois les manuscrits si incorrects ne me trompent pas sur le sens qu'il faut donner à cette forme.

C'est pour moi un vif chagrin de ne pouvoir conduire, avec toute l'activité désirable, mes travaux relatifs à cet objet si important pour l'étude de la famille des langues ariennes, comme on propose de les nommer maintenant dans un point de vue tout à fait historique. J'en suis, à mon grand regret, empêché par la nécessité où je me trouve de me livrer à des occupations productives dans le cercle de l'éducation classique; ce qui devient de jour en jour plus difficile en France, avec le discrédit où tombent les études littéraires de l'antiquité dont les résultats ne peuvent être immédiatement appliqués aux travaux du barreau et de la médecine, seules branches qui, avec les sciences exactes, soient cultivées parmi nous avec ardeur et succès. Aussi, distrait par d'autres soins, je suis loin de faire les progrès auxquels je devrais m'attendre.

Au reste, je saisis en ce moment, avec le plus grand plaisir, l'occasion qui se présente de vous écrire. L'objet qui me la fournit vous a déjà été exposé dans une de mes lettres déjà ancienne, à laquelle vous avez bien voulu répondre. Mais, par malheur, j'ai perdu votre lettre. Je désirerais savoir combien pourrait coûter, en francs ou dans une monnaie de Prusse, une frappe de matrices du petit caractère sanscrit qui a servi aux tableaux de votre Grammaire sanscrite allemande, en un mot du plus petit de tous les caractères sanscrits que vous possédez. On désirerait, non une fonte, ce qui s'use au bout d'un certain temps, mais uniquement une frappe de matrices faite avec soin et dans laquelle on pourrait faire fondre à Paris le caractère typographique lui-même. L'Imprimerie royale ferait facilement les frais de cette acquisition s'ils n'étaient pas trop élevés; et ce caractère serait une acquisition précieuse pour la Société asiatique, dont les impressions se font presque exclusivement à l'Imprimerie royale. Autant que je puis me le rappeler, c'était une fonte de ce caractère que je vous avais précédemment demandée pour la Société asiatique, mais le projet fut mis de côté dans le temps, parce que les fonds de la Société se trouvèrent engagés dans une autre entreprise. Maintenant, si on pouvait obtenir une frappe de matrices à des conditions raisonnables, je doute à peine que l'acquisition n'en pût être faite aussitôt qu'elle serait exécutée. Veuillez, Monsieur, avoir la bonté de me répondre à ce sujet, qui intéresse les moyens de publication que l'on peut déjà se procurer en Europe et qui peut, tôt ou tard, avoir quelque influence sur les progrès des études indiennes en France.

Permettez-moi en même temps de vous renouveler l'assurance de tout mon respect et des sentiments avec lesquels j'ai l'honneur d'être, Monsieur,

Votre très humble et très obéissant serviteur,

Eug. BURNOUF.

13, Place de l'École de Médecine.

P. S. — Mon père vous prie bien de croire à ses sentiments les plus affectueux.

Au moment où je vous écris, j'entrevois la possibilité de faire imprimer à l'Imprimerie royale le commencement du *Bhâgavata Pourâna*, dont j'ai traduit une portion très considérable. Il y a dans ce poème beaucoup à gagner pour la langue.

XXXVII.

A M. F. BOPP, à Berlin.

Paris, 6 décembre 1831.

Monsieur,

Je vous suis bien reconnaissant des détails que vous avez bien voulu me donner sur le caractère dévanâgari. J'ai la certitude qu'on en fera l'acquisition à Paris. Il s'agit seulement de savoir si c'est la Société asiatique ou bien l'Imprimerie royale qui en fera les frais. La Société asiatique est arrêtée par les dépenses qu'elle fait en ce moment pour le caractère zend, qui réussit très bien, et dont je vous enverrai un spécimen dans la lettre où j'aurai l'honneur de vous faire connaître nos arrangements définitifs pour les matrices du petit caractère.

J'apprends avec un grand intérêt que vous travaillez activement à la langue zende. M. Hirzel, qui est en ce moment à Paris, m'a dit que c'était votre unique occupation en ce moment. Cette étude si intéressante ne peut que gagner beaucoup à vos ingénieuses recherches. Il n'y a que mon lourd travail d'explications, de collations de manuscrits et d'édition de la glose si barbare de Nériosengh qui puisse y perdre. Je crains bien que mes trois volumes in-4° ne paraissent contenir que bien peu de découvertes grammaticales lorsque vous aurez fait goûter aux lecteurs allemands vos précieux articles. Quant à moi, l'étendue et la minutie de la tâche que je me suis imposée m'empêchent de communiquer aussi fréquemment au public les résultats de mes recherches. Je serai même obligé d'aller à Londres au mois de septembre 1832 pour y voir de très anciens manuscrits zends que possède la Compagnie.

Relativement à *mâhi*, que je savais être la désinence *masi* que M. Lassen a le premier fait connaître, le traducteur indien ne la comprend pas. En général, sa version est fort inexacte et faite dans un temps où le texte zend n'était déjà plus compris. Il y a bien d'autres identités avec le sanscrit des Védas que j'ai découvertes en lisant de longs fragments de ces anciens livres dans l'horrible copie telougou que possède la Bibliothèque du roi. C'est, en général, le sanscrit ancien qu'il faut comparer avec le zend plutôt que le sanscrit classique. Vous aurez sans doute pu vous convaincre de l'exactitude d'un fait que je n'ai pu qu'indiquer incidemment dans un extrait que j'ai donné au *Journal asiatique*[1] : c'est que plusieurs particularités remarquables rapprochent le zend des dialectes germaniques et le sanscrit des langues savantes de l'Europe ancienne; de sorte que ces deux langues de l'Asie, le zend et le sanscrit, sont à la tête des deux systèmes d'idiomes européens.

Je m'attends à trouver aussi dans votre article des renseignements bien précieux sur les fusions de deux lettres, les *gounas* et les *vriddhis* de la langue zende, sur lesquels j'ai fait des observations que je désirerais bien voir confirmées par vos recherches.

. . . .

J'aurais bien d'autres remarques à vous proposer, entre autres sur la conjugaison dont le Vendidad proprement dit donne des formes très curieuses, et souvent plusieurs formes pour exprimer une seule et même personne. Mais je ne pourrais rien vous indiquer que vous ne connaissiez déjà mieux que moi. J'ai seulement voulu vous faire connaître que je ne discontinuerai pas mes recherches, quoique l'idée de savoir qu'un aussi habile philologue que vous s'occupe du même sujet soit bien faite pour décourager. Mais, au risque de répéter ce que vous aurez déjà dit, je

---

[1] « Extrait d'un commentaire et d'une traduction nouvelle du Vendidad-Sadé, l'un des livres de Zoroastre. » Par Eugène Burnouf; *Nouveau Journal asiatique,* 1829, t. III, p. 321-349.

publierai toujours mon travail. Les parties très considérables que j'en ai soumises à plusieurs personnes, et entre autres à M. de Schlegel, me mettront à l'abri du reproche du plagiat. Je ferai, à ce sujet, une déclaration dans la préface, par laquelle ces personnes elles-mêmes seront invoquées en témoignage.

Veuillez, Monsieur, croire à tous mes sentiments de respect et agréer les compliments de mon père.

Eug. Burnouf.

XXXVIII.

A M. Hippolyte Royer-Collard [1].

Paris, 7 juin 1832.

J'ai l'honneur de transmettre à Monsieur Hippolyte Royer-Collard le numéro du *Journal asiatique* qui contient le rapport relatif à la collection de M. Ducler [2]. Monsieur Royer-Collard donnerait une nouvelle preuve de l'intérêt qu'il ne cesse de montrer pour les choses belles et solides, s'il voulait bien assurer à la Bibliothèque du roi une aussi magnifique collection. Elle se trouve dans les mains de M. Eyriès, et j'ai la conviction que Monsieur Royer-Collard n'épargnerait rien

---

[1]. Alors directeur des sciences et des lettres au Ministère de l'Instruction publique.

[2]. Voy. « Rapport sur les colléctions de manuscrits et de dessins rapportés de l'Inde par M. Ducler, » par Eugène Burnouf, dans le *Nouveau Journal asiatique,* 1832, t. X, p. 84-87. — Ces collections furent acquises pour la Bibliothèque royale.

pour la retenir s'il l'avait une fois vue. Les manuscrits sont très volumineux et dans un état parfait de conservation.

Je prie Monsieur Royer-Collard de vouloir bien agréer l'assurance de ma respectueuse considération.
Son très humble serviteur,

Eug. BURNOUF.

P. S. — M. Jouffroy m'annonce que M. Villemain a signé ou fait signer la lettre pour l'Académie. Serait-il possible qu'elle fût remise à l'Institut pour la séance de demain vendredi [1] ?

XXXIX.

A M. F. BOPP, à Berlin.

Paris, le 9 juin 1832.

Monsieur,

J'ai bien des excuses à vous adresser pour le retard que j'ai mis à répondre à vos deux dernières lettres, ainsi qu'à l'envoi de la seconde édition de votre Nalus, pour laquelle je vous suis très reconnaissant. J'ai été vivement inquiet sur la santé d'une partie de ma

---

1. Eugène Burnouf, élu membre de l'Académie des inscriptions et belles-lettres, en remplacement de Champollion, dans la séance du 27 avril 1832, ne reçut sa nomination que le 8 juin suivant.
M. Jouffroy était alors député, maître de conférences à l'École normale et professeur suppléant à la Sorbonne. — M. Villemain venait d'être nommé pair de France et vice-président du Conseil royal de l'Instruction publique.

famille, et notamment sur celle de ma mère; j'ai été fort grièvement malade moi-même, et, enfin, je viens d'éprouver une vive douleur de la perte qu'a faite le monde savant dans la personne de M. Abel Rémusat, qui vient de nous être enlevé à la force de l'âge et au milieu de ses plus beaux travaux. Je perds en M. Abel Rémusat un ami sincère et auquel je devais déjà beaucoup.

Je vous prie, Monsieur, de vouloir bien présenter à l'Académie royale des sciences de Berlin, dont vous faites partie, les remerciements sincères de la Société asiatique pour l'empressement avec lequel l'Académie a bien voulu ordonner la double frappe de matrices sanscrites au profit de la Société. C'est une libéralité bien louable et pour laquelle la Société est heureuse de témoigner à l'Académie l'expression de sa vive reconnaissance. J'aurai l'honneur de la lui transmettre au nom de la Société lorsque les matrices seront parvenues ici. En attendant, la Société compte assez sur l'empressement que vous avez bien voulu mettre dans toute cette affaire pour vous charger d'en faire agréer d'avance l'expression à votre savante Compagnie.

Quant au transport, l'artiste qui s'est chargé de faire faire la frappe pourra en faire un paquet soigneusement arrangé et l'adresser directement à M. Cassin, agent général de la Société asiatique de Paris, rue Taranne, n° 12. Rien n'empêche que ce paquet ne soit confié aux voies ordinaires du commerce, c'est-à-dire au roulage. La Société payera tous les droits à la frontière. Aussitôt que ces matrices seront arrivées, j'aurai soin que l'agent transmette à qui de droit une lettre de change, ou bien l'avis d'aller recevoir le montant de la quittance dans une maison de banque de Berlin. Il sera bon que la personne qui fera l'envoi, ou celle à qui sera dû le prix des matrices, joigne à sa quittance, énonçant la somme à payer, son nom et son adresse, pour qu'il ne puisse y avoir aucune chance d'erreur.

Je vous prie de nouveau, Monsieur, d'agréer les remerciements de la Société pour toutes les peines que vous avez bien voulu vous donner dans son intérêt, et, en même temps, de recevoir l'expression des sentiments respectueux avec lesquels j'ai l'honneur d'être

Votre très humble et très obéissant serviteur,

Eug. BURNOUF.

XL.

A Mme EUGÈNE BURNOUF, chez M. POIRET, à Roissy.

Paris, 28 avril 1834.

Ma chère amie,

J'ai été bien heureux de recevoir ta petite lettre si gentille de samedi. Tu en auras une de moi de vendredi, qui eût dû t'être remise vendredi même si maman n'avait oublié de t'envoyer le paquet. Tu me dis bien que tu n'as pas été fatiguée de la route, mais tu ne me dis pas comment tu t'es trouvée depuis mercredi jusqu'à samedi !

Ici, nous avons un temps superbe, seulement un peu de vent encore jeudi; depuis, il a fait très chaud, surtout dimanche, hier; je suis sorti vers trois heures pour aller au Luxembourg ; j'y ai rencontré cette vermine de P...; cela a empoisonné ma promenade. Le soir, je suis allé avec mon père à l'Odéon, où l'on jouait deux pièces de Marivaux et une nouvelle de Scribe : *Une passion.* Détestable Scribe ! Marivaux, dont on ne voulait plus, se relève bien à côté de ce qu'on nous sert tous les jours. Du reste, le spectacle était charmant et j'ai bien regretté de ne pas t'y voir à côté de moi ; je l'ai dit à mon père et à Defresne, qui était notre voisin, et plusieurs fois, car je pense bien à toi, chère amie. Figure-toi Melle Mars et Monrose dans deux pièces, des actes entiers entre ces deux acteurs si consommés. J'ai retrouvé là mon enthousiasme de vingt ans pour ce bel art théâtral qu'on nous a sali et qu'on nous enlève chaque jour. Il faut te dire aussi que j'étais bien placé, à l'orchestre, au milieu de gens de connaissance : un avocat et un avoué, tous deux de notre 3e compagnie, gens qui avaient pris au corps de garde l'habitude de m'entendre, Defresne, que tu connais, et, par le plus grand des hasards, deux *jeune-France*, dont l'un, d'un aspect très extraordinaire à cause de ses cheveux, comme tu les sais, à la reine Blanche, mais qui connaissait parfaitement toutes les littératures, et qui s'est, avec infiniment de grâce et de plaisir pour moi, mêlé à notre conversation entre moi et Defresne, conversation qui roulait sur un roman arabe que pas une âme, si ce n'est Fauriel, Mohl et Ampère, ne connaît ici. Je suis tombé de mon haut en voyant les secrets de la littérature orientale divulgués au parterre de l'Odéon, et cela m'a un peu réconcilié avec ces vilaines perruques à la Dagobert.

Je te parle de tout ceci comme un enfant de ses joujoux. Tu sais que je fuis le monde pour tâcher de laisser quelque chose après moi; mais tu sais aussi que j'aime bien ces jolis feux d'artifice qui ne brûlent pas et ne font pas de bruit : la conversation avec des gens d'esprit. Pourquoi faut-il qu'ils soient si rares! Pour faire un feu d'artifice, il faut plus d'un soleil et plus d'une chandelle romaine, et autour de soi on ne rencontre guère que des pétards vides et des soleils sans lumière. Comment la pierre rendra-t-elle son étincelle si le fer ne la frappe? Tout ce pathos est pour te dire que je suis un grand sot quand je suis seul, et que, si je n'avais pas la manie des caractères baroques, je n'aurais eu rien de mieux à faire que de me jeter au milieu des hommes, sauf à les aimer encore un peu moins et à les mépriser, les mauvais s'entend, un peu davantage.

Et toi, ma chère âme, est-ce que tu ne m'écriras qu'une fois par semaine? Ne pourrais-tu pas entremêler les lettres que tu envoies dans les paquets avec d'autres lettres jetées à la poste? Tu n'as rien à faire le matin, écris dans ton lit et mets le tout, soit à la poste, soit à la voiture de Martin. J'aime tant à te voir me dire que tu m'aimes!

Adieu, cher ange, tout à toi; ton ami,

EUGÈNE.

Au lieu d'aller à la Société asiatique, j'irai voir Jeanne Grey[1]. Les Tableaux ferment le 1er mai; il est temps que je m'y prenne.

[1]. Le tableau de Paul Delaroche, exposé au Salon de peinture au Louvre.

XLI.

A Mme Vve DE CHÉZY, à Paris[1].

Paris, 22 juin 1834.

Madame,

J'ai l'honneur de vous adresser l'exemplaire que je vous avais promis du discours que vous m'avez fait l'honneur de me demander[2]. Je n'espère pas qu'il vous satisfasse autant que les passages que j'ai déjà lus du volume que vous avez bien voulu me prêter.

Je prends la liberté de vous demander si vous n'avez pas disposé déjà du *Dayabhâga* in-4° qui fait partie de votre bibliothèque. C'est un livre de droit, dont il a été fait une seconde édition in-8°, laquelle est à un prix modéré et inférieur au prix de l'in-4°. Je crois que, si vous n'avez pas d'autres vues, vous pouvez me céder ce volume, sans consulter M. Poley[3], contre la somme de 30 francs, prix de catalogue. Il y a bien peu de personnes qui se présenteront pour acheter les ouvrages de droit indien; et ce n'est guère que la personne chargée de professer le sanscrit qui éprouve le besoin de posséder tous ces textes.

Au reste, Madame, je me conformerai en ce point à votre désir, et, si vous croyez avoir besoin, en cette

---

1. Lettre communiquée par M. le Prof. Löwenfeld, de Berlin.
2. « De la langue et de la littérature sanscrite, discours d'ouverture prononcé au Collège de France par Eugène Burnouf. » (*Revue des Deux-Mondes,* 1er février 1833.) Eugène Burnouf venait d'être nommé professeur de sanscrit en remplacement de Chézy.
3. Voy. l'Appendice, n° VIII.

circonstance, des conseils de votre ami, j'attendrai sa décision. Je vous serai bien reconnaissant de le prier de fixer un prix à la grammaire de Carey, à moins qu'il n'aime mieux vous conseiller de courir, pour ce volume, la chance, souvent avantageuse, d'une vente publique.

Agréez, Madame, la nouvelle assurance de mes sentiments respectueux.

Votre très humble et obéissant serviteur,

Eug. Burnouf.

XLII.

A M. Chr. Lassen, à Bonn.

Paris, 5 juillet 1834.

Mon cher ami,

Si quelque chose pouvait me flatter, c'est la lettre si amicale et si bienveillante que j'ai reçue de vous le 11 juin dernier. Je savais bien que vous ne m'aviez pas oublié plus que je ne vous avais oublié moi-même, et les présents que je recevais de vous étaient pour moi une preuve que j'occupais toujours la même place dans votre souvenir. Je ne vous en ai pas remercié à mesure, partie par paresse d'écrire, partie pour ne pas prendre quelques-uns des instants que vous employez si bien. Mais, puisque vous êtes assez bon pour rompre le premier un silence qui a été si long entre nous deux, je ne négligerai pas l'occasion qui s'offre à moi de vous remercier de votre *Sânkhya*. C'est un excellent livre et, je dois le dire, un tour de force, car ces axiomes, avec leur *studied brevity*, comme on dit de l'autre côté du détroit, ont quelque chose de désespérant pour un lecteur ordinaire. C'est un immense service que vous rendez à la philosophie indienne que d'avoir entrepris cette publication, et comme, dans mon opinion, la philosophie est la chose la plus importante de l'Inde, il fallait qu'un esprit aussi bien fait que le vôtre et aussi profondément maître de toutes les finesses de la langue sanscrite s'emparât de bonne heure d'un aussi beau sujet.

Vous êtes bien indulgent pour mon travail[1], qui n'est qu'un essai, vu la difficulté de la matière, et qui, fût-il moins imparfait, ne serait encore qu'une compilation indigeste de notes. Un Index général des noms et des choses pourra en faire au moins une espèce d'ébauche de dictionnaire et de grammaire zends, si toutefois j'ai les secours nécessaires pour publier un ouvrage qui ne peut tenir en moins de six volumes. Vous verrez dans ma deuxième partie, dont je commence l'impression en ce moment, qu'avançant je bavarde beaucoup moins, parce que plus de choses se répètent. Mais il en reste assez de nouvelles pour que je sois encore obligé d'entrer dans des discussions interminables, accompagnées de toutes les formules dubitatives qui, malheureusement, prouvent que je ne suis pas sûr de mon fait.

. . . . [2]

---

1. « Le Commentaire sur le Yaçna. » La 1re partie avait paru en 1833.

2. Les remarques philologiques que contient cette lettre, et que nous omettons, sont développées dans le *Commentaire sur le Yaçna*.

Je vois que j'abuse de vos moments outre mesure. J'ai publié jusqu'à la 9ᵉ livraison du texte [du Vendidad Sadé], il ne manque plus que la 10ᵉ. Peut-être aurai-je omis de vous envoyer quelque cahier, un, comme je le suppose. Veuillez me le faire savoir par trois lignes jetées à la poste, vous le recevrez par Maze. Ce volume de texte représente le 2ᵉ volume d'Anquetil Duperron, c'est-à-dire *Izeschné*, *Vispered*, *Vendidad*. Il reste encore inédit tout le commencement du 3ᵉ volume d'Anquetil, savoir : *Iescht*, *Neaesch*, *Afrin*, *Aferghan* (nominum monstra !), et des morceaux en dialectes mélangés. J'en fais en ce moment, pour mon usage, un index renfermant tous les mots qui s'y trouvent. Nous n'avons pour quelques morceaux que deux manuscrits, ce qui ne suffit pas ; mais j'y trouve néanmoins, et j'y trouverai encore plus, quand mon *Index verborum* sera fini, d'inappréciables moyens de comparaison et d'interprétation. Il y a quelques morceaux très remarquables et d'un caractère tout védique.

Excusez mon bavardage, mon savant et excellent ami, et veuillez présenter mes respects à M. de Schlegel. Pour vous, recevez l'assurance des sentiments les plus affectueux, que vous m'avez permis de vous témoigner quand nous vous possédions à Paris et que je suis bien heureux de pouvoir toujours vous exprimer.

Votre tout dévoué,

Eug. BURNOUF.

XLIII.

A Mme Eugène Burnouf, à Roissy.

Nancy, mardi 26 août 1834, 8 heures du matin.

Ma chère amie,

Je veux te faire une surprise en t'écrivant d'un point qui n'est pas celui d'arrivée. Nous sommes à Nancy depuis 4 heures 1/4 du matin, et nous n'en partons qu'à 9 heures 1/2 au plus tôt. J'ai le temps, comme tu vois, de t'écrire et de voir la ville.

Nous avons fait une grandissime boulette de prendre cette voiture, qui va comme une tortue, s'arrête à chaque cabaret et, d'ailleurs, ne va à Strasbourg que d'occasion, c'est-à-dire quand elle ne peut pas faire autrement. Je suis, à l'heure qu'il est, le seul voyageur pour cette destination ; tous les autres se sont évaporés à partir de Châlons-sur-Marne, Bar-le-Duc, Vitry, Toul, enfin Nancy, qui est la véritable destination de la voiture. Il n'y a plus que ma malle avec une masse de marchandises, de vin, etc., recueillies sur la route, et moi je vais me carrer dans mon coupé tout seul, car mes voyageuses un peu maussades m'ont quitté ce matin.

Dire que je n'ai pas été fatigué le premier jour, je ne le pourrais sans mentir ; la nuit du dimanche au lundi a encore été assez pénible pour moi ; mais le lundi s'est bien passé et je suis refait maintenant. On n'a fait qu'un repas par jour : 1° dimanche, à la Ferté-sous-Jouarre, gargotte à 3 francs, abominable ! 2° lundi, à Bar-le-Duc, également détestable. Ce soir, nous dînerons à Phalsbourg, aussi je crois utile de déjeuner un peu, puisque j'en ai le temps.

Tu jugeras de la lenteur que nous mettons : de Nancy à Strasbourg il y a 30 lieues, nous allons faire cela en un jour et une nuit ! Nous arriverons à Strasbourg entre 8 et 10 heures du matin. Ce n'est pas que nous n'ayons de temps en temps de bons postillons qui vont au grand galop, mais tout ce grand feu s'éteint aux relais ; nous y mettons, le moins, vingt minutes à une demi-heure. Sans ces relais, nous aurions bien dix heures de moins à nous morfondre en route.

De Paris à la Ferté, charmant pays, accidenté, vert, bien cultivé. Passé la Ferté, le pays devient plus pittoresque, mais moins fertile. Je ne puis rien dire de la nuit, mais, à en juger par ce que j'ai vu le soir, nous entrons dans la Champagne, sinon pouilleuse, du moins dépouillée. Nous avons eu de l'eau, dimanche, dans une admirable vallée de la Marne, et fort heureusement, car les chemins du lundi n'eussent pas été tenables. Jusqu'à Vitry, pays stupide, c'est-à-dire Champagne, grandes plaines de craie nues ; figure-toi cela en poussière et bénis avec moi le ciel de ce que c'était devenu de la boue. Il faut qu'il ait terriblement plu ! Il y avait, en sortant de Vitry, des endroits où les chevaux en avaient jusqu'au poitrail de boue blanche et claire comme du lait. Entre Vitry et Bar-le-Duc, un peu plus de végétation ; mais quel pauvre pays encore ! quelles cavernes au lieu de maisons ! le tout en bois, qui laisse passer le jour et l'air et l'eau par tous les côtés. A Bar-le-Duc, la scène change. On y vient par la vallée de la Meuse, et, surtout, on en sort par un point de cette vallée qui est admirable. Je n'ai jamais rien vu de plus pittoresque ni de plus florissant. Figure-toi une énorme vallée, plate, large comme deux fois le Champ de Mars, encaissée de montagnes à pic hautes de deux cents pieds à peu près, couvertes, celles qui regardent le nord, de bois superbes, celles qui sont au sud, de vignes magnifiques ; cela dure quatre lieues entières. Je n'ai jamais vu de si grandes côtes couvertes de raisin. La Bourgogne, avec ses collinettes, ressemble à un joujou. Dans la partie plate de la vallée, d'immenses troupeaux de vaches de toutes couleurs, surtout de noires, et l'animal lorrain, le cochon, très propret et bien gardé par de petits enfants à face allemande ; une verdure magnifique, et des peupliers de quoi satisfaire un romantique. Depuis Bar-le-Duc, ou plutôt depuis le soir, trois heures après l'avoir quitté, je n'ai rien vu, parce qu'il était nuit, mais le pays est excessivement montueux. Nous traversons les vallées de la Meuse et de la Moselle, qui se succèdent immédiatement. La Seine est un grand fleuve, plus grand que ces deux rivières, mais ses vallées sont moins profondes et moins heurtées. Enfin, je suis dans la capitale du bon roi Stanislas, que j'ai déjà vue en partie, ville bien propre, bien mal pavée, bien triste. Je l'ai vue ce matin en attendant que les bains fussent ouverts ; j'en ai pris un très chaud, ce qui m'a fait un bien parfait ; je déjeune en ce moment un peu.

Ne crois pas que je ne pense pas à toi, parce que je ne te parle que de moi ; c'est que je sais que je te fais plaisir, et tu sais que c'est pour moi la plus grande satisfaction de savoir que tu es contente.

Tu as bien fait de me bourrer. Quel changement de climat ! Il fait vraiment froid matin et soir, et, le jour, l'air des montagnes est plus vif. Il a fait très beau lundi ; ce matin, il pleut à Nancy, j'espère que cela ne durera pas, parce qu'il est encore de bonne heure.

Adieu, ma chère amie, crois bien que, si tu as fait un sacrifice en me laissant partir, j'en ai fait un aussi ; mais il faut être raisonnable, et tu dois embrasser mille fois pour moi, et mille autres fois pour toi, nos chères petites filles.

Tout à toi, ton ami,

Eugène BURNOUF.

XLIV.

A Mme Eugène Burnouf, à Roissy.

Strasbourg, 27 août 1834.

Ma chère amie,

Me voici à Strasbourg, la ville la plus formidable que j'aie vue de ma vie, double fossé, triple fortification, vingt-cinq pieds d'eau dans chaque, pont-levis, herse, porte de fer, et je ne sais quoi encore, car je n'ai fait que passer par là en voiture, et ce que j'en sais je l'ai appris pendant qu'on m'inspectait dans ma personne et dans mon passeport. Je vais au plus court, tant j'ai de choses à te conter ; les détails les moins frappants seront pour le retour.

J'arrive donc à sept heures juste du matin, après la

nuit la plus épouvantable que j'aie vue. Au diable les montagnes par un temps d'orage ! D'abord, au sortir de Nancy, nous étions quatre en tout dans un mauvais tapecul que l'on avait substitué à notre diligence, suite inévitable de la boulette primitive. Cette substitution d'une mauvaise et petite brouette à une grande et bonne voiture s'opérait pendant que je t'écrivais. Observations égalent zéro quand on est loin de Paris. Ma malle était à peine couverte, parce qu'il fallait bien que le conducteur le fût un peu. Heureusement, elle coûte 55 francs, ce qui veut dire qu'elle est imperméable ; elle a fait ses preuves cette nuit ; tu ne la reconnaîtrais pas, tant elle est noire, mais aussi *imperméable patent*, dirait un Anglais. Vers midi, le temps s'élève avec le terrain, nous approchions des Vosges ; stérilité presque complète, bois superbes et, au milieu de tout cela, du raisin qui fait du vin fort bon. La Providence, comme tu vois, pense à tout ; elle donne à celui-ci du blé, à celui-là du vin, à nous elle réservait un plat de son métier : un liquide aussi, mais non du vin. La grosse caravane de quatre, dont un gamin de quinze ans, gravissait une de ces maudites côtes au milieu desquelles on me brouette depuis deux jours, quand, tout d'un coup, une grosse nuée sort d'une gorge, nous prend en flanc, et commence à nous inonder de gouttes larges comme la main. Nous relevons le collet de nos habits, enfonçons nos bonnets (le mien est à la grande mode ici) et nous attendons, un fort quart d'heure, la voiture qui, quoique petite et avec quatre chevaux, ne montait pas vite. Tu conçois comme j'étais trempé ; heureusement, j'avais mon manteau pour changer ; dans mon coupé, où j'étais seul, j'ai étendu mon habit pour qu'il séchât. La pluie était chaude, l'air idem, et ma personne aussi; je n'ai nullement souffert; mais mon habit était si trempé que je n'ai pu le remettre qu'à sept heures du matin, en entrant sous la herse et contre-herse de Strasbourg.

Nous arrivons donc, ayant tantôt à droite, tantôt en face les belles montagnes des Vosges, à Sarrebourg, à six heures du soir; j'avais dans l'estomac et lieux circonvoisins, en tout, un potage abominable de Nancy, et des mauviettes dont j'ai encore l'amertume dans la bouche, plus un peu de gruyère dur comme le pavé de Nancy, le tout valant la modique somme de 1 fr. 50; bon marché suivant l'hôtesse. A Sarrebourg enfin, j'ai fait un bon dîner. Quel brochet! je l'ai mangé sans sauce, et certains oiseaux avec des griffes longues comme la main, qui se laissaient croquer sans rien dire, à preuve que j'en ai mangé quatre, gros comme des cailles, ainsi que disait Pacot. Immortel Pacot, tu ne savais pas quelle nuit t'attendait! D'abord pas d'espoir de voir Saverne, le plus beau du voyage, nous devions y être à minuit. Je m'enveloppe donc dans mon manteau, puisque je n'avais pas d'habit, et je tâche de m'endormir au mouvement de haut et de bas d'un char à bancs qui gravit des côtes tous les quarts d'heure, et au parfum de mon habit qui séchait. A peine étions-nous montés qu'un orage, fait tout exprès pour un voyage de nuit, vient bouleverser toutes nos espérances d'arriver à 5 heures du matin à Strasbourg. J'entends une pluie abominable et des jurons en allemand. Nous étions en Alsace. Je demande où nous sommes; réponse : *Nein, nicht, nach, noch, bach, back, schack*, etc., enfin une collection de monosyllabes inouïs. Des chevaux qui avaient de l'eau jusqu'au poitrail ; une voiture qui cahotait horriblement : dans une conjoncture aussi grave, je pris le parti violent de ne pas sommeiller, ce qui m'est moins difficile qu'à tout autre, car je ne dors pas en voiture, et j'observe l'arrivée des événements. Nous avions changé de postillon, et le dernier n'était qu'un demi-Alsacien, car on le surprenait lâchant quelques mots de français. J'appris que nous étions à une lieue de Phalsbourg. Quelle lieue ! Je ne puis te dire le temps que nous avons mis à la faire. Or, nous arrivons à Phalsbourg, ville forte et fermée, du reste bicoque. Le pont-levis était brisé depuis un mois, et l'on ne pouvait passer avec des voitures. Le conducteur, qui, du haut de notre charrette, jurait comme un renégat, descend pour traverser la ville à pied, afin de déclarer je ne sais quoi, et nous, nous commençons à tourner la ville. Le malheur est que ce n'est pas un chemin régulier, qui ait la voie et autres choses nécessaires à un chemin honnête. C'était une belle et bonne ornière, avec trois à quatre pieds d'eau. Nous avons été une heure là-dedans, nous débattant contre le vent et la pluie, la voiture percée d'eau par dessous. Mais les voyageurs étaient les plus heureux mortels du monde ; deux étaient descendus à Sarrebourg ; reste à deux, l'un dans l'intérieur, l'autre dans le soi-disant coupé : ceci nous a sauvés d'avoir les jambes dans un bain froid. Nous nous sommes donné naturellement et mutuellement le conseil de nous accroupir sur les banquettes, et nous avons passé la nuit à sec. Mais le conducteur ! Le pauvre diable traverse Phalsbourg avec une pluie battante ; au sortir de la dernière porte, celle de l'Est, où nous étions arrivés et où nous l'attendions, il se perd, et nous de croire qu'il buvait dans la ville et se séchait un peu. Notre postillon avait de la chose des notions plus exactes. Le conducteur avait rencontré, dans cette nuit noire comme un four, un fossé de 15 ou 20 pieds, un fossé de ville forte enfin ; il y était tombé, et avait trouvé assez d'eau pour faire la coupe, tantôt dans la vase, tantôt dans le liquide, et enfin, après une petite demi-heure de lutte héroïque contre les éléments, il nous arrive ; dans quel état ! Primitivement, il avait une blouse et un pantalon de coutil, bleu-noir à cause de la pluie ; le tout était devenu blanc-jaunâtre à cause du fossé. Fort heureux, le pauvre homme, de nous avoir retrouvés, car notre lanterne était morte, et il lui était impossible de nous voir. Mais les deux habitants qui s'étaient arrêtés à Sarrebourg étaient attendus à Phalsbourg, et un respectable Alsacien, avec une lanterne grosse comme la lune, avait été mis en faction humide à la porte de Phalsbourg. Il ne nous vit pas, l'Alsacien, mais il nous entendit, et nous le vîmes ; et pendant que nous nous livrions, au clair de sa lune, à des conjectures sur le sort de notre conducteur, ce dernier, attiré par la vue de la chandelle, se dirigeait vers nous avec des imprécations dignes de la circonstance.

Enfin nous voici, et je ne suis pas vraiment aussi las que je l'aurais craint. Ma barbe est faite, j'ai changé de la tête aux pieds, et j'attends les événements ; mais il pleut en diable et je n'ai qu'une paire de bottes, ce qui me forcera à en acheter une seconde chez les plus célèbres *gnafs* de l'Europe.

Je suis assailli de gens qui me disent d'un ton

doux : « Wollen sie nach Deutschland zu gehen ? » Voulez-vous aller en Allemagne? à Bade? à Wiesbade? à Carlsruhe? — « Au diable, nein. » — Tu me vois d'ici faisant cette réponse héroïque. Le fait est que je ne manquerai pas de voiture ; et s'il continue à pleuvoir, je donne tête baissée dans le Badois, car je ne puis ni sortir, ni même aller voir M. Caillaud, sans être percé. Quelle ville et quel pavage ! Je t'en dirai de belles à mon retour sur le pavage, quand on a des souliers fins.

Finalement je suis en bonne santé et en *bons esprits*, comme disent les Anglais, seulement je m'ennuie de vous tous. Je compte me désennuyer en t'écrivant, chère amie, et en te recommandant de bien te ménager jusqu'au jour de mon retour qui ne sera pas long, si je continue à être favorisé, comme je le suis, par le beau temps.

Ton ami pour la vie,

Eugène Burnouf.

XLV.

A Mme Eugène Burnouf, à Roissy.

Bade, jeudi 28 août 1834.

Je prends du grand papier, ma chère amie, parce que j'ai beaucoup de choses à te dire. Me voici à Bade. Tu vois que je m'entends à mener les voyages bon train. Si le temps continue à m'être aussi défavorable, je serai de retour bien avant l'époque fixée. D'un autre côté, je ne te réponds pas d'aller aussi vite si une fois le soleil reparaissait, comme il a fait aujourd'hui.

Je reprends mon itinéraire où je l'ai laissé : hier je t'écrivais le matin, je ne sais pas si j'avais déjeuné ou bien si j'allais déjeuner, peu importe ; ce qu'il y a de certain, c'est qu'à dix heures du matin et quelque chose, j'avais, à la porte de l'auberge, jeté ma paille au vent, ou, pour mieux dire, à la pluie qui commençait à tomber. Armé de mon parapluie, je me lance, sans savoir où, pour chercher M. Caillaud, que mon père m'avait recommandé de voir, et dont il ne m'avait pas donné l'adresse. On m'avait dit qu'il devait demeurer à l'Académie, près de la citadelle. Je traverse la totalité de la ville en ligne droite pour ne pas me tromper; heureusement, la ville n'est ni longue, ni large; je vois la résidence du commandant de place, le théâtre, et enfin je tombe sur les remparts. Du haut des glacis, j'ai vu cette vaste plaine couverte d'ouvrages militaires en assez mauvais état, mais qu'on peut rendre imprenables en six heures; car il faut moins de temps que cela pour y jeter dix-huit pieds d'eau. Strasbourg est d'ailleurs ceint d'un fossé profond formé par une petite rivière qui va se jeter dans le Rhin. Le petit Rhin, qui est un bras du fleuve, alimente ces fossés, enfin ce n'est partout que de l'eau et des glacis. J'ai fait presque tout le tour de la place, j'ai du moins vu toute la partie qui regarde l'Allemagne. Les batteries sont dressées. J'ai demandé à un factionnaire à combien de distance étaient les canons et les obusiers l'un de l'autre, je les voyais, mais je ne pouvais en approcher; il y en a un tous les six pas. Tu ne peux te figurer rien de plus formidable que ces canons tout prêts, et devant, ces hommes robustes qui, avec leur uniforme bleu et rouge, font perpétuellement la faction.

La pluie tombait très rudement, et mon parapluie me garantissait mal. Mon courage n'a cependant pas faibli ; mais j'avoue qu'il a été plus d'une fois sur le point de céder. Je cherchais toujours la citadelle, que j'avais l'assurance de trouver parce qu'elle est au bout du rempart. J'y arrive : bel arsenal, beaucoup de soldats, presque autant d'officiers ; mais pas d'Académie ni de Caillaud. C'est alors que j'ai apprécié l'avantage de chercher dans une ville des amis qu'on ne connaît pas et dont on n'a pas l'adresse. Au diable les connaissances ! Je te l'ai toujours dit : rien n'est au monde si gênant que des amis de province.

La pluie augmentait ; pour comble d'infortune, personne ne pouvait m'indiquer mon chemin. Si je ne l'ai pas demandé à vingt personnes, hommes, enfants et soldats, il n'est pas vrai que j'existe. Les soldats disaient en excellent français : « Je ne sais pas où est l'Académie. » Les enfants et les hommes répondaient : « Pas connaître français. » Et voilà des gaillards qui se disent Français ! Juge de ma position ! J'étais enragé. La pluie avait exactement transpercé mes bottes, mon pantalon, je n'avais plus que les épaules de sèches, ou, pour mieux dire, elles étaient humides, car avec la pluie tombait un brouillard formidable. J'étais à l'autre bout de la ville ; tout le monde rentrait chez soi, et j'étais à battre les boues, les vents et la pluie pour trouver cet excellent M. Caillaud. Dans cette occurrence, j'ai cru devoir rompre le vœu que j'avais fait de n'adresser la parole à aucune femme, vœu dont je ne t'avais pas parlé, mais que je m'étais imposé par conscience et pour pouvoir te tranquilliser à mon retour. O Providence, les femmes parlent français ! L'une me dit : « Monsieur, vous en êtes bien loin ; prenez par ci, par là, etc. » Je suis sa recette et n'arrive à rien. Je parle à une autre ; encore du français. Enfin, pour être bref, autant j'avais trouvé d'hommes qui parlaient allemand, autant je trouve de femmes qui s'expriment en français. De telle sorte qu'à la fin je trouve, non seulement l'Académie, mais le domicile de M. Caillaud, qui n'était pas chez lui, ce dont j'étais aussi aise que fâché, car j'étais dans un état de saleté difficile à décrire. J'étais si couvert de boue que, pour ne pas me faire remarquer, j'avais rentré ma décoration. J'ai bien souvent déjà souhaité de te voir partager avec moi ce voyage ; mais aussi j'ai reconnu combien il était souvent difficile à une femme de faire ce que fait un homme. Suppose-toi tous les brodequins du monde aux pieds, avec une robe des plus solides, elle eût été percée cent fois et fût restée collée sur tout ton corps, si tu eusses fait avec moi la moitié du chemin que j'ai fait seul.

Il était midi un quart, le temps s'était élevé et j'étais arrivé à la cathédrale. Décidé à en finir, je tourne et retourne devant ce magnifique portail, une des plus belles choses que j'aie vues de ma vie. Un gamin m'introduit dans la tour, et haut le pied ! me voilà en moins de rien à une élévation de 303 pieds. Je te donnerai plus tard des détails. Il fait sur cette plate-forme un vent furieux qui fit du bien à mon pantalon. La pluie ayant diminué, je pus entrevoir les montagnes de la Forêt-Noire et celles de Bade, au milieu desquelles j'écris en ce moment. Je suis même monté un peu au-dessus de la plate-forme ; mais les ouvertures sont si larges qu'il y passerait dix hommes comme moi. Je fus effrayé et n'allai pas outre.

Résolu d'en finir avec les curiosités de Strasbourg, je suis allé voir le tombeau du maréchal de Saxe, sculpture admirable ; mais ce qui m'a fait un plaisir dont je parlerai plus d'une fois, c'est de voir les tombes des savants dont Strasbourg s'honore : les Oberlin, Koch, Schweighäuser, Lederlin, Emmerich, etc. Bonne ville, qui honore les professeurs ! Les nigauds ! qu'ils viennent à Paris, et on leur dira ce que c'est qu'un professeur ; qu'ils le demandent surtout aux organes les plus accrédités de l'opinion publique, comme j'appelle les journalistes ! Mais les Strasbourgeois sont bien près de l'Allemagne, et il faut bien leur passer un peu de la niaiserie germanique.

Il était deux heures quand je rentrai à mon hôtel. J'étais rompu ; tu le comprends aisément, si tu te rappelles que je descendais de voiture après y être resté trois jours et trois nuits, et que je venais d'essuyer, pendant une marche rapide de quatre bonnes heures, dont une montée à la cathédrale (303 marches), une des plus fortes pluies, sauf celle de Phalsbourg. On me donna un réchaud allemand ; je me déshabillai, me réhabillai à neuf et à sec, et pendant que mes nippes séchaient je me jetai sur mon lit. Le malheureux, qu'il était dur ! J'y ai dormi, cependant, et à cinq heures il a fallu me réveiller pour me faire descendre à dîner.

Ici la scène change. Je n'avais eu jusqu'alors que des tribulations. Un admirable dîner devait m'en faire oublier la plus grande partie, en me restaurant au delà de mes espérances. Aussi fis-je amplement honneur à tout ce que Véfour, les Frères-Provençaux, réunis au cuisinier du roi de Prusse et aux cuiseurs de rosbif de Londres, peuvent fournir à la gourmandise humaine de plus parfait. Dire-ce que j'ai mangé, je ne le puis, car je ne le sais pas moi-même. D'ailleurs le vin du Rhin m'a fait oublier mon dîner, et le repas que j'ai pris à Bade a effacé le souvenir de celui de Strasbourg, et ce dîner m'a coûté trois francs !

Au dessert de ce plantureux dîner, M. Caillaud est venu à l'hôtel; il m'avait trouvé du second coup. J'ai passé la soirée avec lui; je me suis couché à dix heures, et aujourd'hui à six heures j'étais sur pied pour faire mon paquet. C'est une grande occupation pour un voyageur qui veut perdre le moins possible ses mouchoirs et ses cravates ! A neuf heures, j'ai déjeuné avec de la choucroute et du bifteck au beurre d'anchois, le fameux beurre; ils le font mieux qu'à Paris en ce qu'ils volent moins le consommateur.

J'avais vu Strasbourg !

Je monte à dix heures dans la voiture de Bade, et j'y arrive à quatre heures un quart. Quelle admirable chose que cette vallée ! Si mon père était là, il faudrait bien qu'il se résignât à croire qu'il y a quelque chose de beau hors de la France. Jusqu'à Bade, c'est la vallée du Rhin, l'immense fleuve; pays plat, d'une rare fertilité en tabac, en chanvre et en pommes; *stupendo!* pas de blé, terre trop légère ! Mais quand viennent les montagnes boisées au milieu desquelles est assis Bade, avec ses maisons vertes et jaunes, si luisantes et si propres, ses beaux hôtels, ses pavillons au milieu des arbres, alors il faut laisser échapper des exclamations de surprise, ou bien on est de bois. Autour de l'hôtel, le meilleur, où je suis descendu, on a profité de la nature pour la transformer en jardin anglais. Ce ne sont qu'allées couvertes, haies naturelles, groupes de peupliers, prairies, bouquets de bois, échappées de vue sur des vallons, le tout couronné par des montagnes d'une éternelle verdure. Une chose me fâche, c'est que, de la voiture où j'étais et qui a parcouru, pour aller à l'auberge, tout ce jardin enchanté, j'ai vu trop de belles dames, trop de toilettes parisiennes, trop de plumes et trop d'équipages. Au reste, il faut bien que les gens riches s'amusent; ils ont trois choses à détruire : le temps, leur fortune et leur santé. Bade est un admirable endroit pour cela quand on y amène ses maîtresses et qu'on aime le jeu. Tous les ans des milliards viennent s'accumuler dans ce séjour délicieux. L'Angleterre, la Russie et la France les fournissent.

Quand j'entrai dans l'hôtel, on dînait; cent soixante personnes, dans une énorme salle, étaient à table, dans un seul hôtel! Il y avait là toute l'Europe. On me fit dîner dans une petite chambre pour que je n'eusse pas l'odeur d'une salle à manger. Là était un Anglais dont la femme était enrhumée, il revenait d'une course sur les montagnes et était en retard; il me proposa de dîner avec lui, c'est-à-dire à la même table. Nous nous accrochâmes l'un à l'autre d'autant plus facilement que je me suis surpris parlant l'anglais assez proprement. Ce coco-là avait résidé six ans dans l'Inde : deux ans chez les Mahrattes et quatre ans à Bombay; il connaît tous mes amis. Son nom est le capitaine Gibson. Inconnu! dirait Mohl. Eh bien, oui, inconnu!

mais il m'était fort agréable de n'être obligé que de parler l'anglais, au lieu de l'allemand qui me désespère. D'ailleurs le capitaine Gibson détache assez proprement le français. Enfin ce respectable militaire m'a mené à la salle de conversation, où j'ai vu Bade luxueux, joueur, et peut-être autre chose, ce que je ne puis affirmer ; enfin le Bade dont je n'ai que faire et que je ne reverrai plus. J'ai, non sans dégoût, fait le tour de six tables de bouillotte, de deux de pharaon, de deux de rouge et noir, grandes à elles seules comme le salon de ta grand'maman Ducrocq. Les hommes qui tiennent la banque, pour exercer leur industrie funeste sur une si grande échelle, sont obligés d'être montés sur d'énormes chaises de musiciens et d'avoir de grands râteaux. Dieu les bénisse ! J'ai vu un Russe qui fouillait dans ses poches de derrière et qui en ramenait des poignées de louis. Deux laquais galonnés, avec des poches de côté énormes et gonflées du même métal, se tenaient derrière lui. Il perdait à tout coup, je l'ai vu trois fois de suite, il en paraissait fort peu affecté. Cet homme avait peut-être vingt-cinq ans ; sera-t-il du monde à trente ?

Après cette visite à la Bade babylonienne, je suis rentré et j'ai pris la plume pour m'entretenir avec toi de tout ceci. Mais j'oublie bien des choses. Tu ne m'en voudras pas, parce que tu n'y perdras rien cet hiver. La seule chose que je n'oublie pas, c'est toi, ma chère amie, car les secousses que je me donne ne m'empêchent pas de penser à toi et de songer que je t'ai laissée souffrant peut-être des douleurs horribles de dents ! Peut-être quelque jour pourrons-nous renouveler ensemble cette course, c'est une chose que je voudrais bien te faire voir. En bornant son excursion à Bade, c'est une dépense peu considérable; mais il faudrait être libres d'enfants en nourrice et autres inconvénients d'un jeune ménage.

Je tremble, chère amie, de ne pouvoir trouver ta lettre à Heidelberg, j'en serai parti quand elle y arrivera. Je ne resterai pas ici plus de trois ou quatre jours, y compris celui-ci. Je resterai moins peut-être à Heidelberg, car je m'ennuie d'être loin de chez moi, et surtout de toi, dans l'état où tu es, et d'ailleurs je vois assez bien même en allant vite. On veut que je prenne de la distraction et du mouvement, j'en prends dans les voitures. Je ne compte pouvoir dormir que quand je serai revenu à Paris; jusque-là je cours et je reçois des ondées; cependant il fait beau aujourd'hui.

Adieu, ma chère amie, croirais-tu qu'il est dix heures et demie? Je ne sais quand cette lettre te parviendra. Je la donnerai demain matin de bien bonne heure pour la poste. J'ai appris que c'était la fête du Grand-Duc demain, il y aura du neuf ici; mais rien ne vaut pour moi cette belle nature, et cette féerie du luxe de l'Europe jetée au milieu du plus beau site. C'est le palais d'Armide.

Mille baisers à mes chers enfants.

Tout à toi pour la vie,

Eugène BURNOUF.

XLVI.

A Mme Eugène Burnouf, à Roissy.

Bade, samedi 30 août 1834.

Ma chère amie,

Tu peux, avec les détails que je te donne, suivre mon voyage comme si tu le faisais toi-même, jour par jour et heure par heure. Mais moi je ne puis m'y amuser autant que si tu étais avec moi. Que je serais heureux si je pouvais t'avoir au milieu de ces beaux sites! Il est vrai qu'il faut acheter la plupart de ces plaisirs par d'excessives fatigues et des montées d'environ trois quarts d'heure ou une heure. Mais si jamais nous étions assez riches pour pouvoir nous établir ici pendant deux mois, ce que je fais en une heure, parce que je suis pressé, nous le ferions en quatre.

Je ne me rappelle plus où j'en étais resté à ma dernière lettre. Je t'écrivais jeudi soir. Hier, vendredi matin, je me suis levé à six heures, et, une demi-heure environ après, j'ai fait venir, selon l'usage, une calèche à un cheval conduit par un homme, pour me promener sur les montagnes. Cette course m'a coûté 10 francs. Il n'aurait pas fallu payer davantage à deux. On se règle sur le nombre des chevaux, et le tout est loué par le gouvernement. Un cheval, 9 francs; deux, 18 ou 19 francs. Ma promenade a duré jusqu'à midi, par monts et par vaux, au milieu des plus beaux sites, des montagnes, etc.; dans un pays, enfin, qu'on ne décrit que de deux manières, qui ne décrivent pas plus l'une que l'autre : savoir, l'une avec une toise et un mètre, de cette manière : montagne de 200 pieds perpendiculaires, de 700 pieds d'inclinaison, angle de 50 degrés, ce qui n'est ni amusant ni clair ; ou bien : montagne pittoresque, site enchanteur, vallons délicieux, plaines fraîches, ruisseaux d'eau vive ; ce qui ne dit rien de plus et est singulièrement usé. Dans l'impuissance donc de te donner une idée exacte de ce que j'ai vu, je me contenterai de te dire que je me suis promené, de six heures et demie à midi, dans les montagnes qui forment la vallée de Bade et d'autres vallées qui y aboutissent, sans m'ennuyer un seul instant, marchant de surprise en surprise, et sans jamais rien voir qui ressemblât à ce que j'avais vu. Tu t'arrangeras comme tu pourras, ma chère petite, avec cette description laconique ; mais il n'en est pas des ouvrages de la nature comme de ceux de l'homme ; on peut bien dire qu'il y a 900 bouches à feu dans l'arsenal de Strasbourg et que la cathédrale a 490 pieds ; mais on ne peut pas dire combien est beau un pays, à moins de faire de la prose poétique, qui ne me paraît qu'un mensonge déguisé.

De retour à midi, j'ai fait un déjeuner très frugal avec du beurre et des poires, parce que, comme on dîne à quatre heures à la table d'hôte, je ne voulais pas me charger deux fois trop fortement l'estomac.

Mais, avant de passer à ma seconde excursion, j'oublie de te dire une chose bien frappante de ma première : c'est qu'on trouve, d'une lieue à une lieue, un petit hameau situé dans la position la plus romantique du monde, et dont les habitants disputent aux bois un peu de terre végétale pour y planter des pommes de terre qui sont parfaites, du chanvre, et pour y avoir des vignes et des pommiers miraculeusement chargés de fruits cette année. Au reste, ce pays de Bade, sauf les montagnes boisées, passe, parmi les habitants de Strasbourg, qui le connaissent bien et qui y vivent la plus grande partie de l'été, pour une terre promise.

C'était, comme je te l'ai dit dans ma dernière lettre, le jour de la naissance du Grand-Duc. Dans un de ces hameaux, le plus considérable, nommé Gernsbach (je l'écris pour me ressouvenir de ce bel endroit), les habitants, organisés comme en France en garde nationale et marchant fort bien, faisaient entendre une musique d'instruments de cuivre qui, au milieu des montagnes, produisait un effet charmant et paraissait meilleure qu'elle ne l'était. Les musiciens étaient aussi nombreux que les soldats. La compagnie était en tout de trente hommes; mais juge par là de ce que c'est que ce peuple allemand pour qu'on puisse trouver, dans le hameau le plus pauvre, quinze hommes ou jeunes gens qui jouent des instruments à vent d'une manière tolérable. Je n'ai pas encore vu beaucoup d'Allemands, parce qu'ici on ne rencontre que des gens auxquels leur fortune permet de n'avoir pas de patrie; mais ce que j'en connais me donne l'idée d'un peuple bon, doux, susceptible d'un grand développement d'intelligence dans les sciences et dans les arts, et capable d'être heureux avec tout cela, si la manie du changement, qui nous travaille, ne finit pas par le gagner.

De retour à mon hôtel, ainsi que je te l'ai dit tout à l'heure, et après déjeuner, j'ai voulu employer mon temps jusqu'à quatre heures. J'ai commencé à gravir une montagne derrière l'hôtel, dans l'intention de voir ce que c'était au juste, et surtout pour me faire une idée de la profondeur des vallées. Pour comprendre bien ce que je vais te dire, il faut que tu saches que, quand on regarde de Bade les montagnes environnantes, on les trouve toutes à peu près de la même hauteur, détachées les unes des autres, mais très rapprochées et s'élevant presque perpendiculairement, comme de gros pains de sucre bien larges du bas et peu pointus. Ceci distingue ces montagnes des Alpes ; outre qu'il ne peut pas y avoir de comparaison pour la hauteur, elles ne sont pas construites de la même manière. Les Alpes, autant que j'en puis juger par Grenoble, s'élèvent en gradins, un coteau d'abord, puis au-dessus un autre, plus ou moins haut, puis un autre encore, enfin autant qu'il en faut pour finir par faire une masse énorme, qui, vue d'en bas et de loin, forme ce qu'on appelle une montagne ; il y a peu de pics qui s'élèvent immédiatement de la plaine d'une hauteur perpendiculaire. Les jolies montagnes de Bade sont, au contraire, de cette dernière espèce, rondes comme le Puy-de-Dôme à Clermont, en Auvergne, et s'élevant à pic comme le Canigou en Provence ; à peine s'il y a des gradins pour y parvenir. Maintenant, comme ces montagnes sont en fort grand nombre, et que de plus elles sont très serrées les unes contre les autres, elles doivent nécessairement former des vallées étroites et d'un caractère tout particulier. Je voulais d'autant plus m'éclairer sur ce fait, et voir par mes yeux une de ces vallées, qu'on n'en peut avoir qu'une idée vague quand on fait la promenade en voiture. Tu comprends en effet que, pour faire sur ces hauteurs un chemin que puissent suivre les voitures, on a dû tracer la route sur le flanc des montagnes, et que, pour passer de l'une à l'autre, on a choisi l'endroit où deux montagnes se touchent presque, en comblant la vallée de terre, et en élevant une chaussée qui est au niveau de la route ; il en résulte que la voiture ne descend jamais dans une de ces vallées sombres qu'on aperçoit à côté de soi quand on est sur le chemin de réunion de deux montagnes. C'est ce que j'ai voulu reconnaître et ce que j'ai fait. J'ignorais, en commençant, s'il y avait des chemins dans les bois qui couvrent ces montagnes, et, s'il n'y en eût pas eu, j'aurais renoncé à mon dessein, parce que je me serais infailliblement exposé à me perdre, ces bois touchant à la Forêt-Noire et s'étendant sur une surface de trente lieues environ ; mais la main de l'homme a passé par Bade pour y rendre tout facile, avec assez de discrétion cependant pour qu'on ne remarque pas sa présence. Soit que la montagne que j'ai choisie fût près de Bade, soit qu'il y ait en effet des chemins partout pour abréger le passage d'un village à un autre, ce qu'il y a de certain, c'est que j'ai trouvé un sentier tracé jusqu'au bois, puis à travers le bois lui-même, que j'ai suivi, et où j'ai vu les plus charmants accidents de la nature qu'on puisse imaginer. O stupide bois de Boulogne, mine de poussière et de sable ! Mais tu connais suffisamment cet Élysée des Parisiens et tu l'apprécies comme moi.

Je reviens à Bade. Le bas de la montagne appartient à l'homme ; on y trouve des pommes de terre, des vignes et des pommiers ; il n'y a que cela dans le vallon, c'est la première culture ; le bois vient ensuite, parce que l'homme n'a pas trouvé qu'il valût la peine d'en dépouiller la terre stérile qui le produit. Ce bois est mélangé, un peu de chênes, des arbres divers, des futaies, végétation toute française. Au-dessus de ce mélange, dans lequel on aperçoit des éclaircies de toute beauté, parait le chêne pur, soit élevé en grands et gros arbres, soit taillé en hautes futaies que l'on laisse croître plus haut qu'en France. C'est une magnifique partie de la montagne par la vigueur et la régularité du plan. Vient ensuite un mélange de chênes et de sapins, qui ne dure pas longtemps et fait place enfin au magnifique sapin lui-même, régulièrement haut comme les mâts du Pont-Neuf que nous avons vus ensemble. C'est là véritablement la forêt ; elle règne sur le sommet de la montagne, et si cette dernière s'élevait plus haut il n'y aurait plus rien, parce que le sapin est la dernière production du règne végétal qui vienne sur la terre.

Je ne te décrirai pas la descente qui suivit cette montée ; c'était merveilleux. Pendant trois heures que je marchai, je ne vis pas une seule figure vivante. Sous ces voûtes de sapin j'entendais l'écho de mes pas sur la montagne creuse, et quand je fus parvenu au fond, à l'endroit où il eût été nécessaire de gravir l'autre montagne qui était en face, j'avoue que j'éprouvai un certain désir d'avoir un compagnon. Ces montagnes sont cependant très sûres, mais un homme est bien peu de chose en face d'une nature aussi vaste, et le sentiment de sa petitesse ne le rend pas audacieux dans la solitude. Un chemin tournant me permit de revenir à Bade sans prendre la même route. Je fis le cercle autour de la montagne que j'avais gravie, et je ne rentrai que pour avoir la fin du dîner. Mon capitaine anglais m'attendait ; il me présenta à sa femme, la plus laide créature des trois Royaumes-Unis, et après dîner, nous allâmes au château du Grand-Duc voir une des plus magnifiques vues de ce superbe pays. Bref, j'étais rompu le soir.

Ce matin, convaincu qu'il me faudrait au moins deux mois, à ne faire que cela, pour tout voir ici, et poussé par le souvenir de la tristesse et de la désolation où je t'ai laissée, j'ai décidé que je partirais aujourd'hui pour Carlsruhe. Il n'y avait pas de place, je ne partirai donc que demain dimanche. Il n'y a pas de voiture pour Heidelberg, sans cela je n'aurais pas perdu un jour à Carlsruhe. Le souvenir de ton chagrin empoisonne tout le plaisir que j'aurais, et j'ai un vif remords de t'avoir laissée dans l'état où tu es pour aller m'amuser à cent lieues de Paris.

Je ne puis dire quelle sera la suite de mon voyage. Hier et aujourd'hui le temps est superbe, comme à Paris; mais avec du vent. Je ne suis pas sorti ce matin pour t'écrire. Mes lettres sont si longues que je suis forcé de les griffonner. La poste part à midi, elle me presse, je n'ai que le temps de t'embrasser en pensée. Si je trouve un moyen d'éviter la Belgique et de revenir droit de Bonn, je le saisirai.

Tout à toi, ton ami pour la vie, désolé de ne pas te voir,

E. BURNOUF.

XLVII.

A Mme Eugène Burnouf, à Roissy.

Heidelberg, lundi matin 1er septembre 1834.

Ma chère amie,

Je t'écris avec un crayon, parce que je ne trouve pas d'encre où je suis. Pas d'encre à Heidelberg! voilà qui est surprenant! Cela doit être, car les *Herr Professor* et toute la bande des étudiants en consomment ici des tonnes, et on ne fait pas l'honneur aux voyageurs de supposer qu'ils sachent tenir une plume.

Tu ne m'en voudras pas, mon cher cœur, de ce qu'il y aura, entre la précédente lettre et celle-ci, une petite interruption (il faut : intervalle, j'oublie le français, mais je hache terriblement le Deutsch, der Teufel! comme je me fais comprendre!). Je n'ai pas pu t'écrire hier puisque j'étais en voiture. Samedi, tu connais ma vie jusqu'à midi et demi au moment où la poste partait. J'étais exténué ce jour-là; je ne pouvais pas, littéralement parlant, mettre un pied devant l'autre. Aussi, après t'avoir écrit, j'ai rangé mes nippes et je me suis étendu sur le lit jusqu'à quatre heures. Ce repos et le dîner m'ont fait du bien. Je crois que j'ai laissé une assez bonne impression des Français à ce dîner. J'avais une conversation sur divers sujets scientifiques avec Capt. Gibson, en français mêlé de toute espèce de langues : allemand, anglais, sanscrit, etc. Trois étudiants allemands, avec leurs grands cheveux, n'en perdaient pas un mot, sans en mettre un seul du leur, et une dame allemande qui était tolérable, elles sont, au moins dans la campagne, affreuses, paraissait aussi y prendre un grand intérêt, toujours avec le même silence. Ces braves gens estiment singulièrement la culture de l'esprit, et, quand ils la rencontrent dans des Français, dont ils aiment déjà la vivacité, mais qu'ils trouvent légers, ils tombent dans un étonnement tout à fait récréatif pour le spectateur. Aussi je m'en suis amusé considérablement.

Après le dîner, j'ai été faire une promenade avec cet excellent capitaine Gibson, dans un endroit nouveau et délicieux, car il y en a ici pour un an à voir des choses nouvelles. En revenant, il était neuf heures, nous nous sommes arrêtés à la porte des jeux pour voir les dames qui entraient au bal. Il n'y avait guère que des Allemandes et des hommes de tous les pays. Il ne paraît pas que ce soit du bon genre d'aller à ces bals pour les dames étrangères. Cela vient sans doute de ce qu'on n'apporte pas avec soi de toilette suffisante; mais une Allemande se ferait couper en dix pour une valse. On ne danse jamais à ces bals; on ne connaît que la valse et le galop. J'ai vu, à travers les carreaux, le commencement du bal s'ouvrant par une valse d'un caractère très libre. Les Allemandes n'y regardent pas de si près. Elles se laissent tapoter par le premier venu, pourvu qu'elles tournent jusqu'au vertige; c'est là ce qu'il leur faut. Elles m'ont paru lourdes, peu jolies, aucune tournure, des jambes, des pieds d'homme, et toutes des nez en pied de marmite, surtout une qui, sans cela, eût été fort gracieuse. Le nez en pied de table est commun parmi les dames, c'est une véritable difformité. Il faut aller, je crois, en Saxe, à Dresde, pour trouver de jolies femmes, des femmes qui répondent à des hommes comme Stenzler et Rosen.

Dimanche matin, j'ai passé le mauvais quart d'heure du payement, tudieu! Comme on vous écorche à Bade! Deux jours de plus, et il ne me restait pas un morceau de peau sur le corps.

Changement de décoration!

Frankfürt am Main, mardi matin 2 septembre 1834.

Tu sauras tout à l'heure pourquoi ce changement de décoration. Je reprends à Bade. Or donc, mes deux journées dans ce lieu enchanté m'ont coûté quarante francs. A ce compte-là, on irait vite en besogne avec les louis d'or; mais, si on voulait s'y établir, on n'irait pas à l'auberge.

A six heures du matin, j'étais dans un voiturin pour Carlsruhe. Route ordinaire, car, après Bade, que peut-on regarder en fait de paysages?

Il y a pour arriver à Carlsruhe une allée admirable de peupliers d'Italie qui a deux lieues de long.

Carlsruhe est une ville moderne, charmante, mais qui paraît peu peuplée. C'était cependant le dimanche, et je l'ai vue dans son beau, à midi, quand on sortait de la messe et au moment où la garde descendait. J'ai entendu pendant une demi-heure une excellente musique militaire, que la troupe fait entendre sous le palais du Grand-Duc, qui cependant était absent. Toute la ville était là, car c'est pour les habitants qu'on fait de la musique. Tu ne saurais croire le monde, hommes, femmes et enfants, qui court en foule devant les soldats; ici, ce sont les bourgeois en masse, et chez nous seulement les gamins. Il est vrai que je ne puis dire ce qu'a à faire au monde un habitant de Carlsruhe, surtout le dimanche. J'ai trouvé les femmes bien mieux; une peau d'une blancheur éblouissante; un teint un peu pâle, elles portent beaucoup de rose, ce qui leur va bien; de beaux cheveux blonds, qui cependant paraissent peu abondants, on les laisse croître trop tôt aux enfants. Les modes sont exactement celles de Paris, pas trop mal portées. Mais quelles jambes! Que dirait un cavalier catalan, avec son bel œil noir, son air martial, son jarret tendu, s'il voyait, au lieu de ce petit pied charmant des Andalouses, ou même des femmes du midi de la France, ces lourds pots à beurre que traînent derrière elles des femmes sans grâce?

Au sortir de ma calèche, où j'ai fait la connaissance d'un Wurtembergeois, le baron de Mauclerc, qui a séjourné à Paris quatre mois, et qui parlait divinement notre belle et délicieuse langue française, la langue des gens d'esprit, des braves soldats et des jolies femmes, j'ai trouvé une autre voiture où je suis monté pour Heidelberg, après un séjour d'une heure et demie à Carlsruhe. C'est bien assez pour un voyageur pressé.

La route de Carlsruhe à Heidelberg est plus intéressante; elle se rapproche des montagnes. A Brucksal, petite ville forte, avec des dragons badois qui sont des hommes superbes, dont l'uniforme est charmant, j'ai vu et comme assisté à une cérémonie touchante : l'enterrement d'un jeune homme ou d'une femme. Tout le pays assiste à ces cérémonies en chantant à voix basse, hommes et femmes rangés très régulièrement sur deux lignes. Comme j'étais seul dans ma calèche, j'ai dit au cocher de me descendre, et je l'ai fait aller doucement, pour ne pas troubler cette cérémonie par le spectacle insolent d'un gentleman couché dans un manteau rouge et le lorgnon sur le nez. Je suis donc descendu et j'ai marché à pied en dehors de la ligne de convoi, après avoir tiré bien long mon ruban rouge, pour honorer autant que je le pouvais cette pieuse cérémonie. Je ne sais si ces braves gens m'en auront su gré, et je ne m'inquiète pas de ce qu'aurait fait un Anglais ou un Russe ; mais je sais bien que tout Français ayant le cœur bon en aurait fait autant.

Dîner à Brucksal ; le soir, à dix heures, à Heidelberg ; les hôtels regorgent de voyageurs, pas de chambre, si ce n'est dans une maison particulière, celle d'un boulanger, sur le toit, lieu abominable, avec des commodités, non commodes et affreuses, à ma porte ; je me suis à peine couché tout habillé sur le lit, et j'ai tenu ma fenêtre ouverte. Quelle fenêtre ! et comme ce bon pays est encore barbare ! mais, sauf le voisinage, ces petites contrariétés du voyage ont quelque chose de piquant, surtout quand elles sont suivies, comme tu vas le voir, de la vue d'hommes éminents par leur intelligence et la bonté de leur cœur. Pour comble d'infortune, au moment où je me débarbouillais pour sortir au petit jour, à quatre heures du matin, une pluie de montagne m'a accueilli, et il a fallu, avec cette pluie, aller visiter les plus belles ruines, les plus belles collines et la plus jolie rivière que tu puisses voir. J'ai perdu la moitié de ce magnifique spectacle d'une petite ville ancienne dont il ne reste qu'une maison, respectée par les braves Français de Louis XIV, qui y commirent des horreurs quand ils firent la conquête du Palatinat.

En revenant de ma course, trempé comme une soupe, j'ai pris un conducteur à trois francs pour me mener chez quatre professeurs pour lesquels j'avais des brochures, etc. Je n'en ai trouvé heureusement qu'un, M. le conseiller ordinaire d'État, Creuzer[1], professeur et chancelier de l'université (qui s'intitule libérale) de Heidelberg, conservateur de la Bibliothèque, membre des Académies de Berlin, de Göttingen, correspondant de l'Académie des belles-lettres, chevalier, officier et commandeur de cinquante ordres différents, etc., etc. (je n'ai pas fini encore), âgé de soixante-trois ans, avec une jeune et aimable femme de vingt. Total, quarante mille livres de rentes dans une ville où l'on est baron avec cinq, et où on lui ôte le chapeau à chaque coin de rue. J'ai passé trois heures avec lui, heures que je n'oublierai pas. Il m'a empêché de déjeuner, il est vrai, mais il a remplacé ce repas par quatre verres d'un vin admirable et par des petits gâteaux.

Reconduit par lui à mon auberge, chassé par la pluie de Heidelberg, je me suis jeté dans la poste du royaume de Bade pour Francfort, la grande ville libre, commandée par sept ou huit maîtres, avec ses maisons anciennes et modernes, ses marchands aristocrates, ses filles blondes, blanches, fraîches et à l'air doux. Tu auras plus tard des descriptions de tout ceci. Quant aux généralités de mon voyage, le changement de décoration a eu lieu au moment où, m'étant

---

1. Voy. l'Appendice, nos XI et XXII.

séché, le *knecht* ou garçon est venu me prendre pour me mener chez Creuzer, qui m'enverra un superbe Hérodote en 3 vol. in-8° qu'il publie.

Au moment où je partais de Heidelberg, le temps s'est élevé, et j'ai pu voir, jusqu'à sept heures du soir, une des plus belles choses qui soient dans ce pays, le Bergstrass, ou route des montagnes de Heidelberg à Francfort, pendant quinze lieues. On passe par Darmstadt, la plus jolie ville que j'aie encore vue. Quel goût ont ces Allemands des villes, partout excepté sur leur personne et dans leur air! Jeunes, ils sont bien, mais, devenus hommes, ils ressemblent tous à l'associé d'Heidelhoff. Les maisons sont en pierre, une pierre laide, surtout quand elle vieillit. On recouvre cette pierre d'un beau stuc en plâtre que l'on colore d'une teinte vert d'eau très claire dans les campagnes, et d'une teinte terre d'Égypte dans les villes, à Darmstadt surtout. Rien n'est plus beau que ce genre de maison qui ne vieillit jamais, parce qu'on renouvelle la teinte quand elle commence à s'altérer. Avec cela, Darmstadt doit être triste; c'est une ville aristocratique. Heidelberg, vilaine ville de bois, est bien plus vivant : treize mille âmes à Heidelberg et vingt-cinq mille à Darmstadt, qui est beaucoup plus grand.

Heidelberg ressemble à notre quartier. A huit heures, quand j'allais par la ville distribuant mes brochures aux bonnes, en disant avec gravité : « Herr Professor Burnouf von Paris, » et en en recevant des civilités interminables, accompagnées de souhaits touchants pour la santé de mon père et de ma mère, et de tout ce qui peut encore m'être cher (les bonnes sont excusables de ne pas savoir que je suis marié), je ne faisais que rencontrer des petits gamins blonds, avec les livres sous le bras, attendant à la porte l'ouverture du collège, comme je faisais il y a vingt ans. A onze heures, quand Creuzer me reconduisait, et qu'il travaillait, sans le vouloir, à la ruine des bords de mon chapeau, percé de pluie, que j'ai fini par porter à ma main pour ne pas l'ôter si souvent, j'ai vu les étudiants, les vrais Allemands, avec leurs longs cheveux, gens singuliers s'il en fut au monde. On m'a montré la salle des duels, où l'on s'écharpe avec un petit sabre pour des amourettes et autres *bêtises*. Ici les étudiants sont rois, comme les dragons à Lunéville, ville sur laquelle j'ai oublié de te dire tout ce que je savais. Dans cette salle, le Gouvernement, qui défend les duels sous des peines sévères, place un médecin qui n'en sort pas de la journée (les médecins se relayent) pour donner des soins aux blessés, ce qui prouve que le Gouvernement peut bien défendre le duel, mais qu'il ne peut l'empêcher.

Voilà une fameuse digression sur Heidelberg que j'avais déjà oublié puisque j'étais à Darmstadt. De cette dernière ville, continuation du beau chemin jusqu'à Francfort, où nous arrivons à neuf heures du soir. Ceci est une ville, comme dirait un doctrinaire. J'y trotte depuis six heures; c'est un temps de foire; tout est plein de monde; un mouvement inouï; l'Allemagne tout entière condensée dans une ville assez peu étendue. En arrivant à neuf heures du soir, j'ai cru utile de dîner, car je n'avais dans l'estomac que les quatre verres de vin de Creuzer. Je ne puis pas te décrire ce dîner. A l'hôtel où je suis descendu, j'entre dans la salle de *Restauration;* c'est du français-allemand ; une salle immense, en forme de théâtre, au sommet un orchestre qui fait un bruit effroyable ; une fumée noire de pipes ; des tables longues et larges, rangées perpendiculairement au mur, pas comme chez nous ; un bruit affreux ; et des figures allemandes se dessinant au milieu d'une lumière très vive de quinquets, de lustres et d'énormes glaces. Il fallait dîner là dedans. Juge de ma position ! Heureusement j'avais fait la connaissance, dans la voiture, d'un marchand saxon qui avait vécu à Lyon pendant deux ans, et qui sait bien le français. Il me servit de cicerone, demanda un dîner : fricandeau allemand aux truffes, excellent ; du brochet aux pommes de terre, comme jamais je n'en ai mangé de pareil ; une bouteille d'eau de Seltz et une admirable cruche de vin du Rhin, ni rouge, ni blanc. Il fallait cependant manger tout cela avec la fumée de tabac que j'aime comme tu sais ! Les deux premières bouchées ont été *pien tures*, dit l'Allemand ; mais je m'y suis fait, en prenant mon parti en brave, et enfin, cette scène si animée, l'idée que je voyais enfin l'Allemagne elle-même, jouissant un peu grossièrement des biens que la terre lui donne, artiste, buveuse, hospitalière, savante, etc., cette idée m'a attaché au plus haut degré, et j'ai même regretté bien vivement que tu ne fusses pas là pour assister à cette scène.

C'est ce que je désire partout, mais surtout dans les moments d'exception comme celui-ci. Le Ciel m'est témoin que je ne pense qu'à toi et à mes chers enfants, ces bijoux que tu m'as donnés. Je ne vois rien, je ne vais nulle part que je ne dise : Si elle était ici ! Je ne puis penser à vous sans avoir les larmes aux yeux, moi que tu connais si stoïque, pas dur, je crois, mais connaissant la vie et sachant qu'un homme doit être fort, et qu'il doit vouloir être ferme. Dans les voitures, pendant que les Allemands m'empestent de leur tabac, qui, du reste, pue peut-être moins que le nôtre (il n'y a pas de régie en Allemagne, tout le monde cultive cette plante, et le consommateur n'est pas obligé d'acheter au Gouvernement une drogue empoisonnée et empoisonnante), dans les voitures, je fredonne tout bas des mots sans suite qui font à peu près ce sens : Je reverrai ce doux pays de France, je reverrai mon pays chéri, ma douce femme dont j'ai tant souvenance et mes enfants jolis. Ce ne sont pas des vers, mais cela me soulage avec quelques larmes, et je recommence toujours sur cinquante airs différents, et toujours avec des mots nouveaux qui disent la même chose, car je n'ai pas d'autre pensée.

Au reste, j'avance dans mon voyage; j'ai dormi tolérablement sur mes deux verres de vin du Rhin, et sur un mauvais lit. Le sommeil n'est pas la partie brillante de mon voyage, car les lits sont détestables, les couvertures trop petites. Le tout sent un vieux goût de pipe, comme le goût de Stahl. Les habitants nient le fait; mais ils en ont menti, ne leur déplaise; j'ai le nez plus fin qu'eux.

J'ai déjà vu presque tout Francfort, ville bien curieuse. C'est la foire, et je vais tâcher de trouver quelque chose pour les enfants; mais tout ici vient de Paris; il n'y a de produit allemand que le fer de Berlin. Je chercherai pour Victoire et pour les petites quelque souvenir qui prouve que j'ai pensé à elles, et pour toi aussi, cher amour!

Je partirai demain mercredi pour Mayence, j'y passerai la nuit et je m'embarquerai jeudi sur le bateau à vapeur pour Bonn, au jour. Je ne sais ce que j'y resterai de temps ; mais il me sera encore impossible de t'écrire avant vendredi, parce que je serai en courses. Pourvu que tu ne t'inquiètes pas de l'intervalle qui sépare ma lettre de samedi de celle d'aujourd'hui mardi ! Mais cela ne dépend pas de moi. Il me faut deux heures pour t'écrire et je ne te dis pas tout ! Je ne puis te dire combien je pense à vous tous, à Victoire aussi, et à tes excellents parents, qui ont si bien pris mon voyage et qui ne m'en ont pas voulu de te quitter dans l'état où tu es. N'oublie pas d'écrire à mon père et à ma mère une fois, puis, aussitôt qu'ils seront revenus à Paris. Tu peux, je crois, sans indiscrétion, communiquer tout ce que je t'écris à tes parents. Qu'ils sachent bien que, si je ne parle pas souvent d'eux, je ne les oublie pas pour cela.

Adieu, chère amie ; mon compagnon de voyage m'attend pour me faire faire de nouvelles courses dans la ville que je quitterai peut-être demain à midi.

Ton ami bien dévoué,

Eugène BURNOUF.

XLVIII.

A Mme EUGÈNE BURNOUF, à Roissy.

Bonn, samedi 6 septembre 1834.

Ma chère amie,
Je ne sais déjà plus où j'en suis resté à ma dernière

lettre, tant j'ai fait de chemin depuis que je l'ai écrite. C'était, je crois, mardi, le jour de ma courte résidence à Francfort. Après avoir fermé la lettre qui t'annonçait que j'allais recommencer à me mettre dans les voitures, j'ai parcouru de nouveau la ville de Francfort, qui m'a plu beaucoup, et dans laquelle j'ai trouvé un luxe et des figures toutes parisiennes. Mon dîner a été modéré, parce que, premièrement, je ne mange jamais beaucoup, et que, secondement, j'ai reconnu qu'on se portait d'autant mieux en voyage qu'on prenait moins souvent de nourriture.

Je ne me souviens pas au juste de ce que j'ai vu dans cette fin de journée. Le seul fait qui m'ait fait impression, c'est la vive inquiétude que j'éprouvai le soir en croyant avoir perdu mon passeport, ce qui, dans ce pays, eût été un cas grave. On me l'avait subtilisé à l'auberge, pour le porter au Gouvernement, qui n'existe dans tous ces pays que pour viser et contreviser des passeports.

Je devais, comme je te l'ai dit, partir le lendemain à midi pour Mayence. Ainsi ai-je fait, et j'ai vu là encore jusqu'à cinq heures une des plus magnifiques contrées de ce beau pays. Enfin, vers cinq heures, nous arrivons à Cassel, ville prussienne qui sert de fort avancé pour protéger Mayence. C'est un charmant ouvrage de fortification, et il faut être assez juste pour reconnaître que cela est cent fois mieux tenu que les travaux avancés analogues que j'avais vus à Strasbourg. On passe le Rhin sur un pont de bateaux, qui a trois fois et demie la longueur du Pont-Neuf en en joignant les deux parties. Quel magnifique fleuve! C'est comme la Seine à son embouchure, avec plus de rapidité et un plus beau paysage. Mayence est une ville forte, qui a été ravagée en 93 par les Français, mais qui s'est relevée glorieusement de ses ruines. Elle n'est pas magnifique, mais le Rhin y est si beau, si large, si profond, que c'est un séjour très tolérable, sauf la présence des Autrichiens qui l'occupent de moitié avec les Prussiens. Le soir, j'ai parcouru la ville avec un Français dont j'avais fait la connaissance, et je me suis enfin couché, pour me lever à quatre heures du matin et faire mon paquet, afin de partir par le bateau à vapeur pour Bonn.

Les mots manquent pour exprimer tout ce que j'ai vu pendant une traversée qui a duré depuis cinq heures et demie du matin jusqu'à cinq heures du soir. Figure-toi un vaisseau avec un tuyau fumant, énorme, courant avec une rapidité qui étonne sur un fleuve profond, immense, rapide, encaissé entre des rochers à pic, sur les sommets desquels sont nichés d'anciens châteaux, souvent très beaux, toujours très pittoresques par les positions qu'ils occupent sur le plus vaste fleuve de l'Europe et par les positions qui les entourent. Tantôt le Rhin se précipite si vite entre les montagnes qui se resserrent que l'on est obligé de suspendre complètement le mouvement de la machine à vapeur, tantôt il s'élargit, et, comme il fait des sinuosités, il paraît fermé devant le spectateur, de sorte que l'on ignore absolument par où l'on pourra continuer sa route. Ce sont à tout instant des aspects nouveaux qui arrachent au spectateur des exclamations continuelles, et il y a telle partie du Rhin qui exige l'attention la plus soutenue pour être vue d'une manière convenable. L'esprit est même souvent fatigué. Ajoute qu'aucune manière de voyager n'est plus agréable que celle des bateaux à vapeur. On est entraîné d'une manière rapide, et presque sans bruit, par une force qui paraît cachée ; on a sur le vaisseau un espace convenable pour marcher ; on peut, si l'on est las, s'asseoir. Enfin, on ne peut manquer de trouver quelque personne avec laquelle on se trouve conduit à entrer en conversation, et, comme je suis assez bavard, défaut que tu me reproches quelquefois avec raison, tu t'imagines aisément que je ne néglige jamais l'occasion de mêler quelque chose d'intellectuel à la solitude dans laquelle je suis ordinairement plongé.

Après avoir retrouvé sur le bateau le capitaine Gibson, que nous avons pris en route, vers la fin du voyage, je suis arrivé à Bonn à cinq heures du soir, après une course qui m'a coûté 31 francs. J'ai été témoin de l'admiration de tous ceux qui étaient présents : Anglais, Allemands, Russes, Français même, et, parmi la foule des passagers que contenait le bateau à vapeur, ceux qui avaient parcouru l'Europe disaient qu'ils n'avaient jamais vu, réunies à la fois sur une aussi grande étendue de pays, autant de beautés de tout genre que celles que nous avons admirées, pendant un grand jour, par le plus beau temps du monde.

Ce Rhin a été exploité par les Anglais de la manière la plus brillante. Cela a donné naissance à une littérature tout entière, littérature à gravures superbes, à texte magnifique, avec des reliures en *Russia*, enfin comme tu sais que le peuple sage fait les livres ; mais les Allemands, qui ne voient que des milords, sont bien changés et ils s'accoutument à écorcher les étrangers d'une manière horrible. J'aurais bien voulu remporter un de ces jolis bijoux comme souvenir de mon voyage, mais je n'ai pu en approcher, et je me suis rabattu sur un itinéraire fait en Allemagne avec une exactitude si scrupuleuse que les divisions des champs et les diverses cultures y sont marquées. Seulement cela n'a pas de relief, et l'on ne s'aperçoit pas que l'on est dans un pays de montagnes. Je crois cependant que cela te donnera une idée, non pas de ce qu'est le Rhin, mais de ce qu'il peut être.

J'ai aussi acheté une carte, et toutes ces acquisitions, jointes à la cherté des logements et à un concours particulier de circonstances qui fait que je donne à trois domestiques au lieu de n'en payer que deux, tout cela creuse terriblement ma bourse. Aujourd'hui samedi 6, je suis à la tête de 260 francs, avec six à sept francs de monnaie stupide : thaler, groschen, écus de Brabant, florins, quart d'écus, kreutch, demi-kreutch, etc., etc. Il y en a encore plus de quinze espèces. Pour ne pas trop perdre d'argent, je m'exerce toute la journée à faire des calculs, et j'ai fini par acquérir une habitude qui m'étonne moi-même, tant la nécessité nous forme. C'est ainsi que, si je n'étais pas arrivé à Bonn, où je suis au milieu de gens qui parlent avec une grande perfection notre langue, j'aurais fini par me faire comprendre des Allemands.

Or donc, me voici à Bonn, ville d'érudition et de soldats, dont l'Université, avec ses beaux bâtiments, ses jardins et ses promenades, ferait honte à tous nos établissements publics réunis, où Schlegel, le grand homme, qui dit de lui : « Ma gloire est européenne, » occupe la plus belle maison de la ville, laquelle lui appartient, où enfin j'ai trouvé quelque sympathie pour ma personne, tandis que, jusqu'à présent, je n'avais reconnu que de l'attraction pour mon or. Je crois que, si j'avais pu être introduit dans la société allemande et voir ces gens-là de plus près, j'y aurais eu quelque plaisir et que je n'aurais pas donné la plus mauvaise opinion des Français. Chez Schlegel, il est certain que j'ai étonné tout le monde par ce qu'ils appellent ma politesse.

Au sortir du bateau à vapeur, je me suis nettoyé à fond, j'ai dîné, et enfin je me suis transporté chez Schlegel. A ce nom vénérable, le garçon qui m'accompagnait a ôté sa casquette, car un Allemand ne sait pas ce que c'est qu'un chapeau, et j'ai commencé à grandir dans son estime, avantage qui me vaudra de payer mon gîte 10 ou 12 francs de plus. Schlegel était au Casino; tu sauras plus tard ce que c'est, et les domestiques me dirent que je le retrouverais à huit heures du soir. Mais, pendant que, rentré à mon auberge, je me préparais à t'écrire, arrive le coureur de Schlegel, qui avait mis sa livrée galonnée et qui venait me chercher, parce que M. le baron était rentré; j'ai appris que Schlegel était baron de Gottenberg, ce qui ne va pas mal, et ce qui donne une grande importance à toute sa valetaille, qui crie à tue-tête : « Herr Baron, » de sorte que Schlegel est obligé de les faire taire, en frappant par terre avec sa canne, et en disant : « Ne criez donc pas si fort, marauds, vous ne savez pas que vous êtes devant un Français, et qu'en France on parle tout bas. » Ces cocos ne comprennent rien, mais ils sont devant ma personne dans une stupéfaction difficile à décrire et qui est parfois embarrassante. Quand j'entre (car tu sauras que Schlegel a voulu que je prisse mes repas chez lui avec Lassen), le coureur se présente respectueusement et me prend des mains ma canne et mon chapeau. Toutes les petites filles se précipitent aux portes, aux lucarnes, aux coins des escaliers ; on entend des bruits de portes qui s'entr'ouvrent, et on voit des yeux qui vous regardent. C'est comme une maison de fées. Enfin, pour te dire tout, ma réputation est telle que la nièce de Schlegel, qui est une veuve, n'a pas osé paraître le soir de mon arrivée, pour ne pas montrer à un Français de mon espèce une dame qui ne parle pas le français assez correctement. J'ai cru que c'était pour le premier jour seulement, et qu'elle reviendrait dîner vendredi. Nullement ! Lassen m'a dit qu'on m'avait dépeint à ses yeux d'une manière si avantageuse qu'elle avait eu peur. La bonne dame ! En un mot, ma présence deux fois par jour à la table de Schlegel la cloître dans sa chambre dont elle ne sort pas.

Tu sais, de reste, ce qui peut m'occuper en compagnie de Lassen et de son immortel précepteur. Nous parlons sanscrit, zend, etc. Nous visitons la Bibliothèque, l'Université, le Musée. Schlegel est la vanité en personne ; mais, quand on le laisse dire, il est tolérable. Lassen, qui a perdu ses cheveux, à peu près comme Mohl, et qui a maigri, est un excellent homme, d'une science merveilleuse, et d'une grande simplicité.

J'ai fait la connaissance du jeune Windischmann, qui se destine à devenir cardinal et qui va partir à Rome. C'est un catholique, homme de beaucoup d'esprit, plein d'instruction, de dehors aimables, aimant les plaisirs et les femmes avec passion, en un mot fait pour devenir un prêtre italien. C'est un brun à l'œil vif, qui contraste singulièrement au milieu des têtes blondes de l'Allemagne. Il a fait sur mon Yaçna trois énormes articles dont je te traduirai quelques passages :

« La première partie du commentaire d'Eugène
« Burnouf est un des phénomènes les plus impor-
« tants de la science moderne, tant l'analyse du texte
« y est conduite avec bonheur et sagacité, tant est
« grande la science philologique avec laquelle les faits
« des langues analogues sont comparés à ceux du
« zend, tant est surprenant le goût avec lequel une
« recherche aussi difficile et aussi aride est éclaircie
« par des développements heureux et par de merveil-
« leux tours de force. La grande modestie de l'auteur,
« qui cependant, grâce aux moyens dont il dispose,
« et aux études persévérantes de longues années, est
« à peu près le seul juge compétent en cette matière,
« donne un nouveau charme aux mérites scientifiques
« de ce livre. C'est le gage le plus sûr de la conscience
« de ses recherches. Déjà ce beau sentiment se pré-
« sente dans la préface, où les efforts d'Anquetil, dont
« Burnouf peut mieux que personne apprécier les
« faiblesses, reçoivent à plusieurs reprises les témoi-
« gnages de la plus honorable reconnaissance, etc. »

Le critique entre ensuite dans de grands détails; mais, resserré par l'espace, il dit dans un endroit :

« Nous sommes cependant obligés de nous res-
« treindre à ce qui est philologique, mais nous devons
« auparavant payer à l'heureuse sagacité de B. le
« témoignage de notre admiration. »

Il finit ainsi : « C'est avec une vive attente que nous
« désirons la continuation d'un ouvrage qui nous

« apportera de tous côtés les plus intéressantes
« richesses pour la connaissance du langage. Que l'au-
« teur reçoive ici l'expression de notre reconnaissance
« la plus intime pour ce qu'il nous a déjà donné.
« C'est une grande gloire pour la France que ce soit
« un Français qui ait rapporté en Europe ce précieux
« trésor d'une haute antiquité, et que, encore aujour-
« d'hui, elle puisse montrer un homme qui sait nous
« conduire si habilement dans la connaissance de ces
« livres. »

J'aurais été honteux de t'écrire moi-même cet éloge de ma personne, si je n'avais su quel plaisir tu auras en apprenant que, si, en France, trois ou quatre personnes seulement pensent à moi, il n'en est pas de même en Allemagne, où il peut se trouver un jeune homme qui me juge ainsi, seulement sur la lecture de mes travaux. J'ai voulu que tes beaux yeux lussent ceci comme si tu savais l'allemand, et je suis bien heureux de t'aimer assez pour n'avoir de vanité que ce qu'il m'en faut pour te rapporter le bien qu'on peut penser de moi.

Mais ceci n'est rien encore, et le plus beau de l'affaire c'est que je retourne à Paris, et que j'y serai à peu près dans cinq ou six jours. Voici comment : je pars demain dimanche à Cologne, c'est un bon jour pour voir la cathédrale. Lassen m'accompagne. Nous partons à six heures du matin ou à trois heures du soir, selon la voiture. De Cologne on ne va pas directement à Paris; mais les diligences sont tellement arrangées que l'on descend de l'une pour monter dans l'autre, et qu'il n'y a entre ces voyages que l'intervalle de quelques heures. Or, de Cologne, à six heures du matin, on part pour Aix-la-Chapelle, et je crois même qu'on arrive à Liège le même jour. On y couche; on trouve le lendemain une voiture pour Bruxelles, car on m'a dit que c'était la vraie route, et que de descendre à Namur, à Mons et à Valenciennes n'était pas le chemin fréquenté, de sorte que, quoique cela soit plus direct, on court risque de ne pas trouver de voiture. A Bruxelles, je n'y reste pas, je déteste les Belges, et je vais en droiture à Paris par la diligence. Ainsi, tu recevras cette lettre bien peu de temps avant ma personne, puisqu'elle doit aller à Roissy. Je vais donc t'embrasser comme je t'aime, et puissé-je te trouver moins souffrante que je ne t'ai laissée !

Adieu, chère amie, Lassen vient me chercher, et je suis obligé de fermer ma lettre au moment où j'allais te dire combien il est heureux pour moi de penser que je vais te revoir avec mes chères petites.

Ton ami dévoué,

Eugène Burnouf.

XLIX.

A M. F.-A. Pott, à Halle [1].

Paris, 29 septembre 1834.

Monsieur le Professeur,

Dans un court séjour que j'ai fait à Bonn, au com-

---

[1]. Pott (F.-A.), 1802-1887, professeur à l'Université de Halle,

mencement de septembre, j'ai eu l'honneur de voir M. le professeur Plücker, qui m'a informé que vous aviez eu la bonté de penser à moi d'une manière aussi honorable que celle dont je vois la preuve dans votre lettre, et que vous me destiniez un exemplaire de vos *Recherches étymologiques*[1]. J'ai été vivement touché de cette marque de votre estime, et je vous prie d'en agréer mes sincères remerciements. J'ai reçu ce volume, auquel vous ajoutez encore du prix par la forme sous laquelle vous me l'adressez. Pour vous faire comprendre tout le cas que j'en faisais, je vous dirai que je me l'étais déjà procuré, et que je l'avais lu en grande partie avant de l'avoir reçu de vos mains. Je regrette même de ne pas l'avoir connu avant la rédaction de quelques notes qui accompagnent le premier volume de mon Commentaire sur le Yaçna. J'y traite en passant un sujet que vous avez examiné avec une grande sagacité dans votre Avertissement, et je vois que j'aurais eu beaucoup à gagner à connaître votre dissertation. Je compte me servir de votre travail pour la suite de mon premier volume, qui s'imprime en ce moment, et qui serait déjà terminée, si l'Imprimerie royale, la seule à laquelle on puisse s'adresser pour ces sortes d'ouvrages, n'était d'une lenteur extrême. Vous verrez dans la suite de ce premier volume une série de remarques où je tâche de rendre justice aux

---

correspondant de l'Institut de France. M. le prof. P. de Lagarde, de Göttingue, a pris la peine de copier pour nous, ligne pour ligne, les quatre lettres d'Eugène Burnouf à F.-A. Pott, qui sont conservées à la bibliothèque de l'Université de Halle.

1. « Etymologische Forschungen auf dem Gebiete der Indogermanischen Sprache. » Lemgo, 1833-1836. 2 vol. in-8°.

mérites nombreux qui distinguent votre livre, avec quelques remarques sur des points géographiques qui n'entraient pas dans votre plan, et qui auront peut-être de l'intérêt pour les philologues et les historiens.

Permettez-moi, Monsieur, de me féliciter des relations nouvelles qui s'ouvrent entre nous, et que je tâcherai de resserrer autant qu'il me sera possible. Soyez convaincu que je ne négligerai aucune occasion de reconnaître ce que je vous dois pour l'envoi du beau présent que vous m'avez fait l'honneur de m'adresser.

Recevez, Monsieur, l'assurance sincère de ma haute estime.

Votre très humble et très obéissant serviteur,

Eug. Burnouf.

L.

A M. LE Mis DE BARBÉ-MARBOIS[1].

Paris, 29 septembre 1834.

Monsieur le Marquis,

J'étais absent de Paris lorsque j'ai reçu le beau présent que vous m'avez fait l'honneur de m'adresser. Mon absence seule a été la cause du long retard que j'ai mis à vous exprimer ma reconnaissance et en même

---

1. Barbé-Marbois (le marquis de), né en 1745, mort en 1837. Eugène Burnouf le remercie dans cette lettre de son « Journal d'un Déporté non jugé, ou Déportation en violation des lois décrétées le 18 fructidor an V. » Paris, 1834. 2 vol. in-8°.

temps le plaisir que m'a fait éprouver la lecture de votre Journal. Je ne vous répéterai pas ce que vous avez dû entendre déjà bien souvent sur les rares mérites littéraires qui distinguent votre relation. J'aime mieux vous dire combien je partage l'admiration publique, pour la constance, la moralité et surtout le vif sentiment de la justice qui ont dicté chacune de vos actions, pendant les temps difficiles que vous avez traversés avec une si noble fermeté. Quand on pense au petit nombre de consciences qui sont sorties pures de conjonctures aussi terribles, on éprouve une admiration profonde à la vue d'un courage aussi inflexible, et en même temps aussi naturel, que celui qui vous a soutenu. Permettez-moi de vous dire, Monsieur, qu'en publiant votre Journal vous avez fait plus que de mettre vos concitoyens en état de vous rendre justice, car justice vous était rendue depuis longtemps ; vous avez fait encore une bonne action, en montrant à un siècle comme le nôtre le spectacle d'une vertu aussi haute et aussi pure.

Veuillez agréer, Monsieur, avec l'expression de toute ma reconnaissance, l'assurance sincère des sentiments de profond respect avec lesquels j'ai l'honneur d'être,

Monsieur le Marquis,
Votre très humble et très obéissant serviteur,

Eugène Burnouf.

LI.

A M. CHR. LASSEN, à Bonn.

Paris, 13 octobre 1834.

Monsieur et cher ami,

Je ne veux pas laisser partir M. Plücker sans vous écrire; car la paresse naturelle à la nature humaine, et surtout à la variété de l'espèce qu'on nomme le Français, pourrait fort bien me faire retarder le moment de vous exprimer combien j'ai été sensible aux nombreux témoignages d'amitié que j'ai reçus de vous pendant mon court séjour à Bonn. M. de Schlegel a dû me rappeler déjà à votre souvenir, et vous dire que, quoique ne vous écrivant pas, je ne vous oubliais pas pour cela. Au moment où j'ai répondu à la lettre si obligeante de M. de Schlegel, j'étais opprimé par les épreuves qui s'étaient rassemblées pendant mon absence. Maintenant j'ai un peu plus de répit, et j'en profite pour vous payer ma dette. Il n'y a rien de si inconstant que cette malheureuse Imprimerie, dont on ne peut pas se passer, tantôt elle vous presse sans relâche, tantôt elle vous laisse des mois entiers de repos. J'en ai profité pour faire quelques recherches accessoires, une entre autres sur le nom des Kéaniens, qu'on a cru, je pense à tort, être la même chose que *Kâïkaya*. Ce titre vient du mot *kavi*, employé dans le sens de *soleil*, et les Kéaniens sont des *Sûryavamsá*. Cela m'a donné, chemin faisant, du moins avec une grande probabilité, le nom d'Ochus et diverses autres indications relativement à quelques noms de rois anciens de la dynastie kaïanienne, qui étaient absolument inexpliqués. Le retard de l'imprimerie m'a servi en cette occasion, et je pourrai insérer cette recherche à sa place dans la fin du premier chapitre. Je me suis également occupé de Pânini, et j'y ai trouvé quelques autres formes zendiques. Mais je n'y trouve pas encore le fameux *âdĕm* de M. Bopp, ce mot auquel il tient tant qu'il l'a remis dans sa grammaire, troisième édition. Ayez la complaisance, si la chose vous a frappé, de me dire votre opinion.

. . . .

Le silence que garde M. Bopp sur les articles du *Journal des Savants*[1] semble me présager quelque rude attaque de la grande armée de Berlin, quand les batteries vont se diriger sur le Yaçna, qui, malheureusement, présente tant de côtés faibles. Mais je me réfugierai sous le canon de Bonn.

Je n'ai rien de bien nouveau à vous annoncer, si ce n'est que la Société asiatique prend en ce moment même des mesures pour publier les papiers de ce pauvre Schulz. J'écris en ce moment même au Ministère pour en obtenir la communication. Les journaux de voyage sont malheureusement bien mal écrits et bien concis; Mohl aura bien de la peine lui-même à les lire; mais nous avons les inscriptions qui sont du plus grand intérêt et dont nous ferons certainement un petit fascicule curieux. Elles sont très intéressantes pour moi, en ce que je me suis déjà occupé de celles de Nieburh, et que, malgré le petit nombre de maté-

---

1. Articles d'Eugène Burnouf sur la Grammaire comparée de Bopp, insérés dans le *Journal des Savants*, cahiers de juillet, août et octobre 1833.

riaux, je suis déjà arrivé à des résultats tout à fait nouveaux; comme, par exemple, à trouver dans la plus grande inscription la liste des provinces soumises à la Perse.

Nous avons reçu l'assurance que nous aurions une copie du manuscrit autographe d'Aboulfeda, de Leyde, pour la publication duquel M. Guizot[1] a donné quelque argent à la Société. Nous espérons aussi pouvoir nous procurer dans l'Inde quelques manuscrits bouddhiques du Népal; mais, comme ils ne sont pas en arabe, l'affaire n'excite pas grand intérêt; car la Société asiatique est devenue plus arabe que jamais. M. Langlois a publié un fascicule de son *Harivamsa*, traduit, à l'usage des dames et des beaux esprits, en français bariolé d'épithètes et enjolivé de fleurs. Il paraît que l'auteur est grandi de cent pieds depuis cette publication. Je ne l'ai pas vue; on m'a dit seulement que sa préface contenait un éloge de M. Chézy à grand orchestre, éloge qui lui assure l'immortalité sur tous les points. Vous trouverez peut-être qu'on peut louer beaucoup dans M. Chézy, mais qu'il avait bien aussi quelques côtés faibles. Du reste, j'apprends tout cela par des bruits lointains, car les orientalistes parisiens ne se voient pas entre eux, ce dont je suis ravi, parce que j'y gagne du temps et des paroles vaines. — Je vous annonce aussi la publication prochaine du *Foë-Kouë-Ki*, le voyage des bouddhistes dans l'Inde, de M. Rémusat; l'ouvrage est presque terminé; M. Klaproth s'occupe d'y ajouter des notes.

M. Plücker veut bien se charger de vous rembourser

---

[1]. Alors ministre de l'instruction publique.

le port d'une lettre que vous avez bien voulu solder à la poste pendant mon absence. Veuillez recevoir mes remerciements et croire que j'aspire au moment où je pourrai essayer de vous recevoir à Paris, comme vous m'avez reçu à Bonn. Mais je sens que sous ce rapport je serai toujours en retard avec vous.

Agréez, Monsieur et cher ami, l'assurance de mon amitié bien sincère et de la profonde estime avec laquelle je suis
Votre tout dévoué,
Eugène BURNOUF.

P. S. — Ayez la complaisance de présenter à M. Windischman fils mes compliments affectueux. Je suis toujours bien reconnaissant de ce qu'il a dit de si honorable et de si amical pour mon travail. Je n'ai pas besoin de vous prier de présenter de nouveau à M. de Schlegel l'hommage de mon respect. Je me suis occupé du *Journal asiatique ;* mais les numéros sont reliés en volumes, et ce n'est pas une chose facile de rassembler le tout ; je ne vous les enverrai que quand j'en aurai le plus grand nombre qu'il me sera possible.

LII.

A M. CHR. LASSEN, à Bonn.

Paris, 19 janvier 1835.

Monsieur et cher ami,

En m'acquittant auprès de M. de Schlegel d'un devoir, je ne puis oublier que j'en ai un à remplir à votre égard. Je ne veux pas laisser écouler le mois de janvier sans répondre à votre excellente lettre de la fin de novembre dernier, laquelle est pleine de choses si convenables sur un homme que je regretterai toujours [1]. Vous me donnez en même temps deux indications dont l'une m'était connue et dont l'autre m'a jusqu'à présent échappé. Je commence par celle qui m'était connue, *Nabânazdista*. Je n'ai sur ce personnage d'autre renseignement que celui que donne Colebrooke comme tiré du Rig-véda, et cela est bien maigre; mais tel que cela est, et quoique j'aie vainement cherché le texte même dans notre pauvre copie télinga de la Bibliothèque royale, je me suis servi du rapprochement vers la fin du premier chapitre du Yaçna.

. . . . [2].

Puisque j'en suis sur le zend, veuillez dire à M. Windischmann que j'ai fait droit à ses critiques aussi justes que bienveillantes (car il aurait pu être plus sévère, et par exemple M. Benary ne serait pas si doux), et j'ai communiqué son opinion sur *dâ* = *dhâ*, dans une note *ad hoc* pour renoncer à la mienne. C'est véritablement un homme extrêmement ingénieux, et, ce qui n'est pas indifférent pour nous autres Français, d'un esprit parfaitement clair. Je crois qu'il y a là de l'influence de l'esprit de M. de Schlegel, car toute l'École de Bonn écrit d'une manière intelligible; mais à Berlin qui peut se reconnaître dans les articles de certains

---

[1]. Abel Rémusat. Voy. la lettre de Lassen, Appendice, n° X.
[2]. Remarques sur l'origine et la signification des mots *Nabânazdista* et *Kavi*.

savants? Pour ma part, j'avoue qu'il me sera bien difficile d'arriver à entendre cet allemand-là, et à trouver léger et spirituel le ton assommant et pédantesque de quelques critiques de ce côté de l'Allemagne.

J'aurais bien besoin de vos conseils et de vos directions pour un petit voyage que je ferai probablement cet été à Londres et à Oxford. Comme la chose n'est pas décidée, je vous demande en attendant le secret ; je n'en ai pas parlé à M. de Schlegel, parce qu'il est inutile d'employer des paroles pour des choses qui manqueront peut-être. J'ai plusieurs buts : d'abord le Bhâgavata Purâna, que je ne puis guère renoncer à publier, quoique le zend m'absorbe ; ensuite la collation ou au moins la vue des manuscrits zends qui sont chez le grand peuple ; enfin copier ce que je pourrai du Yadjur-véda et surtout du Nirukta, car je sens de jour en jour qu'il m'est impossible d'avancer dans le Zend-Avesta sans avoir jeté au moins un coup d'œil sur quelques portions notables des Védas. Voilà, vous me direz, un bien grand plan pour cinq ou six mois de séjour ; mais cela se diminuera naturellement, et je ferai ce que je pourrai. Je compte pouvoir partir, si je pars, au commencement d'avril prochain, pour revenir en novembre. Si votre plan vous permettait de venir cette année à Paris, nous pourrions faire cette expédition ensemble. Je ne me rappelle pas si votre intention est d'aller à Londres en 1835 ou en 1836. Au reste vous ne doutez pas du vif plaisir que j'aurais à me trouver en votre compagnie chez les gentlemen. Il y aurait tout à gagner pour moi.

Je n'ai pas encore reçu le livre de Brockhaus dont vous me parlez ; vous savez que je tiens de votre complaisance les premières feuilles du texte ; il ne peut être question que de la fin et de la traduction.

Mais j'abuse de votre temps ; il me reste à peine assez de place pour vous prier de recevoir mes compliments les plus affectueux.

Eug. Burnouf.

P. S. — Présentez, je vous prie, mes amitiés sincères à M. Fr. Windischmann.

LIII.

A M. Chr. Lassen, à Bonn.

Paris, ce 25 mars 1835.

Monsieur et cher ami,

Je n'ai pas répondu plus tôt à votre lettre du mois de février dernier parce que le projet dont je vous avais précédemment entretenu était devenu fort problématique, et que je craignais même de ne pouvoir le mettre à exécution. Aujourd'hui tous les obstacles à peu près sont aplanis, et je compte partir du 4 au 6 avril prochain. Je mettrai à profit les instructions de votre lettre, en commençant par Oxford. Je crois que j'aurai en deux mois et demi (avril, mai et la moitié de juin) assez de temps pour faire ce que je désire à Oxford. Je n'y connais que trois manuscrits zends, et le manuscrit du Bhâgavata Purâna. Peut-être, étant sur les lieux, retrouverai-je d'autres textes zends, mais, de toute façon, je ne puis trouver là autant de matériaux qu'à l'East-India-House, où je compte déjà dix manuscrits tant du Yaçna que du Vendidad Sadé. Je vous avouerai que je ne m'occuperai du Bhâgavata Purâna que quand j'aurai assez travaillé sur les manuscrits zends pour ne pas être obligé de retourner à Londres de quelques années.

Je n'ai pas besoin de vous dire que je suis à votre disposition, comme à celle de M. de Schlegel, pour les commissions dont vous désireriez me charger auprès de vos amis, en particulier pour Rosen. J'aurai bien besoin de ses avis pour me reconnaître dans les bibliothèques des nababs, et pour ne pas m'égarer dans ce monde anglais, que je suppose passablement différent du monde parisien. Aussitôt que je serai de retour à Londres, à la fin de juin, je m'occuperai de vérifier dans les manuscrits des Oupanichads (l'Aitarêya et le Vrihadâranyaka) divers points dont j'ai eu occasion de parler dans mon deuxième volume du Yaçna et sur lesquels je n'ai pu rien dire de satisfaisant, à mon grand regret.

. . . . [1].

Vous qui traitez avec tant de supériorité le sanscrit, et le plus difficile, vous aurez beaucoup à redire contre mes faibles essais dans le domaine védique, où je ne suis pas encore bien expérimenté; mais Brâhma pardonnera à ceux qui ont de la bonne volonté.

Vous auriez déjà reçu mon deuxième bouquin zendique si les brocheurs, satineurs et autres engeances pareilles voulaient me lâcher. J'ai absolument terminé tout ce qui me regarde depuis le 6 mars, et cependant

1. Observations sur un texte contenu dans ces mss.

je n'ai pas encore un exemplaire présentable! A Paris, quand un auteur a fini ses corrections et tout ce qui est de son ressort, les imprimeurs le plantent dans un coin en disant : « M. un tel a fini. » Avec ce grand mot ils se croient quittes de tout envers vous, et passent à un autre ouvrage moins avancé. Mais je ne puis tarder à paraître, et j'apprends ce matin même qu'on s'occupe à tirer la table et la couverture. Aussitôt que j'aurai des exemplaires, je les déposerai chez Maze, qui est, je crois, le libraire français de M. de Schlegel et auquel je recommanderai la plus grande célérité.

Si donc vous avez quelque commission à me donner, ayez la complaisance de me répondre bientôt pour que je puisse recevoir votre lettre avant le 4 avril. Soyez assez bon pour présenter mes devoirs respectueux à M. de Schlegel et mes amitiés bien vives à M. Windischmann fils. Quant à vous, je n'ai pas besoin de vous dire avec quel plaisir je saisis toutes les occasions de vous exprimer mon sincère et profond attachement.

Eug. Burnouf.

P. S. — J'ai reçu, il y a trois semaines environ, le Prabôdha de M. Brockhaus; mais je n'ai pu l'en remercier, car je ne sais où lui adresser la lettre. Est-il à Londres ou en Allemagne? Soyez assez complaisant pour lui présenter mes remerciements, si toutefois vous avez occasion de lui écrire. S'il est à Londres, je le remercierai de vive voix dès mon arrivée. Vous savez que j'ai un exemplaire de feuilles détachées que vous avez eu la bonté de me confier à

Bonn l'été dernier. Je crois qu'il serait convenable que je vous le rendisse pour ne pas dépareiller un exemplaire. Répondez-moi sur ce point, et je le remettrai à Maze.

LIV.

A Mme Eugène Burnouf, à Paris.

Oxford, 8 h. 1/2 du matin, le 11 avril 1835.

Enlevé ! Voilà, j'espère, ce qui s'appelle voyager ! Mais procédons par ordre. Hier matin j'étais à Londres, sur le point de sortir pour voir Barclay[1], Rosen, Rothschild et Straker. J'ai débuté par me diriger vers Leicester-square, que j'ai trouvé, partie ma carte à la main, partie en demandant mon chemin. Cela prouve deux ou trois choses : c'est que Leicester-square n'est pas très loin de Charing Cross ; secondement, que je commence à parler anglais ; troisièmement, que les Londoniens ne sont pas aussi grossiers qu'on le dit. Je n'ai jusqu'ici éprouvé que des politesses : on ôte son chapeau quand je parle ; enfin, sur la voiture de Londres à Oxford, j'ai été, de la part de tous les Anglais, l'objet d'attentions tout à fait délicates quand ils ont su que j'étais Français. Je t'en dirai plus long là-dessus quand j'aurai moins de choses nouvelles à te conter.

---

1. Hughes Barclay était venu à Paris dans sa jeunesse pour y achever et compléter ses études. De retour à Londres, et quoique très occupé de son commerce, il continuait d'entretenir avec Eugène Burnouf d'amicales relations.

Barclay n'était pas dans son magasin de chandelles, de bougies, etc.; mais il avait laissé une lettre pour moi, et l'ordre à son garçon de me conduire à son véritable logement, qui est près du British Museum, dans le nord de Londres. Je l'ai trouvé, et il m'a bien reçu, mais, comme il avait déjeuné, il ne m'a rien offert, quoique j'eusse bien volontiers accepté quelque chose de chaud, tant il fait froid dans ce pays-ci. Ce n'est que plus tard qu'il a songé à m'inviter à prendre quelque chose, mais il était trop tard pour moi.

Donc Barclay m'a tracé mon itinéraire et m'a donné un garçon pour me conduire. J'ai vu d'abord Straker [1], qui était le plus près de mon logis. Straker est un petit homme dont plus tard tu auras la vue. Straker, beaucoup plus mon homme que le garçon de Barclay, m'a offert de me piloter. Accepté! Nous grimpons dans un omnibus, je régale. Quel omnibus! Nous autres Français, quand nous avons inventé une chose, nous nous frottons les mains, et nous dormons sur nos deux oreilles. Les Anglais, eux, nous laissent inventer, parce que le tourbillon dans lequel ils usent leur vie à gagner de l'argent ne leur laisse guère le temps de méditer; mais ils prennent toujours la chose, la retournent en tout sens, la regardent, la nettoyent, la polissent, disent « very good, » ce qui dit tout, et ajoutent : mais cela a besoin d' « improvement, » c'est-à-dire de perfectionnement, et ils font une chose charmante, et surtout très utile; car ici il y a peu d'art, et au contraire le commode abonde; ils poussent l'utile jusqu'aux limites du beau, ils ne touchent pas au beau vrai,

---

[1]. Libraire à Londres.

lequel ne sert pas à grand'chose. Cependant, à force de travailler l'utile, le commode et le confort, comme ils disent, ils en tirent quelquefois du beau, témoin leurs maisons qui sont singulièrement jolies en dedans, et fort maussades en dehors. Mais au diable la digression, j'aurai toujours le temps de vous dire cela !

Or Straker me descend près de la Banque, chez Rothschild, qui me donne un bon pour Lombard-street, où sont les tonnes d'or, où est la Banque d'Angleterre, qu'un Bifteck, me montrant du doigt, nommait d'un air solennel : « The Bank of England, » ce qui voulait certainement dire « la Banque du Monde. » J'ai rempli l'ellipse en bon anglais, s'entend en langue anglaise, et je me suis fait un ami de Bifteck. Coquins de Français, sont-ils flatteurs ! J'ai touché mes 108 livres avec une joie indicible, et j'en ai donné sur-le-champ vingt-huit à Straker ; c'est à peu près tout, car il a vendu depuis un Yaçna.

De retour à mon logis en cabriolet, je me suis hâté de prendre un morceau, et avec le même Straker je suis allé à la Compagnie des Indes pour y chercher Rosen, que nous croyions y trouver. J'y ai vu Brockhaus, un Allemand qui m'a envoyé un livre, et qui m'en a adressé depuis un autre petit que tu recevras. A la Compagnie je n'ai vu aucun Bifteck ; mais j'ai jeté un coup d'œil d'extase sur la bibliothèque de Colebrooke et sur les manuscrits zends ; j'avais envie de rester. Et le fameux feu de charbon de terre ! Quelle cheminée ! Les cheminées pour une autre fois. Or Brockhaus m'a donné un mot pour Lenz, l'infortuné Lenz[1], qu'on ne connaît pas à Berlin, lequel est

1. Voy. l'Appendice, n° XV.

à Oxford! Il m'a promis de donner avis de mon arrivée à Rosen, et il m'a conseillé de me fourrer immédiatement pour Oxford dans une bonne voiture, afin de ne pas être tout à fait écorché à Londres.

Or donc (c'est de l'anglais qui me gagne), j'ai fait mon paquet; j'ai eu une petite dispute avec les gens de l'hôtel, qui trouvaient que je ne leur donnais pas assez, les voleurs! et je me suis mis, par un temps superbe, sur la galerie du coach, en ayant fait prix pour trois francs de plus, afin d'avoir une place à cinq heures dans l'intérieur, ce que j'ai eu. De cette façon j'ai vu le pays, et après dîner je suis rentré comme une vieille femme, fourré dans ma double redingote qui n'est nullement de trop. J'ai vu un beau pays, moins beau que de Douvres à Londres, parce que les plaines s'étendent davantage; c'est exactement la Normandie. Mais quels soins et quelles attentions pour les voyageurs! Sur les points les plus déserts de la route, de loin en loin, on aperçoit des pompes très propres, avec manche en cuivre, lesquelles servent à tirer de l'eau pour des tonneaux qui parcourent incessamment la route et l'arrosent à fond. Ce procédé excellent et confortable, outre qu'il enlève toute la poussière que feraient huit ou dix voitures qui roulent perpétuellement au galop, a encore l'avantage de solidifier la route, qui n'est jamais défoncée comme chez nous. Voilà, ce me semble, un pays bien civilisé que celui qui arrose les chemins dans le fond des campagnes, et au milieu des bois. On m'a dit qu'on le faisait presque par toute l'Angleterre; cependant je n'en ai rien vu de Douvres à Londres.

Après un voyage délicieux, où j'ai fait la conquête

de cinq Anglais sur six, je suis arrivé à huit heures du soir à Oxford, après être parti de Londres à deux heures un quart. Il faut que tu saches que je commence à me tirer passablement de l'anglais. La parole ne me gêne plus, il n'y a que l'audition qui n'est pas encore tout à fait formée ; mais je surprends tout le monde par la manière dont je m'exprime, quoique faisant des fautes. Ils me demandent tous : « Où avez-vous appris « à parler anglais ? » Réponse : « Nulle part. — C'est « impossible, vous avez eu un maître anglais à Paris. « — Mon maître c'était la lecture, et maintenant c'est « la nécessité et votre complaisance. » Et alors les figures immobiles se dérident, et l'un des six disait : « Damnés Français ! qu'ils ont d'esprit ! apprendre « l'anglais tout seul ! mais ils n'ont pas la patience « comme nous autres Anglais, qui sommes plus « lourds. » Je te laisse à juger si mon homme tombait juste à dire que les Français n'ont pas de patience au commentateur du Zend-Avesta. Mais ce n'était pas le temps de le relever, et j'aime mieux aller à travers choux, sans faire de remarque, pour apprendre, quoi qu'il arrive, à parler anglais.

Quand la première froideur de mes cinq voyageurs (le sixième était un tory, enragé du changement de ministère, qui me regardait d'un œil stupide et féroce), quand, dis-je, leur froideur a été un peu échauffée à mon feu français, mes Anglais (nous étions dans Regent-street, magnifique spectacle) m'ont montré la maison du duc de Wellington, en triomphe, disant : « Le peuple « anglais l'a forcé de murer ses croisées avec de la tôle. » Et dans le fait j'ai vu, de mes yeux, toutes les fenêtres exactement recouvertes d'une belle plaque de tôle bien polie. Avec mes mauvais yeux, je croyais que c'était une maison sans fenêtres, ou plutôt avec simulacre de fenêtres. Sa Seigneurie en agit ainsi pour sauver ses carreaux et ses glaces. Il en résulte que sa maison est inhabitable. Ont-ils arrangé ce pauvre Wellington! Ils l'ont raclé, battu, rapetissé, détruit. Enfin, arrivant à Napoléon et à Waterloo, ils ont commencé par dire que c'était un infâme menteur d'avoir dit qu'il avait gagné la bataille. Ils ont dit que c'était Bulow, qui ne rencontra pas Grouchy qui devait être sur son passage; enfin ils ont dit ce que nous disons nous-mêmes, tous sans exception, avec un enthousiasme d'admiration pour Napoléon qui m'a stupéfait et si vivement touché que je les ai priés de ne pas continuer. En effet, loin de chez moi, seul au milieu d'étrangers qui ne me connaissent pas, ces impressions me sont trop pénibles. Mais je sais par expérience maintenant qu'il y a des hommes justes partout, et qu'il y a de l'admiration en Angleterre pour le génie français.

Je n'ai plus de place; je voudrais en avoir pour vous dire combien je désire de vos nouvelles, de maman surtout et de mon oncle[1], que j'ai laissés souffrants. Ayez la complaisance, toi ou mon père, d'écrire par l'ambassade un de ces jours, et d'adresser la lettre à M. Burnouf, 443, West Strand; c'est le logement de

---

1. Le frère de Mme Burnouf, Charles-Joseph Chavarin, capitaine d'infanterie, chevalier de la Légion d'honneur.

Après avoir fait presque toutes les guerres de la République et de l'Empire, il avait été forcé par ses blessures de prendre sa retraite en 1815; il était alors venu habiter chez sa sœur, qu'il ne quitta plus, et où il mourut le 3 septembre 1838, vivement regretté de sa famille et de tous ses amis qui ne l'appelaient que « le bon capitaine. »

Straker, qui m'enverra la lettre à Oxford; c'est convenu. Mais écrivez-moi surtout, et tâchez de vous bien porter.

Adieu, chère amie, mille embrassements pour toi et pour mes chers enfants.

E. B.

LV.

A Mme EUGÈNE BURNOUF, à Paris.

Oxford, dimanche matin 12 avril 1835.

Ma chère amie,

Je commence à me fixer et j'ai repris une partie de mes sens. J'ai cependant fait encore hier une assez bonne dose de besogne; mais à l'heure qu'il est je suis chez moi, et j'ai presque tout à fait rangé mon linge dans des armoires, dont la propreté est quelque chose de merveilleux. Et cependant je ne suis que dans une ville de province, et chez un cordonnier, qui me loue deux chambres 21 schellings par semaine, c'est-à-dire 27 francs environ.

Mais je m'aperçois que je commence par la fin. Il faut que tu saches ce que j'ai fait et vu depuis hier matin.

Après t'avoir écrit, j'ai pris un homme qui m'a conduit chez Lenz, lequel à dix heures n'était pas levé; j'ai attendu un peu, et enfin il a paru. C'est un excellent jeune homme, Russe de naissance, mais de parents allemands. Il m'a aussitôt offert de me conduire chez Wilson[1], et de là où je voudrais. J'ai accepté, comme tu penses, et nous voilà chez Wilson. La maison qu'il habite est charmante ; une grille avec balustrade en fer, avec des loquets et des têtes de cuivre, tout cela brillant et poli. Je suis introduit « in his study, » ou, en français, dans son étude, c'est-à-dire dans son cabinet, et je vois, assis auprès d'une table et entouré de manuscrits sanscrits de toutes les grandeurs et de la plus belle conservation, cet homme réellement célèbre par la variété de ses connaissances, la grandeur et le nombre de ses travaux, son talent de style, et son esprit que je ne connaissais que dans ses livres ; je lui ai fait, en anglais, le plus beau compliment que j'ai pu ; j'étais visiblement ému ; il m'a compris et m'a donné une cordiale poignée de main ; après quoi nous avons commencé à causer de mes projets et des moyens qu'il était dans son intention de me fournir pour me mettre à même de les exécuter. Il a, quelques instants après, pris son chapeau pour me conduire immédiatement à la bibliothèque Bodléienne[2], lieu célèbre dont je te parlerai ailleurs. Nous sommes allés dans la Bodléienne ; j'ai vu le fameux manuscrit du Vendidad qui enflamma l'enthousiasme d'Anquetil-Duperron. De là j'ai été conduit, toujours par Wilson, à la bibliothèque Radcliffenne[3], où l'on m'a promis de me montrer les trois manuscrits zends dont j'avais

---

1. Voy. l'Appendice, n° XX.
2. La bibliothèque Bodléienne est ainsi nommée du nom de Thomas Bodley, diplomate anglais, qui, disgracié par Élisabeth en 1598, se retira à Oxford et légua tous ses biens et tous ses livres, fort nombreux, à l'Université de cette ville.
3. Fondée par John Radcliffe en 1749.

avec moi la mention. J'ai vu ensuite un ami de Wilson, un M. Jacobson, fort lié avec Lassen, duquel il venait de recevoir une lettre; puis le Dr Mac-Bride [1], auquel j'ai remis la lettre de M. de Sacy, et qui m'a reçu à bras ouverts; puis le fils de Wilson, fils naturel, s'entend. Nous n'avons pu trouver le Dr Pusey [2], pour lequel j'ai une autre lettre de M. de Sacy. Cela fait, Wilson m'a quitté, en m'invitant à dîner chez lui pour lundi prochain. Je suppose que ce sera un fameux dîner, car il y a invité toutes les personnes chez lesquelles nous sommes allés.

Resté seul avec Lenz, je l'ai prié de m'aider à chercher un logement. J'avais deux lettres de Barclay pour deux marchands avec lesquels il est en affaires; nous avons commencé par visiter ces personnes, qui n'avaient pas de place pour le moment. Après bien des recherches, pendant lesquelles j'épuisais la complaisance et les jambes de ce pauvre Lenz, je me suis décidé à prendre dans sa maison, chez son honorable cordonnier, ou plutôt bottier, un logement au premier, au-dessous de celui que Lenz occupe lui-même. J'ai payé mon auberge; j'ai fait transporter mes effets; et à quatre heures j'étais chez moi. Lenz m'a ensuite prié à dîner chez lui, pauvre dîner pour lequel la maritorne de mon cordonnier avait fait de son mieux, mais qui n'était qu'une triste collection de viandes et de légumes cuits dans l'eau, sans la moindre trace d'assaisonnement.

---

1. Professeur d'arabe à l'Université d'Oxford.

2. Pusey (Édouard), professeur d'hébreu à l'Université d'Oxford et chanoine de Christ-Church. Son enseignement et ses écrits ont donné naissance à une secte du protestantisme qu'on a appelée Puséisme.

Après dîner j'ai passé la soirée avec le même Lenz, qui m'a, vers neuf heures, forcé d'accepter le thé avec lui; et je me suis couché à dix heures dans un lit assez bon. J'étais fatigué, et d'avoir marché, et d'avoir remué mes effets, et d'avoir parlé, et vu aussi tant de choses nouvelles.

Ce matin, je me suis levé à sept heures et j'ai déjeuné seul à dix heures (Lenz est encore au lit, parce qu'il se couche très tard), avec du thé que j'ai fait moi-même et que j'ai trouvé excellent. Cela fait, je t'ai écrit mon itinéraire.

Tu as maintenant l'histoire de ma vie matérielle, voici la partie intellectuelle. Quant au cœur tu l'as gardé avec toi. Rien ici ne peut remplacer ce que j'ai laissé dans tes mains : mes chers petits enfants qui me manquent, et que je reverrai avec tant de plaisir.

J'ai vu des choses qui sont réellement bien dignes d'admiration. En premier lieu, Wilson lui-même. C'est un homme d'environ cinquante ans, dont le front, à peu près chauve, présente toutes les marques de la noblesse des sentiments et d'une haute intelligence. C'est une belle figure d'homme fait, bien calme et bien digne, trop digne peut-être. Il a le nez trop long et trop avancé, mais ses yeux et surtout son grand front sont très bien. Il est un peu plus grand que moi, debout; assis, il paraît avoir plus de taille, parce qu'il a le buste long. Mais ce qu'il y a d'imposant dans son abord disparaît quand il met un chapeau, et qu'avec une petite redingote bleue on lui voit un pantalon jaune-brun et des bas blancs. Ce n'est plus alors qu'un Anglais au grand nez et à la face amaigrie. Ce n'en est pas moins, même alors, un homme fort remarquable, qui paraît très complaisant et d'une grande libéralité de vues. Les autres personnes que j'ai vues sont des hommes ordinaires. Il n'y a de remarquable que la beauté, vraiment rare, du fils naturel de Wilson, et la bonté, plus rare peut-être, de ce vieux Mac-Bride, avec sa laide face anglaise et ses cheveux blancs, plus une calotte noire collante et de hautes guêtres en beau casimir noir recouvrant un soulier si merveilleusement ciré que rien n'est comparable à ce cirage, c'est comme du vernis de voiture. Mac-Bride n'a pas une figure bête comme nos braves gens de chez nous. Quand la figure anglaise dépouille sa fierté naturelle, elle prend un caractère de bonté joyeuse et exempte de malice qui va droit au cœur : ainsi est Mac-Bride.

Quant aux édifices et à Oxford comme ville, un jour ne suffirait pas pour te décrire ce que j'ai vu en moins d'un jour. C'est comme une féerie. Figure-toi, si cela se peut, une empilade de palais gothiques, massifs en général, mais de proportions énormes et du travail le plus varié. De quelque côté qu'on se tourne, on voit des palais, des tours, des coupoles. On aperçoit des édifices qui s'élancent les uns par-dessus les autres. On demande leurs noms ; il y en a tant qu'on ne peut les retenir. Celui-ci a été bâti par les Saxons à la fin du Xe siècle; celui-là est du XIIe; ceux-ci du XIIIe. Ici on brûlait les hérétiques ; là on a pendu l'évêque Cramer. Ceci est l'église du Christ ; voilà le collège d'Emmanuel ! C'est vraiment un beau et solennel spectacle que la vue de toutes ces vieilles bâtisses de tous les âges et de toutes les teintes, depuis le noir le plus antique et le plus foncé jusqu'au blanc le plus clair et le plus moderne. Oxford est bien plus clair et moins noir que

Londres. Cela vient de ce que la ville est moins grande et la population moins accumulée. C'est une jolie ville de province ; mais ses palais, qui ne sont que là, en font un lieu où le moyen âge tout entier est encore debout. Après cela, on ne peut dire avec les Anglais que c'est le lieu le plus savant et le plus scientifique du monde. Sans doute, quant aux bâtiments et aux bibliothèques, c'est quelque chose de merveilleux ; mais qu'est-ce qu'une bibliothèque où il n'y a pas un chat, et des collèges où il n'y a pas d'étudiants ? Il est vrai que nous sommes dans les vacances ; mais je suppose qu'il n'y aura pas grand monde au 1er mai, époque à laquelle ouvrent les cours.

Quant à moi, je commence lundi à dix heures mon expédition contre le Vendidad anglais de la Bodléienne, mais ce premier jour ne sera guère qu'une reconnaissance des lieux. J'achèterai du papier réglé et autres ustensiles ; puis j'irai montrer à Bifteck ce que peut un Français qui a de la volonté. Aujourd'hui je vais monter chez Lenz et le tirer par la manche pour qu'il me montre Oxford et les environs. Le temps est superbe, mais un peu froid. Vêtu comme je suis, je n'ai absolument rien à craindre, et je me porte parfaitement bien. Je voudrais être sûr que vous êtes aussi bien que moi. J'espère que vous ne serez pas longtemps sans me donner de vos nouvelles ; ma lettre d'hier vous y invitait, mais il est probable que vous recevrez celle d'aujourd'hui aussitôt, parce que rien ne part d'Angleterre le samedi ou le dimanche. Quand vous saurez le fait, cela ne vous inquiètera pas. Comme je ne ferai pas grand'chose de nouveau aujourd'hui, je n'écrirai peut-être pas demain lundi ; mais pour sûr je prendrai la plume mardi pour vous donner avis de mon expédition à la Bodléienne, et ensuite pour vous rendre compte du dîner de M. Wilson.

Adieu, ma chère amie, embrasse bien pour moi tous nos parents. Tâche de te bien porter, et aussi les petites, et crois-moi pour la vie

Ton bien cher,

E. Burnouf.

P. S. — Ne m'envoie les volumes du Yaçna que quand je te le dirai. Aie la complaisance de mettre de côté l'exemplaire de Lenz, tant celui du premier volume que celui du deuxième. Lenz ira à Paris dans un mois, et il est inutile qu'il paie quelques ports de plus.

Mille compliments et mille embrassements à tout le monde.

Si mon père a occasion de voir M. de Sacy, je lui serais obligé s'il lui présentait mes respects, et s'il lui disait que je lui écrirai plus tard, quand j'aurai une occasion d'envoyer à Londres une lettre qu'on pourra mettre à l'ambassade. Je désire ne pas lui faire payer de port, et je n'ai de nouveau à lui annoncer que les compliments de Mac-Bride. — Le catalogue qu'il sait bien n'est pas encore fini, mais il y manque peu de feuilles.

LVI.

A Mme Eugène Burnouf, à Paris.

Oxford, mardi 14 avril 1835.

Ma chère amie,

Je ne veux pas laisser passer la matinée sans t'écrire, parce que les occupations, c'est-à-dire les visites et les promenades, surviendraient, et il me serait peut-être difficile de trouver un moment pour faire cette lettre. D'ailleurs je suis sous l'impression des choses que j'ai vues et entendues depuis dimanche matin, et je n'en veux laisser échapper aucune trace. Cette impression n'est pas, comme tu le verras, aussi favorable qu'elle l'a été jusqu'ici; c'est pour cela même que je veux vous la donner tout entière, car il est juste que, si je m'abandonne avec facilité à l'admiration, j'obéisse non moins aisément aux critiques que me suggèrent le bon sens et la raison.

Tu sauras donc que dimanche je me suis promené toute la journée, par le plus beau temps du monde, dans Oxford et aux environs. La température s'est singulièrement adoucie depuis dimanche; le temps est aussi beau qu'il était quand j'ai quitté Paris. J'ai commencé à voir, pendant cette promenade entreprise en commun avec Lenz et le sous-bibliothécaire, M. Cureton, ce que c'est qu'un Anglais d'Oxford, avec ses préjugés anglicans, et sa haine contre les catholiques d'Irlande; mais je vous en dirai de belles sur ce sujet. J'en suis bien fâché pour les Anglais d'ici, mais je suis convaincu que j'ai dû leur déplaire singulièrement en exposant avec franchise, mais avec mesure, l'opinion de tous les honnêtes gens en France sur l'absurdité du système religieux de l'Irlande, etc. Ce sont des matières qui intéressent plus mon père que toi, et dans lesquelles j'aimerais mieux cent fois être républicain et radical que tory. Passe pour être anglomane à Paris, afin de pousser la paresse française dans la voie que les Anglais ont suivie à leur grand avantage; mais ici je suis Français et homme dans le vrai sens du mot, et tant pis pour les préjugés stupides et mesquins que mon langage peut blesser !

Or, après cette promenade, après le dîner et la conversation du soir, j'ai fait mes préparatifs pour aller à la Bodléienne. J'y ai travaillé lundi toute la journée jusqu'à trois heures et j'ai copié quinze pages, petites il est vrai, pour la première fois. Cela est de bon augure; mais il est de la dernière importance pour moi d'aller vite, parce que j'aurai beaucoup à faire à Londres. Je passe sur la Bodléienne, parce que je tâcherai de trouver un peu de place dans cette lettre pour en entretenir mon excellent père, dont je regrette tant de ne pouvoir consulter ici le bon sens et la justesse parfaite de jugement.

Après avoir fait une fameuse toilette, m'être lavé la figure et les mains deux ou trois fois, j'ai fait mon apparition chez Wilson avec Lenz, qui était mon cornac. Ici commence la description d'un intérieur fashionable. Wilson peut être possesseur d'environ 50,000 livres de rente de France. Cela mérite attention. La porte de l'allée (car, comme tu sais, les portes cochères sont inconnues ici et les cours sont derrière les maisons), la porte de l'allée, dis-je, étant ouverte, nous sommes pilotés le long de ladite allée par un domestique qui était en noir parfait, et au bout de cette allée, à droite, nous trouvons une de ces servantes en acajou exactement semblables à celles des salles à manger de Paris. Sur ce meuble étaient des chapeaux ; un signe de Lenz m'avertit d'y poser le mien avec ma canne, et, dépourvu désormais de cet accompagnement, si nécessaire pour un Français, du chapeau et de la canne, je suis Lenz et le domestique dans un merveilleux escalier, tout couvert d'un double tapis, de l'éclat et des couleurs les plus brillantes. Il fallait faire bonne contenance ; j'avais assez vu d'Anglais pour savoir que nos grâces françaises et l'amabilité de notre sourire n'étaient pas leur fait. Je commençai donc par me raidir dans ma cravate le plus que je pus ; je tendis le jarret, et, prenant la face la plus solennelle, la plus hautaine et la plus rogue que je pus me faire, j'entrai comme un piquet dans un magnifique salon, le long duquel j'eus la mortification de me sentir m'avancer, sans rien à la main, avec l'air que je viens de décrire, en face de trois personnes debout, Wilson, son fils et un M. Jacobson, Bifteck consommé, et de trois personnes assises, deux dames et un espèce de Français métis dont je te parlerai plus tard. On se mit à table quelque temps après, et je pus apprécier la raideur, la froideur, l'ennui de ces repas de compagnie anglaise. Il faut te dire que Mme Wilson était absente parce qu'elle est enceinte, et qu'elle était retirée dans sa chambre. Au haut bout était une dame qui la remplaçait, la plus laide créature d'Oxford, et au bout opposé était Wilson ; j'étais placé à sa gauche, en retour de la table, le Français me suivait, puis Jacobson, et de l'autre côté de la dame, le fils naturel de Wilson, Lenz, et l'autre dame, une petite créature toute jeune, mais si laide! et, la malheureuse, décolletée devant et derrière comme une Indienne pour montrer les plus misérables et les plus osseux de tous les appas. Je ne pourrais pas, quand j'écrirais cent pages, te dire l'ennui profond dont je fus saisi pendant ce dîner. Rien au monde ne pourrait t'en donner une idée, pas même un dîner rendu par de jeunes mariés à des gens qu'ils ne connaissent pas. J'étais aussi, il faut le dire, dans une situation exceptionnelle : j'avais un peu choqué le maître de la maison en refusant de boire un verre de vin avec lui; mais ma détermination est bien ferme : dussé-je passer pour le plus grossier des hommes du continent, comme ce peuple aristocratique nous appelle avec dédain, je ne mettrai pas dans mon estomac une seule goutte de ce poison qu'ils appellent vin; c'est de l'eau-de-vie pure et je n'en fais pas usage plus ici qu'à Paris. Il n'y avait rien sur la table que de l'eau, pas même de vin ordinaire, car les Anglais ne boivent pas dans de grands verres comme nous, on laisse cette grossièreté au peuple. Je bus de l'eau et mangeai d'un bon poisson sans sauce, car leur sauce est une petite colle grise dans laquelle court un peu de persil; ils n'ont pas la moindre idée de la sauce blanche. Je mangeai un peu d'agneau ensuite, puis quelque chose que je ne connais pas; j'y crus reconnaître des croûtes de pain rôties dans la graisse et recouvertes d'une couche de beurre d'anchois. C'est un infâme ragoût, inventé pour pousser à la soif; je le laissai dans mon assiette. Wilson me donna ensuite un peu de ce qu'ils appellent « gelée » (c'était jaune et fort ordinaire, pas même nos œufs au lait si simples), et le dîner fut fini pour moi.

Vint ensuite le dessert, et les enfants. Croirais-tu que personne ne m'offrit rien et que je ne mangeai absolument rien! L'usage, comme je l'ai su après par Lenz, est qu'on prenne soi-même. Je n'avais rien devant moi; je restai donc devant mon assiette, immobile et glacé, pendant que les autres taillaient à qui mieux mieux des oranges à coups de fourchette et de couteau. J'avoue que je fus très choqué de ce dessert; c'était pour moi le coup de grâce. Je suis encore à me demander comment Wilson ne me tendit pas le moindre plat, ne me dit pas le moindre mot. Comment un homme aussi distingué a-t-il pu s'imaginer qu'en trois jours je pouvais connaître les usages anglais de table? Au fond, cela vient de l'orgueil profond de cette nation. Ils sont tellement convaincus de la supériorité de leurs manières qu'ils trouvent tout naturel qu'on les connaisse; ils ne font pas un pas pour vous les montrer. Quant à moi, je ne m'en inquiète guère; il n'y a que leur propreté que je leur envie; le reste est raideur, pédantisme et ennui. Tout ne peut pas se dire là-dessus. Tâche, ma chère amie, de pouvoir te rappeler les points sur lesquels je glisse, afin de me faire causer en famille quand nous serons de retour.

Après le dessert, on leva la nappe, et les dames s'en allèrent. Alors les hommes commencèrent à boire, toujours dans de petits verres. Je te décrirai toutes les minauderies qu'ils font. Cela dura peu, sans doute à cause de moi, et nous trouvâmes dans le salon, en remontant, Mme Wilson, qui n'est pas bien, laquelle donna de fameuses poignées de mains à tout le monde, excepté à moi. Je trouvai Wilson beaucoup mieux dans la conversation; il me montra beaucoup de choses indiennes, et je reconnus en lui l'homme habile et savant; le gentilhomme anglais avait un peu disparu. Je me couchai en rentrant, à dix heures, et me voici ce matin debout, t'écrivant et désirant bien avoir fini le plus tôt possible avec Oxford pour voir ce que je puis faire de Londres.

Adieu, ma chère amie, il faudra que nous fassions une fameuse bombance chez Quillet[1] pour oublier les mauvais ragoûts anglais.

Tout à toi avec mille embrassements,

Eug. Burnouf.

LVII.

A M. Burnouf père, à Paris.

Oxford, mardi 14 avril 1835.

Mon cher père,

J'ai donc vu le fameux manuscrit de la Bodléienne! C'est un excellent exemplaire, ancien et bien écrit. Toutes mes observations s'y trouvent confirmées. Bopp est complètement battu sur *ao*. Dans quinze pages je n'ai pas trouvé une seule fois *aô*, qu'il a choisi comme un étourneau et auquel il tient avec l'obstination la plus

---

1. Pâtissier renommé.

ridicule. Enfin je suis très content d'avoir ce manuscrit de plus. Quand j'en aurai copié cinquante pages, je les collationnerai avec soin, et j'irai immédiatement à la Radclifienne pour voir les deux autres manuscrits du Yaçna. Si la chose allait aussi vite que maintenant, au lieu de cinquante pages j'en copierais cent, pour ne pas être obligé de revenir ici de sitôt. Mais je ne puis encore rien dire là-dessus. Je suis du reste parfaitement portant. J'ai à la Bodléienne une jolie chambre au midi. Le temps est très doux depuis dimanche; il fait un beau soleil. Les Anglais sont ravis, et ils courent tous en pantalons d'été. Moi je me couvre comme un Italien et je m'en trouve bien, parce que j'ôte mon manteau quelques instants après que je suis arrivé pour le remettre une heure après.

Adieu, mon cher père, embrasse bien maman pour moi.

E. Burnouf.

LVIII.

A Mme Eugène Burnouf, à Paris.

Oxford, 16 avril 1835.

Ma chère amie,

..... A mesure que ma vie s'arrange et que j'avance dans mon travail, les matériaux de ma correspondance diminuent, parce que je suis occupé dans le milieu de la journée et que je n'ai pas le temps d'aller à la recherche des choses nouvelles pour moi. Cependant j'en ai encore assez à te dire pour alimenter ma correspondance jusqu'au moment de mon départ pour Londres, qui, je l'espère, sera plus rapproché que je ne l'avais cru dans le commencement.

Je te parlerai aujourd'hui de quelques promenades que j'ai faites, et de la manière dont je suis organisé à la bibliothèque Bodléienne.

Le mardi, jour où je t'ai écrit, je suis parti, comme à mon ordinaire, vers dix heures et demie, pour continuer ma copie à la bibliothèque. Il est difficile d'imaginer un plus beau temps que celui qu'il faisait ce jour-là. C'était exactement un temps de notre climat. Ajoute que l'exposition de mon bureau de travail est exactement la même que celle de mon cabinet à Paris ; mais j'ai de plus sous les yeux un admirable jardin, orné d'arbres gigantesques, car les Anglais respectent extrêmement les vieux arbres, avec des gazons, un petit ruisseau, le tout visité par un nombre infini de gros et de petits oiseaux qui chantent à ravir. Autour de moi règne d'ailleurs un silence profond, qui n'est interrompu que rarement par un petit bout de conversation qui s'établit entre le bibliothécaire en chef, M. Bandinel, et son sous-bibliothécaire, M. Cureton, dont je te parlerai en détail. La troisième personne qui se trouve dans la bibliothèque est ton serviteur, le seul Anglais qui, pour le moment, s'occupe de quelque chose dans Oxford. Nous sommes dans la semaine sainte, et tout ce grand corps ecclésiastique des docteurs, révérends, fellows, professeurs, etc., fonctionne dans les vingt ou trente églises, de tous les âges et de tous les styles, dont se compose la ville d'Oxford. La bibliothèque même où je donne, en travaillant pendant cette semaine, et notamment aujourd'hui, l'exemple d'une des plus grandes impiétés qu'un homme puisse commettre, cette bibliothèque est une des choses les plus curieuses qu'on puisse voir à Oxford. Elle est loin d'être aussi grande que la Bibliothèque royale de Paris; mais elle est si bien ornée, si commodément disposée, les livres y sont si beaux et si propres qu'on se croirait dans un palais. Elle se compose de trois étages, dont l'étage intermédiaire est le plus élevé. L'édifice forme un carré complet, d'une lourde et massive architecture, qui n'a rien de remarquable au dehors, mais qui est situé dans la partie la plus belle et la plus antique d'Oxford, en face du magnifique dôme de la bibliothèque Radcliffienne, où j'irai dans une quinzaine de jours, et au milieu de vieilles et anciennes églises d'une grande beauté. C'est un séjour exceptionnel dans le monde, et, quand je suis occupé de mon Yaçna, je t'assure que je m'arrête quelquefois pour me promener tout seul, absolument seul, au milieu de ces longues galeries éclairées par de larges vitraux gothiques de toutes les couleurs, et ornées, dans la partie du mur qui n'est pas couverte de livres, par des peintures antiques, et notamment les portraits originaux et contemporains des anciens rois d'Angleterre. Il faut voir Élisabeth, quelle tournure! Et ce gros butor de Henri VIII! Et la belle Marie Stuart avec ses yeux flottants et mous! Il y a dans ces galeries de quoi passer bien des journées en méditations.

Le mardi, jour dont je te parle, il était près d'une heure quand le sous-bibliothécaire, M. Cureton, homme extrêmement aimable, dont j'ai fait la connaissance complète, vint me trouver en me reprochant de rester trop longtemps assis, et en me proposant d'aller me montrer des choses que je n'avais pas encore vues. J'accepte, comme tu penses, et nous voilà en route pour visiter les collèges, qui sont vides à cause des vacances de Pâques. Les collèges sont de vieux cloîtres gothiques, tenus avec une merveilleuse propreté et badigeonnés à l'intérieur tous les deux ou trois ans; à l'extérieur on leur laisse leur vieille apparence et leur teinte noire, cela rappelle mieux les anciens temps de leur fondation. Ce sont des particuliers qui, à leurs frais, ont élevé et doté ces énormes édifices, car rien, en Angleterre, n'est fait par le gouvernement. Le gouvernement dirige la police intérieure et la politique extérieure, voilà tout. Le reste se fait par les particuliers qui s'entendent fort bien, je te jure, à se bâtir de bonnes maisons, à s'envelopper de bons vêtements, sans manufactures royales, ni corps d'arts et métiers, et qui font d'un pays brumeux, froid, humide et triste, une habitation très confortable, et dans le printemps surtout. Mais ce qui mérite par-dessus tout l'attention dans ces collèges, ce sont les jardins. Il y a trois à quatre choses en Angleterre dont on ne peut pas se faire une idée quand on n'est pas sorti du continent. Et, puisque je suis dans les jardins, je ne puis omettre de te dire que rien au monde n'est vert, n'est fleuri, n'est joli, n'est luisant, n'est propret, comme les jardins et les parcs d'Oxford dans ce moment. Tandis que dans d'autres pays les feuilles commencent à peine à se développer, ici des parties entières de jardins, surtout les masses, les murs et les fonds des plates-bandes sont complètement verts, et du vert le plus

varié. Tu vas dire que j'exagère; je ne dis que la stricte
vérité. Cela vient uniquement du choix des arbres qui
forment la plus grande partie de la végétation de ces
jardins. Ce sont des lierres, des houx, des lauriers de
toutes les couleurs et de toutes les grandeurs, des
arbres à belles grandes feuilles, lisses et épaisses, enfin
une végétation septentrionale qui étonne et ravit nous
autres gens du Midi qui n'avons de verdure que dans
l'été. Grâce à l'humidité du climat, les Anglais sont
perpétuellement environnés de verdure; dans l'hiver
et dans le printemps, ils ont celles de ces arbres si
nombreux que je ne pourrais les décrire et les énu-
mérer tous quand je saurais leurs noms; dans l'été, ils
ont les marronniers, les tilleuls, etc. Les abricotiers
et les pêchers ne font que commencer à fleurir; mais
on dit à Bifteck : « Mon garçon, ce fruit-là n'est pas
pour ton nez. » Tu vois que chaque climat a sa dose
d'avantages et de désavantages; mais on peut dire, à
l'honneur des Anglais, que ce que l'homme pouvait
faire pour compenser les imperfections du climat
qu'ils habitent, ils l'ont fait avec une constance et un
courage qui a porté les plus beaux fruits.

Vendredi saint.

Ma chère amie, ma lettre d'hier a été interrompue
par l'arrivée de Lenz qui m'a pris pour aller déjeuner
avec lui chez le *fellow* Cureton, sous-bibliothécaire,
que je vois tous les jours. Ce jeune homme, qui a
vingt-sept ans, est le plus aimable des Anglais que j'ai
vus jusqu'ici; il sait fort bien l'arabe, et, en sa qualité d'orientaliste, il a une grande attraction pour moi.
Nous avons fait un déjeuner fort agréable, et, comme

nous étions habillés, nous avons profité de cette circonstance pour aller rendre à Wilson notre visite de digestion. Wilson a été charmant ; il a causé de ses travaux, de ses manuscrits, de l'Inde enfin, en homme qui a lu et qui a vu. Je ne pouvais lui en parler que comme ayant lu un peu ; mais cependant il a pu s'apercevoir que je n'avais pas tout à fait perdu son temps. Il nous a montré ensuite sa collection de manuscrits indiens ; c'est la plus belle chose que j'aie jamais vue. Après la collection de deux mille volumes que Colebrooke a donnée à la Compagnie des Indes, celle de Wilson est certainement la plus belle qui existe en Europe. Il y a beaucoup de manuscrits anciens ; ceux qui sont modernes ont été copiés pour lui par les plus savants brahmanes de Benarès, puis collationnés et corrigés ; ils sont tous du même format in-folio, et reliés en cuir de Russie. Il y a là de quoi occuper plusieurs générations d'érudits. Wilson a été très complaisant pour moi ; il m'a prêté deux manuscrits. J'en avais grand besoin, car aujourd'hui, demain et après-demain les bibliothèques sont fermées, comme tu n'as pas de peine à le comprendre, et je n'aurais guère su que faire de ma journée, quoique, à vrai dire, je ne sois pas embarrassé du soir, que je passe en conversation avec Lenz, qui est le plus honnête des hommes. Hier même je n'ai pu t'écrire, parce que la longue visite que nous avons faite à Wilson a reculé notre dîner et m'a fait par suite manquer l'heure de la poste. Je ne suis pas même sûr que cette lettre parte aujourd'hui, à cause de la solennité de la fête, qui est bien plus remarquée à Oxford et généralement en Angleterre qu'à Paris.

Adieu, ma chère amie, tâche de bien conserver ta santé et celle de tes petites, autant que je conserve la mienne, qui heureusement prospère ici fort bien.

Ton ami bien cher,

Eug. BURNOUF.

LIX.

A Mme EUGÈNE BURNOUF, à Paris.

Oxford, dimanche 19 avril 1835.

Ma chère amie,

Je m'ennuie tellement que, quoique je n'aie absolument rien à te dire de neuf, je veux m'occuper un peu à causer avec toi. Ma vie, comme tu le penses bien, n'est plus aussi variée qu'elle l'était dans le commencement. Elle s'écoule solitairement entre un bifteck, un verre de bière et mon manuscrit zend.

Premièrement, tu sauras qu'hier j'ai fini le manuscrit de la Bodléienne que j'avais tant intérêt à voir. Je veux dire que j'ai fini les cinquante pages dont j'avais besoin. Cela m'a conduit jusqu'au XIIIe chapitre du Yaçna, et je crois que c'est là une matière suffisante pour deux parties au moins de la force de mes deux premières. Il faut dire cependant que, du IIe au IXe chapitre, tout est dit dans mon premier volume ; il n'y a réellement de nouveau que les IXe, X^e, XIe et XIIe. Si la collation des deux autres manuscrits de la bibliothèque Radclifienne, où je vais commencer demain mon travail, va assez vite, comme j'en ai l'espoir, je pourrai ajouter dix à douze autres pages à ces cinquante déjà copiées.

Je t'avouerai que je suis assez satisfait de ce résultat. Voilà aujourd'hui douze jours pleins que j'ai quitté Paris. Sur ces douze jours, cinq ont été employés au voyage de Paris à Oxford, puis est venu un dimanche, en tout six ; il n'y a donc eu pour moi que six jours de travail, ou plutôt cinq, puisqu'il faut en retrancher le vendredi saint pendant lequel j'ai chômé. Nonobstant ce résultat, qui est assez satisfaisant, et qui me prouve combien je pourrais avancer dans la copie du manuscrit, si mon intention n'était pas de retourner le plus tôt possible à Londres où j'aurai beaucoup plus à faire, je dois avouer que je mène la vie la plus fainéante du monde. Voici ma journée dans son ordre ; quand tu en connaîtras une, tu les connaîtras toutes.

Le matin je me lève à sept heures et demie, ou même quelquefois à huit. Je suis fort long à faire ma toilette, parce que, en Angleterre, la toilette d'un homme est une chose aussi importante que celle d'une femme en France. Ce pays-ci est le pays des fats ; tu n'en as pas une idée, si tu ne penses qu'à nos ci-devant jeunes hommes. Cependant toute cette fatuité a sa raison dans la recherche de la propreté dont le climat fait un besoin; dans la rue cela ne se voit pas, parce que les Anglais, ainsi que nous, recherchent les couleurs les plus sombres. Quand je suis habillé, je t'écris, ou je monte chez Lenz qui loge au deuxième, c'est-à-dire sous le toit, car aucune maison n'a plus de deux étages. Tu comprends sans peine qu'une de mes lettres, même la plus courte, me conduit aisément jusqu'à dix heures, et j'espère que tu ne te plaindras pas de leur brièveté ni de leur rareté. A dix heures, nous déjeunons, Lenz et moi, tantôt avec du thé, tantôt avec des œufs frais, tantôt avec du jambon. Le déjeuner en général n'est pas le plus mauvais repas. A dix heures et demie ou onze heures je vais à la bibliothèque Bodléienne, où je copie jusqu'à une heure et demie ou deux heures. Je rentre, je me lave de nouveau, je fais une nouvelle toilette et je vais voir la ville ou quelque professeur, ou je fais une simple promenade dans la campagne, qui touche immédiatement à Oxford, comme cela se voit dans toutes les villes de province. Rien n'est beau comme les prairies de ce pays-ci, entrecoupées comme elles le sont par de beaux et larges canaux couverts de bateaux qui portent des étudiants ou des professeurs d'Oxford, etc. Je rentre dîner après cette promenade, et, le dîner fini, je ressors avec Lenz, quand le temps est beau, ou je reste à causer, au coin du feu, avec lui et avec cet excellent M. Cureton, qui passe rarement un jour sans venir nous voir. C'est véritablement un homme aimable et instruit dans le vrai sens du mot. Il sait parfaitement le français, quoiqu'il ne puisse guère en dire plus d'une phrase de suite, mais il entend tout ce qu'on lui dit, et il connaît fort bien nos auteurs; il se tient même au courant des publications nouvelles, et je lui ai vu dans les mains les *Paroles d'un croyant* de Lamennais, livre qui ne lui plaît pas du tout; il a raison.

M. Cureton a surtout pour moi un mérite, c'est sa complaisance à m'entendre parler anglais. Tu sais combien les Anglais sont avides de parler français avec les gens qui savent notre langue. C'est ici, à Oxford, comme partout, et j'ai toutes les peines du monde à m'empêcher de parler français moi-même. Si j'en croyais ceux que je visite, je ne prononcerais pas un mot d'anglais, si ce n'est quand je parle à ma respectable propriétaire, la cordonnière du cordonnier Sladder, lequel est un des plus fameux radicaux d'Oxford, ville où il y en a fort peu. J'ai fini par découvrir les raisons pour lesquelles les Anglais aiment si peu à parler leur langue avec les étrangers; il y en a plusieurs. En premier lieu, il faut mettre le motif le plus honorable, ne fût-ce que par politesse française. Ce motif, c'est le désir de s'instruire, désir qu'ils portent partout et qui les engage à saisir toutes les occasions de se former à la connaissance des langues étrangères. Le second motif, motif non moins puissant, est la vanité; qu'ils parlent bien ou mal, ils veulent à toute force montrer qu'ils parlent le français. Le troisième, c'est l'égoïsme. C'est là un fameux motif pour eux qui ne sont, toute leur vie, occupés que d'eux-mêmes et que de leurs intérêts. Ils sont choqués de nos fautes et de notre mauvaise prononciation, et, dès qu'ils peuvent débarrasser leurs oreilles de la peine que nous leur causons, ils le font immédiatement. J'ai remarqué cela dans mes conversations avec Wilson; pendant la première demi-heure, il me laisse parler anglais, parce que le commencement va toujours assez bien; mais, aussitôt que la conversation s'anime, qu'il se met à parler plus vite et moi plus lentement, il se jette en France et me force à passer le détroit avec lui. Je ne sais pas où il a appris le français, mais il le sait certainement très bien, quoiqu'il le parle avec quelque difficulté.

Mais, pour revenir à ce bon M. Cureton, il se complaît à m'entendre baragouiner et il éprouve la plus grande satisfaction à me dire que je fais tous les jours de nouveaux progrès. Je n'ai plus qu'un défaut, c'est que je parle français avec des mots anglais. Cureton m'entend très bien, mais il me dit toujours : « C'est du français en anglais que vous dites. » Il y manque un certain tour national que donnent certaines expressions. Aussi, pour les apprendre, je vais m'astreindre à lire chaque jour trois ou quatre pages d'un bon auteur anglais, en me rendant bien compte des tournures de phrases ; par ce moyen j'espère acquérir le tour de phrase anglais, car j'avoue que je serais honteux de revenir en France sans pouvoir parler un peu proprement. Je sais bien que j'oublierai beaucoup à Paris, n'ayant aucune occasion de parler ; mais, s'il me reste quelque argent, j'aurai soin d'acheter quelques livres de littérature anglaise pour me forcer à lire.

Adieu, ma chère amie, je t'embrasse, quoique je n'aie plus de place. Écris-moi donc.

E. B.

LX.

Lettre commune a toute la famille.

Londres, samedi 25 avril 1835.

Ma chère Angélique,
Ma chère mère et mon cher père,

J'ai reçu, avec un indicible plaisir, vos lettres du 16 avril, du 19 et du 20. Vous ne sauriez croire comme j'étais malheureux de ne rien apprendre de vous.

Mais enfin maintenant nous sommes plus près, et je suis le plus heureux des hommes d'apprendre que vous vous portez bien, sauf le rhume de maman. Comment avez-vous pu croire que je ne vous ai pas écrit en arrivant à Londres? Vendredi 10, j'ai donné, ou plutôt Barclay a donné ma première lettre, une immense lettre, que je regrette de voir perdue, non par ce qu'elle vous disait de mes premières impressions, mais parce que le manque de cette lettre vous a jetés dans une inquiétude que j'éprouve moi-même depuis quinze jours. Je vous y disais que je n'avais pas vomi, mais que j'avais souffert du mal de mer, le plus sot des maux. Nous avions mis trois heures trois quarts, parce que nous avions eu le vent contraire. Depuis vous avez reçu mes lettres, et vous savez le reste.

Je suis revenu à Londres hier vendredi soir; je suis descendu chez Barclay, qui m'a donné une hospitalité amicale, un bon lit, d'excellentes côtelettes, de la bière à faire oublier le meilleur vin, enfin une bonne réception. Il avait eu la complaisance de me chercher un logement pendant mon absence. J'en ai un que je ne pourrai occuper que mardi, parce que le gentleman qui le cède n'est pas encore parti. Je serai fort bien, au deuxième, dans une rue qui donne à l'extrémité de Piccadilly, pour dix-huit schellings et dix-huit pences de bottes.

Mais avant tout, je vous conjure en grâce de ne pas vous désoler quand vous ne recevez pas de mes lettres. Je suis dans le pays le plus curieux et en même temps le plus difficile à connaître du monde. Ce grand peuple ne fait rien le dimanche. Il faut que les parents et les amis soient, pour le motif de la religion de la très sainte Église anglicane, privés des nouvelles de leur fils et de leur époux. Mais nous en dirons de belles en temps et lieu. Il y a d'ailleurs une circonstance physique dont il faut tenir compte. C'est un fait que les paquebots ne partent pas par le gros temps. Ils aiment mieux attendre que d'exposer leurs voyageurs à ce dégoûtant mal de mer. C'est donc une cause de retard ; puis le paquebot peut n'arriver que quand la poste de Calais pour Paris est déjà partie, nouveau retard. Je vous supplie donc encore de nouveau de ne pas vous tourmenter quand vous éprouverez quelque retard dans la réception de mes lettres. Je suis, pour ma part, peu porté à me servir de l'ambassade ; je ne connais pas encore ce moyen. Londres est un endroit terrible, *dreadfull*, comme disent les Anglais eux-mêmes, il faut un an pour s'y reconnaître.

Il fait beau aujourd'hui ; mais vendredi on a eu de la neige, comme vous à Paris. Chose singulière, nous n'avons eu que du froid à Oxford. J'ai dépensé pendant mon séjour pour six francs de charbon, c'est-à-dire à peu près une voiture. J'ai eu du feu jour et nuit dans mes deux chambres. C'est l'usage ici, même en été. Je n'ai pas quitté ma camisole de laine, outre la flanelle, non plus que ma grande redingote. A la Bibliothèque j'avais une *table chaude*, comme on les appelle ici. C'est une table en tôle, recouverte de bois, qui est échauffée en dessous par trois becs de gaz. — Plus de détails plus tard. — N'ayez donc aucune inquiétude pour ma santé. Je suis très bien, je serai mieux encore si vous ne vous tourmentez pas.

Je vous conterai mes deux derniers jours à Oxford. J'ai été si occupé de me promener dans les collèges que je n'ai pas eu une minute pour prendre la plume. Ne croyez pas qu'il me soit toujours aussi facile que vous le pensez de vous écrire. Après avoir fait de longues promenades, je rentre, je dîne, puis je me couche à neuf heures pour me lever le lendemain à sept heures. Je ne puis donc trop vous l'assurer, n'ayez aucune crainte sur ma santé. Je suis l'ordonnance de Lenz, de Brockhaus, de Raumer, tous Allemands plus ou moins célèbres qui m'aiment beaucoup, et qui m'ont dit dès en arrivant : « Faites beaucoup d'exercice, dormez d'autant, et travaillez peu. » Je travaille peu, en effet, très peu, trop peu, pas du tout même. J'ai copié 80 pages du manuscrit de la Bodléienne. Vous savez que je n'ai rien trouvé à la Radclifienne. Les Anglais sont noirement vexés.

Je suis donc à Londres. Ce matin j'ai été chez Straker, où j'ai trouvé vos deux lettres. Cela m'a ranimé. Combien j'étais découragé! Je suis parti pour la Compagnie des Indes, à pied, deux lieues et demie. Quelle ville! et quel spectacle! Ma première stupéfaction, celle de mon arrivée de Douvres à Londres, dure encore. C'est un enfer de luxe, de bruit, de fumée, de toilettes, de satin, de velours, de je ne sais quoi! Un bruit infernal, des hommes courant, des voitures entre lesquelles il faut saisir une minute de passage, un langage de cochers et d'omnibus à peine intelligible, des cris, du brouillard, du soleil, du vent, des maisons noires, des rues immenses, de l'or partout, des voleurs à chaque poche : *Prenez garde à vos poches!* Nulle part de soldats, si ce n'est à White-Hall, que j'ai vu par hasard ce matin, m'étant perdu après que Barclay m'eut quitté, au moment où je tournais cap vers

Straker ! Je vous l'assure sans exagération, rien au monde ne peut donner une idée de ce séjour, qu'il faut avoir vu, mais où je ne voudrais pas rester. Tout y sue le luxe, ces voitures, et ces cochers vêtus de blanc et galonnés d'or, ces hommes énormes, si raides et si froids, ces femmes, qui ont la peau plus blanche que le papier sur lequel j'écris, et qui se font traîner dans des équipages à quatre chevaux ! Que je voudrais que vous fussiez avec moi pour voir un instant ce curieux spectacle ! Je dis un instant, car, à moins d'avoir vingt cinq mille francs par jour comme lord Grosvenor, nul être humain ne peut vivre ici.

De la Compagnie je suis allé chez sir Charles Wilkins[1], le vieux, *a Jove principium*. Il était au lit, il a quatre-vingt-cinq ans. Je le verrai lundi à la Compagnie.

Brockhaus me renvoya jusqu'à Holborn pour prendre un omnibus. Dans l'omnibus, damnée voiture qui va comme le vent, en entrant, je manquai de tomber sur le strapontin, mon poing passa à travers le bois du fond et le perça de part en part, sans aucun dommage pour ma main. Le panneau tomba dans la rue, les Anglais éclatèrent de rire : *Marvellous!* Un d'eux dit : « C'est un Français ! » Et un autre ajouta dans la chère et belle langue de mon beau pays : « N'en dites rien, Monsieur, il y a trop de bruit ici pour que le cocher s'en aperçoive. » Je n'en ai rien dit en effet, et l'omnibus en a été quitte pour son

---

1. Sir Charles Wilkins (1749-1836), bibliothécaire en chef de la Compagnie des Indes, associé de l'Académie des inscriptions et belles-lettres, auteur d'une grammaire sanscrite et de divers travaux sur l'Inde.

panneau de moins, que j'ai eu la satisfaction d'avoir brisé sans le payer. De chez Wilkins je suis revenu chez Barclay pour vous écrire, et, pour que cette lettre parte avant dimanche, je la mettrai moi-même à la poste si je trouve une poste pour affranchir.

Je t'en supplie, ma chère Angélique, crois bien que je ne t'oublie pas. Écris-moi le plus souvent que tu pourras. Ne donne le Journal des Savants à Mohl que quand tu auras deux numéros dans la gaine. Il a déjà février. Tâche de calmer Frignet, il a assez d'argent pour ne pas s'occuper de moi; et prie mon père d'aller chez M. de Sacy pour lui dire que nulle part il n'est plus vénéré qu'à Oxford, et que mon unique sujet de conversation avec Pusey et Mac-Bride ç'a été lui, ses vertus et ses travaux; que je n'ai trouvé à Oxford qu'un manuscrit sur trois; que le catalogue qu'il m'a demandé n'a pas encore paru, qu'il paraîtra vers septembre, et qu'un Anglais, M. Cureton, le lui apportera à Paris; que je suis bien reconnaissant de ses bontés inépuisables et qu'aussitôt que j'aurai vu la Société asiatique, et que je saurai la voie pour lui adresser une lettre, sans frais, je la saisirai; mais j'ai besoin d'un peu d'indulgence. Je suis harassé de courir, et ce monde est si nouveau qu'il est impossible de s'y reconnaître aussitôt qu'on y est jeté. A vrai dire, j'ai à peine posé quelque part, si ce n'est à Oxford, mais de là je ne pouvais rien envoyer par l'ambassade.

Tâchez par une voie ou par l'autre de faire savoir à Lebrun[1] combien je suis touché de son bon procédé et

---

1. P.-A. Lebrun, directeur de l'Imprimerie royale, membre de l'Académie française, pair de France sous le règne de Louis-

que j'attends la première occasion pour lui exprimer moi-même mes sentiments.

Règle générale, quand vous écrivez par la poste ne mettez jamais deux lettres l'une dans l'autre ; cela double et triple le port ; faites comme moi. Mais par l'ambassade, c'est autre chose. Mettez l'adresse comme il suit : « To Eugène Burnouf, esq. 443 West-strand, London. » Pas d'England, parce que c'est une preuve que cela vient du continent, et la petite poste ne les recevrait pas de l'ambassade.

A propos de la nourriture, je m'y fais tant bien que mal. Il y a trois bonnes choses : le fromage, la bière et le mouton. Je n'ai pas encore mangé de bœuf qui surpassât celui de France. Mais le mouton, c'est autre chose. Je mange peu ; qui mangerait beaucoup quand il n'a pour tout potage que du bœuf, mouton ou porc, 1er plat ; trois pommes de terre dans l'eau, 2e plat ; et une tête de chou-fleur, 3e plat ! — A Oxford, 1er jour : mouton rôti, pommes de terre, chou-fleur sans sauce. — 2e jour : bifteck, pommes de terre, chou-fleur. — 3e jour : porc rôti, pommes de terre, chou-fleur. Mais chez les fellows, Cureton et un autre, Jacobson, c'était différent. Des soles divines, du fricandeau, du macaroni, cuisine française, et du fromage ! je vous en rapporterai un morceau ; cela réunit les délices du gruyère, du neufchâtel, du hollande et du roquefort ; mais le hollande, mou et souple, domine dans ce beau et respectable fromage ! Après tout, il n'y a que le mouton qui soit hors de ligne. Jusqu'au dernier jour

---

Philippe, sénateur sous le second empire, né en 1785, mort en 1873.

j'ai cru que je mangeais du bœuf. J'ai été stupéfait en apprenant mon erreur. En résumé, mon estomac est parfait, mais je regrette Quillet, et je me donnerai du bon temps avec ses macaronis, ses tourtes et ses genevoises, quand je pourrai vous embrasser comme je vous aime.

Adieu, chère Angélique.

E. B.

La poste presse ; je vous écrirai encore d'autres choses ces jours-ci.

LXI.

A Mme Eugène Burnouf, à Paris.

Londres, dimanche 26 avril 1835.

Ma chère amie,

Je profite du grand et assommant repos du dimanche pour ajouter quelques mots à ma lettre d'hier. Je ne puis d'ailleurs m'empêcher de t'écrire en même temps que j'adresse une lettre à M. de Sacy. Je vais me servir pour la première fois de la voie de l'ambassade, et je crains que cette lettre ne vous arrive pas aussitôt que si je la mettais à la poste ; mais je ne puis faire payer à M. de Sacy le remerciement que je lui adresse. Tout dépendra donc pour cette lettre de l'heure à laquelle je pourrai voir le secrétaire de la Société, en supposant même que je le voie demain. S'il en était autrement, il faudrait que la lettre attendît vendredi, c'est-à-dire qu'elle fût reculée de près de sept jours.

Aussi vous écrirai-je néanmoins demain lundi, comme si je ne vous avais pas écrit aujourd'hui. Vous comprenez maintenant pourquoi je ne suis guère pressé de faire usage de la voie de l'ambassade. C'est uniquement dans votre intérêt, et pour que vous ayez plus souvent de mes nouvelles. Mais il en doit être autrement pour vous, et, à moins d'un cas pressant de maladie, je te prie de continuer à m'écrire par l'ambassade ; mais en même temps, il serait bien à désirer que tu pusses m'écrire deux fois par semaine, pour que je puisse avoir de vos nouvelles régulièrement. Quant à moi, j'écrirai le plus régulièrement que je pourrai. Vous pouvez sûrement compter sur deux lettres au moins par semaine, à partir de ce jourd'hui dimanche.

J'approuve beaucoup, ma chère amie, ta méthode de me transcrire les portions les plus importantes des lettres qu'on m'adresse. Je te prie de faire les réponses convenables quand cela est nécessaire, et je te recommande surtout de ne m'envoyer aucun paquet par l'ambassade, à moins que cela ne soit d'une absolue nécessité. La transcription dans ta lettre suffit. Ne m'envoie donc ni le billet de Lebrun, ni son mémoire. Je répondrai à M. Lebrun, aussitôt que je le pourrai, par la voie de l'ambassade. — Continue à tenir ton journal en notant le jour où arrive chaque chose. — Dans une de tes prochaines lettres, pense à me dire si la brochure allemande dont tu me parles est en sanscrit, et si elle a pour auteur Brockhaus. Il est ici, et je l'en remercierais.

Depuis hier quatre heures que j'ai porté ma lettre à Charing-Cross et que je me suis misérablement perdu pendant une heure et demie, il ne s'est rien passé de nouveau dans mon existence. J'ai fort bien dîné avec Barclay et sa femme, qui paraît fort douce, mais qui est loin d'être aussi bien que paraissent l'être les Anglaises dans leur première jeunesse. Nous avons causé toute la soirée, et ce matin, après déjeuner, je lui ai demandé la permission de me retirer pour écrire une lettre à M. de Sacy, lettre fort longue et très détaillée. Barclay m'a ensuite proposé de me conduire à Regent's-Park; mais il a commencé à pleuvoir et nous sommes montés dans un fiacre. Arrivés au parc, la pluie a augmenté, et nous avons cru prudent de rentrer. J'ai, comme un enfant, oublié de demander à Brockhaus son adresse, hier, quand je l'ai trouvé à la Compagnie des Indes. Si je l'avais eue aujourd'hui, j'aurais passé une journée plus agréable avec lui. Nous serions allés voir Lenz, que j'ai perdu depuis que je l'ai quitté pour venir ici. Je crains de gêner Barclay et sa femme. Un étranger est toujours de trop dans une petite famille.

Je compte demain aller après déjeuner à la Société asiatique voir le secrétaire. Ensuite j'aurai à me transporter de nouveau à la Compagnie des Indes, à l'autre bout du monde, parce que, n'ayant pas trouvé Wilkins chez lui, j'ai l'assurance de le voir lundi à son poste, vers deux heures. Là je ne puis manquer de voir Brockhaus et de savoir quelque chose de Lenz. Je rencontrerai aussi M. de Raumer, un des plus célèbres écrivains de la Prusse, qui travaille en ce moment à Londres pour la suite de son Histoire, et que j'ai connu à Paris à la Bibliothèque royale.

Mon intention est de faire une partie avec Brockhaus et Lenz pour dîner mardi ensemble dans quelque bonne taverne, car la vie de Londres vaut un peu mieux que celle d'Oxford. On a du poisson excellent, des huîtres, des homards. C'est un peu plus varié que les misérables choux-fleurs de ma cordonnière. Dieu lui fasse paix; mais je me rappellerai longtemps qu'elle me faisait payer deux bouchées de pain et de fromage environ quarante sous de France. Barclay m'a donné pour mes déjeuners et mes repas les directions convenables.

A propos, tu me demandes des nouvelles de la douane. Je t'en donnais dans ma lettre perdue. J'ai été parfaitement traité et n'ai pas payé un sou. Mes livres ont passé avec honneur; et je ne demande au ciel qu'une chose, c'est d'être aussi bien traité en revenant à Calais.

Mes prévisions ont été bien fondées. Il faut acheter ici le moins de choses qu'on peut. Tout est au poids de l'or. Barclay ne connaît que des foulards de l'Inde (à six schellings la pièce) que l'on puisse avoir avec avantage; peut-être aussi la flanelle. C'est un damné pays pour l'argent. Mais il n'y a pas moyen de faire autrement que d'en dépenser beaucoup, comme font les Anglais eux-mêmes.

Adieu, ma chère amie, donne-moi souvent de tes nouvelles et de celles des enfants.

Tout à toi,

Eug. BURNOUF.

LXII.

A M. Burnouf père.

Londres, mercredi 29 avril 1835.

Mon cher père,

Je m'occupe en ce moment même d'écrire à M. Lebrun et à Frignet, c'est-à-dire aux deux personnes auxquelles, avec de Sacy, il est nécessaire que je réponde le plus tôt possible. J'écrirai à Ewald[1] plus tard, et la lettre ne passera pas par Paris; je demanderai à mes Allemands la voie que je dois prendre. Tu as vu par ma lettre de ce jour même que je n'avais pu envoyer lundi la lettre de M. de Sacy. J'espère pouvoir l'envoyer avec celle de M. Lebrun, celle de Frignet et la présente, sous une même enveloppe et à ton adresse, vendredi prochain. A cet effet, j'irai jeudi matin chez M. Harkness, le secrétaire de la Société [asiatique], et si je ne le trouve pas je pousserai jusqu'à Rosen, que j'ai déjà vu et que j'ai trouvé bien aimable, mais bien vieilli par le travail. Je suppose que je dois lui faire le même effet. C'est sur Rosen que je compte le plus ici pour me faire passer quelques lettres par l'ambassade; mais, comme je l'ai déjà dit précédemment, c'est une voie que je n'emploie que par surérogation, parce que la poste est bien plus sûre. Quant à vous, je vous engage à en faire toujours usage pour me donner de vos nouvelles deux fois par semaine. Si par aventure ce

---

1. Ewald, professeur de philosophie, puis de langues orientales, à Göttingue et à Tübingue, auteur d'une grammaire hébraïque et d'une histoire du peuple d'Israël. Voy. l'Appendice, n° XII, 2.

paquet ne pouvait partir que lundi, vous n'en seriez pas étonnés, et vous auriez toujours reçu ma lettre de ce jourd'hui, mercredi, que je viens d'envoyer par la poste après m'être levé à une heure inusitée pour vous l'écrire.

Le flot d'encre dont j'inonde aujourd'hui la table de Mme Barclay, ou plutôt mon papier Veynen, est alimenté par la pluie la plus épouvantable que j'aie jamais vue. Les habitants de Londres se contentent de dire que c'est un mauvais temps; ils prennent leurs bottes, leur parapluie, mettent une grande redingote sur leur dos, et les voilà dehors. Pour moi qui craignais que sir Alexander Johnston ne sût mon arrivée et ne s'étonnât de ne pas me voir, j'ai fait venir un fiacre et je me suis donné le plaisir, moyennant six francs, aller et revenir, de me faire transporter à quatre milles de chez Barclay, bien sûr de trouver sir Alexander par le mauvais temps qu'il faisait. Je n'ai pas été trompé; il m'a fort bien reçu, a pris mon adresse, ce qui me menace de quelque dîner et d'une belle visite, et m'a demandé ce dont je pouvais avoir besoin à Bombay, parce que lord Grant, frère de sir Charles Grant secrétaire d'État dans le nouveau ministère, part pour Bombay dans quatre jours, comme gouverneur de cette résidence. Je lui ai dit que j'avais besoin de quelques manuscrits que nous n'avons pas ici, c'est-à-dire à Paris, et dont on n'a que des fragments à Londres, et il m'a autorisé à lui en adresser la liste, ce que je ferai demain matin. Je profiterai de l'occasion pour écrire à un fameux Parse, Manack-dji Curset-dji, avec lequel je désire me mettre en rapport. Je ne puis trop vivement saisir les occasions qui peuvent s'offrir à moi d'entrer en relations avec les Hindous et les Anglais établis dans l'Inde. C'est ainsi que je profiterai de mon séjour à Londres pour écrire à Râdâkant-deb et à Richy.

J'oubliais de te prier de vouloir bien, en envoyant à M. Lebrun la lettre que je lui écris en ce moment, lui adresser un petit billet, dans lequel tu le prierais de vouloir bien donner les ordres nécessaires pour que cinquante nouveaux exemplaires du deuxième volume du Yaçna me soient adressés de l'Imprimerie. Tu lui diras que j'en avais fait la demande au chef de la division du matériel de l'Imprimerie royale. Tu ajouteras que, les cinquante premiers exemplaires ayant été distribués en cadeaux, on a besoin de ceux que tu demandes pour la vente. Alors tu pourras faire faire le dépôt au ministère, s'il en est temps encore, car je crains d'avoir mis avril sur les factures, et, s'il en était ainsi, mes factures ne pourraient pas servir; tu pourrais en faire d'autres et les signer, cependant je suppose qu'il vaut mieux attendre mon retour. Quand les exemplaires viendront, Angélique est avertie de faire corriger par Neumann la faute qui se trouve à la page 491, je crois, *durgatih* au lieu de *durgatin*. Je ne sais plus ce que j'avais encore à te demander, mais cela me reviendra peut-être dans une autre lettre.

Je ne suis pas fâché d'apprendre que tu vas en Bretagne. Aie la complaisance de laisser des adresses fréquentes pour qu'on puisse t'envoyer des extraits de mes lettres. J'en écrirai le plus souvent qu'il me sera possible, et tu ne seras pas privé de mes nouvelles par ma faute. Seul comme je suis, je n'ai d'autre satisfaction que de m'entretenir un peu avec vous de ce que je vois et du désir que j'ai d'être bientôt de retour.

Je n'ai pas besoin de te dire que je ne suis pas allé aujourd'hui à la Compagnie des Indes. Si je n'avais pris un jour pour écrire mes lettres, je ne sais comment j'aurais pu faire pour me débarrasser de cette corvée.

Adieu, mon cher père, embrasse bien maman pour moi, et reçois toi-même les embrassements de ton fils bien dévoué,

Eug. BURNOUF.

Fais bien mes compliments à tous nos amis. Si tu vois M. Jacquet[1], dis-lui que je ne l'oublie pas; mais il a une idée peu exacte de Londres et de la vie qu'on y mène, s'il pense qu'il faut moins de deux mois d'études pour faire les vérifications dont il m'a chargé. Je ferai mon possible, mais la froideur des Anglais me privera des occasions de lui rapporter autant d'inscriptions sanscrites que je le désirais.

LXIII.

A Mme EUGÈNE BURNOUF, à Paris.

Vendredi, 1er mai 1835.

Ma chère amie,

J'ai remis hier à Straker, qui a pour Paris une occasion qu'il dit sûre, un paquet de lettres contenant une lettre pour mon père et pour toi, et les autres pour

---

[1]. Pour Eugène Jacquet, voir la notice nécrologique insérée par Eugène Burnouf dans le *Journal asiatique*, 1838, 3e série, t. VI, p. 85.

M. de Sacy, pour Lebrun et pour Frignet. Je te serais obligé de faire remettre ces lettres à leur adresse, celle de M. de Sacy seulement franc de port. Si quelqu'un de la maison peut voir M. de Sacy, qu'il lui dise que je suis à Londres, et que j'ai trouvé à la Compagnie des Indes des manuscrits zends excellents et beaucoup plus anciens que ceux que nous avons à Paris. J'espère qu'ici mon temps ne sera pas perdu. Fais ajouter que je suis toujours à sa disposition pour le cas où il aurait quelque commission à me donner.

Je te dirai que je me fais à la vie de Londres et que je trouve la nourriture des tavernes, en compagnie de mes Allemands, une chose très confortable. Quand je n'aurai plus Lenz et Brockhaus, qui partiront dans trois mois, j'aurai encore Rosen, Raumer et un nouveau, nommé Schier, qui fait de l'arabe. Alors, si je n'ai pas assez de compagnie, j'aurai la ressource du Club où je compte être présenté, soit par Al. Johnston, soit par Marsden, soit par Harckness. J'ai déjà reçu de ce dernier une invitation en forme pour assister aux séances de la Société asiatique qui seront nombreuses cette année. Une de ces séances entraîne avec elle un fameux dîner, qui est classique parmi les orientalistes. Pour te tranquilliser sur ma nourriture, voici les deux seuls dîners de taverne que j'ai faits, car le reste du temps j'ai dîné chez Barclay; tu connais le premier : des huîtres, des côtelettes et une fameuse sole, de l'excellent chester et de la bière de table. Le second était plus anglais, car ici on ne mange jamais les huîtres à dîner; nous avons eu du saumon divin (c'est dommage qu'on ne le fasse pas rôtir sur le gril), puis le fameux rosbif qui avait environ trois pieds de long, et que deux garçons portaient avec dignité et qu'ils déposèrent devant nous. Un troisième, qui suivait derrière, portait majestueusement un couteau énorme, tel que je n'en ai vu nulle part, pas même dans les mains des bouchers de Paris. Il me l'offrit, croyant que j'étais, comme dit Schlegel, un étranger de distinction; mais je déclinai l'honneur, à cause de mon inhabileté connue. Les autres en firent autant, et nous laissâmes au *waiter* le soin de nous couper de magnifiques tranches d'un bœuf pour lequel on vendrait son pantalon. Ne crois pas cependant que je me gorge de viande. Je puis t'assurer, au contraire, que je ne suis jamais sorti une seule fois de table sans avoir encore faim, plus faim qu'à Paris. De là vient que je n'engraisse guère et que je suis fort heureux d'avoir une double camisole pour remplir ma redingote. Je ne mange pas d'ailleurs aussi souvent que les Anglais, qui, régulièrement au milieu du jour, prennent un *lunch*, c'est-à-dire de la viande froide, du pain et du beurre et de la bière. Mais je me trouve fort bien, ma santé est parfaite, j'apprends à marcher, quoique je me serve beaucoup d'omnibus et de cabriolets, et si j'avais la certitude que vous vous portez tous bien et que, toi surtout, tu ne te tourmentes pas, je serais aussi heureux ici qu'on peut l'être, si on peut l'être quand on est éloigné de tout ce qu'on a de plus cher au monde.

A demain samedi ou à ce soir. Je déjeune ; je vais ensuite retirer mon passeport.

Me voici rentré et, quoique je tombe de sommeil, je finis ma lettre, car demain je ne saurais peut-être pas trouver un moment avant d'aller à la Compagnie des Indes, c'est-à-dire de faire une course qui, en omnibus, emploie une heure pleine.

Hier, à pareille heure, je me lavais les mains pour la troisième ou quatrième fois, je mettais des souliers, je préparais des schellings pour donner à un cabriolet à huit heures du soir, à l'effet d'aller chez Barclay, qui voulait à toute force me mener au bal chez sa belle-sœur. Tu comprends sans peine que j'avais fait tout ce que j'avais pu pour éviter ce qui est pour moi une corvée bien désagréable; mais Barclay m'avait si bien reçu que je n'ai pu faire autrement que de lui donner cette marque de politesse, et je suis allé, de compagnie avec lui et sa femme, qui était superbement parée en blanc, mais qui est presque laide, à un bal d'Anglais, tous marchands, que je n'avais jamais vus. Je me suis solidement ennuyé jusqu'à une heure du matin; alors on a commencé à souper, et j'ai fait comme les autres, surtout en ce qui concerne le champagne dont il y avait une grande abondance. C'est la première fois que je buvais du vin français depuis mon départ. Je me suis vengé d'un mois de retard, et nous sommes rentrés à deux heures du matin, chacun chez nous.

Il faut te dire que, la veille et ce jour-là même, j'avais eu un horrible spécimen de Londres par un temps de brouillard et de pluie. Tu n'as pas d'idée du spectacle déplorable et repoussant que présentent ces grandes routes qu'on appelle rues, non pavées, et couvertes exactement partout de quelques pouces d'une boue claire que les voitures de toute espèce, qui courent au grand galop, font voler en pluie épaisse sur les passants qui sont trop près de la chaussée. C'est vraiment quelque chose d'épouvantable et de bien fait pour donner le spleen. Si l'on n'a pas une idée de Londres propre, avec ses trottoirs bien dallés, quand on ne l'a pas vu, on n'a pas non plus une idée de Londres sale et boueux, c'est-à-dire de Londres pendant huit mois de l'année. Aujourd'hui le temps est meilleur, l'air est un peu plus vif et les trottoirs se sont séchés comme par enchantement. J'ai été au Ministère des affaires étrangères, puis de là chez Straker, sans ramasser une seule miette de boue; mais il en reste encore assez sur la chaussée! J'oublie de te dire qu'étant hier à la Compagnie des Indes, j'avais vu, à ma grande stupéfaction, arriver Garcin de Tassy, avec son accent provençal, et de la boue jusque sur le fond de son chapeau. Voilà encore un fameux spécimen de la race française. Les Anglais qui le verront avec moi se figureront qu'il n'y a en France que de petits hommes. Nous nous sommes dit quelques mots, et je lui ai demandé des nouvelles de M. de Sacy.

Après avoir dîné à la taverne, j'ai été me promener avec Lenz et Brockhaus sur le pont de Waterloo, d'où l'on voit une grande partie du cours de la Tamise et une partie de Londres. Quand je dis qu'on voit, je veux dire qu'on devine, car il pèse sur Londres une masse de fumée et de vapeur épaisse qui ne disparaît presque jamais complètement; cependant, le jour de mon départ pour Oxford, l'air était d'une pureté remarquable, et il n'y avait guère de ce qu'on appelle ici fumée de charbon de terre. J'ai été ensuite visiter la poissonnerie, qui est fort curieuse à cause de l'extrême propreté des étalages. On y voit une masse de homards, crevettes, salicoques, etc., mais on n'en mange pas à ce qu'il paraît, car j'en demande vainement dans toutes les tavernes. On m'a dit qu'on ne s'en servait que pour faire des sauces à d'autres poissons, comme le turbot et le saumon. J'ai fait aujourd'hui la découverte qu'on grille aussi le saumon, j'en ai profité et j'ai fort copieusement dîné d'une grande tranche de saumon et d'un respectable bifteck. Je n'oublie pas le fromage, et j'y ajoute une bonne orange. C'est un fruit excellent et bien supérieur à ce que nous avons à Paris. Je commence à en faire une assez grande consommation; mais cela ne peut que me faire du bien. Elles sont si sucrées et si mûres que cela ne peut passer pour un acide.

Tu vois que ma vie se régularise, et qu'elle commence à devenir un peu uniforme. Lenz m'a communiqué une lettre du secrétaire de la Société, par laquelle on m'invite à faire partie du grand dîner du 9 mai de la Société asiatique. Cette invitation consiste dans une carte qui me donne droit d'admission et me dispense de payer une guinée, c'est toujours autant; je dépenserai le prix de mon dîner en fiacre pour aller chercher dans Bond-street un fameux repas où j'espère trouver encore du champagne.

J'ai peut-être oublié de te dire que, quand tu recevras les exemplaires de ma deuxième partie, je te prie d'en faire un paquet de six, auquel tu ajouteras l'exemplaire de la Société asiatique de Calcutta; mais non ceux de Tod et de Lenz, que tu garderas. Tu ajouteras à ce paquet mon Vendidad lithographié, l'exemplaire relié qui est dans la grande bibliothèque, et tu tâcheras que les cornes du cartonnage ne se brisent pas[1].

---

1. Mme Eugène Burnouf a donné à la Bibliothèque nationale

J'ai besoin de ce volume pour collationner. Le tout à l'adresse de Straker, 443, West-strand. Tu mettras au roulage accéléré pour Calais et Londres. C'est moins cher que la diligence.

Adieu, ma chère amie, je t'embrasse mille fois, toi et tes enfants.

Eug. BURNOUF.

LXIV.

A Mme EUGÈNE BURNOUF, à Paris.

Londres, lundi 4 mai 1835.

Ma chère amie,

Je t'écris uniquement pour te donner de mes nouvelles, car je n'ai rien de bien nouveau à t'apprendre; mais je pense que, si vous désirez aussi vivement entendre parler de moi que je le désire de vous, je ne puis trop souvent vous écrire. J'avouerai que je commence à être inquiet de votre silence. Depuis ta lettre du 23 avril, à laquelle mon père avait fait une addition, je n'ai rien reçu. Cependant vous avez l'ambassade, ou, s'il y avait quelque chose de pressé, la poste, qui vient en trois jours par un bon temps, ou au plus tard en quatre. Serait-ce que vous êtes malades, que le rhume de maman ne va pas mieux? Je fais

---

« l'exemplaire relié du Vendidad lithographié, » ce grand volume sur lequel Eugène Burnouf a mis en trois encres différentes la collation de trois manuscrits du Vendidad conservés à la Bibliothèque de la Compagnie des Indes.

les suppositions les plus tristes, n'ayant ici personne à qui communiquer même mes conjectures. Je te supplie de me tirer de cette incertitude, et de me répondre au reçu de cette lettre, soit par la poste, soit par l'ambassade. Dans l'isolement où je vis, j'ai besoin de la plus grande sécurité de votre côté.

Je t'ai écrit samedi la suite de ma vie. Depuis ce temps il n'y a rien de neuf. J'ai été prendre le thé samedi soir chez Rosen, avec Lenz et Brockhaus ; nous ne nous séparons guère que pour travailler le jour, depuis onze heures et demie environ jusqu'à quatre heures. A ce moment nous nous réunissons pour dîner, excepté Rosen, qui est occupé à donner des leçons. Ce soir, je reçois dans mon domicile ces trois Germains, plus un Anglais d'Oxford, notre ami, le révérend William Cureton, chapelain de Christ-Church, professeur dans le même collège, fellow de l'Université, etc., etc., et, qui plus est, homme fort aimable, et qui m'a si bien fêté à Oxford. Tu comprends que je mets aujourd'hui les petits plats dans les grands. Je vais acheter des oranges fraîches et des petits gâteaux à thé, si j'en trouve, car tu sauras qu'il n'y a pas de pâtissiers ici. On n'y mange qu'une espèce de croquette, que tu connais, avec un peu de citron. Rien n'est plus misérable que la pâtisserie anglaise. Je m'en vais dépenser une quinzaine de schellings pour n'avoir rien qui vaille, quand, avec dix francs à Paris, chez le célèbre Quillet, j'aurais deux magnifiques gâteaux au rhum. Rien ne peut te donner une idée de certaines boutiques à Londres. Il n'est pas rare de voir le même marchand vendre des brosses à tête, du fromage, des bottes et des œufs. Un autre vend du lard, de la flanelle et du beurre frais ; un autre des drogues, de la parfumerie, des soieries et des balais ; celui-là des couteaux, des pots à l'eau, des briquets phosphoriques et des manteaux imperméables. Il n'y a de vraiment beau que les boutiques de soieries, de mousselines et la quincaillerie pour le feu, ce qui est un grand ornement d'une chambre et d'un salon anglais. Ils travaillent aussi l'argent d'une façon merveilleuse. Ils donnent aux pots les plus simples, aux pots de chambre, passez-moi le mot, les couleurs les plus riches et les plus variées. C'est une chose fort agréable qu'un thé anglais, et je compte, quand je serai revenu, me monter de tous les ustensiles nécessaires pour un thé confortable.

Hier dimanche, jour essentiellement anglais, c'est-à-dire ennuyeux, j'ai vu Barclay, qui dans la semaine est introuvable, il est dans son suif. Il dînait en ville. J'ai retrouvé mes Allemands ; j'ai dîné sur un énorme morceau de saumon et un large bifteck, et après nous sommes allés chez un nommé Very, de Regent-street, où nous avons pris des glaces à la française ; mais ces glaces sont énormément petites et bien moins bonnes que les nôtres ; elles ne coûtent que six pences ou douze sous ; c'est la seule chose bon marché que j'aie encore trouvée ici.

Ce matin je t'écris avant d'aller prendre mon déjeuner d'huîtres, et de pain et de beurre, avec une bouteille de soda, pour de là me rendre à la poste, ensuite chez Straker, puis à la Compagnie. Je commence à connaître passablement Londres, dans les parties où j'ai été déjà. Je suis merveilleusement logé, quant à la position ; j'ai tout sous la main, Regent-street et le quartier fashionable, Waterloo-Place, Saint-James, les parcs de Hyde et Regent, enfin le Strand, qui est ce grand fleuve, sillonné de voitures et de piétons, par lequel s'écoule tous les jours, le matin, le flot des marchands qui vont à la Banque, pour remonter le soir vers West-End et le quartier fashionable.

Adieu, ma chère amie, je te renouvelle ma prière de m'écrire de bien longues lettres, dans lesquelles tu me diras surtout comment vous vous portez, ce que tu fais, ce que tu penses, etc. Prie aussi papa de me mettre un mot sur ce qu'on a fait à la Société asiatique. Je vais dîner à celle de Londres samedi prochain.

Tout à toi, ton ami de cœur,

Eug. Burnouf.

LXV.

A Mme Eugène Burnouf, à Roissy.

Londres, mercredi 6 mai 1835.

Ma chère amie,

J'ai reçu hier chez Straker ta lettre du jeudi 30, et y incluse celle de mon père de la même date. Tu vois que l'ambassade ne va guère vite; cinq jours pleins pour venir de Paris! Ces deux lettres m'ont fait d'autant plus de plaisir que, comme vous le verrez par mes dernières, je commençais à être dans une assez grande inquiétude sur vos santés.

Tu te plains que je ne te parle pas assez de la marche de mon travail; mais je ne le pouvais pas avant d'avoir adopté une marche. Jusqu'ici j'ai été comme l'oiseau sur la branche; tantôt sur la route de Londres à Oxford, tantôt sur celle d'Oxford à Londres; pendant cinq jours chez Barclay, et, pendant ce temps, il m'a été impossible d'aller à la Compagnie des Indes. Mais, aujourd'hui, j'éprouve autant de satisfaction à t'annoncer que tu en auras à apprendre que j'ai terminé la collation du premier des sept manuscrits qu'il me faut voir à la Compagnie. Avec le manuscrit d'Oxford, j'ai donc fait deux manuscrits en quinze jours chacun. Il m'en reste six, ce qui me donne trois mois et me conduit à la fin de juillet, ou, avec les pertes de temps inévitables, dans les premiers jours d'août. Cependant je gagnerai peut-être ici une semaine sur le tout, parce que, dans le mois que j'ai employé à ces deux manuscrits, il y a environ huit jours de voyages et de déplacement qui ne sont plus à faire. Je suis fixé maintenant, et chaque jour porte son fruit. C'est, ce me semble, un résultat assez favorable que de pouvoir finir en quinze jours ce qui concerne un manuscrit. Mais, ce qui n'est pas moins excellent, quoique fâcheux sous le rapport scientifique, c'est qu'au lieu de huit manuscrits je n'en ai que sept, dont un est fait. Ce huitième manuscrit qui manque était, suivant la notice de Mohl, une traduction sanscrite d'une portion fort importante des livres zends dont nous n'avons à Paris que le texte. Si cet ouvrage se fût trouvé à Londres, c'eût été le plus important de tous, et il eût été absolument indispensable de consacrer à le copier au moins un mois et demi. Mais, heureusement et malheureusement, le manuscrit en question n'est rien moins qu'une traduction sanscrite; c'est une mauvaise version guzaratie que nous avons à Paris. Voilà donc un manuscrit de moins et un mois et demi de plus. Autre résultat : parmi les manuscrits du Yaçna, je devais trouver, toujours d'après la notice de Mohl, une traduction sanscrite du Yaçna semblable à celle que nous avons à Paris dans deux manuscrits. Après examen, il s'est trouvé que le manuscrit était tout simplement un Yaçna avec quelques mauvaises gloses guzaraties. Encore un manuscrit de moins; pas tout à fait cependant, parce que c'est un des six manuscrits qui me restent à collationner. Mais, si ce même manuscrit eût été, comme on l'avait dit, accompagné d'une traduction sanscrite, l'examen et la copie de cette traduction eussent entraîné un temps considérable. Voilà, je l'espère, une bonne dose de besogne de moins; ce n'est pas ma faute si les catalogues promettent plus que ne tiennent les manuscrits. D'un autre côté, car il y a toujours des ombres dans un tableau, Rosen m'a indiqué l'existence, au British Museum, de quatre manuscrits zends qui ne sont connus de personne et qui doivent sans doute contenir quelque Vendidad. Cela me dérange un peu, mais il ne faut pas se désespérer d'avance. Le mal ne sera peut-être pas aussi grand que je le suppose. Il faudra, quoi qu'il en soit, voir et collationner ces manuscrits, s'il y a lieu; mais je ne m'occuperai de reconnaître la place que quand j'aurai bien avancé à la Compagnie, c'est-à-dire à la fin de juin. Alors j'aurai fini, je l'espère, quatre manuscrits ou approchant, et je pourrai dire combien de temps me tiendront les collations du British Museum. C'est là, ma chère amie, ce que je peux te dire de plus certain pour le moment.

Je me sers, comme tu vois, de papier dit français

ici. Tu es dans l'erreur si tu crois que la nécessité de ce papier vient du côté des Anglais. On ne fait attention ici qu'à une chose, c'est que les lettres ne soient pas doubles; du reste, le papier n'y fait rien. C'est en France, à la poste de Calais, qu'on pèse toutes les lettres; témoins nos lettres de Bordeaux. Ne mets jamais de lettres sous enveloppe, l'enveloppe passe pour une lettre.

Adieu, ma chère amie, mille embrassements pour toi et pour tous les tiens et les miens.

Eug. BURNOUF.

Dis à Victoire que je ne l'oublie pas, mais que je ne sais quand ni quoi lui écrire. Elle peut lire mes lettres, je les adresse à toute la famille.

LXVI.

A Mme EUGÈNE BURNOUF, à Roissy.

Londres, vendredi 8 mai 1835.

Ma chère amie,

Je t'ai écrit, comme tu le verras, mercredi dernier, une lettre qui devait être de surplus, parce que je la destinais à une voie particulière, celle du malheureux Straker. Cette lettre ne devait pas m'empêcher de t'en écrire une aujourd'hui par la poste. Mais, comme je me défie toujours des voies particulières, des ambassades, etc., je suis passé, par un remords de conscience, hier jeudi matin, avant de prendre mon omnibus pour la Cité, chez ce Straker, et j'y ai vu, à ma grande consternation, que ma lettre de mercredi n'était pas encore partie jeudi matin. Je l'ai prise immédiatement, et, retournant sur mes pas, je l'ai portée à la poste moi-même. Je suis convaincu que la première lettre que j'ai écrite ne vous est pas parvenue, parce que le garçon de Barclay aura mis l'argent destiné à l'affranchissement dans sa poche ou dans celle d'un marchand d'eau-de-vie. Je te donne, ma chère bonne, tout ce petit détail peu intéressant pour que tu comprennes le retard de cette lettre de mercredi, et pour que tu t'expliques comment il se fait qu'elle vient par la poste après avoir été annoncée par une autre voie. Je renonce définitivement à toutes ces occasions stupides qui manquent toujours. Ainsi, il y a déjà quelques jours que vous devriez avoir reçu mon paquet de lettres, et cependant vous ne m'en parlez pas. J'en conclus qu'il dort dans quelque carton de libraire, soit à Londres, soit à Paris. J'ai consacré à la correspondance 25 à 30 francs par mois. Cela est nécessaire pour tarir le flot d'encre qui coule incessamment de ma plume. Je ne puis mieux dépenser mon argent. Peut-être serait-il possible d'en faire un meilleur usage pour vous, par exemple en vous rapportant des cadeaux; mais, pour moi, je ne regrette pas l'argent que je consacre à vous écrire et à vous lire. Je n'ai certainement pas ici de plus grand plaisir.

Hier jeudi, en rentrant de chez Barclay à onze heures du soir (j'avais été lui faire une visite après m'être promené dans Saint-James-Park avec mes Allemands), j'ai trouvé ta lettre datée du 5 mai, mardi, à Roissy. Je vois avec plaisir que vous vous portez bien, et, pour vous donner sur mon compte la même assurance, je vais répondre successivement aux diverses questions de ta lettre et de celle de mon père qui était un peu plus étoffée que la tienne.

Relativement à ma maigreur dont tu parais inquiète, je puis te tranquilliser sur ce point. J'ai la face très bonne, et, si j'avais plus de cheveux, je pourrais encore passer, à la rigueur, pour un jeune homme. Mon estomac est excellent, et, quand je mange un bifteck, il ne pèse pas moins de 9 onces. Il est vrai que ce n'est qu'une fois par semaine, et qu'on ne mange pas autre chose; les jours ordinaires je me contente d'une sole qui a un pied et demi de long, de trois morceaux de bon pain, bien compact, à la manière de celui de Roissy. Mais, sans faire de reproches à nos boulangers, les Anglais confectionnent autrement le pain qu'à Paris; ils en font peu, mais ils le font excellent. L'espèce qu'ils appellent *pain français* est surtout merveilleuse. Elle est moins lourde que le *loaf* britannique, lequel a exactement la forme d'un pavé. Au reste, il y a une extrême variété dans le pain, et je me perds dans les noms et dans les espèces. Je voudrais cependant pouvoir en rapporter avec moi un morceau, pour le faire juger à ton papa, qui est amateur de pain ayant du goût, et qui, avec raison selon moi, n'est pas toujours très flatté du pain aqueux de Paris.

Je passe à la question du bal : je n'ai ni dansé, ni galopé, ni valsé; je me suis ennuyé comme un mort. Est-ce que je ne vous ai pas parlé de ce bal déjà? ou bien quelqu'une de mes lettres serait-elle encore perdue? Je me perds dans mes souvenirs. Ce que je sais seulement, c'est que j'ai trouvé au souper une jeune dame anglaise qui parlait merveilleusement le français, ce qui est rare ici, et avec laquelle j'ai échangé quelques paroles. C'était la seule qui fût un peu passable ; elle était blanche et potelée ; les autres femmes étaient généralement grandes, longues et plates ; mais tu peux te tranquilliser ; la jeune dame anglaise, que je ne connais pas, n'a pas fait un seul instant diversion à la seule Française que je connaisse.

Je passe aux questions posées par mon père. Je loge à trois minutes de Leicester-square, où Barclay est toute la journée. S'il m'arrivait quelque chose, Barclay est prévenu, il serait chez moi immédiatement. Je le vois tous les deux jours. Il n'y a d'ailleurs aucun danger pour l'esquinancie, la diversion que causent le changement de climat et la nouveauté du spectacle me garantit de toute indisposition. J'ai la ferme conviction que je n'aurai pas d'esquinancie ; or, je crois à mes convictions, et je n'ai pas tout à fait tort, témoin le choléra que tout le monde a eu autour de moi sans que j'en aie été atteint.

Relativement au deuxième article, la durée de mon séjour ici, je ne puis rien dire de certain ; je fais tout mon possible pour l'abréger, et, certes, je ne m'épargne pas. Il ne se passe pas un jour, si ce n'est le dimanche, sans que j'aille à la Compagnie des Indes. La besogne commencée doit être finie. Comme je vous le disais à Paris, je ne pourrai rien dire avant la fin de juin. Je me réfère pour de plus amples détails à ma lettre de mercredi, partie hier jeudi. Vous verrez que l'affaire de la Compagnie sera certainement terminée dans les derniers jours de juillet ; mais, à ce moment, il me restera encore le British Museum, et je n'aurai pas vu un seul des manuscrits sanscrits que j'ai besoin de consulter pour les trois ou quatre points laissés douteux dans mon volume. Ayez donc un peu de patience et croyez que je fais mon possible. Je ne peux pas faire plus, puisqu'on ne me permet pas d'emporter les manuscrits chez moi.

Adieu, ma chère Angélique, embrasse bien tes chers enfants et tes parents pour moi, et, si tu vas à Paris, fais-en autant pour mon père et ma mère.

Tout à toi,

Eugène BURNOUF.

Mille compliments à tous nos amis.

LXVII.

A Mme EUGÈNE BURNOUF, à Roissy.

Londres, dimanche 10 mai 1835.

Ma chère amie,

J'ai reçu hier, samedi matin, et avec un bien vif plaisir, la lettre que tu m'as écrite de Roissy. J'y vois que tu prends le parti de m'écrire deux fois par semaine. C'est un excellent projet, et j'en attends l'exécution avec impatience. Mêle de temps en temps à cette régularité de deux lettres l'irrégularité d'une troisième, que tu enverras par la poste ou même par l'ambassade, de manière que je recevrai à la fois deux lettres, mais de dates différentes; ou bien fais une seule lettre longue, qui sera le résumé de la moitié de ta semaine, et qui partira, la première, le lundi, la deuxième, le vendredi.

Depuis le jour que je t'ai écrit, je n'ai pas acquis de nouveaux moyens pour résoudre la question, que je conçois bien que tu me poses sans cesse, parce que je me la pose à moi-même : quand aurai-je fini? Je ne puis vous trop dire que je ne le sais pas moi-même. Vous aurez vu, par une de mes précédentes lettres, les pas que j'ai déjà faits et ceux que je compte faire. Soyez convaincus que je désire aussi vivement que vous mon retour en France, et que cette vie de temps à moitié perdu m'ennuie considérablement ; mais une œuvre commencée doit être finie, et je ne puis entrevoir la fin de ce que j'ai à faire, à la Compagnie seulement, pour le zend, avant la fin de juillet. A ce moment je pourrai répondre d'une manière à peu près positive si j'ai besoin de rester encore quinze jours ou un mois. Mais, si je passe juillet, je suis bien décidé, comme nous en sommes convenus, de prier quelqu'un de nos parents de te conduire jusqu'à Calais, parce que je ne voudrais, ni peut-être ne pourrais rester seul à Londres pendant les chaleurs du mois d'août. Mais, dès le 10 juillet, je pourrai entrevoir le terme de mon séjour ici et te dire, d'une manière positive, si tu dois faire quelques préparatifs pour venir passer quelque temps avec moi et m'aider à voir les curiosités. Car, jusqu'ici, j'ai évité de rien faire en ce genre pour ne pas être obligé de payer deux fois, si tu viens vers le 15 de juillet, et que, naturellement, nous allions voir Saint-Paul, Westminster, les Docks, Greenwich, etc. Car, quoiqu'il n'y ait pas un

Parisien dans la tête duquel il ne soit très solidement arrêté qu'il n'y a absolument rien à voir à Londres que les trottoirs et le bifteck, je puis t'assurer qu'il y a encore beaucoup à faire ici pour un curieux, toutefois avec beaucoup d'argent.

Je n'aurais rien de nouveau à t'annoncer, si je n'avais hier perdu ma journée à la Société asiatique, séance générale annuelle, et au dîner qui, nécessairement, suit toute réunion scientifique en Angleterre. Rien n'était plus insipide et plus nul que cette séance annuelle de la Société asiatique. Ces grands savants de Londres ne font absolument rien, et, si le gouvernement ne vient pas à leur secours, il n'est pas certain qu'ils aient de quoi imprimer leur journal dans deux ans. Mais ils n'en sont pas moins les plus charlatans des hommes, plus charlatans même qu'en France, où on l'est suffisamment. J'étais si excédé des compliments que le secrétaire renvoie du président au trésorier, pour les recevoir à son tour de ces deux personnages, qui ont à essuyer une bordée de remerciements de la part de chaque membre de la Société qui a droit de faire une proposition, que j'avais signifié à mes amis et coétrangers que tout ce charlatanisme m'était intolérable, et que je ne voulais pas aller le soir au dîner. Mais ils m'ont représenté que j'étais invité, qu'eux l'étaient aussi ; que, si je n'y allais pas, ils m'étaient trop attachés pour y aller ; qu'ils feraient comme moi ; et que, si quatre personnes étaient absentes, cela serait remarqué. J'y allai donc, et l'événement prouva que j'avais bien fait, car Garcin de Tassy était de la partie, et n'aurait pas manqué d'en tirer avantage.

Au dîner, on nous fit, à Garcin et à moi, l'honneur de nous mettre, lui à la gauche, moi à la droite du président, qui n'est rien moins que le très honorable M. Charles William Williams Wynn, membre du Parlement, président du *Board of Controll*, c'est-à-dire roi de l'Inde et lieux circonvoisins, ou de 130 millions d'habitants. Quoique tu sois la femme d'un orientaliste, tu n'as pas encore l'érudition nécessaire pour comprendre ce que c'est en Angleterre qu'un président du *Board of Controll*. Il te suffira de savoir que le très honorable M. Wynn a à dépenser par jour 10,000 francs de notre monnaie, somme sur laquelle l'État lui fournit environ un dixième. Les neuf autres dixièmes sont en biens-fonds à lui appartenant. Or, ce très honorable gentleman, qui est beaucoup plus mal mis que son cocher, lequel est galonné d'or de la tête aux pieds, me prit en affection pendant le dîner, et, après trois ou quatre efforts impuissants qu'il fit pour parler français, il s'abandonna à mon anglais qui, pour le dire en passant, se perfectionne assez pour que je commence à être compris des cochers de cabriolets et de la domestique de la maison, la plus sale et la plus dégoûtante torche-vaisselle dont j'aie jamais eu à souffrir dans mon voyage. Le dîner était fort maigre, j'y mangeai à peine, comme on fait dans les grands dîners; mais j'y bus terriblement d'un bon vin de Moselle. Je n'avais presque pas bu de vin depuis mon arrivée ici; aussi je saluai avec transport cet excellent vin, que j'avais bu sur le Rhin l'année passée, et qui est plus innocent encore que du vin de Champagne.

A la fin du dîner, le très honorable président se

leva et porta la santé du Roi, à laquelle on but sans y faire attention, puis celle de la Reine et de la famille royale, à laquelle on but aussi avec une égale indifférence. Remarque bien qu'on ne faisait pas d'attention, mais qu'on buvait toujours, comme si l'objet du toast en valait la peine. Il faut savoir seulement que ces grands toasts, qui sont obligatoires, mais qui n'appartiennent pas directement à l'objet de la Société, ne sont pas salués par ces effusions de la joie britannique dont j'ai eu le spectacle plus tard, et qu'on se contente de leur faire l'honneur de boire trois ou quatre verres de vin à leur occasion, sans cogner sur la table avec des manches de couteaux, et sans crier silencieusement et taciturnement : *hear, hear* (prononcez comme vous pouvez un certain *hir*, qui n'est ni *hir* ni *hier*, mais tous les deux à la fois). Mais quel ne dut pas être mon étonnement quand, pour troisième toast, le président demanda la permission d'interrompre l'ordre des toasts réguliers, pour porter un toast nouveau qui lui était suggéré par la présence des deux frères ici présents de la Société asiatique de Paris, accompagnant le tout de ces phrases gluantes et vides de la parlerie anglaise, que je connaissais déjà en théorie, mais que j'ai vue en action hier à ma grande satisfaction! Vous faire sentir ce qu'il y a de particulièrement singulier et vide dans cette exertion de l'éloquence anglaise, cela est impossible. Il faudrait que vous connussiez le pays, et que vous vissiez la chose, or le fait même est invisible pour une femme, car il n'y a pas d'exemple qu'une femme ait assisté à un grand dîner d'hommes. Mais, ce que je puis faire, c'est d'imiter la voix et la pose du très honorable président, car il a donné si souvent la représentation pendant cette soirée que je me flatte de l'avoir saisi au vif, à tel point qu'en sortant de la Société, dans la rue, avec mes trois Allemands, je commençai à dire tout haut : « Gentlemen, allow me now, etc., » avec un accent tellement *genuine* qu'après avoir regardé autour d'eux si le très honorable président ne les poursuivait pas de ses toasts, ils partirent d'un immense éclat de rire qui dura un bon quart d'heure, en s'apercevant des talents mimiques que je déployais dans cette importante circonstance. Il y a, pour le dire en passant, un second gentleman que j'emporterai également avec moi en France. Je l'ai surnommé le Saumon, parce que je suppose que, si un saumon du fameux poissonnier de Bond-street parlait l'anglais, il ne le prononcerait pas autrement.

Mais, pour revenir à mon toast, tu comprends que je restai stupéfait et anéanti sous l'honneur et le poids que m'imposait ce toast accompagné d'un ample discours ; mais je pris mon courage à deux mains, et, me penchant du côté de sir Alexander qui était à ma droite, je lui demandai de m'indiquer le moment convenable pour que je répondisse à l'éloquente improvisation du président. Alexander me fit signe ; je me levai, et, après avoir demandé à l'assemblée la permission de me servir du français, qu'ils entendent tous, par la raison que j'étais étranger et trop nouveau en Angleterre, je fis un beau speech, qui fut reçu avec de vives acclamations et des coups de manches de couteaux sur la table. Mais, ce qu'il y a de plus comique, c'est que ce bon Garcin, qui était de l'autre côté, excité par mon éloquence, ou trouvant qu'il y avait de beaucoup plus belles choses à dire, se leva, et il allait commencer un nouveau speech, quand le second vice-président le tira vivement par le bras, et, malgré sa résistance, lui mit les deux mains sur les épaules et le cloua sur sa chaise, en lui disant que la politesse que les étrangers devaient à la Société était suffisamment satisfaite par mon speech. Tu peux juger de sa vexation après cet accident. Que ne saisissait-il le coup de temps, et pourquoi n'a-t-il pas commencé avant moi ? J'eusse été enfoncé ; mais je m'en serais tiré plus tard par un petit toast adroit et subreptice. Il resta muet, et je bus un bon verre de vin de Moselle à sa chère santé. Ces verres de vin de Moselle agissaient d'une manière visible sur mon cerveau ; je crus devoir les entremêler avec du soda-water dont on faisait sauter les bouchons derrière nous avec impétuosité et fureur ; c'est le vin de Champagne du pays.

Quoi qu'il en soit, à onze heures du soir, le président, qui avait porté au moins vingt toasts, et qui en avait une extinction de voix, avec une toux aiguë que n'avaient pu calmer deux grands litres de vin de Porto, le président, dis-je, leva la séance, et ses laquais le conduisirent à sa voiture. Nous, c'est-à-dire moi, Lenz, Brockhaus et Rosen, nous nous conduisîmes nous-mêmes dans la rue ; et, comme ce vin m'avait creusé l'estomac ; que, d'ailleurs, j'avais peu dîné, ayant manqué le rosbif, je fis la motion d'aller manger des homards et boire du soda dans une *Oysterschop* du Strand. Adopté à l'unanimité ! A onze heures et demie, nous avions fini de manger un bon homard, et nous regagnions nos domiciles respectifs en faisant des réflexions philosophiques sur l'instabilité des choses humaines, etc. Je fis tout seul la réflexion que les choses humaines iraient bien mieux pour moi, si j'avais eu le bonheur de trouver en rentrant ma chère petite femme. Je me couchai et je m'entendis immédiatement ronfler dans un rythme merveilleux qui avait quelque chose du pétillement aigu du Champagne et du chant solennel d'un bœuf qui ne se doute pas qu'on le transformera en bifteck.

Ce matin, j'étais fort bien. Après le thé, je suis allé voir Brockhaus, avec lequel j'ai fait la visite de tous les ponts de Londres. Nous avons depuis cinq jours un temps superbe, surtout aujourd'hui : pas le moindre brouillard ; Londres était aussi clair que Paris ; la Tamise était magnifique à la marée montante ; elle était couverte de bâtiments à vapeur qui la sillonnaient comme des flèches, enfin c'était un spectacle dont je ne pouvais me lasser. Il faisait seulement un grand vent comme au bord de la mer. Cela me donna l'occasion de remarquer que les Anglaises sont moins sensibles que les Françaises aux inconvénients des caresses des enfants d'Éole, style poétique. J'en pris occasion pour faire quelques observations ostéologico-anatomiques que je gardai pour moi, la dignité du professeur ne voulant pas être compromise devant des Allemands.

Adieu, ma chère amie, écris-moi le plus tôt que tu pourras, et embrasse tout le monde, grands et petits, en leur disant que j'en aurai de belles à leur conter quand nous serons cet automne rue de l'Odéon.

Ton cher et bien affectionné,

Eug. BURNOUF.

LXVIII.

A Mme Eugène Burnouf, à Paris.

Londres, vendredi soir 15 mai 1835.

Ma chère amie,

Je n'ai rien de nouveau à t'apprendre, sinon que, hier jeudi et aujourd'hui vendredi, il a fait un temps épouvantable, un temps dont on n'a pas d'idée si on ne l'a pas vu. Il est bien difficile de décrire le climat de Londres quand il fait vilain temps. Nous avons à Paris des jours affreux, quelquefois quarante-huit heures de pluie de suite; le temps est sombre; il fait en novembre et en décembre plusieurs jours, quelquefois une semaine, de brouillard; cela, et tout ce que tu peux y ajouter par l'imagination, n'est rien en comparaison d'un vilain temps fondant, à l'improviste, sur cette grande ville noire et terne. Hier jeudi, le temps s'était levé beau; mais le soleil était blanc et, sans doute, il était monté du brouillard pendant que j'étais encore au lit. L'homme prudent ne se laisse pas entraîner à de vaines espérances, et, quand le temps est beau, il prend son parapluie et fait bien. En effet, pendant que je travaillais à la Compagnie, je m'aperçois que le temps devient un peu obscur, et aussitôt le garçon apporte le seau de charbon de terre pour en mettre une bonne addition au feu, en disant que nous allions avoir, dans quelques heures, un fameux brouillard. Il ne se trompait pas; au sortir de la Compagnie, à quatre heures, au moment où je montais dans mon omnibus, car j'ai un omnibus devant ma porte, on commençait à ne plus voir bien clair ; le gaz s'allumait partout. Une demi-heure après, j'étais descendu dans Charing-Cross, pour mettre à la poste la lettre de jeudi matin, il pleuvait à verse et on y voyait un peu plus, le brouillard se changeant en eau. Je me précipitai chez Giraud, près de Leicester-square et de chez moi ; je dînai seul pour la première fois depuis mon départ ; mes Allemands n'avaient pas eu le courage de venir me rejoindre ; mais en rentrant, au bas de ma rue qui donne sur le *Quadrant*, endroit un peu ouvert, il fallait voir le beau point de vue qu'on avait sur le ciel de Londres ! Brouillard, pluie, boue, tout cela était tellement mêlé qu'on ne savait si la boue était dans le ciel et si la pluie ne sortait pas de terre. A sept heures du soir, le temps s'était élevé un peu et le brouillard avait à peu près disparu. Aujourd'hui, à dix heures, il n'y paraissait pas sur les trottoirs, tant tout était sec et nettoyé. Mais à une heure, nous avons eu un orage avec quelques coups de tonnerre ; la pluie a été abondante, mais je ne m'en suis pas aperçu, car j'étais bien à l'abri, auprès du feu de la Compagnie, et, quand nous sommes sortis, à quatre heures, avec Brockaus, pour dîner dans une fameuse taverne, en face de la Compagnie, le temps était beau et les trottoirs si secs que nous sommes venus à pied de la Compagnie à Charing-Cross, c'est-à-dire une grande lieue et demie de France, sans voir la moindre trace de boue. Je ne parle pas de la chaussée, c'est l'affaire des voitures. Quand on veut passer d'une rue à l'autre, il y a ce qu'on appelle des *Crossings* ou passages, qui sont à chaque instant balayés par des hommes qui vous demandent toujours (mais auxquels on ne donne jamais), autrement ces passages seraient aussitôt couverts de boue par les milliers de voitures qui les traversent. Sans les trottoirs, Londres serait complètement inhabitable, et l'on conçoit, quand on voit l'immense utilité de cette belle invention, que la ville entière, et quelle ville! ait pu en être complètement munie en moins de six à sept ans.

Je te dirai pour nouvelles que j'avancerai bien, si je ne le finis pas demain, le troisième manuscrit de la Compagnie des Indes. Une lacune fortunée, qui m'a enlevé un bon nombre de pages, jointe à un travail suivi, comme tu sais que je suis capable de le faire, et sans aucune distraction, m'a mis à même d'achever ce manuscrit en moitié moins de temps que je ne l'avais supposé au commencement. Il est vrai que je suis menacé de trouver un manuscrit nouveau, sur lequel je ne comptais pas; mais peut-être le sort me servira-t-il ici, comme déjà il a fait dans d'autres circonstances.

Je trouve des manuscrits excellents, et je n'aurai pas perdu mon temps. C'est un fait très curieux et très important pour cette étude que des manuscrits, provenant de mains et d'époques diverses, diffèrent en général si peu. Il y a bien sans doute beaucoup de variantes, mais ce sont des variantes de lettres et non de rédaction. La récolte que j'ai faite ici est d'une grande importance. Elle formera une addition très méritoire à mon travail, aux yeux de l'Allemagne, bien entendu; car, pour la France et l'Angleterre, il est fort indifférent que j'enfile des paroles ou des mots zends. Je suis cependant bien sensible au souvenir de M. Guizot; je lui dois beaucoup, et l'érudition, si Dieu me prête vie, lui sera reconnaissante de m'avoir fourni les moyens de faire un voyage qui donnera un plus grand mérite de nouveauté et d'exactitude à mon travail. A l'heure qu'il est, samedi 16 mai, je suis en possession de treize chapitres du Yaçna, copiés ou collationnés sur quatre manuscrits différents. Je mettrai la collation de trois Vendidad sur mon grand volume, avec trois encres différentes[1]. Cela va beaucoup plus vite que de copier. Si l'affaire marche, j'ajouterai quelques chapitres pour ne pas être obligé de revenir ici d'ici à six ou huit ans, et pour n'y rester qu'un mois ou deux. Mais avant finissons et revenons.

Tout à toi,

Eug. BURNOUF.

LXIX.

A Mme EUGÈNE BURNOUF, à Paris.

Londres, mardi 19 mai 1835.

Ma chère amie,

Je reçois avec bien du plaisir tes deux lettres de vendredi et de samedi, l'une par la poste et l'autre par l'ambassade. Celle de la poste est, comme de juste, arrivée la première. Je te prie, quand tu auras quelque chose de pressé à me dire, de m'écrire par la poste. Ne te sers de l'ambassade que si tu avais quelque paquet de lettres ou quelque lettre double.

J'apprends avec une assez grande satisfaction que

---

1. Voy. plus haut la lettre du 1er mai.

le sort m'a assez favorisé pour me mettre au nombre des jurés pour juin. C'est, comme on dit, jouer de bonheur; car j'espère bien que mon excuse sera jugée valable. Ce serait une chose curieuse que je reçusse une assignation par l'ambassade, que je fusse obligé de retourner à Paris le 1ᵉʳ juin, que je m'enfermasse par la chaleur dans la salle des assises, sauf à reprendre la poste le 16 pour retourner à Londres. Si pareille nécessité existait, j'espère que vous m'en avertiriez à temps; alors, certainement, je te ramènerais avec moi ici.

Quand tu verras par hasard M. Lajard, dis-lui que je n'ai pas encore pu trouver les personnes pour lesquelles il m'a chargé de quelques commissions. Les personnes qui vous comblent de leurs petites notes et de leurs petits papiers ne savent pas à quelle perte de temps et d'argent ils vous condamnent dans une ville grande comme Londres, et quand on n'a pas trop de sa journée pour soi. Ajoute que toutes les affaires sont terminées ici à quatre heures, et que jamais un Anglais n'a travaillé passé cette heure; il faut donc faire tout de midi à quatre heures, et Londres est si grand qu'une seule visite entraîne un jour. Quand donc on ne trouve pas son homme, juge combien on est content. Toutefois, pour M. Lajard et pour M. Pardessus, je ferai tout mon possible. Je prends le thé jeudi soir chez sir Alexander et je lui glisserai deux mots de M. Pardessus.

Je n'ai, du reste, rien de nouveau à t'annoncer. Brokhaus vient de partir pour un voyage de quatre mois dans le pays de Galles; cela diminue ma petite et agréable société. Lenz va bientôt, dit-il, quitter l'Angleterre. On ne peut voir Rosen, tant il est occupé. Je me demande avec tristesse comment je ferai si tu ne viens pas me retrouver. Il faut cependant que ton voyage puisse s'arranger avec la santé de la petite Pauline et avec la tienne. J'avoue que j'aurai bien du plaisir à embrasser ces chères enfants. Tu ne peux cependant en amener aucune avec toi ; cela est impossible !

La source de mes lettres se tarit un peu ; car je n'ai pas grand plaisir à vous répéter, deux ou trois fois par semaine, que je m'ennuie extrêmement de vous. Ne sois donc pas étonnée si cette lettre, qui quittera Londres demain mercredi, est la dernière de cette semaine. Je ne changerais de détermination que si tu exigeais une réponse à quelque chose de pressé. Autrement, j'écrirai dimanche une lettre que je mettrai lundi à la poste.

Embrasse tout le monde pour moi et tâche de te bien porter.

Ton ami,

EUGÈNE.

LXX.

A M. J. MOHL, à Paris.

Londres, 24 mai 1835.

Mon cher Mohl,

Je n'ai reçu que le 22 votre lettre du 6. Je vois que vous vous plaignez que je ne vous aie pas écrit. Quand j'ai adressé à mon père un paquet de lettres, je ne savais pas qu'il passerait par vos mains ; Straker m'en avait fait un mystère.

Je m'attendais bien aux désagréments que vous cause l'Imprimerie royale; tout vient de ces malheureux encadrements [de la Collection orientale]. Qui sait si je ne vous retrouverai pas à Paris?

Mon travail va ici aussi bien qu'il peut aller dans une ville où l'on est obligé de faire une lieue et demie pour aller chercher les manuscrits, et où il faut avoir de l'ardeur à point nommé, de dix à quatre heures. Je fais un métier fort assommant; mais je suis accoutumé à l'ennui, et je me console en pensant que je ne puis guère mener mon entreprise à terme par une autre voie. Du reste, John Bull me laisse parfaitement tranquille, et, s'il n'y avait pas ici Rosen et Lenz, que je rencontre quelquefois, je pourrais passer des semaines entières sans proférer une parole.

J'ai été invité, comme de raison, au grand dîner de la Société asiatique. Quel curieux original que le Right honorable Wynn : *Gentlemen allow me now...*, c'était le refrain de ses vingt-cinq à trente toasts. Quelle raideur et quel ennui que ces mœurs anglaises! Je vous avouerai que, si j'eusse été anglomane en arrivant ici, je serais radicalement guéri de ce défaut à l'heure qu'il est. La seconde invitation que j'ai reçue est celle de sir Alexander, dont j'ai avalé le speech à la Société asiatique. Je suis allé à sa soirée, où il y avait de belles dames, et un dandy qui chantait. Je ne m'y suis pas plus amusé que dans un salon parisien, et tout a été dit. Les autres Biftecks ne m'ont pas même envoyé un petit morceau de carton pour les visites que je leur ai faites. Je suis donc en règle et ne me bouge pas, *not a bit*, comme on dit ici.

Je n'ai rien trouvé à Oxford. Dans l'intervalle de la

visite d'Anquetil à la mienne, les manuscrits ont été perdus. Cela abrégera mon séjour ici, ce dont, entre nous, je ne suis pas fâché. Johnston convient que les règlements scientifiques ne sont pas des plus favorables aux étrangers, et il laisse entendre, d'un air fin, qu'il les changerait si cela dépendait de lui.

A la Compagnie, j'ai trouvé d'excellents manuscrits zends. Il y a un Izeschné de plus que je ne croyais; mais aussi je n'ai pas de traduction sanscrite comme le promettaient les catalogues. Cela fait, c'est-à-dire quand j'aurai collationné la moitié du Yaçna dans huit manuscrits, je ferai quelques extraits du dictionnaire des Védas, toujours pour mon affaire zendique. Pour le Bhâgavata, il n'y faut pas songer. Il y a ici au moins vingt manuscrits. Quand il y a trop de mets sur la table, on ne touche à rien. Je respecte ces grandes richesses et je passe outre. Il me faudrait deux ans de séjour ici, et dans deux ans je serais mort! J'ai vu le commencement du Véda de Rosen. Ce n'est guère amusant; nous sommes tous plus ou moins condamnés aux bêtes. Mais vous ne devez pas vous plaindre, car enfin une page ou deux de vos grands combats pourront intéresser quelques lecteurs; mais qui lira jamais le Véda et la grammaire zende en quatre ou cinq volumes?

Je savais que ce bon Haughton était ici; j'aurais bien du plaisir à le voir; mais je n'ai pu encore le trouver; Rosen est sur ses traces, et je compte le voir bientôt.

Je ne trouve pas ici autant de bouquins qu'on pourrait le croire; le plus sûr est d'attendre les petits catalogues des bouquinistes. Je ne suis pas extrêmement satisfait des prix de Straker. Cet honorable marchand me surcharge un peu. J'ai presque réglé avec lui; je suis décidé à l'avenir à ne plus acheter que sur vu de catalogue.

Adieu, mon cher, écrivez-moi quand vous n'aurez rien de mieux à faire, et ne vous fâchez pas si je ne vous écris pas souvent. Ma vie se passe, le matin à me raser, le jour à collationner, et le soir à dormir. Il faut que je vole quelques heures au bienheureux sommeil, pour écrire à ma famille des épîtres qui n'en finissent pas. On me gronde quand il y a de la marge.

Tout à vous,

Eug. BURNOUF.

LXXI.

A Mme EUGÈNE BURNOUF, à Roissy.

Londres, mercredi 27 mai 1835.

Ma chère amie,

Je réponds, courrier par courrier, pour t'exprimer tout mon plaisir de ce que tes préparatifs se font rapidement et à tes souhaits. Tu auras bien soin de remercier Mme Carriat de sa complaisance; c'est une femme fort aimable. Tu feras de mes lettres des extraits convenables; je t'approuve fort de ne pas les envoyer tout entières, car j'aime autant que tu sois la seule à lire mes lettres. Je t'avouerai même que la crainte qu'elles passent sous d'autres yeux que les tiens m'empêche de te dire tout ce que je sens, et que ma plume est quelquefois un peu glacée.

J'éprouve ici un ennui profond, qui vient, non seulement de ma solitude, mais encore de la besogne stupide que je fais depuis onze heures ou onze heures et demie jusqu'à quatre heures, sans aucune interruption, à peu près, que celle que me causent d'énormes et fréquents bâillements. Je n'ai plus que trois manuscrits à la Compagnie des Indes. J'en ai déjà fait cinq. Ce que j'ai collationné va jusqu'à la page 80 du grand volume lithographié. Je suppose que cela sera suffisant, et que je n'aurai pas besoin de pousser outre. J'en aurai, j'espère, pour quelques années avant de revenir dans ce pays. Maintenant que j'y suis, je dois en profiter pour avancer mon travail, ou plutôt pour ramasser des matériaux de travail, car ici je ne fais absolument rien, et, de retour à Paris, il faudra que je travaille de plus belle, pour mettre en ordre toutes ces variantes et faire le commentaire. Quelle vie pour si peu de résultat matériel ! En vérité, j'ai bien besoin de savoir qu'il y a au monde un cœur comme le tien qui vit et bat pour moi, qui n'a d'affection profonde que pour moi. Sans le bonheur de m'entendre dire ce que tu m'écris dans quelques-unes de tes lettres, je tomberais dans un bien triste découragement. Je suis bien seul, chère amie, et je dépense bien stupidement et bien inutilement un argent qui, placé, rapporterait à mes petites filles ! Mais tu viens, et tu chasseras toute ma tristesse !

Maintenant, et au moment où je t'écris, j'acquiers la certitude que, des trois manuscrits qui me restent, deux sont détestables, ce qui allonge beaucoup la besogne, car il y a des variantes à chaque mot. C'est vraiment décourageant, et je tremble d'être obligé de mettre autant de temps à un de ces deux manuscrits qu'il m'en a fallu pour faire deux ou trois des autres.

Parlons d'autre chose. J'ai annoncé à Barclay ton arrivée prochaine. Il m'en a félicité, et il en est très content pour sa femme, qui veut cultiver ta connaissance. Elle sait le français, mais n'ose le parler. Elle compte se débrouiller avec toi. Voilà les Anglais, même les meilleurs, toujours l'utile, et seulement pour eux !

Je suis décidé à changer de logement. Décidément, je suis trop petitement, trop peu confortablement, et même salement. Seul, j'eusse avalé ces ennuis; avec toi, je ne le veux pas. Je désire que, pendant le séjour que tu feras ici, tu sois bien, dignement, comme ma femme, comme ma chère Angélique doit être, comme tu serais toujours, si j'avais plus d'argent, si, au lieu de me livrer à ces malheureuses études, je m'étais fait avocat ou médecin. J'ai vu un logement charmant, que Barclay verra de son côté. Il est au premier et coûte 2 guinées (54 francs) par semaine. Mohl m'a bien dit que je ne pourrais me loger convenablement à moins.

Barclay, quand je lui ai dit que tu venais bientôt, m'a conseillé de t'engager à aller directement de Calais à Londres par le bateau à vapeur, et non par le bateau de Calais à Douvres. Il y voit de grands avantages pour nous deux, d'une part, économie notable, d'autre part, moins d'embarras et un emballage de moins pour les paquets. Cela coûte de Calais à Londres 30 schellings la première place; tandis qu'il faut donner 15 francs au moins pour la traversée de Calais à Douvres, puis 50 francs de Douvres à Londres, sans compter les pourboires. Ajoute que je suis obligé d'aller à Douvres et de revenir, ce qui fait 100 à 120 francs pour moi seul. Voilà pour l'économie. Voici ensuite comment ce voyage s'organise : on reste onze heures dans le bateau, cinq heures en mer au lieu de trois heures et demie, et six heures en rivière. Une fois qu'on est entré dans la Tamise on est dans une position charmante, tant on va comme le vent. J'ai déjà fait une course sur la Tamise, dans l'intérieur de Londres, et rien n'est plus agréable. Tu peux avoir une idée de la rapidité avec laquelle on va quand tu sauras que, de l'embouchure de la Tamise à Londres, il y a environ cinq fois autant de chemin que de Calais à cette même embouchure. Il part de Calais un bateau à vapeur pour Londres, les lundi, mercredi, jeudi, vendredi, dimanche. D'après le tableau des marées, il en partira un le 1er juin, à deux heures du matin. Mais le tableau n'est pas encore dressé pour la suite, parce qu'on ne dresse le tableau à l'avance que pour une quinzaine et que nous sommes encore dans la dernière de mai; mais si, par aventure, tu voulais savoir plus de détails positifs là-dessus, tu les trouverais certainement chez Laffitte et Caillard, dont les voitures correspondent avec le *Packet*, et, si tu ne voulais pas consulter ce bureau, si, par hasard, tu partais par les Grandes Messageries, tu trouverais des renseignements positifs chez Galignani, libraire, rue Vivienne, du même côté que Heideloff, tout le monde dans la rue te dira le numéro. En partant le 6 juin de Paris, tu arriverais à Calais le dimanche soir 7. Tu prendrais le bateau le lundi 8, et tu serais à Londres le soir, suivant que la marée t'aurait permis de partir le matin à quatre, à cinq ou à six heures.

Mais, avant toutes choses, consulte-toi bien ; consulte

bien surtout ton père, auquel je désire que tu lises en entier cette partie de ma lettre, sans en rien omettre. Je sais la répugnance qu'il a pour toutes ces machines à vapeur. Il peut avoir des craintes de te voir plus longtemps en mer que tu ne le serais en abordant à Douvres. S'il a la moindre inquiétude, s'il éprouve le moindre doute, n'y songe plus. Il ne faut pas le tourmenter sur ce point, pas plus que tu ne voudrais me tourmenter moi-même. Tu n'es pas en ce moment sous puissance de mari, mais sous celle de ton père, il faudra donc faire ce qu'il te conseillera. J'ai l'espoir que, quelque parti que tu prennes, tu ne seras pas malade. Tu auras, je le suppose du moins, un beau temps. C'est nouvelle lune le 4; celle dans laquelle nous sommes maintenant est assez laide, du moins ici, pour que la suivante nous dédommage.

Je te prie de dire à M. Marcellin que je suis très satisfait des fumés du Guzarati qu'il m'a envoyés. Les seules observations que j'aie à faire portent sur le groupe kî... Tout le reste va très bien, et il peut continuer sur ce plan qui est très bon. Tu peux lui transcrire cette partie de ma lettre, cela m'évitera de lui écrire d'ici. Aussi bien, cela t'accoutumera à être mon secrétaire, car je compte bien que tu me remplaceras quand tu seras avec moi.

Je suis, ma chère bonne, très pressé par l'heure de la poste qui va fermer; j'ai cependant quitté la Compagnie à deux heures, et je n'ai pas fait ma tâche, pour venir t'écrire. Mais quelle tâche? En ai-je de plus chère, de plus précieuse pour moi que de t'écrire, chère amie?

Embrasse maman pour moi, recommande-lui de se

soigner et surtout d'aviser au moyen de me faire savoir de ses nouvelles quand tu seras partie. Il sera bon qu'elle écrive par l'ambassade. Il faut aussi que mon oncle se soigne bien. Quant aux enfants, ils sont en bonnes mains. Embrasse-les bien pour moi. Fais-en autant à ta maman et à Victoire, et crois-moi

Ton ami bien dévoué,

EUGÈNE.

LXXII.

A M. J. MOHL, à Paris.

Londres, 1er juillet 1835.

Mon cher Mohl,

J'ai demandé à Rosen s'il connaissait l'auteur de l'article sur le Schah-Nameh que vous m'avez demandé. Rosen ne le connaît pas. Il ne croit pas que ce soit l'individu dont vous parlez, parce que l'auteur de l'article sait le persan, et parle d'un manuscrit qui lui appartient, tandis que votre Monsieur ne le sait pas, selon Rosen.

Je n'ai rien de nouveau à vous apprendre, peut-être même cette lettre ne vous trouvera-t-elle plus à Paris. Je continue à stationner entre dix et quatre heures à la Bibliothèque de la très honorable Compagnie, accumulant variantes sur variantes, ce qui me mettra en état de donner des orthographes plus abominables et plus hétéroclites les unes que les autres.

J'ai vu Haughton que j'ai trouvé parfaitement bien, très gai, très gras, très aimable. Mais, quand on lui parle de sa santé, alors il commence son thème de malheur, dans lequel je crains que son imagination, ébranlée encore par d'anciens maux véritables, ne le préoccupe un peu trop. Il se loue beaucoup de la vie de Londres, et dit un mal horrible de celle de Paris. Les livres lui donnent toujours des maux de nerfs. Au reste, vous savez mieux que moi son état véritable, réel ou factice en partie, il n'est pas à envier; car ce n'est pas une existence digne d'un homme de ce grand sens et d'une aussi solide instruction.

Ayez la complaisance, je vous prie, de jeter à la poste le paquet de lettres ci-joint. J'ai mis l'adresse de mon père sur le tout après votre adresse, pour le cas où vous seriez absent. J'écris à Lajard deux épîtres édifiantes sur le fait de certains crocodiles persépolitains, pour lesquels il me fait arpenter Londres dans toute sa longueur. Heureusement qu'il n'y a pas de pavé, ce qui allonge singulièrement mes jambes.

Si vous avez un moment, ayez la bonté de me dire quand vous partez, car je ne peux pas supposer que vous restiez cloué, à cause des bienheureux encadrements de notre ami commun.

Tout à vous de cœur,

E. Burnouf.

LXXIII.

A M. J. Mohl, à Paris.

Londres, 29 juillet 1835.

Mon cher Mohl,

J'ai été un peu de temps à vous écrire, premièrement, parce que je suis paresseux, secondement, parce que je n'avais rien de bien neuf à vous dire. Vous connaissez ce pays-ci bien mieux que moi, et, quant à ce que j'y fais, c'est toujours exactement la même chose. Il y aura quatre mois dans huit jours que je collationne jusqu'à extinction du bon sens nécessaire à l'animal humain, et j'ai gagné à cette opération récréative une addition de pédantisme et de torpeur dont je ne sais pas si je pourrai me débarrasser. Notre malheureux ami Rosen vient, en outre, de me jouer, avec sa complaisance inépuisable, le plus pendable de tous les tours. Figurez-vous qu'il a découvert, au British Museum, un manuscrit du Yaçna, avec deux ou trois autres momies de la même espèce, qui, dit-il, m'intéresseront beaucoup. Ces animaux sont très incommodes pour l'individu qui croyait avoir fini, et je vous avoue que je donnerais une belle guinée pour que Rosen eût oublié le numéro du crocodile. Mais ses notes ont une mémoire désespérante et je viens de recevoir par le *penny-post* l'assurance qu'il y a encore ici un manuscrit que je n'ai pas vu. Cela m'a donné un cauchemar duquel je ne sortirai vraisemblablement que par un coup d'éclat, c'est-à-dire en ne collationnant pas. Je rumine une sentence solennelle sur le temps qui m'a manqué, etc. Si je puis endormir ma conscience avec ce tempérament, tout ira bien, et je serai à Paris au commencement de la seconde semaine d'août. J'ai assez et même trop de cette besogne assommante, poursuivie sans distraction d'aucune sorte. Ma santé m'a donné deux ou trois avertissements, dont je n'ai pas parlé chez moi, mais dont il est prudent de prendre notice. Je ne digère pour ainsi dire plus, et l'ale, la bière, le mouton et le bœuf me sont devenus d'une lourdeur et d'une insipidité insupportables.

Je vous ai béni une bonne fois pour m'avoir indiqué le remède de Velpeau ; il m'a certainement sauvé d'une des plus belles esquinancies que j'eusse eues de ma vie, une esquinancie nourrie de *joint* et de *mutton leg*. J'ai été un jour entier dans une détresse extrême ; mais j'ai usé une bouteille d'alun ; cela a séché, usé, brûlé, enfin fait je ne sais quoi dans la gorge ; tant y a que, le lendemain matin, j'avalais mon thé comme une personne naturelle. Dites après cela que la pharmacie n'a pas son mérite ! Nonobstant ces grands succès, comme je me trouve inconfortablement ici, je songe sérieusement à la fuite, et j'entretiens l'espérance de vous voir au commencement d'août. Ne m'écrivez donc plus que si vous avez quelque commission à me donner pour le moment de mon retour, qui ne peut être bien reculé maintenant.

Depuis que je vous ai écrit, j'ai vu Haughton, qui a donné à dîner à Rosen, à Lenz et à moi. Il a été charmant, a causé avec un zèle, un esprit, et une abondance, qui, je le crains, lui aura valu une mauvaise nuit. Il a eu la complaisance de me mener voir une des maisons des clubs, celle de l'Athenæum. Enfin, j'ai conservé de son accueil l'impression la plus agréable. Il est vraiment triste de voir un homme comme lui dans un état de malaise physique ou moral aussi désespérant.

Avez-vous gagné le caractère persépolitain ? C'est une chose charmante, et dont je tâcherai, pour ma part, de faire usage à votre plus grande gloire.

Ce diable de Talmud est venu jusqu'ici, et Rosen en est l'admirateur le plus décidé. Il a fait une grande querelle à Haughton parce que le traducteur n'avait pu trouver que trente souscriptions en Angleterre. Proh pudor! Je me doute, pour ma part, que les puritains de ce pays-ci ne font guère plus d'attention au Talmud de Babylone que les républicains de chez nous. Je crains bien que ce bon Rosen ne se croie obligé par conscience de lire le Talmud.

Je prends la liberté de mettre dans votre paquet un volume que M. de Sacy me demande à cor et à cri depuis longtemps. Ayez la complaisance de le faire jeter à la bibliothèque de l'Institut, et de faire payer à milord les frais que le volume vous aura coûtés. Je profite de votre inépuisable complaisance pour enclore dans votre paquet une lettre pour Lenz, que vous aurez sans doute vu déjà[1].

Recevez mes remerciements pour tout cela et croyez-moi toujours votre dévoué,

Eug. BURNOUF.

LXXIV.

A M. CHR. LASSEN, à Bonn.

Paris, ce 9 septembre 1835.

Monsieur et cher ami,

Il y a bientôt un mois que j'aurais pu répondre à votre aimable lettre de la fin de juillet, laquelle, cependant,

---

[1]. Lenz avait quitté l'Angleterre et traversait Paris, se rendant en Russie.

était arrivée à Paris quelque temps avant que je fusse revenu de Londres. J'ai quitté cette ville le 6 août, et j'étais à Paris le 10. Depuis ce moment, j'ai eu des occupations de tout genre, excepté d'un genre scientifique, et j'ai à peine eu un seul instant pour prendre un livre. Je n'en suis pas entièrement quitte; mais je ne veux pas tarder plus longtemps à vous remercier de ce qu'il y a d'amical et de bienveillant dans votre lettre.

Je ne puis trop vous dire combien j'apprécie les observations que vous êtes assez bon pour me communiquer sur mon travail. Ne vous en faites pas faute, je vous prie, et, si cela ne vous ennuie pas trop, prenez quelquefois la plume pour me corriger; nous y gagnerons, le public et moi, d'une manière notable, moi, parce que je m'instruirai, ce qui est mon unique but dans ce travail, le public, parce que je ne manquerai jamais de lui faire connaître ce que je vous dois. Je compte, par exemple, faire mon profit de vos deux excellentes remarques sur l'*ô* après les labiales devant *r*, ainsi que sur la désinence *thwanăm*. Je suis presque honteux d'avoir oublié ce védique *tvânam;* cela prouve qu'il faut toujours lire et relire les choses que l'on croit avoir lues avec le plus d'attention.

Vous me faites un bien sensible plaisir en m'informant qu'un de vos élèves est disposé à s'occuper du pehlvi. Ce jeune homme, ainsi que vous le décrivez, est préparé admirablement. Nous avons bien ici un de vos compatriotes, M. Müller, de Munich, qui s'occupe du pehlvi; mais je crains qu'il n'aille pas très vite, faute de connaître suffisamment le sanscrit, et par suite le zend; car il me paraît qu'il y a dans ce dialecte pehlvi des difficultés de différentes espèces, les unes qui viennent de l'origine sémitique à laquelle il appartient, les autres de l'introduction d'un certain nombre de mots empruntés au zend. Comment tout cela se combine-t-il, et qu'est-ce qui en résulte? Voilà certainement un sujet curieux à étudier, et duquel il doit, si je ne me trompe, sortir quelques conséquences historiques importantes. Envoyez-moi donc votre jeune homme ; je le recevrai comme l'ami d'un ami. Je vous en serai même personnellement obligé ; car je suis ici dans une solitude et dans un abandon qui sont vraiment déplorables. Mes élèves en sanscrit ne sont pas assez forts encore pour prendre, d'une manière utile, part à mes travaux ; ils me font l'honneur de croire ce que je leur dis ; mais j'aurais besoin qu'ils le discutassent et me forçassent, par des doutes, à trouver du nouveau.

En fait de nouveau, du reste, j'ai mon séjour à Londres et à Oxford, duquel, pour vous dire tout en un mot, j'ai rapporté la collation de huit manuscrits du Yaçna. Quand je dis collation, je veux entendre collation ou copie plus ou moins complète. J'ai trois Yaçnas tout à fait achevés, un très avancé, et quatre autres que le temps m'a empêché de pousser plus loin. Mais j'en ai assez pour m'occuper quelques années à Paris, d'autant plus que la masse des variantes que j'ai recueillies, laquelle dépasse deux fois ce que j'avais à la Bibliothèque royale, me force de remanier tout ce que j'avais écrit de mon Commentaire, et de changer mon plan, ainsi que je vais vous le dire, en vous demandant pour cela vos conseils éclairés et bienveillants. D'ailleurs, quand j'aurai épuisé mes matériaux, je ferai un nouveau voyage à Londres ; je souhaite cependant que cela ne soit pas de sitôt ; car je ne puis vivre longtemps de cette nourriture si substantielle, la seule qu'on ait là-bas ; et je puis dire que c'est mon estomac qui m'a chassé de Londres, où j'aurais pu m'occuper encore jusqu'au 15 août, et où je suis humilié d'avoir laissé un manuscrit du British Museum sans le collationner. Mais je n'ai pu rester plus de quatre mois, et la nature m'a donné les avertissements les plus significatifs que je commettrais une imprudence réelle en persistant ; en effet, que peut-on devenir quand on tombe malade à Londres ?

Le résultat le plus général de ces collations, c'est qu'il n'y a absolument qu'une seule rédaction des livres zends, quelles que soient l'origine et la date des manuscrits qui nous les ont conservés. C'est un fait important qui les met sur le même pied que tous les grands livres de l'antiquité, comme les Védas et la Bible, lesquels sont venus à nous presque intacts et protégés par l'opinion qu'on avait de leur authenticité. J'avoue que je croyais à ce résultat *a priori*, mais j'avais besoin de le vérifier expérimentalement. La vérification a été des plus satisfaisantes, et peu de faits sont plus solidement établis que [celui-ci] : tous les livres parsis de l'Inde viennent d'une source unique, qui, peut-être, a péri maintenant même en Perse. Un autre résultat, non moins précieux pour les détails de l'explication et de la grammaire, c'est qu'il n'y a rien à changer aux règles que m'ont fournies les manuscrits d'Anquetil Duperron. J'ai sans doute beaucoup de variantes ; mais ce ne sont que des différences d'orthographe dont nous avons maintenant les lois, du moins en partie.

Mais ce qui m'a le plus satisfait, c'est le fruit que j'ai retiré de la connaissance que j'ai faite de M. Rosen, l'homme du monde le meilleur, le plus complaisant, le plus libéral, en un mot le plus exempt des défauts et quelquefois des vices qui déshonorent les gens de lettres, un vrai cœur d'homme avec un esprit et une tête de savant. Vous, qui le connaissez, ne serez pas surpris que j'aie reçu de lui toutes sortes de preuves d'amitié; mais ce que vous apprendrez sans doute avec plaisir, c'est qu'après m'avoir prêté, pendant quelque temps, les 96 premières pages de son Rig-véda, que je lisais le soir, en en comprenant ce que je pouvais, il me les a plus tard offertes en don, en y joignant [la suite] jusqu'à la page 124, pour que je les garde en France, et que j'en fasse l'usage que je désirerai pour l'explication de mon texte zend. Ce noble procédé, par lequel il s'est acquis des droits inoubliables à ma reconnaissance, m'a mis en possession d'une mine infiniment riche de renseignements de tout genre, qui jettent le plus grand jour sur le fond et sur la forme du Zend-Avesta.

Par exemple, tous les mots, sans aucune exception peut-être, que j'avais laissés sans en expliquer l'étymologie se trouvent dans les Védas avec le sens que leur ont conservé les Parses. Je ne vous citerai que *ghĕna*, sur lequel j'avais tout dit, excepté son origine... — *Narâçâmta*, qui m'embarrassait tant, est un des noms du feu..., et voilà comment s'explique ce texte singulier des Parses qui disent que

Nériosengh est l'Ized [le Génie] du feu qui réside dans le cœur des Rois... — Le fameux *apâm napât* est le Soleil!!! Quand on verra cela, que dira-t-on de ma belle dissertation sur le Bordj, etc.? Voilà une Montagne changée en Soleil! *Risum teneatis*[1]. Mais, après tout, cela m'est absolument égal, je ne tiens pas plus à mes opinions qu'à la plume avec laquelle je les écris ; quand la plume est mauvaise, je la taille et tout est dit.

Enfin, je ne finirais pas si je voulais vous dire toutes les choses curieuses que me fournit ce commencement du Rik. Que sera-ce quand nous aurons la suite?

Quant au changement que tout cela introduit dans mon plan, le voici : au lieu de suivre servilement un manuscrit, le n° I. S. d'Anquetil, je crois pouvoir, riche de huit manuscrits de plus, fixer directement le texte en le faisant suivre de toutes les variantes, pour qu'on puisse choisir, si je me trompe. Le commentaire sera toujours exécuté d'après les mêmes idées. Le premier volume sera alors considéré comme un essai, comme une tentative faite quand je n'avais pas assez de secours sous ma main. Je donnerai le texte arrêté du premier chapitre (déjà expliqué), au commencement du deuxième volume. Vous comprenez que cela retardera un peu l'apparition de ce volume, car, indépendamment de ce que je n'ai pas un sou pour l'imprimer, il faut que je le remanie entièrement pour y fondre ces variantes.

Mais l'espace me manque, et je suis obligé de m'ar-

---

[1]. Pour l'intelligence de ce passage, voir le *Commentaire sur le Yaçna* : Avant-propos, p. xix-xxi; Commentaire, pages 243, note 117, et 271-273; Additions et Corrections, p. clix et clxxx.

rêter pour vous dire combien je vous suis attaché et de quel prix est pour moi la correspondance que nous entretenons ensemble. Veuillez présenter mes amitiés sincères à M. Windischmann, et tâchez de m'excuser auprès de M. de Schlegel de ce que je ne lui ai pas donné des nouvelles du Râmâyana d'Oxford. J'étais dans cette Athènes le plus malheureux des hommes, glacé par le froid des bibliothèques. J'ai eu le désappointement de ne trouver qu'un seul manuscrit des trois que je comptais voir (je vous conterai plus tard cette histoire). On me présenta ce fameux sac de feuilles sanscrites, ce sac de la sibylle, et j'y vis un commencement de Râmâyana in-8°; mais ces feuilles me parurent si peu de chose, vu l'étendue des matériaux que possède M. de Schlegel, que je crus que je pouvais me dispenser de rester quelques jours de plus à Oxford pour ce seul objet. Ajoutez que M. Jacobson m'affirmait que vous deviez aller cet automne à Oxford, et que je pensais que vous vous reconnaîtriez bien plus aisément que moi dans un ouvrage que vous savez par cœur. Voilà mon excuse, soyez assez bon pour la faire valoir auprès de votre illustre maître et ami, et croyez bien que je ne suis pas le moins dévoué de ses admirateurs et des vôtres.

Tout à vous de cœur,

E. BURNOUF.

A M. Obry, avoué, à Amiens.

Paris, 27 septembre 1836.

Monsieur,

Vous aviez deviné juste pour une des raisons qui m'ont empêché de répondre plus tôt à votre aimable lettre. J'étais absent de Paris, et je ne suis même rentré que quelque temps après l'arrivée de votre paquet. Je me suis hâté d'en prendre connaissance, et j'en ai trouvé le contenu très intéressant. Il est très bon que vous ayez fait l'observation que la suppression de la voyelle *a* pouvait être indienne. Cela fera que j'insisterai davantage sur ce point dans mon second Mémoire. Il est vrai que je n'ai que des vraisemblances. L'article sera inséré en octobre; mais comme, grâce au rédacteur que M. de Sacy nous a imposé, nous sommes toujours de trois ou quatre mois en retard, il ne faudra pas vous étonner de ne pas recevoir bientôt l'article. Il ne m'a pas été possible d'obtenir l'insertion de l'autre article; le Journal ne reproduit pas des articles déjà imprimés.

M. Jourdain, que j'ai eu un extrême plaisir à voir, vous dira le point auquel je suis parvenu dans mon Commentaire sur le Yaçna. Je ne suis pas aussi avancé pour mon Purâna; cependant j'ai un volume de 400 à 500 pages de traduction et texte entièrement prêt, et j'ai en outre deux volumes de texte non encore complètement traduits. Mais Dieu sait quand et comment tout cela sera imprimé. Il me manque un art, celui d'aller dans les antichambres des commis, pour obtenir de l'argent, comme font beaucoup de gens. Mais je ne changerai pas de méthode, et comme je ne puis faire mes travaux dans les salles à manger des grands seigneurs, je reste chez moi. C'est là le secret de tout. J'en suis fort peu incommodé, bien moins qu'il y a cinq ou six ans. Je me forme aux hommes, sans avoir de très grands rapports avec eux; je les devine de ma fenêtre, les voyant se trémousser dans la rue, comme des malades ou des fous. Tout cela me rend Brahmane.

En ce moment mon point de vue est la suite de mon travail sur les inscriptions persépolitaines. J'ai commencé hier à écrire; mais je prévois que cela sera long. Je voudrais bien pouvoir mordre sur le troisième système d'écriture cunéiforme, l'assyrien; mais sur ce point les langues me manquent. Je crois cependant avoir trouvé quelques faits qui mettront peut-être de plus habiles sur la voie. Si je m'enhardis un peu, je les exposerai à la suite de mon second Mémoire; mais toute cette matière est si difficile et surtout si privée du secours qu'on tire d'un grand nombre de monuments, que je ne me sens pas le courage de m'y avancer rapidement, comme pour le zend par exemple, où le sanscrit est une base sûre.

Croyez bien, Monsieur, au plaisir que j'ai à m'entretenir avec vous de nos études, que je déclare belles, malgré l'indifférence publique, et agréez la nouvelle assurance de mon estime et de mon attachement.

Votre bien dévoué et obéissant serviteur,

Eugène BURNOUF.

LXXV.

A M. CHR. LASSEN, à Bonn.

Paris, 21 janvier 1837[1].

Mon cher ami,

J'ai bien de la satisfaction à vous annoncer que, sur la proposition de M. Jacquet et de moi, le Conseil de la Société asiatique vous a nommé membre honoraire de la Société. Vous n'aviez pas besoin de ce nouveau titre, et cela ne prouve rien pour vous; mais la Société avait besoin de se faire honneur de votre nom. J'ai dit, dans le Conseil, que l'on avait droit de s'étonner que vous n'eussiez pas encore été reçu, et que vous n'aviez pas été reçu plus tôt parce qu'on avait pu croire que vous en étiez depuis longtemps. Tout cela n'est qu'un palliatif; mais il est certain que nous avons eu tort de ne pas vous décerner plus tôt ce petit titre. Maintenant, tout est réparé, et nous voilà, outre amis, confrères.

J'ai lu avec délices votre excellente grammaire pråkrite. J'ai admiré et la science et la sagacité dont vous avez fait preuve dans ce travail. Il y a là des points de vue de la vérité desquels je suis intimement convaincu, et que l'on doit considérer comme décidément acquis à la science. Vous ne doutez pas sans

---

1. On lit sur l'autographe « 1836, » pour « 1837. » C'est une erreur, comme il s'en commet quelquefois au commencement d'une nouvelle année. — Lassen avait été nommé membre honoraire de la Société asiatique dans la séance du 13 janvier 1837. Sa réponse est datée du 7 février 1837.

doute de l'empressement que je mettrai à lire la suite, qui vous fera certainement le plus grand honneur.

Je n'ai, de ce côté-ci du Rhin, aucune nouvelle à vous annoncer. Je suis assez platement disposé; je me suis trouvé très mal cet hiver, et j'ai, en outre, souffert beaucoup de la gravelle, affection fort douloureuse. Cela m'a un peu retardé, et je me traîne péniblement de mon cours à mon dictionnaire zend, du dictionnaire au Yaçna, et du Yaçna au Bhâgavata-Purâna. Tout cela ne va guère vite, et je ne vois pas jour à ce que cela finisse bientôt.

Notre ami M. Jacquet n'est pas non plus dans de très *good spirits;* cependant il travaille toujours, et il est occupé de sujets très intéressants sur le côté Bactro-indien; les auteurs chinois lui ont fourni les détails les plus curieux. Je le pousse beaucoup à publier, et j'espère que nous aurons bientôt quelque chose de lui. Le livre de M. Rémusat vient de paraître[1]; je ne pourrais pas cependant affirmer qu'il soit en ce moment même en vente. Je crois que vous serez content de ce travail et que vous le regarderez comme faisant le plus grand honneur à la mémoire de Rémusat. Il est certain qu'il est mort au moment où il faisait ses plus beaux travaux. Il y aura longtemps encore beaucoup de choses obscures dans ce livre; mais c'est une grande chose déjà que les questions soient posées.

De Londres, je n'ai qu'une nouvelle, c'est que M. Wilson voit avec un déplaisir marqué que l'on s'occupe de zend sur le continent; il en a écrit à un

---

1. « Foě-kouě-ki ou Relation des royaumes boudhiques, par Chi-Fa-hian, traduction par Abel Rémusat, ouvrage posthume, complété et publié par MM. Klaproth et Landresse. » Paris, 1837.

de mes amis ici, sans savoir que je pourrais voir la lettre. Il y a dans cet illustre savant un assez mauvais vouloir qui ne va pas très bien avec son inaction vraiment surprenante. Si M. Wilson avait produit, depuis son retour de l'Inde, une masse d'ouvrages égale à sa renommée, il aurait le droit de se plaindre de la mauvaise direction des études continentales; mais, comme M. Wilson garde un silence qui, sans doute, lui plaît beaucoup, et qui nous prive des plus belles compositions, je ne vois pas de quoi il se fâche. Il ne peut concevoir qu'on s'occupe de niaiseries comme le zend et le persépolitain, et il déplore que des hommes qu'il veut bien nommer de la manière la plus flatteuse fassent un si pauvre emploi de leurs talents. Vous êtes de ce nombre, mon cher ami, et le célèbre Anglo-indien me fait l'honneur de me joindre à vous. Je ne vois pas trop où tout cela aboutit, mais je doute que cela parte d'un sentiment vraiment scientifique.

Adieu, mon cher ami. Tout cela est du bavardage; faites du zend si cela vous amuse, et je vous assure que je ne vous en voudrai pas autant que M. Wilson. Ne deviez-vous pas venir à Paris bientôt? Jacquet me l'avait fait espérer. Vous pouvez être convaincu du plaisir que j'aurai à causer avec vous, des journées entières, sur nos objets communs d'étude.

Votre bien dévoué serviteur et ami,

Eug. Burnouf.

LXXVI.

A Mme Eugène Burnouf, à Paris.

Moulins, vendredi matin 21 juillet 1837.

Ma chère amie,

Je suis à Moulins depuis minuit; nous avons mis quarante et une heures pour faire soixante-douze lieues; nous allions à reculons! Mes affaires sont arrivées en canelle. Le carton à chapeau est presque détruit sur les bords. Dans le sac de nuit le miroir du nécessaire a été brisé en mille pièces, etc. Enfin, j'ai fait le voyage le plus maussade du monde.

Je t'écris pour te dire que je suis arrivé, et que je pars dans un quart d'heure pour Vichy. Il y a d'ici dix-sept lieues, et non douze; on met un jour; ce ne sont que montagnes. Nous n'arriverons pas avant huit heures du soir. Il est cependant temps que je me repose! Le premier jour nous avons eu une pluie battante; il nous a fallu nous enfermer. Heureusement, la nuit a été tiède; mais je n'ai pas dormi. Mes compagnons de voyage sont d'excellentes gens, d'anciens négociants riches, de vrais bonnetiers pour la probité et le civisme. Hier jeudi le temps était plus beau. Depuis Briare jusqu'ici le pays est admirable; de Paris à Fontainebleau, superbe; de Fontainebleau à Briare environ, atroce, abominable, des huttes et des pierres.

Je me porte bien et, quoique je n'aie que peu dormi, couché à deux heures et levé à cinq, je me sens à mon aise ce matin, et il me semble que je n'ai pas voyagé. Vichy est absolument plein. Deux calèches sont à l'auberge, revenant pour n'avoir pas trouvé de place. Mais, comme ce sont des familles, il est plus difficile de les placer que des individus isolés. Je vais tenter la fortune, et j'aurai l'agrément de me loger dans un poulailler ou un chenil, en attendant mieux.

Adieu, ma chère amie, l'heure presse. Embrasse pour moi tout le monde, et surtout cette bonne grosse Pauline, que je n'ai pas embrassée avant de partir.

Ton ami dévoué,

EUGÈNE.

P. S. — Montre cette lettre à maman et à papa.
On m'a pris huit francs en sus pour mon bagage !
Allez donc en diligence par économie et pour être bien !

LXXVII.

A Mme EUGÈNE BURNOUF, à Paris.

Vichy, samedi matin 22 juillet 1837.

Ma chère amie,

Me voici à Vichy depuis hier au soir à cinq heures. La route de Moulins ici a été assez agréable ; mais, à notre arrivée, nous avons été reçus par une pluie terrible, qui a duré toute la soirée, et qui a beaucoup rafraîchi le temps. Je n'ai donc pu voir beaucoup dans ma soirée. Après un petit bout de toilette, j'ai dîné et je suis allé aussitôt après voir M. Prunelle. Quel hippopotame ! Il a, du reste, causé avec moi très longuement et fort sensément sur mon cas ; mais il m'a dit que je courais gros risque de remporter mon rhumatisme, et de l'avoir même plus fort cet hiver, parce que, outre que les eaux de Vichy ne sont pas spéciales, le climat est si humide et si froid qu'il donne des douleurs à ceux qui n'en ont pas. Il répète que je devais venir du 20 au 25 juin ; que j'aurais déjà un mois, et que d'ici je pourrais aller ou à Néris, ou au Mont-Dore, ou à Bourbon-l'Archambault ; mais il pense que ces dernières eaux sont beaucoup trop fortes pour un homme en santé passable, et qu'elles ne sont utiles que pour les cas tout à fait graves. Quant aux graviers, il m'en répond corps pour corps, et m'assure que je n'en aurai plus de quelque temps, quand j'aurai bu la valeur du grand bassin de Versailles, et quand j'aurai pris autant de bains qu'il y a de cheveux sur ta tête. Tu vois que le docteur conserve son malade pour plusieurs saisons. Il m'a cité un vieillard de quatre-vingt-huit ans qui vient ici depuis l'âge de quarante ans, mais seulement tous les trois ans.

Après ce colloque, dont tu n'as que l'abrégé, il m'a donné l'ordre de boire trois verres d'eau chaude par jour, et, de plus, de commencer par huit ou dix bains. J'ai, en conséquence, fait mes dispositions pour me coucher immédiatement, il était neuf heures, afin de pouvoir me lever à quatre heures. Le garçon, qui doit savoir son nom, car on le lui crie assez aux oreilles ici, m'a réveillé à quatre heures précises, et bien m'en a pris d'être exact, car j'ai trouvé presque toutes les baignoires prises, et cependant il y en a un nombre très considérable. Le bain m'a un peu donné mal à la tête, et j'y ai gagné une augmentation de mon rhumatisme. Somme toute, si le temps ne devient pas plus beau, je considérerai comme une idée peu heureuse celle qui m'a envoyé ici ; mais il ne faut désespérer de rien, et on dit que, quand il fait soleil, on a chaud ici. Attendons le soleil !

Ce bel astre, je l'attends dans un chenil où il ne vient jamais, au rez-de-chaussée, au-dessous du sol de quelques pieds, avec une humidité et une odeur de renfermé détestable, une curieuse commode sur laquelle je pourrais étudier sous toutes ses formes le fameux *Marchantia polymorpha* que M. de Mirbel examine à son aise sur la margelle des puits, le dos au soleil, avantage que je n'ai pas. Sans exagération, je suis aussi mal qu'un chrétien puisse l'être ; mais cela ne doit pas durer, car on commence à défiler la parade, et je ne me suis remisé dans ce taudis que parce qu'il n'y avait pas d'autre place, et parce que l'hôtesse m'a promis de me donner la première place vacante. J'espère donc m'élever de ce purgatoire au cinquième ou au sixième étage, d'ici à quelques jours, et alors je pourrai voir tomber la pluie d'en haut, au lieu d'en avoir les éclaboussures d'en bas. La lettre de M. Lajard m'a procuré un bon accueil de la part de l'hôtesse ; mais elle ne m'a pu donner ce qu'on n'a pas ici en ce moment, une bonne chambre. Je ne sais ce que sont devenus mes compagnons de voyage, dignes gens s'il en fut jamais. A leur hôtel, qui est du même prix que le mien, ils n'ont pas trouvé grand comme une cuvette de place ; l'hôtesse y couche sur un escalier. Ce qu'entendant, j'ai fait force de rames vers l'endroit où je suis, de peur que mes honorables compatriotes n'eussent pris la fantaisie de regarder comme un Éden mon nid à rats, ce qu'ils étaient bien capables de faire.

Je ne puis manquer de les rencontrer quelque jour. Hier, trois voitures sont reparties chargées pour Moulins. On compte près de deux mille voyageurs. Il faut que les hommes aient la rage de tuer leur temps, ou qu'ils soient bien malades, pour venir dans un trou aussi laid que Vichy. Ce que j'en ai vu est détestable. Je m'y promets plus d'ennui que je n'en ai éprouvé de toute ma vie.

Hier au soir, j'ai fait une petite pause au salon avant de rentrer me coucher. Quels cocos! « Où est donc M. le comte? — Il est allé chez la marquise. — Ah! — Et le marquis? — Il est allé porter un parapluie à la comtesse. — M. le duc, prenez garde à vous, vous allez être mat. » (C'était une figure de marchand d'allumettes qui jouait aux échecs en face d'une barrique d'eau-de-vie.) La barrique répond : « Pas si mat, Général! » Immense éclat de rire de la part de trois spectateurs qui avaient des figures en lame de couteau. Oh! la belle chose que la noblesse quand l'âme et la figure sont nobles, et quand elle repose sur la gloire des belles actions! Mais l'ennuyeuse sottise quand on est porteur de *facies* aussi hétéroclites!

J'ai déjà entendu des cancans. Liszt devait venir aujourd'hui à l'hôtel pour faire de l'argent et le boire ensuite avec la vertueuse Sand, qui traîne à son char un des fils d'A..... Une dame de l'hôtel, qui fait de la piété, a déclaré qu'elle s'en irait immédiatement si l'on recevait l'immortelle. Où l'aurait-on reçue, puisqu'il n'y a plus de place ici? Et Sand, Liszt, A...., et pas Poley, puisqu'il est à Londres, vont débarquer autre part, où ils pourront. Mais il faudra donner sa pièce de 15 francs pour aller entendre ce coco-là et pour voir un peu la mine de sa.....

Adieu, ma chère bonne, on sonne le déjeuner; je n'ai plus de papier, mais il ne m'en faut pas beaucoup pour te dire combien je t'aime et combien je t'embrasse, toi et les petites.

Eug. Burnouf.

P. S. — Montre cette lettre à mon père, et dis-lui que je vous écris en commun, ainsi qu'à maman.

LXXVIII.

A Mme Eugène Burnouf, à Roissy.

Vichy, mercredi 26 juillet 1837.

Je ne puis te dire, ma chère petite, combien ta lettre m'a fait de plaisir. Je commençais à m'ennuyer terriblement de vous, et, quoique ma journée soit laborieusement employée à l'égoïsme des soins personnels, je pense néanmoins à tout le monde à chaque instant de la journée. Il faut bien avoir besoin de se guérir pour s'éloigner ainsi des siens et venir dans ce monde stupide où l'on s'ennuie, où l'on se fatigue, et où l'on dépense beaucoup d'argent. J'espère cependant que mon voyage ne sera pas sans résultat, et que je rapporterai quelque amélioration de l'usage des eaux et des douches.

Tu peux apprécier maintenant la distance qui nous sépare; nous sommes à près de cent lieues l'un de l'autre, et ta lettre de dimanche ne m'est parvenue que mercredi matin, aujourd'hui, à dix heures. C'est pour moi une raison de ne pas négliger de te donner de mes nouvelles le plus souvent que je pourrai. J'espère que tu seras contente de moi quand tu penseras que tu reçois une lettre tous les deux jours. Peut-être écrirai-je à mon père la première fois.

Je ne me rappelle plus bien le point auquel j'en suis resté dans ma dernière lettre; c'est, je crois, le concert de Lafont. Il a été extrêmement brillant; les dames y avaient une immense toilette, des robes blanches, force tulle, satin, etc. Moi, qui ne vais jamais dans le monde, j'ai vu peu de réunions plus splendides; il y avait bien deux cents dames et cent cinquante hommes. On s'est couché tard, comme de raison, ce qui ne m'a pas empêché de me lever à quatre heures moins un quart du matin; mais c'est un métier qui ne me convient pas, et Lafont pourra donner tous les concerts qu'il voudra, je n'irai pas.

Le bain que j'ai pris m'a fait du bien, ainsi que les trois verres d'eau chaude à la ration desquels je suis condamné; c'est de l'eau chaude assez gazeuse, mais, en la buvant, on ne s'aperçoit pas du gaz qui s'exhale au-dessus de la source enfumée.

Voilà où j'en étais resté à la fin de ma dernière lettre. J'ai vu M. Prunelle, qui m'a trouvé bien. Je me suis plaint vivement de mon rhumatisme, il a répondu en m'ordonnant des douches pour le lendemain mardi et jours suivants. J'ai passé la fin du lundi à boire mes trois verres de deux en deux heures; je me suis assis, un livre à la main, dans le jardin; mais on ne peut guère lire d'une manière continue, parce qu'on est à tout instant dérangé par les passants dont ce pays abonde : Polonais, Russes, Espagnols, Italiens, Anglais (je n'ai pas vu d'Allemands). Cependant mes livres me feraient bien faute si je ne les avais pas.

Lundi soir, il devait y avoir au salon le bal que donne l'établissement. Personne n'y est venu, parce qu'on ne payait pas. Quelques hommes de l'hôtel s'y étaient rendus ; j'étais du nombre, et nous avons vu un feu d'artifice qu'un hercule, qui se trouve ici, a donné gratuitement. La collecte qu'il a faite l'a mis en verve, et il en donne un autre demain jeudi. On a déjà souscrit à l'hôtel.

Mardi, à quatre heures du matin, j'ai pris la douche ; j'en ai été un peu fatigué, à cause de la nouveauté. Rien n'est d'ailleurs disposé ici pour les douches. On a bien le jet d'eau large d'un pouce, l'auge dans laquelle on se place, et le tabouret. Mais on ne connaît ni le casque pour la tête ni le bon peignoir en laine. On m'a vendu quarante sous un serre-tête en toile cirée. Tout est ici hors de prix, et les feux d'artifice, les tireurs d'armes, les bateleurs et autres vous épuisent petit à petit, dix sous par dix sous, de manière à ne vous rien laisser pour payer votre auberge. Je compte bien y mettre ordre peu à peu.

Quoique la douche m'ait un peu fatigué en commençant, le bain qui l'a suivie m'a cependant délassé, et j'ai pu aller faire, à pied, une jolie promenade à une montagne que l'on nomme Saint-Amand. La perspective sur les monts d'Auvergne et sur le Forez est très belle ; le temps est superbe, la chaleur très forte sans doute, nous avons ordinairement 22 degrés, mais elle est tempérée par un vent des montagnes qui est charmant ; il ne fait lourd que dans les vallées, où l'air est étouffant. Le soir, les dames se sont repenties de ne pas s'être rendues au bal la veille ; on y a couru en masse, et là j'ai eu à mettre à l'épreuve mon stoïcisme bien connu à l'égard du sexe dansant ; j'ai résisté héroïquement ; mais ce n'a pas été sans recevoir des masses d'imprécations de la part de deux ou trois jolis visages : « C'est très laid, c'est affreux, on ne croirait pas cela de vous, etc. » Je me suis donc couché de très bonne heure, après avoir fait un tour dans le salon, et avoir admiré de respectables sexagénaires qui s'exécutaient de très bonne grâce, en face de quatre à cinq enfants, dix jeunes filles et vingt dames. Vive Dieu ! la danse est un bel art, quel dommage que je ne sois pas artiste ! Cela va loin par moments ; mais ceci est une matière que je ne veux pas toucher.

Ce matin, seconde douche, encore de la fatigue, mais beaucoup moins qu'hier, nul mal de tête ; je crois ressentir plus de souplesse dans l'épaule. Avec le rhumatisme aigu de ton papa, il faut qu'il aille à Bourbonne ou au Mont-Dore, il ne s'en tirera pas autrement.

Voilà, ma chère amie, ma vie complète, matinée par matinée, sauf l'ennui dont je ne veux pas t'ennuyer. Je ne trouve dans ta lettre rien qui exige de moi d'autre réponse.

. . . .

Prie maman de vouloir bien se charger de mes petites emplettes, il est inutile que tu reviennes de Roissy pour cela. Il est également inutile de réclamer auprès des messageries. On m'a dit que c'était leur coutume pour les bagages ; dès qu'ils peuvent en trouver quelques livres de plus, il y a un arbitraire irrémédiable.

Adieu, ma bonne amie, je t'embrasse mille fois, toi et les petites. Mille amitiés à tout le monde à Roissy, et tâche d'envoyer cette lettre à Paris.

EUGÈNE.

LXXIX.

A M. BURNOUF PÈRE, à Paris.

Vichy, vendredi 28 juillet 1837.

Mon cher père,

Je t'écris plutôt pour ne pas manquer à la promesse que je t'ai faite en partant que pour t'apprendre des nouvelles. Le seul fait que j'eusse oublié dans ma dernière lettre adressée à Angélique, c'est que mardi j'ai, comme on me l'avait promis, occupé une autre chambre beaucoup plus confortable que la première. Elle est au second, sur la rue et en face de l'établissement des eaux. Je m'y trouve bien, je veux dire la nuit, car je suis occupé, durant le jour, à me transporter d'une source à l'autre pour obéir aux injonctions de l'Esculape de ces lieux.

La fin de la journée de mercredi a été admirable, ainsi que la totalité du jeudi. Jamais, jusqu'ici, la chaleur n'avait été aussi forte, mais, quelque ardent que fût le soleil, l'air était rafraîchi par une brise des montagnes qui rend une température de 24 degrés supportable. Tu sais que j'ai besoin de chaleur, non pas seulement parce que je suis ici à prendre les eaux, mais à cause de ma constitution; tu ne seras donc pas surpris que je me trouve à l'aise là où d'autres étouffent. Aujourd'hui, l'air est plus lourd, le temps est chargé de nuages, qui ne sont cependant pas assez serrés pour empêcher les rayons du soleil de brûler tout ce qu'ils touchent. Au moment où je t'écris, je suis dans ma chambre, laquelle est en plein midi, et je ne doute pas que nous ne soyons bientôt assaillis d'un orage qui devra être formidable.

A propos d'orage, je n'ai pas dit à Angélique qu'en effet nous avions eu, en voiture, une partie de celui qui a inondé Paris et qui a également frappé d'autres parties de la France. Ce qui m'en a empêché, c'est le mauvais renom que m'a fait la description que j'ai donnée du terrible ouragan de Phalsbourg, quand je suis allé sur le Rhin ; c'est ensuite la reconnaissance que nous avons eue pour cet orage pendant la journée du jeudi. La pluie avait été si violente qu'elle avait littéralement annihilé toute apparence de poussière sur la route, laquelle était balayée, sans boue, comme le lit d'un torrent. Nous n'avons eu l'ouragan que deux heures, le soir de onze à une heure du matin ; mais il a été terrible. On a été obligé d'arrêter la voiture entre deux arbres et de tenir les chevaux par la bride. La voiture a fait eau par le sommet. Je n'ai rien eu d'endommagé. Sauf cet accident, dont le résultat a même été favorable, le voyage a été fort heureux. Il en eût été bien autrement si nous eussions eu la poussière de cette route, qui, de Fontainebleau jusqu'à Moulins, est uniquement formée d'un sable rouge très subtil et très pénétrant. Les hôtes que nous avons trouvés ici parlent avec effroi du supplice de cette poussière pendant leur voyage de deux jours et d'une nuit. De Moulins à Vichy il y a aussi du sable ; mais, comme on entre dans la montagne, on ne peut aller très vite, et la poussière, moins vivement soulevée, est aussi moins incommode.

Ma vie est toujours la même : une douche d'un quart d'heure à quatre heures du matin pour le rhumatisme, un bain d'une demi-heure pour la gravelle, et trois verres d'eau durant le jour pour cette dernière affection, la promenade, et licence complète pour les aliments. Je n'en abuse pas et n'ai même pas autant d'appétit que la plupart des aquatiques, mes voisins. Cela vient, sans doute, de ce qu'il y a d'actif et d'inaccoutumé pour moi dans ce traitement un peu dur. Je mangerais avec plaisir une seule chose, et il n'y en a qu'une que je pourrais boire de même, ce sont le melon et l'eau à la glace ; mais le pays ne produit pas même de citrouilles, et on boit toujours chaud par 24 degrés de chaleur. C'est, à tout prendre, un assez sot métier. On m'assure que je n'en parlerai pas ainsi dans deux ou trois mois, après mon retour. Dieu veuille vérifier les promesses !

Tous les soirs, on donne un bal ici, auquel je vais m'asseoir pour écouter la musique et regarder deux ou trois valseuses et galopeuses qui ont de la jeunesse et de la grâce. Mais, au fond, tout cela m'assomme et je suis toujours, comme Victor Hugo : « Fidèle à ceux qui m'ont. » Je ne pense qu'aux miens et j'aspire au temps où se terminera mon exil. Ce monde-ci, qui n'est autre chose que ce qu'on appelle la société ou le monde, est quelque chose de stupide quand ce n'est pas immoral. Je ne l'avais jamais vu de si près ni si à l'aise, car personne ici ne se cache et chacun se soucie fort peu d'être regardé.

Adieu, mon cher père, embrasse bien tendrement maman pour moi, et donne-moi un petit souvenir de ta façon, pourvu toutefois que tu aies quelque chose de particulier à me dire ; je sais combien tu es difficile à la détente en fait de correspondance, et tu dois être assommé du Concours [1]. Si tu n'as pas le temps, charge Angélique du soin de m'écrire ; elle ne se fera pas prier, j'en suis sûr.

Je vous embrasse avec un attachement profond et sincère.

EUGÈNE.

P. S. — Aie la complaisance de transmettre mes compliments à MM. Rochette, Beugnot et Langlois.

LXXX.

A Mme EUGÈNE BURNOUF, à Roissy.

Vichy, 1er août 1837.

Ma chère amie,

Quoique je n'aie rien de très neuf à t'annoncer, je ne veux pas te laisser sans nouvelles, car je sais par ma propre expérience combien il est pénible d'être éloigné des siens, sans savoir ce qui leur arrive, et quel plaisir font quelques lignes avec une signature chérie.

Dimanche, après avoir mis à la poste la lettre que

---

1. Le concours de l'Agrégation de grammaire que présidait chaque année M. Burnouf père.

je t'adressais, je suis allé voir mon docteur, qui m'a engagé à continuer et à augmenter la ration des verres d'eau de trois à six. Après cette visite, nous sommes allés, à trois ou quatre, sur les bords d'une petite rivière que l'on nomme le Sichon, et qui conduit à un bourg, ou ville, voisin de Vichy. Cet endroit se nomme Cusset, et c'est là qu'est le bureau de poste qui dessert les bains. Le temps était passable ; mais, arrivés à Cusset, nous avons été assaillis par un orage qui nous a forcés d'entrer dans un cabaret, où je me suis laissé aller à boire de la bière ; ce surcroît de liquide épais m'a dérangé l'estomac, tant il est vrai que je ne puis jamais rien prendre entre mes repas, et j'ai mal dîné. Le soir, je n'étais pas non plus à mon aise, et je suis resté au salon, où une grande dame aristocratique, amie de d'Eckstein, Lamennais, Poley et de toute cette coterie, ne trouvant plus ses nobles, qui commencent à partir, m'est tombée sur le dos et m'a porté le dernier coup. J'étais si fatigué, le lendemain, de cette conversation à la d'Eckstein, de ce verre de bière, de ces six tasses d'eau bouillante, que j'ai un instant hésité si je prendrais la douche et le bain, ou même l'un des deux seulement. Je me suis cependant, à cinq heures du matin, senti de force à tenter l'expérience, et la suite m'a prouvé que je n'avais pas eu tort. J'ai, en effet, mieux déjeuné ce jour-là, qui était hier, qu'aucun des jours précédents, et, quoique fatigué encore après déjeuner, j'ai pu faire à pied une expédition fort belle, dans les environs, à une montagne que l'on nomme la Montagne-Verte. C'est un des mamelons les plus élevés de ceux qui longent le cours de l'Allier à droite, et qui forment un groupe qui répond, sauf son importance, d'un côté aux montagnes du Forez, de l'autre à celles d'Auvergne. Du haut de cette côte, nous avons vu tout le bassin qui sépare l'Allier des montagnes d'Auvergne ; nous avons compté très distinctement ces belles montagnes du Puy, que nous avions parcourues avec M. Levacher, mon père et moi, il y a déjà longtemps. Nous avons aussi vu très bien la chaîne des Monts Dore, et, à gauche, nous avions les crêtes du Forez qui ne sont en aucune façon des taupinières. Tout cela formait un beau et large diorama, dans de grandes proportions, qui est tout à fait digne d'être vu.

En ce moment, on m'apporte une excellente lettre de mon père datée du 30 juillet. Je serais fâché de l'avoir induit à perdre son temps à m'écrire si la lettre n'était pas si amusante.

. . . .

Envoie, ma chère bonne, cette lettre à mon père, il y verra combien j'ai été sensible au soin qu'il a pris de m'écrire ; dis-lui que tu te chargeras de la fin de la correspondance, à moins que quelque événement n'exige qu'il reprenne la plume pour moi.

Pourquoi, ma chère amie, t'es-tu dérangée pour les misères que je t'avais demandées? Je m'en passerais maintenant avec la plus grande facilité ; depuis que j'ai été deux jours sans me recouvrir la peau d'un cuir étranger aussi salissant, je n'y fais plus aucune attention, et si les gants n'étaient pas venus, cela m'eût été tout à fait indifférent. Je vois, au reste, en cela une preuve de ces mille attentions que tu veux avoir pour moi, et je t'en remercie d'avance en attendant que je le fasse d'une manière plus réelle.

J'espère que je trouverai dans la boîte un petit mot de ta main. Ce sera pour moi un nouveau motif de penser à toi. Au reste, je te vais donner une preuve que je ne fais pas autre chose : je manque ce matin une belle cavalcade à âne, la première qui parte de l'hôtel, pour avoir le plaisir de m'entretenir avec toi. Je suis donc à peu près seul ici, et je passerai le reste de la journée à l'ombre d'un arbre, regardant les blés admirables qu'on rentre en ce moment dans les granges ; ce qui n'empêche pas que nous n'ayons le plus abominable pain du monde. Mais maintenant que j'ai pris l'habitude de t'écrire tous les deux jours, c'est un besoin dont je ne puis me refuser la satisfaction. Ne t'inquiète pas, cependant, si quelque hasard venait à retarder d'un jour ma lettre, ce à quoi, d'ailleurs, je tâcherai toujours d'obvier.

Adieu, chère bonne, je t'embrasse de toute mon âme, toi et les petites. Mille bonnes choses à Roissy, et envoie cette lettre à Paris.

EUGÈNE.

LXXXI.

A Mme EUGÈNE BURNOUF, à Roissy.

Vichy, samedi 5 août 1837.

Ma chère amie,

Je reçois à l'instant ta lettre du mercredi 2 août, et, en même temps, une lettre de mon père du jeudi 3. Je vais répondre quelques mots, à part, à mon père qui se plaint de n'avoir reçu aucune lettre de moi depuis dimanche ni directement ni par Roissy. Est-ce que tu n'aurais pas envoyé la lettre ou un extrait de la lettre que tu dois avoir reçue mardi dans le courant de la journée? Je te prie de ne pas manquer à cela, parce que je ne puis guère écrire, dans le même jour, deux lettres différentes sur une vie aussi plate et aussi uniforme que la mienne. La poste part d'ici à deux heures, et c'est la partie de la journée qui est le plus occupée pour moi par mes bains, par la boisson et par le déjeuner. Je tâcherai toutefois d'intercaler quelques mots à mon père, sans préjudice de ma correspondance avec toi.

Que tu es charmante, ma toute chérie, de songer que je pense à toi en même temps que tu penses à moi! Comme cette idée peuple ma solitude ici! Sans la conviction que ton cœur me parle tout bas à chaque instant du jour, je périrais d'ennui. Pourquoi ne t'écoutes-tu pas? Pourquoi ne m'écris-tu pas toute la journée de ces grandes lettres que j'aurais tant de bonheur à recevoir ici? Laisse-toi aller à ton envie de m'écrire, mon bon ange! Tu es si bien quand tu t'abandonnes! Ne crains pas de me faire payer des ports de lettres; quoiqu'on dépense énormément d'argent ici, je ne puis pas mieux employer celui que j'ai qu'à acheter le plaisir de lire tes bonnes lettres.

Tu me parles aussi de m'envoyer de l'argent, je n'en aurai, grâces à Dieu, pas besoin, quoique tout soit hors de prix à Vichy. Dis, par exemple, à maman, qui a vu des eaux, qu'une douche coûte vingt sous, au lieu de cinq comme à Plombières, que le bain coûte le même prix, de sorte que, prenant tous les jours un bain et une douche, j'en ai, chaque matin, pour quarante-huit sous, le linge compris. Ajoute à cela les huit francs de l'hôtel, les garçons qu'il faudra payer, cinq à six sous de verres d'eau par jour, les pourboires à donner aux baigneurs, aux fontaines où l'on boit, et tu auras une idée de la stupidité de cette vie, faite pour des milords et très mauvaise, passée dans d'indignes galetas, sur un lit formé d'une paillasse et d'un matelas dur, dans lequel on ne peut se tenir qu'accroupi à cause du peu de longueur, dans des chambres dont les portes ne ferment pas, et qui ont pour tous meubles une mauvaise table rompue, deux chaises et une petite commode d'enfant, où l'usage des sonnettes est inconnu et d'où il faut descendre à moitié habillé quand on a besoin de quelque chose. En vérité, il faut bien de la confiance dans la médecine pour venir ici, ou, plutôt, il faut ne pas être malade et être seulement mal à son aise pour y venir, car, si l'on était pris sérieusement, l'on y mourrait seul et sans aucun secours, abandonné comme un chien malade par ce tourbillon de coquettes, de femmes galantes, de marquis usés, qui remplissent les hôtels. Croirais-tu, par exemple, qu'hier vendredi je n'ai pu trouver un peu de sommeil qu'à deux heures du matin, à cause du bruit infernal des bottes des gentlemen qui rentraient depuis onze heures d'un concert qu'on donnait dans un autre hôtel. C'était vraiment à n'y pas tenir, car la maison étant, sauf les murs extérieurs, tout à fait en planches, on entend tous les pas qu'on fait dans les escaliers et dans les couloirs. Tu peux te faire une idée des soins que vous donnent les médecins : jamais, sous aucun prétexte, ils ne sortent de chez eux pour aller voir le malade ; on va les trouver une fois par semaine, c'est-à-dire environ quatre fois dans toute la saison, et pour cela on leur doit quarante francs. Ils ne se dérangent que dans un cas pressant de mort.

Tu peux ajouter que les médecins d'ici sont unanimement d'avis qu'il est parfaitement inutile de venir à Vichy pour se guérir de la gravelle, qu'on n'a qu'à boire, à Paris, de l'eau de Vichy ou de telle eau gazeuse que l'on veut, qu'on peut prendre des bains chauds dans lesquels on fait fondre un pot de bicarbonate de soude qui coûte quarante sous, et que, moyennant ces précautions, on peut s'éviter l'agrément de dépenser six à sept cents francs en un mois de la manière la plus sotte et la plus ennuyeuse. Ils conviennent que les gens qui viennent ici s'y rendent pour toute autre chose que pour les eaux, que les femmes y viennent pour se soustraire à la surveillance de leurs maris, les hommes pour se débarrasser de leurs femmes. Et dans le fait, ce Vichy est une vraie Babylone, et la plus Babylone de toutes les eaux. L'immoralité qu'on affiche ici dépasse de beaucoup tout ce qu'on voit ailleurs. Ainsi à Néris, au Mont-Dore, on est parfaitement soigné, on appartient au médecin qui ne vous perd pas de vue, et on guérit son rhumatisme radicalement ; ici on guérit de la gravelle dont on pourrait se débarrasser chez soi. Mais chez soi, on n'aurait pas le bonheur de voir mesdames de L., de C., D. et autres infamies pareilles, qui me dégoûtent et me jettent dans une misanthropie que je ne puis guérir qu'en relisant ta charmante lettre, et qu'en t'en demandant le plus que tu pourras de semblables.

Tâche d'avoir l'avis de mon père sur les moyens de retour et écris-moi le plus tôt possible.

Mille et mille baisers.

Ton ami,

Eugène.

LXXXII.

A Mme Eugène Burnouf, à Roissy.

Vichy, mardi 8 août 1837.

Ma chère bonne amie,

Je n'ai pas assez d'expressions pour te dire avec quel bonheur j'ai lu, relu, et encore relu ta bonne, ton excellente lettre du 4 août, que j'ai reçue hier le 7. Elle est charmante, pleine de naturel, parfaitement sentie et aussi bien exprimée. Je t'en remercierai quand je serai de retour, en attendant cette lettre ne me quittera pas, je la porte toujours sur mon cœur.

Je vais reprendre quelques-uns des points dont tu me parles. — C'est un point immense que tu n'aies pas mal aux dents et que ta santé soit bonne. — Ce que tu dis de la vie de Vichy est assez vrai : elle est turbulente et agitée, remplie des plaisirs vides de Paris; il y a tous les soirs bal ou concert, quelquefois l'un et l'autre à la fois; s'il fallait aller à toutes ces réunions, on ne se coucherait jamais avant une heure du matin, et je te demande ce que peuvent faire les eaux sur des corps épuisés par des veilles sans cesse répétées. Tu n'as pas besoin que je te donne l'assurance que je prends très peu de tout ceci, et, qu'au contraire, je fais un fréquent usage de la marche, pour donner de l'activité et de la force aux extrémités. Depuis que je suis ici, j'ai assisté à un seul concert; j'ai été plus souvent au bal, parce que, naturellement, on en sort plus aisément, qu'on y peut parler à diverses personnes, et qu'en se déplaçant, on peut mieux se soustraire à la chaleur. Je n'aime pas, d'ailleurs, ces sauteries, que j'ai trouvées toujours très niaises, et je ne puis commencer, à mon âge, à m'y accoutumer.

Hier nous avons fait la partie projetée de Randan. Nous étions vingt et un dans quatre voitures. Nous nous sommes extrêmement amusés, quoique la chaleur fût formidable, car nous avons un temps magnifique et chaud; depuis quinze jours on n'a vu qu'un orage, fort, il est vrai, mais aussitôt passé qu'arrivé. Randan est un château gothique, ancien domaine des ducs de Choiseul-Praslin, que madame Adélaïde a acheté, en 1828, et à la restauration et à l'embellissement duquel elle a consacré d'immenses sommes. L'intérieur n'en a rien de bien remarquable, ce n'est guère plus qu'une riche habitation de grand seigneur. Mais il y a cependant une chapelle délicieuse, et une salle à manger splendide, avec des cuisines comme pour toute la Chambre des députés. Ce qui fait le vrai mérite de ce château, c'est sa position en face des montagnes de l'Auvergne et de celles du Forez, au-dessus d'une plaine magnifique, et au milieu d'une immense forêt que madame Adélaïde, en bonne mère de famille, arrondit tous les jours de quelques centaines d'arpents. Cette promenade a été charmante, et nous avons beaucoup ri, beaucoup bu d'eau claire, et beaucoup transpiré. Nous avions mis toutes les dames dans deux voitures, chacune avec un homme respectable; les jeunes gens s'étaient distribués dans les deux autres voitures; tu sauras qu'ici je compte parmi les jeunes gens; on n'est pas très difficile ici sur l'âge.

Comme le plus fort de l'expédition s'était fait en voiture, à cause de la distance qui sépare Randan de Vichy, j'ai pu faire encore une fort jolie course le soir, pour voir le soleil se coucher derrière les collines qui bornent à l'ouest l'horizon de Vichy. Enfin, je me suis couché de bonne heure, j'ai dormi admirablement, et j'ai pu, ce matin, prendre le bain et la douche comme si je ne fusse pas sorti de ma chambre la veille. Je me trouve très bien ce matin; mais la chaleur est si forte et le soleil si ardent, malgré la brise des montagnes, que je ne sais où me fourrer pour gagner le dîner. Je vais lire et relire encore ta jolie lettre et penser à toi tout le jour.

Au moment où je t'écris on m'apporte mon bulletin de place de coupé de Clermont à Paris, pour le 18 au matin, six heures et demie, c'est-à-dire sept heures. Mon retour est donc arrêté comme je l'avais arrangé et comme je te l'avais dit dans ma dernière lettre.

Si tu vois Vosseur[1], sonde-le adroitement pour savoir si quelques bains de mer ne pourraient pas faire du bien à Minette et à Laure, car je roule dans ma tête un petit projet que je voudrais bien mettre à exécution. Nous prendrions les deux petites, ou seulement

---

1. Le docteur Vosseur, l'excellent ami et le médecin dévoué de la famille Burnouf. Né en 1799, il est mort en 1866. Il avait épousé la nièce du docteur Desormeaux, professeur à la Faculté de médecine, dont il est parlé plusieurs fois dans les Lettres.

l'une d'elles, cette année, sauf à prendre l'autre l'année prochaine, et nous irions au Havre finir le mois d'août. M. Prunelle pense que je ferai bien de ne pas reprendre immédiatement la vie sédentaire, et qu'il serait bon que je pusse évaporer les eaux par quelque mouvement agréable. Tu ne parlerais pas de cela d'avance, je me chargerais de décider et d'ordonner la chose à mon retour. Il est vrai que je ne suis guère en fonds et que je ne rapporterai pas grand argent; mais, 1° l'Académie du mois de juillet, touchée en août, 2° les deux cents francs que tu m'as dû réserver, total $66 + 215 = 281$, et quelques pièces de vingt francs que j'aurai dans ma bourse, nous permettraient de faire cette expédition, qui est peu dispendieuse et qui ne durerait pas plus de huit ou dix jours. Le seul point qui m'arrête, c'est la crainte que les deux enfants ne nous retardent un peu dans nos promenades, car mon but principal serait de marcher, comme nous l'avons fait l'année passée; mais Minette me semble encore bien petite. Tu réfléchiras sur tout ceci à part toi, et tu n'en diras rien à personne, ni à Paris, ni à Roissy.

Je relis ta lettre si charmante, pour voir si je n'oublie rien. Il y a deux points à rectifier dans la vie que tu me supposes ici : je ne danse sous aucun prétexte, et je ne danserai pas. Je ne vais pas non plus à âne, mes jambes me suffisent.

Mille et mille baisers, à toi d'abord, aux petites ensuite; amitiés tendres à tout le monde.

Eugène.

LXXXIII.

A Mme EUGÈNE BURNOUF, à Roissy.

Vichy, mercredi 9 août 1837.

Chère amie,

Ta bonne lettre du dimanche 6 m'arrive le mercredi 9, en ce moment même, avec une lettre de mon père en contenant une de Creuzer, fort aimable et pleine de choses faites pour m'encourager dans la voie où je suis entré. Je répondrai tout à l'heure à mon père. Seulement, pour ne pas l'oublier, je te dirai que j'ai vu, hier mardi, un instant, Frignet avec sa femme, qui revenaient d'un séjour de deux mois au Mont-Dore et qui passaient par Vichy pour aller visiter une de leurs propriétés des environs.

Tu es toujours aussi bonne que charmante, et ta lettre m'a comblé de plaisir; elle ira dans la même poche que l'autre, et je les lirai tour à tour pour penser à toi encore davantage.

Il faudra que tu me montres la lettre à laquelle se rapporte celle que tu m'écris le 6, celle que je reçois aujourd'hui ; je serais si heureux de savoir ce qui te plaît en moi et ce qui te charme ! Vraiment on souffre trop d'aimer ainsi quand on est éloigné de ce qu'on a de plus cher au monde.....

Ma place est arrêtée définitivement de Vichy pour Clermont, le 17 au matin, dans le coupé, la première place. Je coucherai à Clermont, j'en partirai le 18 au matin, aussi dans le coupé, les arrhes sont données et j'ai le bulletin. Je reviens par les Messageries de la rue Saint-Honoré, n° 130 ; c'est Laffitte et Caillard.

Tu m'as volé, petite chérie, l'idée de la pâte d'abricot ; j'aurai, moi, le mérite de mettre l'idée à exécution, et j'en achèterai, soit ici, soit après dîner à Clermont. Je passe dans cette ville pour m'assurer une bonne place, et non pour la voir, nous l'avons visitée en 1822, nous deux mon père, et j'ai encore devant les yeux la magnifique chaîne des montagnes du Forez et les profondeurs des grottes de Royat. Cependant, dans toute autre circonstance, j'aimerais à revoir tout cela ; maintenant je ne pense qu'à revoir ce que j'aime.

Ne sois pas inquiète pour le médecin ; Prunelle est un galant homme, fort riche d'ailleurs. Il se contentera, le pauvre homme, de mes quarante francs ; c'est diablement bien payé.

Je plains fort cette pauvre Mme Lecomte, et je tremble que sa maladie ne soit incurable. Les eaux de Bourbon-l'Archambault sont pourtant bien recommandées ; j'en ai parlé à M. Prunelle, qui, comme médecin instruit, est un habile homme ; il a beaucoup de M. Desormeaux pour l'étendue des connaissances.

Je lis et relis encore ta chère lettre. Comme tu expliques gentiment que tu n'as pu mettre de lettre dans la boîte, et combien ton esprit s'anime quand ton cœur l'échauffe ! Tu as eu une idée charmante de te mettre dans la boîte et de me sauter au cou, comme la belle je ne sais qui des Mille et une nuits ! Que n'as-tu pu le faire comme tu l'as imaginé ! Je t'aurais demandé ton secret, une petite place à côté de toi, ou mieux encore dans ton cœur, et nous serions ainsi revenus à Paris faire sauter notre couvercle devant nos petites filles. Mais je dis des folies ; c'est que je vous aime tous tant, toi et ces chers enfants !

Je trouve dans ta lettre, sur la marge, une chose qui me fait de la peine : « Brûle cette lettre. » Et pourquoi donc brûler une lettre si jolie et si aimante? Je te tranquillise en te promettant que ta lettre ne sera pas perdue; elle reviendra à Paris avec moi. Vingt fois le jour je porte la main à ma poche pour voir si celle du 4 ne tombe pas; il n'y a aucun danger. Le soir, je l'en retire quand on prend mes habits; je l'y remets le matin; elle ne me quitte pas. Je ne brûlerai donc pas ta lettre, amie de mon cœur, et je la garderai pour voir de mes yeux combien je te suis cher.

Mille et mille baisers.

EUGÈNE.

LXXXIV.

A M. BURNOUF PÈRE, à Paris.

Vichy, mercredi 9 août 1837.

Mon cher père,

Pour te prouver combien ton excellente lettre du 7 m'a fait de plaisir, je me hâte d'y répondre courrier par courrier. Elle contient un grand nombre de points fort intéressants pour moi, dans le vide de toute exertion intellectuelle où je me trouve perdu. Je suis réellement ici, comme dirait un bouddhiste, dans la grande vacuité, *Mahâcûnyatâ*.

Je commence par le retour : tout ce que tu me dis à ce sujet est parfaitement juste, et j'ai le petit mérite d'avoir, de mon côté, pensé exactement comme toi. Ma place est retenue pour le 17 au matin, de Vichy à Clermont. J'ai la première du coupé, et je me propose de voir le pays, avec la curiosité que tu me connais. Je souhaite seulement que nous ayons, d'ici à ce temps-là, un peu de pluie pour abattre la poussière; cela ne peut, au reste, manquer de nous arriver d'ici à quelques jours, car la chaleur est accablante au moment même où je t'écris; le ciel est de feu depuis deux jours.

A Clermont, je passerai la nuit, et j'en partirai le 18 au matin par les Messageries générales de la rue Saint-Honoré, c'est-à-dire sans doute par Laffitte et Caillard. Je suis si bien portant, et la chaleur combinée avec les eaux a tellement modifié ma constitution, glacée par notre détestable hiver, que je me sens tout à fait capable de pousser droit à Paris. La nuit passée à Clermont me reposera suffisamment. D'ailleurs, je reste un jour à Vichy, le 16, pour ne pas sauter immédiatement de la baignoire dans la diligence, quoique, à vrai dire, ce ne soit guère changer de place, si la chaleur terrible que nous avons maintenant continue encore huit jours. Mon traitement finit le 15 à dix heures. M. Prunelle trouve que vingt-cinq bains me suffisent, et il avait même l'air de croire que dix-sept douches étaient beaucoup. Je suivrai cependant ce régime, qui me pénètre de chaleur, active la circulation du sang et me donne, par tout le corps, le sentiment d'une vitalité que je ne sens d'ordinaire que dans la tête, et encore quand je parle Zoroastre, Bouddha et Brahma. Nous verrons seulement combien de temps cet état pourra durer, et si je ne suis pas condamné à retomber dans la torpeur des marmottes, quand le bel astre qui échauffe et féconde la nature aura quitté notre hémisphère pour des pays plus favorisés.

Mille et mille remerciements, mon cher père, pour les soins que tu as pris, afin de retirer des griffes de la douane le paquet de Straker. Tu peux, en même temps, être tranquille sur le prix de ces volumes ; ce sont des ouvrages de seconde main, comme on les nomme à Londres, et je ne les ai demandés que sur le vu des catalogues de bouquinistes qui m'en ont fait connaître l'existence. Straker a l'ordre de ne m'envoyer le *Price*, qui est un excellent livre, oublié en Angleterre, que s'il ne dépasse pas 1 livre 12 sch., ce qui fait 35 à 40 fr. avec les ports. Les autres livres sont encore plus bas. Le *Vansittart* est coté 8 schellings.

Je te remercie de m'avoir envoyé la bonne lettre de Creuzer, et tu as parfaitement fait de m'analyser celle de Benary. J'ai reçu avant de partir, la veille, le premier volume de son Système euphonique romain ; c'est une théorie de la langue latine d'après le sanscrit. Si tu étais curieux de le voir, il doit se trouver dans la première case de la bibliothèque à partir de la petite table à la Tronchin, sur la seconde ou sur la troisième rangée, en travers et sur les autres livres. C'est un volume à couverture grise en carton.

Je connais par une lettre de Lassen la niaise critique de Grotefend[1] ; je ne l'ai pas encore lue. Ce bon Lassen en était outré ; moi, je suis beaucoup plus imperméable à la critique ; j'avoue, d'un autre côté, que la louange

---

1. Allusion à des observations de Grotefend sur le déchiffrement des Inscriptions cunéiformes.

me touche beaucoup; je suis un peu femme sur ce point.

Dieu soit loué! Tu as fini le Concours; puisses-tu en avoir fait autant de l'École normale au moment où tu recevras cette lettre. Que de bonnes choses tu pourrais encore faire si tu avais du repos!

J'ai laissé voir ta lettre, et cette belle écriture si nette que tu conserves toujours, même avec les plumes métalliques, à quelques-uns de mes voisins, et j'ai été bien heureux de voir qu'on l'appréciait comme une preuve de rare justesse dans l'esprit. Moi, je griffonne, parce que j'ai la fièvre; ne l'aurais-je pas au moment où je songe que je vais vous revoir tous!

Mille embrassements pour maman, pour toi et pour mon oncle.

Ton fils qui t'aime et te respecte,

EUGÈNE.

P. S. — Aie la bonté de communiquer cette lettre à Angélique à charge de revanche.

LXXXV.

A M. JAMES PRINSEP, SECRÉTAIRE DE LA SOCIÉTÉ ASIATIQUE DU BENGALE, à Calcutta[1].

Paris, 27 décembre 1837.

..... Le jour où je l'ai reçu[2], j'allais à l'Académie.

---

1. Fragment publié dans le *Journal of the asiatic Society of Bengal,* mai 1838, vol. VII, 1re partie, p. 458.
2. Le cahier de juin 1837 du Journal de la Société asiatique

Quoique ce savant corps ne prête son attention en ce moment qu'au grec et à l'arabe, j'ai demandé la parole, et j'ai trouvé de la verve pour exposer tout ce que vous veniez de faire de beau et de grand par votre découverte. J'ai été écouté avec une religieuse attention, et je sais que la communication a fait quelque effet.

Chose singulière! J'avais déjà fait des essais infructueux sur la copie du VII° volume des *Asiatic Researches*. J'avais huit lettres, mais, m'étant trompé lourdement sur l'une et ne sachant que faire d'une autre, je n'avais pu passer outre..... Votre N^1 est un véritable trait de vive lumière, qui a rendu à ce caractère le même service que le *n* des inscriptions cunéiformes trouvé par Rask.

J'ai communiqué votre lettre à M. Jacquet, qui venait, peu de jours avant, de recevoir une masse d'inscriptions de Girnar exactement dans le caractère que vous avez déchiffré si heureusement. Il s'y est mis avec empressement et il vous écrira lui-même.....

---

du Bengale, accompagné de la lettre de Prinsep, datée du 17 juin 1837, qu'on trouvera plus loin à l'Appendice, sous le n° XVI.

1. Dans l'impossibilité de reproduire le caractère tel qu'il était figuré dans la lettre originale et qu'il a été imprimé dans le Journal de la Société asiatique du Bengale, nous le remplaçons par la lettre correspondante de l'alphabet européen, suivant la concordance établie par Prinsep et insérée dans le *Journal of the asiatic Society of Bengal*, 1837, vol. VI, 1re partie, p. 475.

LXXXVI.

A M. Charles Lenormant[1], à Paris.

Paris, 2 avril 1838.

Monsieur,

Je faisais mon cours au moment où votre envoyé est venu chez moi, et hier je n'ai pu avoir mon copiste pour vous porter la dissertation de Lepsius que vous désirez. L'alphabet ancien auquel je faisais allusion se trouve complet dans le XV° volume des *Asiatic Researches*; je n'en connais que des fragments dans le Journal du Bengale.

Je ne puis trop vous remercier de ce que votre lettre contient d'obligeant pour moi[2]. La vérité est que j'ai, plus que jamais, besoin de l'appui que vous voulez bien me prêter. Mes moyens d'action sont bornés, parce que j'ai toujours vécu dans mon cabinet. Ce n'est pas à trente-huit ans que je commencerai d'en sortir. Tous les amis que j'ai pu faire mouvoir, et plusieurs sont aussi des vôtres, sont, ou fatigués de parler au ministre, ou ennuyés de m'entendre. Sous un autre que M. de Salvandy, je crois qu'ils l'eussent emporté.

M. R. Rochette, avec lequel j'ai eu, à deux reprises, un entretien sur ce sujet, se fait très aisément à l'idée de voir séparer la conservation en deux adjonctions, dont l'une serait donnée à Julien et l'autre à moi.

---

1. Voy. l'Appendice, n° XXXI.
2. Il s'agissait du remplacement de M. de Sacy, conservateur des manuscrits orientaux à la Bibliothèque nationale, mort le 9 février 1838.

Comme j'avais eu le temps de songer à cette éventualité, et que j'étais plus que jamais décidé à me refuser à cette combinaison, je l'ai combattue en toute franchise, sans pouvoir convaincre M. Rochette. Mon parti n'en est pas moins pris, et je n'entrerai jamais comme adjoint à MM. Champollion ou Hase, ce qui revient toujours à Champollion. J'ai voulu vous exprimer de nouveau ma détermination, pour le cas où M. Rochette croirait pouvoir vous dire que j'accepterais en définitive l'adjonction. Vous m'approuverez, j'en suis sûr, de ne pas le faire, en considération de l'état où se trouve la Bibliothèque, peut-être un peu en considération de mon caractère. Il faut que je vous arrive avec une entière liberté. Rien au monde ne pourrait me décider à entrer dans une combinaison, fût-elle inventée par le Conseil des ministres en corps, dont le résultat serait de livrer aux mains de M. Champollion le dépôt tout entier des manuscrits français, latins, grecs, orientaux. J'aime mieux être dehors qu'adjoint à un tel état de choses, et spectateur inactif des luttes qu'il ne manquera pas d'amener dans le sein du Conservatoire.

Mais vous savez tout cela mieux que personne ; je désire seulement que vous soyez convaincu de ma gratitude pour l'empressement que vous n'avez cessé de mettre à me soutenir dans toute cette affaire.

Agréez la nouvelle et sincère expression de toute mon estime et de mon entier dévouement.

E. BURNOUF.

LXXXVII.

A M. James Prinsep, à Calcutta[1].

Paris, 15 mai 1838.

..... Je viens de voir dans votre Journal que vous avez l'intention de publier des lithographies des cavernes de l'ouest de l'Inde. Je vous prie de m'inscrire sur la liste des souscripteurs à une œuvre d'un si haut intérêt, et qui mérite d'être imitée dans toutes les parties de l'Inde. On a peine à comprendre que les anciens monuments d'un pays si entièrement soumis à votre gouvernement aient été si négligés. Les *Vues* de Daniell sont infiniment trop chères et ne sont pas suffisamment précises.

J'ai vu votre charmant travail sur la fameuse inscription palie. Le fait est de la plus haute importance et vous fait le plus grand honneur. Sans doute il reste encore quelques difficultés, dont la plus sérieuse est, je crois, le nom du roi de Ceylan; mais d'autres inscriptions feront probablement disparaître cette difficulté. Vous êtes maintenant dans la grande voie des découvertes, et nous avons tout à espérer de vos persévérants et heureux efforts. Nous sommes loin, nous, de faire de si rapides et si brillants progrès. Nous manquons de

---

[1]. Voy. le *Journal of the asiatic Society of Bengal* (année 1838, vol. VII, 2ᵉ part., p. 985), où cette lettre est publiée en anglais, soit qu'Eugène Burnouf l'ait écrite ainsi, soit qu'elle ait été traduite par la rédaction du *Journal*. Nous avons cru devoir la mettre ici en français.

monuments, et nous ne pouvons étudier que la philologie. Là encore, il y a place pour des découvertes en ce qui touche la religion, la philosophie et la littérature ; mais ces découvertes le céderont toujours en intérêt aux découvertes historiques. L'explication et l'interprétation des textes est une tâche fastidieuse et aride. Il faut l'entreprendre cependant. Nous serons soutenus par l'espoir de retrouver, sur les monuments et les médailles, d'anciens mots et des formes oubliées qui peuvent servir à faire comprendre ces restes précieux d'une vénérable antiquité.

Le Mahâbharata réussit toujours. J'engage tout le monde à en prendre des exemplaires, en affirmant positivement (ce que je crois vrai) que, dans dix ans, on ne pourra plus se procurer ce beau monument de l'antiquité. La vente vraiment remarquable de cet ouvrage est, pour votre Société, un indice certain et indubitable des devoirs dont elle a la charge, et qu'attendent d'elle tous les savants de l'Europe. Sans doute, vous ne trouverez pas des acheteurs pour tous les *Vademecum* et tous les ouvrages en sanscrit, arabe, hindou et bengali que vos traducteurs traduisent de l'anglais ; mais je vous assure que vous vendrez le Mahâbharata, quelque volumineux qu'il soit, et que vous auriez vu les Védas et les Purânas épuisés en peu de temps, si vous, ou plutôt le premier Comité les avait entrepris, au lieu du Mitakchara et autres petits traités de lois du même genre, qui bientôt ne trouveront plus de lecteurs en Europe. Mais les grandes productions de la pensée des anciens, les vastes monuments du génie de l'Inde offrent un immense intérêt ! En dépit des progrès de l'industrialisme (je n'ai pas l'intention d'offenser M. Trevelyan[1]), l'Europe lira le Mahâbharata, les Védas et les Purânas, à moins que votre projet de lithographier ces ouvrages ne puisse pas être mis à exécution. Lithographiez les Védas, et vous acquerrez une gloire immortelle! Si cette entreprise, comme la précédente, exige quelques avances de fonds, vous pouvez être certain que les frais seront couverts et au delà. Voyez le Mahâbharata! — Au lieu de cent exemplaires, lithographiez deux fois ce nombre. Si vous ne pouvez pas le faire pour les Védas, ce que je regretterais amèrement, donnez-nous du moins le Ramâyana, les dix-huit Purânas, les codes de Narada, etc., etc.....

LXXXVIII.

A M. Guizot, à Paris[2].

Ce samedi 26 mai 1838.

Monsieur,

Je prends la liberté de vous envoyer la copie de la traduction d'une lettre adressée par M. J. Prinsep, de Calcutta, à M. le major Troyer, lequel a été votre intermédiaire dans l'affaire de la copie des Védas.

Vous y verrez avec quel empressement M. Prinsep s'est prêté à vos vues, et quels heureux résultats ont

---

1. Ce fonctionnaire, beau-frère de Macaulay, proposait d'abolir dans l'Inde l'usage des caractères sanscrits et arabes, pour leur substituer l'alphabet anglais.
2. Voy. l'Appendice, n° XIX.

déjà produits les généreux encouragements que vous aviez commencé à donner à cette entreprise. Nous vous devons déjà ce que les Anglais n'avaient jamais songé à faire pour eux, une liste des livres qui se trouvent à Bénarès. C'est un document qui est d'un grand intérêt, en ce qu'il nous met en droit de demander telle ou telle portion des écritures sacrées, suivant que nos moyens pécuniaires nous permettront de le faire. Quant à moi, je crois que le mieux serait d'avoir le tout, dussions-nous n'en lire jamais ici qu'un volume. Quoi qu'en dise M. de Salvandy sur l'état florissant des manuscrits orientaux de la Bibliothèque royale, j'aime à supposer que, dans deux ou trois générations, il y aura des hommes de science qui vous seront reconnaissants, Monsieur, de ce que vous avez fait pour assurer à la France la possession de ces précieux livres.

Je crois que nous ferons bien, M. Troyer et moi, d'envoyer au ministre de l'instruction publique une copie de ce document, avec une lettre collective signée de M. Troyer, qui a été votre agent officiel, et de moi, comme amateur de ces études. M. de Salvandy en fera ce qu'il voudra. Si l'administration ne saisit pas cette belle occasion, quelque autre gouvernement en fera sans doute son profit, car je suis décidé à faire insérer textuellement, dans le *Journal asiatique*, la traduction de cette lettre. Il me semble que cette belle liste des écritures brahmaniques appartient à l'Europe tout entière. Si la littérature indienne avait l'avantage de vous posséder comme ministre, je n'aurais donné de la publicité à cette lettre qu'après en avoir obtenu votre agrément. Mais, comme le Véda n'est ni pour moi, ni pour M. Troyer, et qu'aucun membre de la Bibliothèque ne l'a demandé, ni ne s'est mis en peine de l'avoir, nous ne sommes liés par aucune considération particulière dans l'usage que nous pouvons faire du document que le zèle de M. Prinsep a mis entre nos mains. Le seul sentiment que nous éprouvions, et je ne suis pas en ce point le dernier, c'est celui de la plus vive reconnaissance pour vous, Monsieur, dont les hautes lumières s'étaient un instant portées avec tant d'intérêt sur un objet presque abandonné ici.

Permettez-moi, Monsieur, de vous en présenter de nouveau l'expression, et d'y joindre celle de l'admiration respectueuse avec laquelle je suis,

Votre très humble serviteur,

E. Burnouf.

P. S. — J'ai à m'excuser auprès de vous de me servir d'une main étrangère. Mais je souffre depuis plus de douze jours de douleurs néphrétiques qui m'empêchent de tenir une plume.

LXXXIX.

A M. Adolphe Pictet, major fédéral d'artillerie, à Genève.

Paris, 2 juillet 1838.

Mon cher ami,

Votre charmant conte[1] m'a trouvé souffrant le martyre, depuis vingt jours, de ma néphrétique (avis aux

1. « Une course à Chamounix, conte fantastique, » par Adolphe Pictet, major fédéral d'artillerie. Paris, 1838.

eaux de Vichy), et atterré par une fièvre pernicieuse, suite des souffrances terribles contre lesquelles j'avais à lutter. Aussitôt que j'ai pu ouvrir les yeux, j'ai récréé ma convalescence par la lecture de ce conte, qui, à mon sens, n'est pas si fantastique qu'il veut le paraître. Georges[1] n'a certes pas lieu de s'en plaindre, quoique, en plus d'un endroit, il doive se dire : Diable de Major ! Le Major, lui, est une nature qui se fait humble tout exprès, mais qui en pense encore plus qu'elle n'en laisse voir. J'aime surtout le chalumeau ; c'est un heureux symbole de l'analyse, cette arme puissante, la seule à l'aide de laquelle l'homme puisse conquérir le peu de vérités qu'il lui est donné d'atteindre. Quant à Frank[2], c'est une nature d'élite que le Major choye avec amour. Je n'ai rien à dire à cela, si ce n'est que j'admire avec lui l'objet de son admiration. J'ai toujours pensé que de tous les arts la musique était le seul qui s'emparât à la fois, et le plus fortement, des deux éléments de notre double essence. Il y a des arts qui parlent aux sens et ratent l'esprit, d'autres qui vont droit à l'esprit en sautant par-dessus les sens. La musique élève ce qu'il y a de plus pur dans notre nature spirituelle, en même temps qu'elle ébranle ce qu'il y a de plus délicat dans notre organisation matérielle. Vous avez dit sur son sens poétique des choses d'une vérité parfaite, et d'une forme frappante. En deux mots, j'ai été ravi de votre livre, et je vous remer-

---

1. Voir la lettre de Georges Sand à Adolphe Pictet (1838), publiée dans la *Correspondance de Georges Sand*, t. II, p. 104. (Note de la famille d'A. Pictet, qui a bien voulu nous envoyer une copie de la lettre d'Eugène Burnouf.)
2. Franz Liszt.

cie mille fois du plaisir qu'il m'a fait et de celui qu'il fait aux miens, car je ne veux pas être égoïste et je le fais lire à tous ceux qui me touchent.

Depuis que j'ai été enlevé par le sulfate de quinine aux messagers de Yama, je revois avec étonnement la lumière du jour, et je suis trop occupé de la forme des nuages pour penser à quoi que ce soit de terrestre. Je n'ai pas encore ouvert un livre. Dans cet océan sans rivage où je suis perdu, je ne sais à quoi me prendre; je ressemble à une fourmi noyée dans une cuvette. Où est la rive? Par où grimper?

Il est possible que, cet automne, je mette sous presse ma traduction du Bhâgavata Purâna avec le texte; c'est de tous mes travaux celui qui est le plus prêt, quoique, à vrai dire, le jour de l'impression me fera voir encore bien des points obscurs, et je prévois que j'aurai beaucoup à faire. Mais c'est là notre condition à tous.

Si vous avez un moment pour m'écrire, dites-moi où j'en suis resté de ma liste de mots singhalais. Ne craignez pas de me mettre à l'œuvre pour vous, et croyez toujours aux sentiments de bien vif attachement et de sincère estime que je vous ai voués.

Votre bien dévoué,

Eug. BURNOUF.

XC.

A M. J. Mohl, à Stuttgard.

Paris, samedi 10 novembre 1838.

Mon cher ami,

Je commençais à trouver le temps long sans avoir de vos nouvelles; mais je me doutais bien que vous n'aviez guère de loisir pour faire de la correspondance inutile avec ce pays-ci. Je suis bien charmé et peu surpris de la fête qu'on vous fait chez vous; c'est bien le moins que vous trouviez chez les vôtres une compensation à la dureté avec laquelle on vous a traité ici.

Vous pouvez montrer votre volume[1] à votre monarque légitime, car l'exemplaire doré a été présenté à votre souverain constitutionnel il y a cinq ou six jours; je ne l'ai su que par hasard, tant cet excellent Lebrun fait d'attention aux auteurs de ses magnifiques impressions! Votre roi, au reste, aura encore la primeur de votre ouvrage, car nous ne sommes pas près d'en avoir des exemplaires; il a fallu quatre mois pour relier celui de Louis-Philippe; on s'occupe maintenant à cartonner ceux du public.

Rien de neuf ici. N'ayez aucune inquiétude pour les fonds de la Société; vous avez emporté la clef de la caisse dans votre poche, et j'en garde la porte au dehors.

J'ai ouvert, contraint par Cassin, une lettre qui

---

[1]. Le « Livre des Rois, » par Abou'lkasim-Firdousi, publié, traduit et commenté par Jules Mohl, t. I. Paris, Impr. royale, 1838, in-fol.

vous était destinée; elle venait de Briggs, et j'ai vite reconnu à la première phrase qu'elle vous était personnelle; Cassin ne m'avait pas dit qu'elle était venue avec une épître de Rawlinson[1] que me transmettait Briggs, et qui contient, avec des remarques fort curieuses, mais malheureusement trop courtes, l'expression des meilleurs sentiments et des véritables sentiments d'un homme de lettres de l'espèce honnête et ancienne. J'attends beaucoup de ce travail, qui doit nous donner trois ou quatre lettres de plus, encore vagues ici à cause du petit nombre de textes, et que Rawlinson a fort heureusement déterminées.

Nos amis, auxquels j'ai fait hier vos compliments, au reçu même de votre lettre, vous les renvoient au centuple et vous attendent avec une vive impatience.

Vous trouverez tout ici comme quand vous êtes parti, toujours Salvandy ministre, et, de plus, R. Rochette revenu ministériel! Vous savez que Lerminier l'est devenu à grand renfort de trompettes et de tambours, ce qui a dû beaucoup vous édifier. Le monde va de mieux en mieux.

Roulin me charge de vous dire qu'il vient de recevoir de son fils une lettre qui lui annonce son arrivée à Pise. Il est en bonne santé[2]. Fauriel a eu aussi de

---

1. Le major Rawlinson (depuis sir H.-C. Rawlinson), aujourd'hui associé étranger de l'Académie des inscriptions et belles-lettres, s'occupait de déchiffrer les inscriptions cunéiformes et particulièrement l'inscription de Darius à Behistoun.

2. L'année suivante, le Dr Roulin perdait ce fils unique, M. Louis Roulin, jeune peintre de grand talent.

Le Dr Roulin, qui avait rapporté de ses voyages en Amérique de savants travaux sur l'histoire naturelle et de beaux dessins faits par lui-même, devint bibliothécaire de l'Institut et membre

vos nouvelles d'un autre côté, à ce qu'il m'a dit ; mais vous êtes bien heureux de connaître d'ailleurs sa belle écriture, car il est trop peu épistolaire pour vous écrire de ce voyage-ci.

Lajard et mon père vous disent mille choses affectueuses et souhaitent bien de vous revoir bientôt.

Adieu, mon cher ami, revenez bien portant et ne m'oubliez pas à votre retour.

Tout à vous,

Eug. Burnouf.

XCI.

A M. David d'Angers[1], à Paris.

Paris, 22 octobre 1840.

Monsieur et cher confrère,

Je mets bien de l'empressement à vous faire hommage du premier volume de ma traduction de l'un des dix-huit poèmes mythologiques et philosophiques de l'Inde[2]. Je voudrais pouvoir vous offrir quelque chose de plus digne de vous, et qui vous présentât l'Inde sous un meilleur jour. Mais, quand j'ai entrepris ce travail, nous n'avions pas l'espérance de jamais posséder à Paris le Mahâbhârata, ni les Védas. C'est là ce qu'il

---

de l'Académie des sciences. Il mourut le 5 juin 1874. Bon et compatissant autant qu'aimable et spirituel, il se prodiguait à ses proches, à ses amis, à tous les malheureux. La famille d'Eugène Burnouf lui a voué le plus reconnaissant souvenir.

1. Voy. l'Appendice, n° XXII.
2. Le Bhâgavata-Purâna.

faudrait surtout traduire, et c'est peut-être ce que Théodore Pavie nous donnera quelque jour, sans avoir besoin des misérables annonces qu'on veut lui faire. Quant à moi, ce que je souhaite, c'est de terminer ce que j'ai commencé, si ma santé et mes forces me le permettent. Vous serez donc assez bon pour considérer, moins la valeur du présent en elle-même, que les intentions de celui qui vous l'adresse dans l'espoir que vous y verrez une preuve des sentiments d'admiration et d'attachement que je suis heureux de vous exprimer.

Agréez, monsieur et cher confrère, l'assurance de la haute estime de
 Votre bien dévoué,

Eug. BURNOUF.

XCII.

A M. THÉODORE BENFEY, à Göttingue[1].

Paris, 9 avril 1841.

Monsieur,

Ce n'est pas entièrement de ma faute si vous n'avez pas été averti plus tôt de l'arrivée à Paris de votre grand article sur l'Inde; il n'y a pas très longtemps qu'il m'en est parvenu, par la voie de M. Cahen, de Paris, deux exemplaires, dont j'ai donné l'un à la

---

[1]. Cette lettre, comme les quatre autres lettres d'Eugène Burnouf adressées à Th. Benfey, a été publiée par A. Bezzenberger dans le vol. VIII des *Beiträge zur Kunde der indo-germanischen Sprachen*. C'est M. le prof. Paul de Lagarde qui a bien voulu nous les faire connaître.

Société asiatique et dont j'ai gardé l'autre, préjugeant ainsi vos véritables intentions. C'est un très bon résumé où vous avez eu l'art de semer de très bonnes choses, et je vous prie d'en agréer pour ma part mes compliments sincères. Ce que vous dites de la navigation dans l'Inde est, en particulier, neuf et remarquable. Vous recevrez prochainement, ou même vous aurez peut-être déjà reçu, une lettre officielle de remerciement de la part de la Société.

M. Eichhoff a fait, il est vrai, un rapport verbal très favorable sur vos *Racines de la langue grecque;* mais ce rapport, fait de vive voix et sur des notes, n'a pu être imprimé; quand je verrai M. Eichhoff, que je ne connais d'ailleurs pas intimement, je l'engagerai à reprendre son travail, et à le développer pour en faire un article dont il ne serait pas difficile d'obtenir l'insertion dans le *Journal asiatique.*

Ce que vous m'annoncez de votre prochain article, où vous discutez l'époque véritable du Buddhisme indien, est pour moi d'un grand intérêt, et je prévois que vos résultats s'accorderont, autant du moins que je le puis croire d'après vos expressions, avec ceux que j'ai obtenus de mon côté et que je vais consigner dans un ouvrage qui pourra paraître à la fin de la présente année. C'est pour moi un motif de plus de désirer voir votre ouvrage, et, si vous pouvez m'en faire envoyer un exemplaire tiré à part, au nom de la direction du Journal, recueil rare à Paris, je vous assure que vous m'obligerez sensiblement. Le livre dont je m'occupe en ce moment est la traduction française d'un des ouvrages buddhiques sanscrits du Népal découverts par M. Hodgson, et dont il a envoyé plu-

sieurs volumes à Paris et à Londres; le titre est :
Saddharma Pundarika, le Lotus blanc de la bonne Loi.
Je compte paraître au commencement de l'année 1842.
Je vous en enverrai un exemplaire aussitôt que je
l'aurai terminé.

Je n'ai pas perdu de vue l'objet, bien plus important, dont vous me parlez dans votre lettre : la question de votre établissement à Paris. Mais, malgré mes recherches, je n'ai encore rien trouvé qui pût vous assurer quelque stabilité. Dans la position où vous vous trouvez, il y aurait une grande imprudence à vous aventurer dans un pays, où vous seriez pendant plus ou moins de temps étranger, sans avoir la certitude d'y trouver l'une de ces deux choses : 1° un emploi du gouvernement ; 2° des travaux un peu étendus confiés par un libraire. La première condition est bien difficile à remplir, et, avec le régime sous lequel nous vivons, il faut des protections politiques pour les moindres choses littéraires. La seconde condition n'est guère plus aisée à remplir ; je ne connais à Paris qu'un seul libraire qui fasse travailler scientifiquement, c'est M. Didot, et, dans ce moment, c'est M. Dübner qui lui soigne ou lui fait soigner ses éditions grecques. Je crois qu'il serait très important, avant tout, de vous mettre en rapport avec M. Dübner, de le sonder, de voir ce qu'il pourrait faire, s'il peut faire même quelque chose, pour un savant cherchant à s'occuper à Paris. Je suppose que M. Dübner ne vous refusera pas des détails qui vous éclaireront mieux que tout ce que je pourrais vous dire, parce que, étant étranger, il connaît mieux, soit les conditions, soit les difficultés de la vie littéraire en France.

Il y a encore M. Cohn, 1, boulevard Montmartre, qui pourrait vous mettre en rapport avec M. de Rothschild, que l'on dit un homme fort généreux. Des démarches auprès de ces diverses personnes vous mèneraient peut-être à quelque renseignement précis. Vous pourriez vous prévaloir des rapports que nous avons ensemble ; loin de les démentir, je tâcherais de les faire valoir à votre plus grand avantage.

Adieu, Monsieur ; croyez bien que j'aurais le plus grand bonheur à faire quelque chose qui pût vous servir, et que, si j'ai jamais regretté de n'être pas un personnage en crédit auprès du pouvoir, c'est dans un moment où cela me serait si nécessaire pour vous donner une preuve sensible de l'estime que je fais de vos travaux et de votre personne.

Agréez, néanmoins, la bien sincère expression de ces sentiments.

Eug. Burnouf.

XCIII.

A M. Charles Lenormant, à Paris.

Paris, 14 avril 1841.

Mon cher confrère,

Voici un petit renseignement, encore un peu vague, il est vrai, que je trouve dans une lettre que Kopitar, le grand slaviste de Vienne, vient de m'adresser :
« J'ai peut-être la bibliothèque la plus complète pour
« un slaviste, recueillie depuis trente ans à grands
« frais. Étant plus que sexagénaire, je me prépare
« pour cet *iter tenebricosum unde negant redire quem-*

« *quam*. Quel sort plus heureux pourrais-je entrevoir
« pour mon recueil que de passer à la Bibliothèque
« royale de Paris? La partie slavone m'a coûté plus de
« vingt mille francs. Je pourrais vous faire faire l'ex-
« trait de cette partie, si vous vouliez peut-être en
« faire un rapport à votre gouvernement. »

Il faut, pour l'intelligence de tout ceci, savoir que ce bon Kopitar s'est imaginé que je suis l'un des bibliothécaires de la Bibliothèque royale. Mais, quoi qu'il en soit de son erreur, elle nous vaut un renseignement précieux, et dont une administration vraiment libérale saurait bien profiter. Ne serait-ce pas une belle chose que d'assurer à la Bibliothèque royale la supériorité sur les autres établissements européens que lui donnerait un recueil comme celui de Kopitar? J'ai cru que je devais vous donner avis de sa proposition, dût-elle ne pas avoir de suite. Mais peut-être pourriez-vous en parler autre part qu'à la Bibliothèque. Il me semble qu'on a une bonne position quand on se fait le patron de toutes les propositions vraiment scientifiques qui nous arrivent sans qu'on les recherche.

Mille et mille amitiés.

Eug. Burnouf.

XCIV.

A M. Charles Lenormant.

Paris, 12 mai 1841.

Mon cher ami,

Nos projets de vendredi sont bien cruellement dérangés; ma mère nous a été enlevée cette nuit par un épanchement au cœur, au moment où nous nous y attendions le moins; sa santé, loin de s'altérer, s'améliorait au contraire depuis le retour du printemps.

Mon père, plongé dans une profonde douleur, n'a pas eu la force de vous instruire lui-même du coup qui nous frappe. Il pense bien que vous l'excuserez, et que vous n'en croirez pas moins à l'attachement sincère qu'il vous a voué.

Votre bien cher et dévoué confrère,

Eug. BURNOUF.

XCV.

A M. E.-A. BÉTANT[1], à Genève.

Paris, le 21 mai 1841.

Très cher ami,

Je ne veux pas laisser M. Turrettini quitter Paris sans vous donner de nos nouvelles, et sans vous remercier du présent que vous avez bien voulu nous faire de votre édition de la correspondance du comte Capo d'Istria. Nous avons été, mon père et moi, bien sensibles à cette marque de votre bon souvenir, et nous vous en remercions cordialement.

Nous comptions, l'automne passé, vous voir à Paris,

---

1. Élie-Ami Bétant, professeur de grec à l'Académie de Genève, auteur d'un Lexique de Thucydide, éditeur de la correspondance de Capo d'Istria.

Un de ses fils, M. Charles Bétant, a bien voulu, à la recommandation de M. Dufour, bibliothécaire de la ville de Genève, nous communiquer quelques lettres d'Eugène Burnouf à E.-A. Bétant. Nous lui en offrons ici nos très vifs remerciements.

et ma femme se faisait d'avance une fête de passer quelque temps avec Mme Bétant ; mais vous n'avez pu, à ce qu'il paraît, exécuter le projet que vous avez fait depuis longtemps de venir nous voir ; peut-être serons-nous plus heureux cette année. Vous ne doutez certainement pas du plaisir que nous aurions à vous revoir, et de l'empressement avec lequel nous nous mettrions à votre entière disposition.

Nous avons fait ce mois-ci une perte bien cruelle, qui a plongé mon père dans une profonde douleur, dont il aura, longtemps encore, de la peine à sortir. Notre mère nous a été enlevée subitement d'une rupture au cœur, sans douleur, comme sans prélude. Sa santé était gravement altérée depuis 1839, époque à laquelle elle avait été frappée d'une attaque d'apoplexie. Mais, quoique dans un état visible de décadence, ma mère pouvait nous être encore longtemps conservée, et rien n'annonçait que le coup qui devait la frapper fût aussi prochain. Vous qui connaissez mon père, vous savez quelle doit être sa douleur ; nous l'avons immédiatement amené dans notre domicile, où il est fixé pour n'en plus sortir, car notre intention, et c'est aussi la sienne, est que nous ne soyons plus désormais séparés. Nous nous occuperons, d'ici à quelques mois, de chercher un appartement où il soit plus à l'aise. Quant à moi, ma vie se consacrera à rendre la sienne le plus facile qu'il sera possible, bien sûr, comme je le suis, que jamais je ne pourrai rendre à mon père la millième partie de ce que je lui dois.

Adieu, très cher ami, soyez assez bon pour me donner de vos nouvelles et de celles de tout ce qui vous est cher, et agréez, pour vous et pour Mme Bétant, l'expression de mon bien sincère attachement.

Eug. BURNOUF.

P. S. — Seriez-vous assez bon pour informer notre excellent ami, M. Humbert, du coup qui nous a frappés, et pour le remercier, de la manière la plus vive, du souvenir toujours amical qu'il me garde, et dont il a bien voulu me donner des preuves bien touchantes en envoyant plus d'une fois son neveu s'informer de ma santé, qui a été de temps en temps bien mauvaise pendant ce rude hiver.

XCVI.

A M. J. MOHL, à Paris.

Paris, 15 juin 1841.

Mon cher ami,

Je vous envoie tout ce que j'ai de billets pour la prochaine séance. En retour, je vous demanderais comme un service de vous relâcher de votre inflexible rigueur en ce qui touche l'ouvrage de Benfey sur l'Inde. Benfey est un homme très méritant, qui est juif, et, comme tel, fort malheureux où il est; il m'écrit tous les mois des lettres déchirantes pour me supplier de lui chercher de l'emploi ici, où il voudrait venir s'établir avec sa femme et ses enfants. J'ai cherché et n'ai rien trouvé. Benfey s'imagine que j'ai le bras très long; pour moi, je le dissuade de toutes mes forces de quitter son pays, à quoi il répond qu'un juif prussien n'a pas de pays. Toutefois, vous lui rendriez un vrai service, du moins il le croit, si vous disiez un mot de son *Mémoire*, qui est un véritable livre, où les notions éparses dans tant de livres rares et chers sont présentées avec méthode et intérêt. Ce n'est pas la faute du pauvre diable si le manque de pain le force d'écrire pour les Encyclopédies. Il ne s'agit d'ailleurs que d'une phrase, qui ne vous compromettra pas, et dont je prends la responsabilité, s'il y en a à prendre.

Domine, exaudi vocem meam!

Et croyez-moi toujours, en latin comme en français,
Votre dévoué,

E. BURNOUF.

P. S. — J'oubliais de vous dire que j'ai fait cette semaine deux recrues pour la Société asiatique : M. de Courson, et M. Félix Rosin, un Franco-Suisse.

XCVII.

A M. E.-A. BÉTANT, à Genève.

7 juillet 1841, 35, rue de l'Odéon.

Mon cher ami,

Votre lettre du 8 courant nous a fait un vif plaisir, et c'est avec une grande impatience que nous attendons le moment où nous pourrons vous exprimer de vive voix ce sentiment.

Je vous écris pour vous confirmer, si cela est possible, dans votre dessein, et pour vous approuver de votre projet de vous placer près de nous. Ne vous laissez, je vous prie, détourner de cette idée par aucune autre considération. Outre que c'est dans notre voisinage qu'habitent vos deux autres amis parisiens, M. Droz et M. David, vous trouverez dans cette partie de la ville un grand repos, qui sera encore augmenté par le départ des étudiants, qui seront en vacances quand vous viendrez à Paris; et nous, nous y trouverons l'avantage inappréciable de pouvoir vous voir plus souvent, et d'être ainsi en état de nous concerter plus facilement sur les plans de courses et de promenades qui pourront être les plus agréables à Mme Bétant. Si même votre lettre m'était arrivée quelques jours plus tôt, j'aurais pu vous chercher d'avance un abri confortable et économique dans notre voisinage le plus rapproché, place de l'Odéon ou rue Corneille, où se trouvent deux hôtels. Mais déjà nous avions pris, avec mon beau-père, l'engagement d'aller passer chez lui un mois, depuis le milieu de juillet jusqu'au milieu d'août. Il se peut donc que vous vous trouviez arrivant de Genève quand moi, mon père et ma femme et nos enfants, nous reviendrons de Roissy, à six lieues au nord de Paris. Mais il est possible aussi que je sois de retour avant vous, car une impression dont je m'occupe en ce moment peut me rappeler avant l'époque convenue.

Voici donc ce que j'oserais demander à votre cordiale amitié. Lorsque votre départ sera définitivement arrêté, et que vous serez sûr qu'aucun obstacle ne se présentera plus, veuillez m'écrire un billet de trois lignes, pour me dire le jour où vous partirez et celui où vous croyez arriver à Paris; mon adresse est : à

M. E. B., à Roissy, par Gonesse (Seine-et-Oise). Je vous donne cette adresse à la campagne, pour le cas où vous arriveriez vers le 10 ou 12 août. Mais, comme notre séjour à Roissy ne peut, sous aucun prétexte (à cause d'un Concours que mon père préside), se prolonger au delà du 19 au 20 août, au lieu de m'écrire à Roissy, c'est à Paris qu'il faudrait m'adresser votre billet, s'il arrivait que vous crussiez ne pouvoir arriver à Paris que du 15 au 20. Aussitôt votre arrivée, venez chez moi, et là nous nous occuperons ensemble de vous chercher quelque chose dans notre voisinage ; dussiez-vous rester un jour en panne au lieu où vous seriez descendu, il faudra tenir à vous caser dans notre quartier. Cela bien entendu, je tâcherai, en ce qui me concerne, de rendre votre séjour aussi agréable que cela sera possible, et Mme Bétant trouvera, auprès de ma femme, tout ce que je serais heureux que vous trouvassiez avec mon père et avec moi.

Ainsi, mon cher ami, au prochain voyage. Présentez mes respects à Mme Bétant, et rappelez-nous au souvenir de M. Humbert et de son excellente famille.

Votre bien dévoué,

Eug. BURNOUF.

P. S. — Il est bien convenu que, si quelque chose ne vous agrée pas dans le petit plan de campagne que je vous ai tracé, vous le modifierez selon votre désir. Ce que nous souhaitons seulement et avant tout, c'est de savoir le moment de votre arrivée ; le reste, après, nous regarde, car nous pouvons être en deux heures et demie à Paris.

XCVIII.

A M. J. Mohl, à Paris.

Paris, 16 septembre 1841.

Mon cher ami,

Je ne reçois aucune réponse de M. Guizot[1]. Comme dans ma lettre j'avais indiqué l'objet dont j'avais à l'entretenir, je crains que les commis ne se soient mis déjà à la traverse, et qu'on ne lui ait fait considérer cette affaire comme irrévocablement décidée dans le sens qu'ont adopté les bureaux des Affaires étrangères. Ne pourriez-vous trouver quelqu'un de vos amis qui l'avertirait que la chose n'en peut rester là, et qu'il y va de l'honneur de trois ou quatre personnes, indépendamment d'Hodgson[2], qui ont besoin qu'une solution quelconque soit donnée. Il paraît que vous n'êtes guère plus heureux que moi avec M. Villemain.

J'ai copié pour vous un exemplaire de notre note à consulter, mais je n'ai pas mis de paragraphe final, parce que je ne sais pas au juste ce que peut faire là-dessus le ministre de l'instruction publique, si ce n'est de s'entendre avec son collègue des Affaires étran-

---

1. M. Guizot était alors ministre des affaires étrangères, et M. Villemain ministre de l'instruction publique.
2. Il s'agissait de faire parvenir à M. B.-H. Hodgson la croix de chevalier de la Légion d'honneur, qui lui avait été donnée pour les soins et le désintéressement qu'il avait mis à procurer à la France la possession d'une précieuse collection de mss. venant du Népal. Une erreur des bureaux avait fait envoyer à un M. Hodgson, habitant Washington, les insignes dus à M. Hodgson du Népal.

gères pour lui confirmer la vérité des faits que nous avançons. Mais M. Villemain n'est pas en mesure pour cela, puisque ce n'est pas lui qui a donné la décoration contestée. D'ailleurs, M. Villemain n'aime pas les affaires délicates et inutiles, et il nous renverra certainement à M. Guizot.

J'ai beaucoup réfléchi à ce que nous aurions à faire s'il arrivait qu'on ne voulût pas faire droit à notre demande. La première démarche me paraît devoir être la communication de l'affaire devant le Conseil de la Société asiatique, assemblé *ad hoc* par billets à domicile pour la fin du mois, ou seulement pour la séance ordinaire du mois d'octobre. Là nous lirions notre note à consulter, et nous proposerions de la faire signer par tout ce que nous pourrions avoir de membres du Conseil réunis à Paris. Mais, cela fait, nous ne pourrions passer outre sans le consentement d'Hodgson. Il faudrait, je crois, lui envoyer alors, non pas l'original de notre note, mais une copie dûment certifiée, en lui demandant s'il veut que nous donnions à notre réclamation une publicité plus grande. Mais, là encore, nous serions tenus à beaucoup de réserve, et la publicité, au moins en ce qui nous touche, ne devrait guère s'étendre au delà de l'envoi de copies certifiées de notre note signée par tous les membres : 1° au ministre plénipotentiaire d'Angleterre à Paris, 2° à la Cour des Directeurs. Une fois dans les mains de ces deux pouvoirs, l'affaire prendrait le tour qu'elle pourrait, cela ne nous regarderait plus, et il est probable qu'un mot de l'ambassadeur anglais à M. Guizot remettrait tout en ordre. Pour donner directement de la publicité française à notre réclamation, je crois que nous n'avons pas qualité, car on nous répondrait par deux lignes au *Moniteur*, en disant que le roi a entendu décorer M. Hodgson de Washington, et non M. Hodgson du Népal. Mais, d'un autre côté, Hodgson étant sujet anglais et un des agents de la Compagnie, je crois que la Société est tenue en conscience à ne pas soustraire l'affaire, et les démarches qu'elle fait, à la connaissance de ces deux pouvoirs.

Adieu, mon cher, pensez-y de votre côté ; vous savez que, ici comme ailleurs, je ne veux rien projeter, encore moins rien faire, sans votre concours.

E. BURNOUF.

XCIX.

A M. J. MOHL, à Paris.

Paris, 20 septembre 1841.

Mon cher ami,

J'ai vu ce matin M. Guizot, et je puis dire que notre cause serait complètement gagnée, si le ministre n'avait pas, entre lui et nous, un certain secrétaire en chef, et des bureaux du Protocole et autres, qui nous créeront de rudes obstacles.

Aussitôt que j'ai eu, en déjeunant, exposé notre affaire, le rouge est monté au visage du ministre, et il a dit à plusieurs reprises : « Il faut que cela soit « réparé, que M. Hodgson ait la croix, je la lui ferai « donner immédiatement. » Mais un Monsieur qui a l'air d'un Anglais bâtard, qui est laid comme S., et qui a la cervelle fabriquée de même, s'est mis à dire aussitôt qu'il connaissait l'affaire, et qu'il y avait une difficulté insurmontable, savoir que M. Hodgson était sujet et fonctionnaire public américain!!! qu'on avait, dans les bureaux, *visité* le général Castres (?), qui avait affirmé que jamais Hodgson n'aurait la croix, parce qu'un article de la Constitution défendait qu'il l'acceptât, quelque vif désir qu'il en eût, et quelque effort qu'on fît pour la lui donner. Vous jugez, je pense, de ma stupéfaction ; l'étonnement de M. Guizot ne fut pas moindre, et il m'ôta la peine de réfuter le Monsieur, en lui répondant lui-même qu'il ne s'agissait pas de Hodgson de Washington, mais de celui de Népal ; à quoi j'ajoutai que notre Hodgson était bien malheureux, puisqu'on lui enlevait la croix qu'il avait pour la donner à un autre Hodgson qui ne l'avait pas et ne pouvait l'avoir.

Somme toute, le ministre fut excellent. Il me chargea de remettre une note au Monsieur, ce que je fis en sortant de table. Mais le Monsieur est d'une nature bien autrement tenace, et, s'il s'était tu sous notre double feu, il ne se trouvait pas battu suffisamment. De retour dans le salon, il me fit une nouvelle attaque et me déclara que, quelque bonne disposition qu'eût manifestée le ministre, il n'y avait qu'un obstacle insurmontable, c'est qu'un sujet anglais ne pouvait accepter une croix étrangère sans avoir obtenu l'autorisation de son gouvernement, lequel ne la donnait jamais, à preuve que lord Palmerston avait récemment renvoyé, *brioutalement*, deux croix adressées, l'une à un colonel, l'autre à un négociant. J'ai répondu à cela que l'autorisation avait été depuis longtemps donnée à Hodgson, et qu'il s'agissait, non pas de lui accorder une croix nouvelle, mais de ne pas lui enlever celle qu'il a.

Enfin, ému au fond du très bon accueil que le ministre avait fait à notre demande, l'individu m'a dit qu'il m'écrirait prochainement sur tout cela. Attendons en conséquence cette pièce précieuse, et croyons que la chose tournera assez bien.

Si vous avez du neuf, écrivez-moi.

Tout à vous,

Eug. BURNOUF.

C.

A M. E.-A. BÉTANT, à Genève.

Paris, 20 septembre 1841.

Très cher ami,

Mon père veut, depuis plusieurs jours, répondre lui-même à votre charmant billet de Genève ; mais il est si occupé qu'il n'a pu jusqu'ici en trouver le temps, et qu'il ne prévoit pas le moment où il pourra prendre une plume. Son Concours vient de se terminer, mais il est occupé de rédiger les rapports qui en suivent nécessairement, et puis il a le dessein de quitter Paris pour une semaine ou deux, et d'aller en Normandie chez d'anciennes connaissances. Pendant son absence, nous resterons à Paris où nous ferons faire à notre logement les petites modifications que nécessite la réunion de nos deux ménages en un seul.

Croyez donc, mon bien cher ami, que mon père regrette vivement de ne pouvoir s'entretenir avec vous, et que je suis, pour ma part, très satisfait de le remplacer auprès de vous. Je ne puis vous dire non plus combien je suis sensible au bon intérêt que, vous et Mme Bétant, vous voulez bien témoigner pour la santé de ma femme. Nous l'avons ramenée le 10 septembre à Paris, excessivement faible; la voiture que nous avions fait venir de Paris a mis un jour à faire les six lieues et demie du chemin. Depuis ce moment, elle commence à aller mieux, mais elle est très faible et n'a pu encore sortir que deux fois. Nous espérons cependant qu'elle va se remettre successivement; depuis notre retour, nous avons un temps magnifique et très sain.

Adieu, très cher ami, soyez assez bon pour présenter à Mme Bétant mes bien respectueux compliments avec les amitiés sincères de ma femme, et recevez, pour vous, une bonne et amicale poignée de main de mon père et de moi.

Votre bien dévoué de cœur,

Eug. BURNOUF.

P. S. — Soyez assez bon pour nous rappeler tous au souvenir amical de M. Humbert et de sa belle famille.

CI.

A Mme CHARLES LENORMANT, à Paris.

Paris, 22 octobre 1841.

Madame,

J'ai obtenu enfin la faveur de communiquer à l'Académie la lettre de M. Lenormant[1]; elle a été entendue

---

1. M. Lenormant voyageait alors en Grèce. Il avait écrit de

avec un intérêt marqué, et elle a donné lieu à des observations confirmatives de la part de plusieurs de nos confrères. J'ai donc l'honneur de vous adresser le manuscrit, et je regrette seulement de n'avoir pu être plus tôt en mesure de remettre en vos mains ce manuscrit, dont je désire vivement, pour ma part, que le public érudit puisse jouir bientôt.

Je crois que M. Lenormant sera satisfait d'apprendre que sa communication a été accueillie avec intérêt et curiosité, et qu'il nous donnera d'autres marques de souvenir non moins précieuses pour la science et pour ses amis. Je serais bien heureux, Madame, si vous vouliez bien être auprès de M. Lenormant l'interprète de mes sentiments de dévouement cordial et de sincère attachement.

Veuillez recevoir, Madame, l'assurance du profond respect avec lequel j'ai l'honneur d'être

Votre très humble serviteur,

Eug. Burnouf.

CII.

A M. E.-A. Bétant, à Genève.

Paris, 14 mars 1842.

Mon cher ami,

Vous avez toujours pris un intérêt trop cordial à la santé de ma femme, notamment à votre dernier voyage de Paris, pour que je ne m'empresse pas de vous infor-

---

Syra une lettre relative au Musée étrusque et aux monuments antiques récemment découverts à Malte.

mer de son heureuse délivrance et du rétablissement graduel de sa santé. Il y a douze jours qu'elle a mis au monde une fille bien portante qui, depuis sa naissance, n'a fait encore que teter et dormir. Les deux derniers mois de sa grossesse, quoique exempts des accidents si graves de cet été, avaient été fort pénibles, et il lui avait été impossible de sortir, et presque de marcher dans le dernier mois. Vous comprenez sans peine qu'elle se ressente encore de cette fatigue si longtemps prolongée; mais elle voit ses forces revenir de jour en jour, et, avec des ménagements, elle sera bientôt capable de prendre un peu d'exercice. Soyez assez bon, très cher ami, pour faire part de ce billet à Mme Bétant, et pour lui dire combien ma femme a été sensible aux marques de bon souvenir qu'elle lui a données pendant son court séjour à Paris.

Nous avons bien des remerciements, mon père et moi, à vous adresser pour des preuves récentes de votre amitié inaltérable. Vous devinez que je parle de votre traduction de Pléthon, dont mon père vous est très reconnaissant, et du portrait de M. de Candolle que vous avez été assez bon pour me faire remettre par un de vos amis, M. Salvagos. Je vous avoue que j'ai été très sensible à cette agréable surprise, et que j'ai grand plaisir à regarder les traits de ce digne savant que je considère comme un des classificateurs, c'est-à-dire des logiciens, les plus distingués de notre temps. J'ai un peu tardé à vous adresser mes remerciements, en premier lieu parce que M. Salvagos avait bien voulu se charger d'être mon interprète auprès de vous, ensuite, parce que mon père et moi nous espérions de jour en jour avoir quelque occasion de vous écrire.

Cette occasion se présente aujourd'hui, et vous ne doutez pas, je l'espère, de l'empressement que je mets à la saisir. Veuillez offrir à Mme Bétant mes respects les plus affectueux, et croire à l'attachement inaltérable de

Votre bien dévoué,

Eug. Burnouf.

P. S. — Ayez la bonté de présenter mes compliments à la famille de M. Humbert, et de lui adresser tous nos vœux d'amitié.

CIII.

A M. Théodore Benfey, à Gœttingue.

Paris, 30 avril 1842.

Monsieur,

Je mets bien de l'empressement à vous informer que la Commission du prix Volney vous a, sur mon rapport, décerné le prix pour 1842. Votre travail, et notamment le second volume, a été jugé très solide et très savant. La Commission a cependant fait quelques réserves en ce qui touche quelques rapprochements qui n'ont pas paru également fondés. Mais elle n'en considère pas moins ce livre comme très consciencieusement traité, et je suis, pour ma part, très heureux d'avoir activement contribué à lui en donner cette opinion.

Je regrette de ne pas disposer en ce moment d'assez de temps pour m'entretenir avec vous de plusieurs questions douteuses et encore difficiles que renferme votre livre. Je suis, depuis bien des mois, absorbé dans mon travail sur le Buddhisme. J'ai imprimé en totalité la traduction française du *Lotus de la bonne loi;* il manque encore les notes, qui sont presque achevées en manuscrit, mais que des lectures futures doivent sans doute augmenter. Mais ce qui m'occupe le plus, c'est l'introduction que je destine à cet ouvrage, elle est devenue un ouvrage à part, auquel je donnerai le titre d'Introduction à l'histoire du Buddhisme. J'y analyse un grand nombre des livres du Népal, et je les compare avec plusieurs données empruntées aux livres de Ceylan. Je commence, en outre, le second volume de ma traduction du Bhâgavata Purâna; tout cela me donne assez d'occupation.

Adieu, Monsieur, je vous renouvelle l'expression de mon estime, et je vous prie d'agréer mes sincères compliments.

Eug. BURNOUF.

CIV.

A M. F. BOPP, à Berlin.

Paris, 25 mars 1843.

Monsieur et savant professeur,

J'ai reçu, il y a quelque temps, la dernière livraison de votre Grammaire comparative que vous avez été assez bon pour m'adresser. Les voies commerciales sont encore si lentes entre l'Allemagne et la France que ce volume ne m'est parvenu que bien longtemps après l'époque où M. Goldstücker[1] m'en annonçait l'arrivée, d'après votre bienveillante indication. Je ne vous dirai pas combien j'ai été frappé de la richesse des formes comparées, et de la sagacité si heureuse des rapprochements et des explications. Je ne vous apprendrais rien sur ce point que ne vous ait déjà dit l'Allemagne savante tout entière, mais je ne puis m'empêcher de vous exprimer tout ce que m'a fait de plaisir l'ordre excellent de votre travail et la clarté parfaite avec laquelle il est exposé. C'est sans doute un mérite secondaire, puisqu'il ne touche qu'à la forme; mais c'est un de ceux qui nous touchent le plus en France et que l'on trouve le plus rarement dans les ouvrages de philologie. Le présent fascicule l'offre à un très haut degré, et tel de vos articles peut, grâce à la précision et à la fermeté de la rédaction, passer pour un véritable modèle du genre.

Au reste, vous savez quel empressement j'ai mis, en plus d'une occasion, à exprimer ce que m'inspirent vos beaux travaux, et je ne fais ici que vous répéter ce que j'en ai dit plusieurs fois en public, avec non moins de plaisir et autant de sincérité.

Puissiez-vous, Monsieur, faire jouir bientôt le public de la suite de cet ouvrage, et conserver assez de santé pour en achever encore d'autres que vous saurez bien rendre dignes de leurs aînés!

Votre très dévoué serviteur,

Eugène BURNOUF.

1. Théodore Goldstücker, l'un des plus fidèles et des plus savants élèves d'Eugène Burnouf, né à Königsberg en 1821, mort en 1872.

CV.

A M. Théodore Benfey, à Gœttingue.

Paris[1], 20 mai 1843.

Monsieur,

Rien ne pouvait m'être plus agréable que la lettre que vous m'avez fait l'honneur de m'adresser pour m'annoncer l'heureux changement qui s'est opéré dans votre situation. Je vous remercie même d'avoir cru au vif intérêt que j'ai toujours pris à ce qui peut vous toucher. Vous pensez que la distinction, si bien méritée, que vous a décernée la Commission du prix Volney a pu avoir quelque influence sur la décision de votre gouvernement; je me félicite alors de nouveau d'avoir coopéré à vous la faire obtenir. Mais elle ne pouvait manquer de vous être accordée, puisqu'il s'agissait de récompenser le savoir, le talent et le travail.

Je vois avec un grand plaisir que vous allez être en possession du repos d'esprit nécessaire pour continuer vos études, et pour achever votre travail étymologique; je souhaite bien sincèrement que les honoraires qui vous sont accordés répandent dans votre intérieur un peu de ce bien-être dont un père de famille a toujours besoin, s'il ne veut pas voir la douleur et les inquiétudes troubler ses veilles. Je vous parle de ceci,

---

1. Presque toutes les lettres d'Eugène Burnouf sont datées de Paris, quoique, depuis 1842 jusqu'à sa mort, il passât l'été à la campagne; c'est que, pour gagner du temps, il les écrivait à Paris, dans les courts séjours qu'il y faisait, entre son Cours au Collège de France, les séances de l'Académie et l'exercice de ses fonctions à l'Imprimerie royale.

parce que je suis père comme vous, et père de quatre enfants. C'était un des motifs qui me faisaient désirer le plus de vous voir sortir de la position critique où vous vous trouviez. Enfin, vous en voilà sorti en partie, et je vous en félicite du fond du cœur.

Adieu, Monsieur, croyez que je ne serai jamais étranger à tout ce qui vous regardera, et soyez bien convaincu que je me souviendrai toujours, et en particulier pour vous, de ce mot qui devrait faire cesser toutes les différences de nations, de tribus et de castes : *Homo sum.*

Votre bien dévoué serviteur,

Eug. Burnouf.

CVI.

A M. Aristide Guilbert, à Paris.

Paris, 31 octobre 1843.

Monsieur,

J'étais absent de Paris lorsque votre lettre est arrivée chez moi, et cette circonstance seule m'a empêché de vous répondre plus tôt. Je suis très sensible à l'honneur que vous voulez bien me faire en supposant que je pourrais prendre part à votre publication de l'Histoire des villes de France, et je vous remercie en particulier de la manière, plus que polie, dont vous exprimez cette supposition. Mais je ne dois pas moins vous dire, avec toute la franchise qu'on se doit entre honnêtes gens, que mes études m'ont trop longtemps tenu éloigné de l'histoire spéciale dont vous avez besoin pour que ma collaboration puisse vous être d'aucune utilité. Je suis né à Paris, c'est-à-dire dans une ville qui n'appartient à personne et à laquelle toute la France appartient. Jamais je ne me suis occupé d'autres antiquités que celles de quelques littératures orientales, et je suis même resté, à mon grand regret, étranger aux destinées modernes des pays de l'Asie où la France a joué un rôle.

Quand même je serais plus instruit sur les spécialités de l'histoire de France, tant en Europe qu'en Asie, j'ai en ce moment de trop graves engagements avec le public pour pouvoir disposer de la moindre partie de mon temps en faveur d'autres études.

Je me vois donc obligé, Monsieur, de décliner l'honneur que vous voulez bien me faire, et j'ose ajouter que c'est à peine si je regrette de ne pouvoir prendre part à votre collection, quand je vois qu'elle compte tous les noms spéciaux en histoire, les plus célèbres comme les plus estimables, ceux en un mot dont le juste renom est le mieux fait pour en assurer le succès.

Veuillez recevoir, Monsieur, avec l'expression de mes regrets, l'assurance de ma considération la plus distinguée.

Eug. Burnouf.

CVII.

A M. F.-A. Pott, à Halle.

Paris, 9 mars 1844.

Monsieur,

Je suis très honoré de la marque de confiance que

vous voulez bien me donner, et je me hâte de vous le prouver autant qu'il est en moi. Je n'ai pas hésité longtemps sur la question que vous me faites l'honneur de me poser. Je pense qu'il y aurait quelque inconvénient à soumettre au jugement de la Commission[1] un ouvrage incomplet. Il est bien vrai que l'on peut considérer la partie de votre volume comme la plus importante en ce qu'elle renferme la grammaire. Mais la partie lexicale n'a pas moins d'intérêt pour la question, et j'ose dire qu'elle en a beaucoup pour la Commission qui est très accessible aux comparaisons lexicologiques dont on peut, en quelque sorte, toucher au doigt la certitude. Elle ne l'est pas moins aux discussions grammaticales, mais ces discussions portent coup moins rapidement et moins sûrement que les rapprochements de mots. J'ai cru pouvoir user de la faculté que vous me laissez par votre lettre, et j'ai réservé le demi-volume que vous m'avez envoyé pour le concours de l'année prochaine. Soyez assez bon pour m'envoyer, avant le 1er mars prochain, soit le complément du volume que j'ai déjà reçu, soit un autre exemplaire entier. Il serait bon que vous prissiez la voie d'un libraire sûr et que vous missiez le tout sous le couvert de l'Institut de France : « A Messieurs les membres de l'Institut de France, composant la Commission Volney, au palais de l'Institut, Paris. » A cette époque, votre ouvrage se présentera avec tous ses avantages, et vous ne pouvez douter de l'intérêt que mettra la Commission à l'examiner.

Je ne suis pas en mesure de vous répondre d'une

---

[1]. La Commission du prix Volney.

manière positive touchant l'envoi que M. Roediger désire qu'on lui fasse de l'inscription himiarite découverte par M. Arnaud. Je ne connais pas M. Arnaud, et j'ignore absolument la personne qui est dépositaire de ces monuments. Mais je crois que M. Mohl est au courant de cette affaire et je vous promets de faire auprès de lui les démarches indispensables. La seule difficulté qui pourrait se rencontrer serait le cas où ces monuments seraient actuellement entre les mains d'une personne occupée à les interpréter.

Je me félicite beaucoup, Monsieur, de l'occasion qui me donne avec vous des rapports dont le prix est très grand à mes yeux, et qui, je l'espère, ne doivent plus cesser maintenant.

Agréez, Monsieur, l'assurance de mes sentiments de haute et sincère estime.

Eugène BURNOUF.

P. S. — Au moment de clore cette lettre, le rédacteur en chef du *Journal asiatique* m'apprend que les inscriptions himiarites sont destinées au *Journal asiatique*, où elles paraîtront au fur et à mesure de l'envoi qu'en doit faire M. Fresnel, entre les mains de qui elles se trouvent. Elles doivent paraître avec ou sans interprétation; mais il paraît que, par suite d'un arrangement avec MM. Arnaud et Fresnel, elles sont devenues la propriété du *Journal asiatique*. Elles sont au nombre de 47.

CVIII.

A M. J.-P. Rossignol, à Paris[1].

Paris, mai 1844.

. . . .

La mémoire de mon père, à laquelle vous avez rendu un hommage qui nous a vivement touchés, sera toujours mon bien le plus cher, et les hommes qui l'ont aimé seront pour moi des amis que j'aurai reçus de ses mains.

Vous parlerai-je, Monsieur, de ce que votre notice[2] renferme de trop bienveillant pour moi? C'est encore à mon excellent père que je dois, je ne dis pas ce qui a pu me mériter vos éloges, mais le sentiment qui vous les a dictés. C'est cet homme dévoué à ses devoirs et aux siens que vous avez voulu consoler en exagérant le peu qu'a pu faire, par ses conseils et sous ses yeux, un fils qui donnerait ce que vous voulez bien appeler des découvertes pour un seul des nombreux bienfaits que cet homme à jamais regrettable a répandus dans sa longue et modeste carrière.

. . . .

---

[1]. M. J.-P. Rossignol, professeur au Collège de France, où il suppléa d'abord M. Boissonade, a remplacé Eugène Burnouf à l'Académie des inscriptions et belles-lettres.

[2]. « Notice nécrologique sur J.-L. Burnouf, par J.-P. Rossignol. » (*Gazette de l'Instruction publique*, 9 mai 1844.)

CIX.

A M. LE PROF. E.-A. BÉTANT, à Genève.

Paris, 1er novembre 1844.

Monsieur et cher ami,

Je suis bien peu digne du précieux cadeau que vous avez bien voulu me faire, il y a quelques semaines, par l'envoi d'une livraison de votre Lexique de Thucydide, mais je sais à quel souvenir amical je dois cet envoi, qui avait été adressé d'abord par vous à votre ami, mon bien-aimé père. Quoiqu'il ne vous exprimât pas, chaque fois qu'il recevait ces livraisons, tout ce qu'il vous savait de gré de cette marque d'estime de votre part, il n'en était pas moins vivement touché, et il se passait bien peu de semaines qu'il ne s'entretînt de vous avec moi ou avec ma femme, car vous savez que nous ne le quittions pas. Jugez, mon cher ami, combien a dû être cruelle pour nous la séparation qui nous l'a enlevé! Mon père avait soixante-huit ans passés, mais il jouissait d'une santé parfaite; seulement son zèle à remplir ses devoirs dans un âge déjà avancé l'avait sensiblement fatigué cet hiver. C'est un pur accident, un refroidissement qu'il a gagné vers la fin d'avril, qui l'a frappé à la poitrine et nous l'a ravi au bout de seize jours.

Peu de temps avant ce coup funeste, il s'inquiétait du succès de votre candidature, dont il ne vous entendait plus lui parler. Il savait bien qu'elle était, sinon remise, au moins suspendue pour quelque temps; mais il ignorait si les épreuves ou la nomination ne devaient pas avoir bientôt lieu. Je suis dans la même ignorance, et je regarderais comme une preuve de votre amitié pour nous que vous voulussiez bien m'écrire un mot à ce sujet. Je dois vous avoir informé que j'avais, d'après votre désir, écrit une lettre très pressante à votre sujet à M. Ad. Pictet, que vous m'aviez dit avoir quelque influence. Il m'avait répondu d'une manière très favorable. Depuis, je n'ai rien appris ni de lui ni de personne. Y aurait-il quelque chose de changé dans ses opinions, et le mérite serait-il donc, à Genève comme à Paris, condamné à rester à l'écart, quand il ne revêt pas telle ou telle livrée?

Soyez assez bon pour ne me pas laisser manquer de vos nouvelles, et surtout présentez mes respects et ceux de ma femme à Mme Bétant, dont nous n'oublierons jamais les bontés et les attentions amicales pour nous.

Votre bien dévoué serviteur et ami,

E. BURNOUF.

CX.

Eugène Burnouf terminait ainsi l'Avertissement qu'il mettait en tête de l'*Introduction à l'histoire du Buddhisme indien*, ouvrage dédié à la mémoire de J.-L. Burnouf, son père, comme « un hommage de reconnaissance et de regret : »

L'impression de ce volume a été achevée au milieu des préoccupations les plus pénibles. Frappé par le coup inattendu qui, en enlevant à notre famille un chef respecté, a si cruellement troublé le bonheur qu'elle lui devait, je n'ai pu m'arracher que par de longs efforts au découragement qui m'avait atteint. Il a fallu que le souvenir toujours présent de mon père me rappelât à des travaux qu'il encourageait. Ceux qui l'ont connu ne me demanderont pas de leur dire les motifs que j'ai de le pleurer, car ils savent tout ce dont il était capable pour ceux qu'il aimait, et ils comprendront sans peine que j'aie regardé comme le plus impérieux des devoirs l'obligation de placer cet ouvrage sous la protection de ce nom cher et vénéré.

Paris, ce 10 novembre 1844.

CXI.

A M. Julien Travers, à Caen[1].

Paris, 18 novembre 1844.

Monsieur,

Si je me sentais obligé aux remerciements les plus vifs envers le Président de votre savante Académie pour l'honneur qu'elle a fait à la mémoire de mon père[2], combien ce devoir ne me paraît-il pas plus impérieux aujourd'hui que je sais à qui j'en suis réellement redevable? Recevez donc l'expression bien sincère de ma gratitude, et croyez que j'éprouve les

---

1. Julien Travers (1802-1888), professeur à la Faculté des lettres, secrétaire de l'Académie des sciences, arts et belles-lettres de Caen. — C'est à l'amitié de Mme J. Travers que nous devons la possession de cette lettre si précieuse pour nous.

2. L'Académie des sciences, arts et belles-lettres de Caen avait mis au concours, pour l'année 1845, l'Éloge de Jean-Louis Burnouf.

regrets les plus sentis de ne pouvoir répondre par des détails plus circonstanciés et plus nombreux à la demande que vous voulez bien me faire relativement à la biographie de mon père.

Vous savez peut-être combien peu il était occupé de lui. Cette réserve allait jusqu'au point qu'il m'a toujours été impossible, malgré les instances les plus pressantes et les plus souvent renouvelées, d'obtenir de lui une notice succincte des années qui ont suivi sa sortie du Collège jusqu'au moment où sa vie est devenue publique, et facile à suivre, par son entrée dans l'Université impériale. Les détails assez maigres que je puis vous donner sur cette partie de sa vie sont dus à des souvenirs recueillis dans des conversations avec M. Auvray, qui a été longtemps proviseur au Lycée Napoléon, M. Le Tellier, inspecteur de l'Académie de Rouen, et M. Poiret, juge de paix du canton de Gonesse, le meilleur ami de mon père, et dont j'ai épousé la fille aînée il y a dix-sept ans. C'est même à des lettres adressées par mon père à M. Poiret[1] que j'emprunte quelques dates, qui, pour nous, comblent mieux le vide de ces premières années que des impressions morales ou politiques, comme on en éprouve dans la jeunesse.

Fils d'un tisserand d'Urville, près Valognes, Jean-Louis Burnouf, né le 14 septembre 1775, fut privé de bonne heure de son père et de sa mère et resta l'aîné d'une famille pauvre et nombreuse. Il fut recueilli par

---

1. Ces lettres ont été publiées en 1889, sous ce titre : « Jean-Louis Burnouf. Souvenirs de jeunesse, 1792-1796. » Paris, 1889. In-8º de 45 pages.

un oncle, qui, pendant quelques années, le traita comme un fils, et [il] reçut les premières leçons du curé de son village, l'abbé Martin. Son père, qui était profondément et universellement estimé dans cette partie de la Normandie, à cause de la connaissance qu'il avait des coutumes et de son inaltérable probité, lui avait déjà donné des notions d'arithmétique et de calcul, dont il avait gardé un souvenir très présent et dont il parlait à toutes les époques de sa vie avec une reconnaissance très sentie. Sur la recommandation de l'abbé Martin, le jeune Burnouf fut adressé à M. Gardin-Dumesnil[1], et il obtint une bourse dans le Collège que la famille d'Harcourt avait fondé à Paris pour les jeunes Normands. M. Burnouf y fit d'excellentes études et y eut le prix d'honneur [en 1792].

Le 22 juillet 1793, il partit de Paris pour aller passer les vacances dans la Haute-Normandie, chez des camarades de collège, et notamment chez le citoyen Le Seigneur, son professeur de troisième. Il comptait retourner à Paris au mois d'octobre; mais, retenu par ses amis, qui lui montraient des dangers à Paris et lui promettaient le repos et la sécurité au milieu d'eux, il fut entraîné par le besoin de ne pas leur être plus longtemps à charge à se rendre à Dieppe. Il avait dix-huit ans et ne se trouvait pas dans les conditions imposées par la loi du 23 août 1793 sur la Réquisition. Il se présenta chez l'agent militaire, qui ne voulut pas l'inscrire, parce qu'il n'avait pas l'âge, et qui fut touché par son air d'extrême jeunesse et de can-

---

1. Pour l'abbé Martin et Gardin-Dumesnil, voir l'Appendice, n° XXVII.

deur naïve. Le jeune Burnouf lui exposa l'état misérable dans lequel il se trouvait, et cet agent, dont il a souvent regretté de n'avoir pas su le nom, le mena directement au District, où l'on avait besoin d'un commis et où il fut admis avec de très faibles appointements. Ce passage d'une de ses lettres prouve dans quel état de dénuement il se trouvait alors : « Allant « nu-pieds, faute de souliers ; logeant dans un misé- « rable garni, faute de chambre ; mangeant dans une « gargotte où je mourais de faim, faute d'argent ; « m'ennuyant beaucoup, et regrettant Paris et le Col- « lège d'Harcourt. »

Le 1er brumaire an IV, il reçut du Directoire du district de Dieppe un certificat qui témoignait qu'il avait rempli dans ses bureaux, depuis le 1er germinal an II jusqu'au 1er fructidor an III, les fonctions de commis avec zèle et exactitude. En effet, le jeune Burnouf avait embrassé vivement les principes de la Révolution, et son ardeur ainsi que son assiduité au travail avaient frappé un représentant du peuple, qui voulut l'emmener à Paris pour l'attacher, par des fonctions qu'il aurait déterminées plus tard, au Comité de Salut public. Mais Burnouf avait refusé nettement ; il s'était de bonne heure franchement attaché aux opinions des Girondins. Ses services, quelque obscurs qu'ils fussent, lui furent cependant comptés plus tard, et lorsque, quelques années après, il fut retourné à Paris, il reçut du général Mortier un congé définitif comme ayant satisfait aux obligations imposées aux réquisitionnaires. Ce congé lui fut accordé à Paris le 25 thermidor an VIII.

A sa sortie du District, il entra, en 1795, chez

M. Castel, négociant à Dieppe, qui fut depuis Député de cette ville sous la Restauration. M. Castel était associé à M. David Michaud, et, la société ayant été dissoute, M. David Michaud étant venu s'établir à Paris, Burnouf l'y suivit en qualité de commis. C'est vers la fin de 1796 qu'il s'établit dans cette ville pour ne plus la quitter. Il remplit les fonctions de commis chez M. Michaud (dont la famille conçut pour lui une estime dont elle lui a donné des preuves jusqu'aux derniers temps de sa vie) de 1796 à 1807. Le 1er octobre de cette année [1807], il fut chargé des fonctions de suppléant de M. Charbonnet, professeur de rhétorique au Collège de Charlemagne, fonctions auxquelles il était appelé par M. Guéroult, proviseur de ce Collège, qui y avait été autorisé par lettre de M. Fourcroy, alors Directeur général de l'Instruction publique.

Dès lors la vie de M. Burnouf devint aussi laborieusement occupée que facile à suivre. Le 10 octobre 1809, Fontanes le nomme professeur suppléant de rhétorique au même Collège. Le 15 novembre 1809, il reçoit le titre de docteur sur le rapport du célèbre mathématicien Lacroix. Le 15 septembre 1810, professeur titulaire de rhétorique au Collège Louis-le-Grand, et, cette même année, l'un des maîtres de conférences à la nouvelle École Normale. Le 8 janvier 1817, nommé professeur au Collège de France. Le 2 mai 1821, chevalier de la Légion d'honneur sur la proposition de M. Royer-Collard. Le 13 septembre 1826, inspecteur adjoint de l'Académie de Paris. Le 11 novembre 1828, inspecteur en titre de la même Académie. Le 21 septembre 1830, inspecteur général des Études. En 1836, membre de l'Institut, Académie des inscriptions et belles-lettres. Le 6 mars 1840, il résigne ses fonctions d'inspecteur général et est nommé à celles de bibliothécaire de l'Université. Le 20 mai 1840, il est promu, sur la proposition de M. Cousin, au grade d'officier de la Légion d'honneur.

Voilà, Monsieur, tout ce que j'ai pu rassembler de plus positif sur la carrière privée et publique de mon père. Il s'était marié fort jeune, à son retour à Paris, avec Marie-Geneviève Chavarin, dont il eut trois enfants, deux filles et un garçon ; je suis resté seul. La première de ses filles mourut presque en naissant ; la seconde mourut en 1819, à l'âge de quatorze ans, dans l'éclat de la beauté et avec les promesses les plus belles de talent et de bonté ; mon père en est resté à jamais inconsolable. Il nous a été enlevé en seize jours d'une fluxion de poitrine, le 8 mai 1844.

Comme je n'ai pas eu le temps de prendre copie de ces détails, je vous serais obligé de me renvoyer cette lettre quand vous en aurez fait usage, ou seulement, si vous le préférez, la partie biographique.

Agréez, Monsieur, l'assurance de ma sincère gratitude.

Eugène BURNOUF.

CXII.

A M. CHARLES BURNOUF, à Valognes.

16 juillet 1845.

Mon cher oncle,

Je m'empresse de vous adresser un exemplaire du

Traité des devoirs de Cicéron, traduit par mon bienaimé père. C'est le premier exemplaire que j'envoie dans les départements, car le livre ne fait que de paraître, et, s'il en est déjà sorti quelques volumes de Paris, c'est du fait et dans l'intérêt du libraire, auquel je suis complètement étranger. Vous verrez par un mot de préface que cette publication a été faite pour honorer la mémoire d'un homme de bien et de science, dont la perte laisse de profonds regrets autre part encore que dans sa famille désolée.

Je suis bien étonné que vous disiez n'avoir appris cette perte irréparable que par la voie des journaux. Charles Ruel[1], qui, dans ces cruels moments, m'a assisté comme un frère, a dû vous écrire lui-même, le lendemain même de la mort de mon père. Ce coup presque soudain m'avait plongé, moi et les miens, dans un tel désespoir que je n'ai jamais pu prendre sur moi d'écrire un seul mot de ce malheur. Ceux qui m'ont vu à cette époque, ainsi que ma famille, savent que cela m'était impossible, moralement autant que physiquement.

Si maintenant je m'en entretiens, les larmes aux yeux, avec vous, ne croyez pas que ma douleur soit moins vive. Mais je me reprocherais comme une faute bien grave de ne pas répondre le moins mal que je peux au billet que vous avez bien voulu m'adresser, et que je garderai comme une marque bien précieuse de votre affection pour un frère qui vous a toujours aimé avec un attachement aussi vif que durable.

Présentez, mon cher oncle, mes souvenirs respec-

---

1. Voy. l'Appendice, n° XXVII, note 2.

tueux à ma tante, et recevez pour vous l'assurance de nos respects.

Votre neveu dévoué,

E. BURNOUF.

CXIII.

A M. L. DE RAYNAL, PREMIER AVOCAT GÉNÉRAL,
à Bourges[1].

[Mars 1846.]

Mon cher ami,

Je trouve vos reproches si légitimes, quelque sensibles qu'ils puissent m'être, que je ne veux pas laisser passer la journée sans vous répondre.

J'avais appris le malheur cruel qui vous avait frappé[2] ; mais la lettre qui me l'annonçait était venue beaucoup trop tard pour que je pusse aller vous serrer la main. A ce moment d'ailleurs, la santé de ma femme, atteinte d'une gastrite aiguë, me donnait de vives inquiétudes. Vingt fois j'ai songé à vous écrire, soit à Paris, soit à Bourges, et vingt fois j'en ai été empêché par ces soucis cruels qui, en vous ôtant le sommeil, ne vous laissent pas pour cela plus de temps. Ma femme, tirée de ce danger, en gardera longtemps peut-être les traces. Au moment où je vous écris, je

---

1. M. Louis de Raynal, depuis procureur général à la Cour de cassation. — En 1887, sans même savoir que nous cherchions à recueillir la correspondance d'Eugène Burnouf, il avait bien voulu nous envoyer la copie de deux lettres de son ami.
2. La mort d'un frère de M. de Raynal, qui habitait Paris.

suis fort inquiet de la santé de mon dernier enfant, qui est prise de la poitrine. Je sais bien que ce sont là des causes personnelles, sinon des excuses de mon silence, et ce n'est pas un grand effort d'amitié que de sentir plus vivement ses maux que ceux de ses amis. Je souhaite cependant d'être le seul auquel vous soyez en droit d'adresser des reproches, quelque fondés qu'ils soient. Combien n'aurais-je pas eu de mécomptes de ce genre à éprouver et à constater lorsque, en moins de trois années, j'ai perdu ma mère et mon père; mon père surtout, dont la mort a frappé d'une manière plus cruelle mes enfants dans leur avenir! Je reçus alors de bien nombreux témoignages d'une douloureuse sympathie et j'en garde religieusement les preuves. Eh bien! vous serez peut-être surpris d'apprendre qu'ils me furent tous donnés par des personnes étrangères, qui, pour la plupart, m'étaient tout à fait inconnues. J'ai cependant retrouvé mes amis plus tard, et je crois pouvoir compter comme auparavant sur leur bonne amitié.

Je suis satisfait d'apprendre les termes dont s'est servi M. Guérard avec vous. Je le croyais dans d'autres dispositions; mais alors, sans doute, il n'avait pas lu votre livre[1]. J'ignore absolument comment sera composée la Commission. Cette affaire sera décidée séance tenante. Je puis seulement vous dire que MM. Vitet, Lenormant, Guérard et moi nous ne pouvons en faire partie, parce que nous y avons figuré trop récemment. Votre position n'en est pas moins bonne, et, ce

---

1. L' « Histoire du Berry, » qui obtint le premier prix Gobert en 1847.

qui vous donne des chances, c'est que plusieurs de nos confrères ne se prêteront pas facilement à l'idée de continuer le prix deux ans à la même personne. Il est cependant survenu un incident qui peut conserver quelques chances à M. de Pétigny : c'est qu'il n'a pu obtenir le titre de correspondant auquel il aspirait. Ses amis tenteront sans doute un effort en sa faveur, et leur bienveillance serait rendue plus active encore s'il publiait, comme on l'annonce, un nouveau volume. Je pense donc que nous avons encore besoin de nous éclairer avant de vous donner le conseil de vous présenter officiellement. Mais je ne tarderai pas à vous écrire de nouveau, pour vous tenir au courant et surtout pour vous mettre en mesure de ne pas laisser écouler le délai légal, si vous devez envoyer cette année votre livre au concours.

Tout à vous de cœur,

E. BURNOUF.

CXIV.

A M. F.-A. POTT, à Halle.

Paris, 14 avril 1846.

Monsieur et savant ami,

Si j'ai aussi longtemps tardé à répondre à votre lettre amicale de l'année dernière, ne croyez pas que j'y sois resté indifférent ni que j'aie oublié ce que je vous devais de reconnaissance, et pour les termes bienveillants qu'elle renfermait, et pour le précieux cadeau de vos deux volumes qu'elle m'annonçait et qu'elle a précédé de quelque temps. Je connaissais déjà une bonne partie de vos deux volumes, et je me félicite d'avoir contribué pour ma part à faire ressortir, aux yeux de la Commission de Volney, les mérites signalés et nombreux qui les distinguent[1]; mais je n'en ai été que plus heureux de posséder dans ma bibliothèque un ouvrage qui est si riche en analyses profondes et en rapprochements curieux. Vous savez, Monsieur, avec quel plaisir je consulte votre travail général étymologique sur les langues indo-européennes; et, si vous jetez quelquefois les yeux sur les rares articles de philologie zende que j'insère de temps à autre dans le *Journal asiatique*, vous devez voir quel fruit je retire de la lecture de vos recherches.

Malheureusement, les engagements que j'ai pris avec le public et aussi avec l'administration de l'Imprimerie royale pour la publication de l'Introduction à l'histoire du Buddhisme et de ma traduction du Bhâgavata Purâna m'éloignent, pour quelque temps encore, des recherches philologiques, pour lesquelles j'ai un attrait tout particulier. C'est pour moi un motif de plus d'attacher un grand prix à la lecture de vos travaux et de ces savants Mémoires, où, sûr d'un public ami de ces études, vous pouvez donner à vos recherches les savants développements qui les rendent si fructueuses et si intéressantes.

Adieu, Monsieur, veuillez m'excuser d'avoir si longtemps tardé à vous répondre; et soyez assez bon pour

---

1. Le titre de l'ouvrage de Pott, qui a obtenu le prix Volney en 1846, est : « Die Ziegeuner in Europa und in Asien. » Halle, 1844-45, 2 vol. in-8°.

me conserver un peu de votre souvenir, dont la pensée me sera toujours infiniment précieuse.

Recevez, Monsieur, l'assurance de ma sincère estime. Votre bien dévoué,

E. BURNOUF.

CXV.

A M. G.-DUPLESSIS[1], à Paris.

26 juin 1846.

Monsieur,

Je suis très sensible à l'honneur que vous voulez bien me faire en appelant ma coopération au savant recueil que vous dirigez, et je suis surtout extrêmement touché des termes si bienveillants pour moi de votre lettre. Mais j'ai le regret de ne pouvoir prendre aucun engagement du genre de celui que vous voulez bien me proposer. C'est pour moi un principe, duquel je ne me suis jamais départi jusqu'à ce jour, de n'écrire dans aucun autre recueil périodique que ceux où le choix de mes confrères m'a appelé. Ce n'est pas que je ne désire vivement de voir les études indiennes, dont on parle trop peu en France, représentées dans un recueil périodique sérieux; mais c'est que les engagements que j'ai pris avec le *Journal des Savants* et le *Journal asiatique* me font un devoir de ne pas porter ailleurs ce que j'ai promis

---

1. P.-A. Gratet-Duplessis (1792-1853), ancien recteur de l'Académie de Douai, directeur de la *Revue de philologie*.

à ces recueils. Vous jugerez, Monsieur, que cette règle doit être pour moi invariable quand vous saurez combien peu j'écris dans ces journaux; et si je n'y écris pas davantage, c'est que mes études, difficiles à cause de leur nouveauté, prennent tous mes moments et m'en laissent à peine quelques-uns pour les lectures indispensables à des recherches de quelque étendue.

Je suis entré dans ces détails, Monsieur, pour vous prouver que j'ai des motifs réels pour m'abstenir de toute coopération à un recueil périodique quelconque. Je regrette beaucoup de ne pas être en mesure de pouvoir me rendre à vos désirs. Votre recueil serait certainement celui auquel j'aimerais le mieux à coopérer.

Recevez, Monsieur, l'assurance de ma considération la plus distinguée.

E. BURNOUF.

CXVI.

A M. LE PROF. E.-A. BÉTANT, à Genève.

Paris, 24 juillet 1846.

Mon cher ami,

Je profite d'un voyage que fait à Genève mon ami, M. Piccolos, pour vous demander de vos nouvelles et pour vous donner des nôtres. Nous nous portons tous bien par cette température tropicale, et nous supposons qu'il en est de même chez vous, et peut-être mieux à cause du voisinage de votre beau lac. Cependant, je serais heureux d'apprendre de vous quelque chose de plus positif que cette supposition.

M. Piccolos, qui va à Genève, serait bien heureux de faire votre connaissance et, par vous, celle des philologues qui honorent votre ville. Vous pensez bien que c'est à vous que j'ai dû le présenter en premier lieu. C'est un des hommes les plus honorables et les plus savants que la Grèce nous ait envoyés. Quoiqu'il soit resté Grec, ainsi qu'il le devait, il est devenu aussi Français que vous et moi. Vous serez, je n'en doute pas, heureux de causer avec lui de son beau pays, et lui vous entendra certainement, avec le plus grand plaisir, sur les faits desquels vous pouvez dire : *Et quorum pars magna fui.*

Recevez donc M. Piccolos comme un ami littéraire de vos amis, et croyez qu'il vous en sera très reconnaissant. Il va sans dire que vous ne l'aurez pas obligé seul.

N'oubliez donc pas de nous écrire un mot de vous et des vôtres, et présentez les amitiés de ma femme à Madame Bétant et à vos chers enfants.

Votre bien dévoué,

E. BURNOUF.

CXVII.

A M. A. WEBER[1], à Breslau.

Paris, 31 décembre 1846.

Monsieur,

J'ai reçu, il y a peu de temps, la lettre accompagnant

1. M. le professeur Albrecht Weber, de Berlin, correspondant

deux exemplaires de votre traduction et analyse d'un fragment du Yadjur-véda que vous m'avez fait l'honneur de m'adresser. Je fais cette remarque pour que vous ne croyiez pas que j'ai longtemps tardé à vous exprimer mes remerciements, ce que pourrait vous faire penser la date de votre lettre, qui est du 22 décembre 1845. Le fait est qu'elle ne m'est arrivée que vers les premiers jours de décembre 1846.

J'ai lu, avec infiniment de plaisir et d'instruction, le texte et surtout les notes qui composent la plus grande partie de votre volume, et je pense que vous avez heureusement résolu les difficultés, souvent considérables, que présente l'interprétation des mots védiques. Votre procédé est non seulement le meilleur, mais c'est même le seul qui puisse donner quelques résultats certains. Ces vieux mots ont besoin d'être éclairés par la double lumière des opinions traditionnelles et de l'analyse grammaticale. Votre analyse, consciencieuse et soignée, est un bon coup d'essai, qui doit vous encourager à entreprendre la publication du Sâmhitâ tout entier. Je suis bien convaincu que M. Stenzler, qui est bon juge de ces matières, doit être de mon avis. L'importance des textes védiques, non seulement pour eux-mêmes, mais encore pour l'histoire des développements de la mythologie et de la philosophie indienne, est telle que l'étude de ces textes passe avant toutes les autres.

Croyez bien, Monsieur, que je verrai avec un très vif plaisir la continuation d'un travail aussi habilement

---

de l'Académie des inscriptions et belles-lettres, a bien voulu nous envoyer cette lettre et nous permettre d'en prendre copie.

commencé, et recevez, avec mes remerciements, l'assurance de ma bien sincère estime.

Votre tout dévoué serviteur,

E. Burnouf.

P. S. — Soyez assez bon pour me rappeler au souvenir amical de M. Stenzler. Son Mrîtchtchhakati sera certainement un beau et bon livre par le fond, et par la forme qu'il y saura mettre.

CXVIII.

A M. J. Mohl, à Berlin.

Châtillon, 5 septembre 1847.

Mon cher ami,

Je m'empresse de répondre, pour ma femme et pour moi, que nous sommes encore en vie et qu'aucun pair de France ne nous a encore homicidés[1]. Nous gelons à Châtillon par trois ou quatre degrés au-dessus de glace tous les matins depuis dix jours, et nous n'avons d'autre perspective que de voir le raisin pourrir sur la vigne. Si vous voulez trouver quelques pêches sur pied, hâtez-vous de revenir, autrement tout aurait disparu dans le prochain cataclysme dont la terre est menacée en expiation de ses méfaits.

Ma femme me charge de vous faire ses félicitations les plus sincères sur la détermination que vous avez prise. Elle est fière que ses instances continues sur le fait du mariage se soient si bien trouvées d'accord

---

[1]. Le duc de Praslin avait assassiné sa femme le 18 août 1847.

avec vos penchants secrets. Quant à la marmaille, c'est une autre affaire. Elle n'a pas pris la nouvelle avec cette satisfaction, et une bombe n'aurait pas fait pousser plus de cris en tombant au milieu du gynécée, ce fameux dimanche où votre lettre nous est venue.

. . . .

J'ai montré votre billet à nos amis du Cabinet littéraire, qui me chargent de mille choses pour vous. Roulin n'ira en Bretagne que dans le mois d'octobre. Landresse[1] est à sec, vu que Libri a parachevé ses deux cent mille francs avec sa vente et qu'il n'a plus absolument rien à vendre ni chez lui, ni en lui. On a vu avec joie que vous songiez à tourner cap de notre côté, c'est ce que vous pouvez faire de mieux, si j'en juge par l'effroi légitime que vous cause l'article bagage. Je pense comme vous là-dessus, et comme mes amis sur votre retour.

Reinaud a soutiré à M. de Salvandy la petite somme de cinq cents francs, ce dont il est fier, comme de raison. Je lui ai exprimé la crainte que ce grand effort du ministre n'épuisât la citerne de sa libéralité et ne coupât dans sa racine le palmier de la souscription que nous avions le désir de planter sur la fertile plaine du Budget. Le président a répondu qu'il veillait à tout, ce qui m'a donné immédiatement une profonde envie de dormir.

Soyez assez aimable pour dire mille choses flatteuses à Bopp. Il croit toujours que, parce qu'il a fait un peu de zend en même temps que moi, je lui en veux beaucoup. Détrompez-le là-dessus.

---

1. Bibliothécaire de l'Institut.

Les Assyriens ne vont pas très vite, quoique la grande inscription soit terminée ; mais j'ai besoin d'en voir d'autres. Botta[1] est toujours lanterne ; c'est actuellement le seul falot qui vienne nous éclairer à Châtillon.

Adieu, mon très cher ami et confrère en tout ; présentez nos respects à Madame Mohl ; ils ne sont pas moins empressés, quoique nous ne la connaissions encore que de nom.

Tout à vous de cœur,

E. BURNOUF.

CXIX.

A M. Théodore Benfey, à Gœttingue.

Paris, 4 novembre 1847.

Monsieur et ami,

J'ai reçu les trois exemplaires de votre travail sur les Inscriptions persanes que vous avez bien voulu m'adresser, et je me suis empressé d'en disposer conformément à vos intentions. L'Académie a reçu avec plaisir l'exemplaire que je lui ai présenté en votre nom ; elle connaît vos travaux, et plusieurs des membres qui la composent sont capables de les suivre et de les juger. On a trouvé que vous aviez bien fait de rassembler et de publier, sous une forme accessible à tous les lecteurs, ces précieux monuments de la vénérable antiquité. Et, de mon côté, j'approuve extrêmement

---

1. Paul-Émile Botta, consul de France à Mossoul, célèbre par la découverte des monuments et des inscriptions de Ninive et de Khorsabad.

l'idée de votre index des mots; nous qui faisons souvent usage de lexiques, nous savons combien ces sortes d'ouvrages sont précieux, et combien ils épargnent de peine aux travailleurs. Je vois, par quelques indications, que votre dessein est de joindre un pareil index à votre édition du Sâma-véda; l'idée est, ici encore, très digne d'approbation; ce sera une bonne base pour l'édification d'un dictionnaire des mots védiques. Je ne saurais vous dire avec quelle impatience j'attends cette édition du Sâma-véda; elle ne pourra manquer de vous faire beaucoup d'honneur.

J'aurais très volontiers fait un examen de votre dernier travail si j'en avais réellement le temps. Mais, à mesure que j'avance dans la vie, je suis obligé de consacrer des moments de plus en plus nombreux à mes propres travaux si je veux remplir les engagements que j'ai pris avec le public. Et, malgré ce soin, combien peu puis-je les remplir! Vous devez avoir remarqué que, depuis bien longtemps, je n'ai écrit aucun article de récension. C'est que le temps s'écoule de plus en plus vite, que mes travaux me pressent, et que j'ai besoin de plus de sommeil. Je suis, d'ailleurs, presque absorbé en ce moment par un travail sur les inscriptions découvertes et copiées à Khorsabad par M. Botta. Je viens, en outre, de terminer la préface du troisième volume du Bhâgavata Purâna. Ne voyez donc pas, dans mon refus, de l'indifférence, mais, ce que je n'hésite pas à reconnaître, une impossibilité née de l'impuissance; et croyez-moi toujours

Votre bien dévoué,

E. Burnouf.

CXX.

A M. Paul Boetticher (Paul de Lagarde), à Berlin.

Paris, ce 4 novembre 1847.

Monsieur,

Je viens de recevoir le petit volume que vous m'avez fait l'honneur de m'adresser, avec la lettre, en date du 1er septembre, qui l'accompagnait[1]. Je me suis hâté de lire ce mémoire avec d'autant plus d'empressement que l'Assyrie, par suite des nouvelles découvertes faites à Khorsabad par notre consul M. Botta, attire généralement l'attention des orientalistes. Je ne suis certainement pas juge du plus grand nombre des idiomes que vous appelez en témoignage de vos rapprochements; cependant il me paraît que votre méthode est sûre, en même temps que votre savoir est fort étendu. J'ai remarqué particulièrement ce que vous dites des transformations qu'ont subies les noms de Khordad et d'Amerdad. Cela est neuf, ingénieux et parfaitement concluant. Il y a encore d'autres rapprochements qui prouvent les emprunts faits par une des branches les plus puissantes de la famille sémitique aux idiomes indo-persans, et je crois que votre thèse est inattaquable dans sa généralité. Il reste toujours, dans ces sortes de recherches, des points de détail sur lesquels il est inévitable que des divergences se produisent. Je ne suppose pas qu'il y en ait beaucoup qui restent douteux après vos recherches, et

---

[1] « J'avais envoyé mes *Horae Aramaicae*, dont l'impression fut finie feria II post dom. XIII Trin. a. D. MDCCCIIIL. » (Note de M. Paul de Lagarde.)

vous devez avoir la juste espérance de les voir accueillies avec faveur par tous les amis des études graves.

Croyez bien, Monsieur, que, si je puis décider quelqu'un de mes confrères à en rendre compte dans le *Journal asiatique*, je m'y emploierai activement et avec un véritable plaisir.

Recevez, Monsieur, avec mes remerciements, l'assurance de la sincère estime avec laquelle j'ai l'honneur d'être

Votre tout dévoué,

E. BURNOUF.

CXXI.

A M. CHARLES LENORMANT, à Paris.

Mars 1848.

Mon cher ami,

J'ai vu M. Jean Reynaud[1], je lui ai parlé très fortement et je l'ai trouvé très bien disposé, et il m'a donné l'assurance que toutes les positions de votre établissement[2] étaient regardées comme inattaquables. Je ne me suis pas contenté de ces affirmations générales, j'ai insisté nominativement, et il m'a promis de parler au ministre de façon à obtenir de lui une assurance formelle sur ce point. Aussitôt que Jean Reynaud aura vu le ministre, il m'écrira immédiatement. Mais,

---

1. Jean Reynaud, né en 1806, mort en 1863, président du Comité des hautes études scientifiques et littéraires dont Eugène Burnouf faisait aussi partie.
2. La Bibliothèque nationale.

dès aujourd'hui, il m'a donné les assurances les plus positives que vous n'avez rien à redouter. Croyez bien que je ne le négligerai pas sur ce point. Je le peux d'autant plus librement que je ne suis point des démolisseurs, et que je ne demande rien pour moi. C'est bien assez que mon pauvre nom figure dans les circonstances où nous nous trouvons, même avec le titre le plus modeste de membre d'une commission.

Présentez bien mes respectueux hommages à Mme Lenormant, et croyez à mon entier dévouement.

E. Burnouf.

CXXII.

A M. Charles Burnouf, à Valognes.

Mardi matin 30 mai 1848.

Mon cher oncle,

Si je ne vous ai pas écrit plus tôt, c'est que je n'avais rien de positif à vous annoncer, et que, si je vous eusse dit ce que je recueillais dans les bureaux, je vous aurais plutôt contristé que rassuré.

Il n'est que trop vrai que l'École d'Athènes avait été, sinon oubliée, au moins laissée de côté dans les premiers troubles d'une administration nouvelle. Aujourd'hui, m'assure-t-on, son sort est fixé. Vendredi dernier, le jour même où je recevais votre billet, M. Guigniaut, le secrétaire du Conseil, et la seule personne de l'Université avec laquelle je puisse m'ouvrir sûrement, m'a affirmé que l'École était franchement acceptée par le gouvernement de la République ; que l'ordonnancement des traitements, un instant suspendu, était actuellement fait, que les élèves allaient toucher, et qu'on les engageait à terminer dans leurs études le reste du temps qu'ils devaient passer en Grèce, et, en particulier, à se préparer à leur grade de docteur et de licence pour les Facultés, je veux dire agrégation de Faculté. J'ai demandé à M. Guigniaut s'il avait des détails sur Émile ; il m'a dit que les dernières notes du directeur étaient fort bonnes, et, comme je lui parlais de vos inquiétudes, inquiétudes bien légitimes de la part d'un père, il m'a chargé positivement de vous tranquilliser, et il m'a donné toute assurance qu'il n'oublierait jamais Émile, tant qu'il serait en position de faire quelque chose dans l'Université.

Voilà, mon cher oncle, tout ce que je puis vous dire, quant à présent. De la bouche de M. Guigniaut, cela est aussi sûr que de celle de M. Carnot lui-même, que je ne connais d'ailleurs pas, et que je n'ai vu qu'une fois, et dans une simple visite de corps.

Adieu, mon cher oncle, je vous engage à prendre bon courage. Vous recevrez sans doute prochainement de meilleures nouvelles d'Émile.

Veuillez présenter nos affectueux respects à notre tante, et recevez pour vous l'assurance de l'entier dévouement de

Votre très obéissant neveu,

E. Burnouf.

CXXIII.

A M. LE Dr ROULIN[1], à Paris.

Châtillon, dimanche 25 juin 1848.

Mon cher docteur,

Veuillez, si vous le pouvez, nous rassurer par un seul mot sur vous et les vôtres, et aussi sur notre ami Landresse. Je ne vous parle pas de Mohl, parce que vous m'en donneriez des nouvelles sans que je vous en demandasse ; je vais d'ailleurs lui écrire.

Je suis parti hier pour Paris, mais je n'ai pu faire beaucoup de chemin ; il m'a été impossible de passer l'eau pour aller rue Saint-Denis, où mon beau-frère a pu être exposé. Je me suis trouvé en plein état de siège, incapable de me mouvoir ni de droite, ni de gauche. Cela m'a empêché de pousser jusque chez votre portier. J'ai heureusement trouvé, rue Jacob, Mérimée et Laborde[2], et, grâce à eux, j'ai pu rejoindre la rue de l'Odéon, et, avec deux dames de notre place, j'ai pu retourner à la barrière d'Enfer et prendre la dernière locomotive qui partait. Ma femme, partie une heure après moi, n'a pu trouver de voiture pour Paris, la Montrougienne ne faisait plus le service depuis midi. Sans un mot de la femme d'Hector, nous serions dans une inquiétude mortelle.

---

1. Ce billet nous a été communiqué par le neveu du Dr Roulin, M. F.-Ch. Loysel, mort récemment directeur des contributions indirectes à Rennes.
2. Prosper Mérimée et le comte Léon de Laborde, membres de l'Académie des inscriptions et belles-lettres.

Tâchez de nous en tirer pour ce qui vous concerne. Il vous suffit de nous dire : je ne suis pas blessé ni Landresse non plus.

Tout à vous de cœur,

E. BURNOUF.

CXXIV.

A M. CHARLES BURNOUF, à Valognes.

Châtillon, 6 juillet 1848.

Mon cher oncle,

Je ne saurais assez vous exprimer quel plaisir nous a fait ici la lettre affectueuse par laquelle vous nous demandez de nos nouvelles. J'y aurais répondu plus tôt si je me fusse trouvé à Paris; mais je l'ai trouvée à mon retour d'une absence de quelques jours après les terribles événements que nous venons de traverser.

J'attendais pour vous écrire que l'état de siège fût levé; non que cette mesure, toute militaire, ait la moindre influence sur les transactions ordinaires de la vie, et surtout sur la correspondance dans et hors Paris; c'est que j'aurais été bien aise, en vous annonçant que nous n'avions couru aucun danger, de vous dire que nous avions la certitude de n'en plus courir. L'état de siège, subsistant toujours, prouve que le gouvernement croit devoir prendre encore des précautions.

Nous n'avons couru, comme je vous le disais, aucun danger ; je n'ai cependant pu quitter Paris qu'avec peine le samedi, vers quatre heures. Le vendredi, j'y étais venu de nécessité pour mon cours et pour présider l'Académie. J'avais été obligé de lever la séance à quatre heures, à cause du bruit de la fusillade. Depuis j'ai passé le reste du temps hors de Paris; quand on ne portait pas le mousquet, le mieux était de n'y pas paraître.

Charles[1] n'a aucunement souffert; depuis la Révolution de février, il avait quitté sa Barrière, où il avait été pillé et incendié. Il logeait dans le voisinage; il a seulement entendu de très près la bataille, mais n'a pas été atteint. Je lui dirai, quand j'aurai un moment pour aller le voir, quel bon intérêt vous lui avez témoigné.

Adieu, mon cher oncle, embrassez bien respectueusement notre tante pour nous, et croyez-moi

Votre bien dévoué neveu,

E. BURNOUF.

CXXV.

A M. ÉMILE BURNOUF, à Athènes[2].

17 août 1848.

Mon cher Émile,

Je ne crois pas pouvoir mieux te prouver combien ta lettre nous a été agréable qu'en reprenant avec toi

---

1. Charles Ruel, le cousin d'Eugène Burnouf, était Receveur des octrois de la ville de Paris.
2. M. Émile Burnouf, neveu de J.-L. Burnouf, depuis professeur à la Faculté des lettres de Grenoble et à celle de Nancy, enfin directeur de l'École d'Athènes, était alors membre de cette École.

le ton de notre ancienne et fraternelle familiarité. Je suis sûr maintenant que tu n'en seras pas blessé, et que tu ne mettras pas sur le compte de l'âge seul le droit que je me conserve de te tutoyer, comme mon parent le plus proche. J'ai toujours cru que, du moment que tu réfléchirais sérieusement sur les circonstances qui t'avaient refroidi à notre égard, tu saurais en rejeter la cause sur l'irréflexion de la jeunesse. Mon seul regret est que mon pauvre père n'ait pu connaître ce retour qui l'eût comblé de joie. Cette joie sera bien vive, j'en suis sûr, à Valognes, et mon oncle en jouira le premier, d'autant plus vivement qu'il sait combien mon père y eût été sensible.

Parlons de toi maintenant et de ton avenir. Je ne trouve pas que tu doives l'envisager, je ne dis pas avec inquiétude, mais même avec découragement. Tu as de bonnes et solides connaissances dans les langues : celle du grec, dans l'éducation classique, qui, malgré quelques tentatives avortées de nivellement, ne sera pas moins nécessaire à la République qu'à la Monarchie, sera toujours de premier ordre, et tu l'as enrichie et complétée par celle du grec moderne. Tu as vu la Grèce, avantage dont tu ne reconnaîtras tout le prix que quand tu auras quitté le pays. Voilà, ce me semble, un bon fonds. De plus, tu es jeune, défaut dont on ne peut se corriger, si c'en est un, qu'en se préparant une virilité solide. Tu aimes le travail, et tu ne penses pas que ce soit une preuve de force d'esprit et de bon ton que de s'en dispenser. Prêt à tout, tu peux choisir. Je n'ai pas de plan à te tracer, surtout dans un court billet où je ne voudrais que tu trouvasses autre chose que l'expression de ma sincère affection pour toi.

Cependant je reviens toujours à mon ancienne idée, celle dont je t'avais entretenu quelquefois quand tu étais encore bien jeune. Tu dois viser à l'Académie des sciences morales ou à celle des inscriptions. La voie des concours, je veux dire des prix, est une des plus sûres, peut-être maintenant la seule sûre, dans un temps où la politique va prendre pour elle les intelligences les plus avancées. Il faudra, pour arriver au titre de savant, le dire de bonne heure, et le dire surtout aux corps qui ont le dépôt de la science. On ne le peut mieux faire qu'en prenant part à leurs concours. Penses-y. Un ou deux prix aux Sciences morales t'ouvriront les portes de cette Académie, qui est, je crois, appelée à de hautes destinées.

Mais je vois que je fais le pédagogue. Nous aurons le temps d'en causer plus tard. Je n'ai plus assez de place pour te dire combien Angélique a été heureuse de ta lettre, et avec quel bonheur tes cousines reverront leur cousin Émile.

Tout à toi,

E. BURNOUF.

CXXVI.

A M. CHARLES BURNOUF, à Valognes.

Ce 18 août 1848.

Mon cher oncle,

Je viens d'écrire à Émile, en réponse à une excellente lettre qu'il m'avait adressée le 17 juillet dernier, et qui m'a été remise ces jours-ci, après quelques retards de la personne qui l'avait reçue pour moi. Je ne saurais vous dire de quelle joie nous a comblés cette lettre. Ma femme et mes petites filles, dont une est déjà grandelette, en sont dans le ravissement. Elles se font une fête de revoir leur cousin Émile, comme elles le connaissaient autrefois, avec cette différence, toute à son avantage, qu'Émile est devenu un homme rempli de connaissances solides et mûri par la vue du plus beau pays de l'Europe.

J'étais convaincu que, tôt ou tard, Émile reconnaîtrait qu'un homme de dix-neuf ou vingt ans peut se tromper dans l'appréciation des rapports de famille qui sont quelquefois très délicats. Je l'étais également que vous seriez bien heureux, ainsi que ma tante, de voir tous les membres de notre famille réunis de nouveau, et, j'en suis sûr, pour jamais, dans le sentiment d'une amitié commune. J'ai touché à Émile quelques mots de ses études; c'est un sujet intéressant pour lui, qui est si bien préparé. Quant à présent, je crois qu'il fait bien de passer encore quelque temps à Athènes. Il a d'ailleurs un ami très dévoué dans M. Guigniaut, qui, comme je crois vous l'avoir dit, porte un respect profond à la mémoire de mon père, votre frère bien-aimé.

Veuillez, mon cher oncle, embrasser pour nous tous ma tante de la manière la plus affectueuse et recevoir pour vous l'expression de mon profond respect.

Votre dévoué neveu,

E. BURNOUF.

CXXVII.

A M. Charles Burnouf, à Valognes.

Paris, le 6 octobre 1848.

Mon cher oncle,

Il en sera sans doute arrivé de ma lettre ce qui a lieu pour toutes celles qu'on remet dans des mains soi-disant sûres. Pour éviter un port à Émile, j'avais cru bien faire de me servir de la voie de M. Guigniaut, qui, sachant toutes nos affaires et y prenant le plus grand intérêt, m'avait offert de faire passer ma lettre pour Émile. Je ne puis croire qu'elle soit égarée, mais il est certain maintenant qu'elle est retardée, puisqu'elle était déjà dans les mains de M. Guigniaut avant que je vous donnasse avis que j'écrivais à Émile.

Vers le même temps, M. Guigniaut m'affirmait que les affaires financières de l'École étaient définitivement arrangées. Est-ce qu'il n'en serait encore rien? Je dois le craindre d'après votre lettre; mais la présence de M. Daveluy[1] à Paris me rassure cependant.

Vous avez raison de vous féliciter de ce que M. Daveluy a laissé l'intérim de l'École à Émile. C'est une marque de confiance très honorable, à laquelle il doit naturellement être fort sensible; j'en suis pour ma part très frappé.

Le plus tôt qu'Émile viendra, sauf ses intérêts d'avancement, bien entendu, le plus tôt il sera le bien venu. Il ne se trompe pas sur l'accueil qu'il attend de

---

1. Directeur de l'École française d'Athènes.

nous, quoique la mort de mon père et bien des changements dans notre situation matérielle, entraînés par cette perte et par les événements politiques, aient rendu notre intérieur un peu sérieux. Mais cette modification n'est que pour le père et la mère; les enfants sont, en tout temps et en tout pays, l'espérance joyeuse de l'avenir. Qu'il vienne donc, tout le monde se fait une fête de le recevoir. Je vais néanmoins lui écrire un billet en manière de duplicata.

Adieu, mon cher oncle, embrassez bien vivement notre tante pour nous, et recevez pour vous deux nos souhaits les plus sincères pour votre bonne santé.

Votre neveu dévoué,

E. Burnouf.

CXXVIII.

A M. Théodore Benfey, à Gœttingue.

Paris, le 23 décembre 1848.

Monsieur et savant ami,

Vous trouverez peut-être que j'ai beaucoup tardé à répondre à votre lettre du 28 septembre dernier, et à vous remercier du présent que vous avez bien voulu me faire de votre Sâma-véda. Mais votre volume m'est parvenu bien longtemps après la date de votre lettre, et ensuite, des occupations très variées, jointes au désir de connaître votre travail lui-même, m'ont empêché de vous écrire aussitôt que je l'ai eu reçu.

Quelque plaisir que j'aie toujours à m'entretenir avec vous, je ne puis trop m'en vouloir de ce retard, car il m'a permis de lire une certaine partie de votre édition, et de vous exprimer, plus en connaissance de cause, l'estime que j'ai conçue pour votre savoir solide, vos lectures variées et votre sagacité si heureuse. Il y a dans ce volume, si consciencieusement rempli, une masse de détails qui n'ont pas seulement le mérite d'élucider le Sâma-véda sous le rapport philologique et critique, mais qui devront se retrouver plus ou moins complètement dans les travaux dont les autres parties du Véda devront être successivement l'objet. Je signale surtout, sous ce rapport, l'index substantiel où nous trouvons tous bien des choses neuves à apprendre. Pourquoi faut-il que d'impérieux devoirs, et les engagements que j'ai pris à l'égard d'autres travaux, me privent du bonheur d'apporter aussi ma pierre à l'édifice dont vous venez de construire si heureusement une partie considérable !

J'ai présenté moi-même votre volume à l'Académie des inscriptions ; j'en ai dit ce que me permettait d'en penser une lecture assez avancée, avec un accent de conviction auquel je crois que l'Académie a dû accorder créance. L'Académie connaît vos travaux ; je ne négligerai aucune occasion pour les lui rappeler. Ce sera un jour bien heureux pour moi que celui où je pourrai vous proposer comme candidat à la liste de nos Correspondants. Mais nous n'avons pas eu de vacance cette année ; et peut-être les orientalistes devront-ils attendre un peu, car les dernières nominations ont été faites dans cette partie de l'érudition.

Adieu, Monsieur et savant ami, recevez, de nouveau, mes remerciements pour votre précieux cadeau, et mes sincères félicitations pour le succès d'une œuvre dont il sera parlé bien honorablement pour vous dans toute l'Europe savante.

Votre tout dévoué,

E. BURNOUF.

CXXIX.

A M. ÉMILE BURNOUF, à Athènes.

Paris, 1ᵉʳ janvier 1849.

Mon cher Émile,

Je souhaite bien vivement que tu ne m'imputes pas trop sévèrement le retard que j'ai mis à répondre à ta lettre de la fin de novembre dernier. Tu ne saurais croire par quels soucis de tout genre j'ai passé mon mois de décembre. J'ai eu beaucoup de besogne pour la fin de l'année, comme président de notre Académie et de l'Institut. A ces soins, qui constituent des devoirs auxquels nul ne peut se soustraire, parce qu'ils nous arrivent à tour de rôle, sont venues s'ajouter des affaires personnelles très désagréables et assez peu réparables, des pertes d'argent et autres accidents pareils. Enfin, je me porte très mal, souffrant des douleurs très vives d'une névralgie pour laquelle je me fais tirer du sang le 2 janvier. Tout cela ne me donne pas des idées couleur de rose. Mais je m'aperçois que je fais le contraire de ce que je voulais, que je ne te parle pas de toi.

Tu as raison de songer à l'Académie des sciences morales et politiques, c'est-à-dire, pour commencer, aux prix que cette Académie distribue de temps en temps. Mais je pense aussi que tu dois attendre ton retour ; tu ne pourrais rien faire sans livres et sans repos d'esprit. Mais, quelque détermination que tu doives prendre, cesse donc de te croire trop âgé. Tout vient à point à qui sait attendre, et personne ne pourra dire que tu aies perdu ton temps à visiter la Grèce comme tu l'as fait.

Ta lettre touche à un autre point d'une plus grande importance, parce que, selon que l'on prend une détermination, le bonheur ou le malheur de la vie peuvent y être engagés. Mais c'est un point qui ne peut être traité commodément par lettres. En thèse générale, je suis pour le mariage ; c'est un état moral et digne, où le besoin de sociabilité, qui est au fond du cœur de l'homme, trouve une satisfaction à la fois pure et sensible. Mais il n'y a rien au monde où il faille plus de précautions. Nous en causerons longuement à ton retour. Aujourd'hui, je ne te puis dire qu'une chose, c'est de continuer comme tu as commencé. Quand tu seras revenu parmi nous, il se présentera vraisemblablement telle occasion que tu ne prévois pas de mettre à profit les résultats de ton exil studieux, et qui n'est pas, même aujourd'hui, sans compensation.

Tout le monde ici s'associe à moi pour désirer de te revoir. Tu fais bien de compter sur l'affection de ma femme et de tes cousines ; elle survit à ta longue absence, et leur souhait le plus vif est de t'en donner des preuves.

Adieu, mon cher Émile, crois bien que, si jamais je puis quelque chose, je ne te manquerai pas.

Tout à toi,

Eug. BURNOUF.

CXXX.

A M. J.-P. ROSSIGNOL, à Paris.

Paris, 11 janvier 1849.

Monsieur,

J'ai reçu la lettre par laquelle vous me faites l'honneur de m'informer que vous ne pouvez, cette année, remplir les fonctions de suppléant de la chaire de grec que M. Boissonade avait demandées pour vous à l'assemblée des professeurs du Collège de France du 7 janvier 1849.

Je regrette beaucoup, et l'assemblée regrettera comme moi, la détermination que vous avez prise. M. Boissonade s'associe à nos sentiments, et il me charge de vous les exprimer.

Après cette communication entièrement officielle, permettez-moi, Monsieur, de vous remercier de ce qu'il y a d'aimable dans le billet que vous m'avez fait l'honneur de m'adresser à l'occasion du nouvel an. Vous y exprimez une opinion au-dessous de laquelle je ne me sens que trop placé. Ce que je vous dis là est chez moi une conviction tellement forte que je fais en ce moment toutes les démarches nécessaires pour être dispensé de continuer des fonctions pour lesquelles je n'ai aucune aptitude. Je n'en suis pas moins sensible à votre bonne opinion, car je sais tout le prix de vos jugements.

Agréez, Monsieur, etc.

E. BURNOUF.

CXXXI.

A M. Charles Burnouf, à Valognes.

Paris, 16 janvier 1849.

Mon cher oncle,

Je sens trop vivement quelle doit être votre inquiétude pour tarder un seul instant à vous répondre. Je n'ai pas, il est vrai, de nouvelles bien récentes d'Émile ; sa dernière lettre est de la fin de novembre 1848 ; mais j'ai vu récemment M. Guigniaut qui en avait reçu par deux de ses collègues récemment revenus de Grèce. J'ai moi-même reçu la visite de M. Daveluy, le directeur de l'École française d'Athènes. M. Daveluy ne m'a pas laissé soupçonner que rien, si ce n'est peut-être quelque voyage dans l'intérieur du pays, pût empêcher Émile d'écrire en France. Je lui ai adressé une lettre le 3 ou le 4 janvier, mais je ne puis encore en avoir de réponse. Du reste, M. Daveluy m'en a dit beaucoup de bien, et son suffrage est déjà acquis à Émile pour le moment où il reviendra ici réclamer une position plus stable. C'est aussi ce que m'a dit M. Guigniaut il y a moins de dix jours.

Je ne vois donc pas qu'il y ait lieu de votre part au moindre sujet d'inquiétude. Je comprends néanmoins que vous désiriez vivement, ainsi que ma tante, d'avoir promptement de ses nouvelles. A la distance où il se trouve de vous, le moindre délai peut produire un long retard. Espérons que vous ne tarderez pas à recevoir de lui un billet.

Je vous suis bien reconnaissant, mon cher oncle, de ce que vous me dites de bon à l'occasion de la place d'administrateur du Collège de France, à laquelle j'ai été appelé à la fin de l'année 1848. Je n'avais pas demandé cette position que l'on m'a imposée sans me consulter. Ne me sentant aucune aptitude pour les fonctions administratives, j'ai été assez heureux pour convaincre le ministre que je ne pouvais accepter ces fonctions, et j'ai déposé hier ma démission entre ses mains. J'ai seulement fait l'intérim, de la fin de décembre 1848 au 15 janvier 1849.

Recevez, mon cher oncle, ainsi que ma tante, l'assurance de mon respectueux attachement et celui de toutes mes petites filles et de ma femme.

Votre bien dévoué,

E. BURNOUF.

CXXXII.

A M. ÉMILE BURNOUF, à Athènes.

Paris, 2 mars 1849.

Mon cher Émile,

Quand j'ai reçu ta lettre du 18 janvier, nous n'étions pas sans inquiétude ici sur ta santé. Nous avions reçu de mon oncle une lettre qui nous demandait de tes nouvelles; je n'avais malheureusement pas pu lui en donner; j'avais cependant fait tout mon possible pour le tranquilliser. Avant que ta lettre me parvînt, mon oncle en avait une de toi, et il avait eu la bonté de m'en donner avis. Ta dernière achève de nous ôter toute crainte, quoiqu'elle ne nous montre que trop quels dangers court un voyageur en Grèce quand il veut, comme toi, voyager réellement, c'est-à-dire autre part que dans les livres.

Je n'ai pas eu moins de plaisir que toute la famille à lire ton intéressante lettre du 18. Mon avis cependant est que tu feras bien de te ménager, surtout dans les derniers temps de ton séjour. Il ne faut pas revenir en France avec quelqu'une de ces affections qui ressemblent, si elles ne préparent pas, à des maladies organiques. M. Daveluy, que j'ai vu et avec lequel je me suis, aussi longtemps que j'ai pu, entretenu à fond de toi et de ton séjour en Grèce, m'a dit que tu travaillais beaucoup. J'avais bien reconnu par tes lettres que tu avais considérablement agrandi le cercle de tes connaissances, et que tu avais dû donner plus de profondeur à celles que tu avais emportées de France. Maintenant, par tes lettres aussi, je vois que tu peux courir des dangers de plus d'un genre, et je te prie, tant en mon nom qu'au nom de tes parents, dont je ne crains pas de me dire l'organe, je te prie, dis-je, de ne pas compromettre l'avenir de ta santé en voulant trop bien faire.

Mais parlons de ton projet de tourner cap vers l'Orient. J'avoue que ce projet me ferait personnellement un très grand plaisir. Je serais heureux de pouvoir te servir à quelque chose, pas à beaucoup de choses, sans doute, puisque la nouveauté des études auxquelles je me suis livré depuis vingt ans, et mes devoirs de professeur m'ont forcé de donner à mes travaux une direction purement philologique. Mais, enfin, si cette philologie pouvait te rendre l'abord du sanscrit plus facile, tu serais par là en mesure de faire de tes connaissances d'heureuses et neuves applications. Il n'est que trop vrai que peu de personnes dans l'Institut se livrent à l'étude du nouvel Orient (car il y en a de bien des sortes, et ce n'est pas dans une lettre que je pourrais te les définir toutes pour te mettre à même de faire ton choix). Cependant j'ai quelques élèves qui ont déjà pris date par quelques publications. Mais rien de tout cela n'est redoutable, et, avec deux années d'études, j'ai la conviction que tu seras placé au niveau des plus habiles. Ce n'est pas un compliment que je te fais ; c'est qu'il paraît chaque jour un assez grand nombre de textes et de traductions pour qu'on acquière une connaissance très profonde de la langue et d'une partie des idées par la seule lecture des ouvrages des autres. Il me semble que tu entrerais actuellement dans cette étude de la manière la plus favorable, et par tes préparations personnelles, et ensuite par l'état auquel est parvenue l'étude elle-même. Au reste, comme tu ne pourras rien décider qu'à ton retour, garde ton projet pour toi, nous en causerons amplement quand nous nous verrons. Alors il me sera plus facile de te faire entrevoir ce que tu serais apte à en retirer immédiatement de connaissances, et les résultats ultérieurs que tu pourrais y trouver plus tard. Pour aujourd'hui, le projet me paraît excellent, et je suis prêt à te seconder. Mais tu verras qu'il faut s'entendre sur le mot Orient, et que, selon les idées qu'on cherche sous ce nom, il me serait ou possible ou impossible de t'être de quelque secours.

Adieu, ménage-toi sérieusement, et crois-moi
Ton bien dévoué cousin,

E. BURNOUF.

CXXXIII.

A M. Paul Boetticher (Paul de Lagarde), à Berlin.

Le jour de Pâques, 8 avril 1849.

Monsieur,

J'espère que vous ne m'en voudrez pas beaucoup du retard que j'ai mis à vous répondre. Je n'ai pas reçu votre lettre, avec les *Rudimenta* qui l'accompagnaient, aussitôt que devait l'indiquer la date de leur envoi[1]. Vous savez que les libraires ne mettent pas toujours beaucoup de célérité dans leurs commissions.

Vos *Rudimenta* sont certainement plus nourris et traités avec une critique plus sévère en bien des points que votre premier traité. Il me semble que les résultats exposés dans votre § 6 sont à l'abri de toute critique. Je voudrais être plus versé dans les langues sémitiques pour que mon jugement eût plus de poids; mais, autant que j'en puis juger, il y a certainement une série de points où il est possible, grâce à vos recherches, de constater d'incontestables emprunts faits par les littératures ou les philosophies des peuples sémitiques aux langues et aux idées des peuples ario-indiens. Je vous remercie particulièrement de vos analogies hébraïques entre les Siddhas et Amererât; c'est un trait de lumière jeté sur deux mots bien obscurs.

Vous devez, Monsieur, éprouver le besoin de poursuivre ces curieuses et intéressantes recherches. Elles

---

[1]. La lettre de P. Boetticher est datée de Berlin, le 13 février 1849.

n'ont pas seulement de l'intérêt pour ceux qui s'occupent particulièrement des anciennes langues de l'Asie, elles méritent encore l'attention de l'historien et du philosophe qu'elles mettent sur la voie de rapports, anciennement existants et depuis longtemps oubliés, entre les anciens peuples de l'Orient.

Croyez bien, Monsieur, que je suivrai toujours avec le plus grand intérêt la marche de vos recherches, et recevez l'assurance sincère des sentiments d'estime avec lesquels j'ai l'honneur d'être

Votre très humble serviteur,

E. Burnouf.

CXXXIV.

A M. L. de Raynal, premier avocat général,
à Bourges.

Paris, 13 juillet 1849.

Mon cher ami,

Je pensais à vous écrire, pour vous féliciter de l'arrêté qui vous rendait votre ancienne position, quand j'ai reçu le billet qui m'annonce la perte cruelle et irréparable que vous venez de faire. Ceux-là seuls qui ont été frappés de tels coups savent en sentir toute l'amertume, et ce n'est pas une consolation que de dire à un fils qu'il a pu voir longtemps auprès de lui son père et lui exprimer par ses respects une reconnaissance qu'il sent bien ne pouvoir s'acquitter jamais. J'ai entendu souvent mes meilleurs amis m'adresser cette espèce de consolation. Je ne l'ai certainement pas repoussée, car en de tels moments que n'accepte-t-on pas? Je sentais cependant qu'un fils ne pouvait s'en satisfaire, et je me suis bien promis de ne jamais l'offrir à un fils assez heureux pour avoir conservé longtemps son père, assez malheureux pour se le voir enlevé à jamais.

Avec vos devoirs de père, de magistrat et de citoyen, avec ce que vous mettez de conscience et de force à les remplir tous, cette perte n'en laissera pas moins un nuage de tristesse sur le reste de votre vie. Mais le souvenir d'un père vénéré, qui emporte avec lui les respects de tous les honnêtes gens et qui laisse à son fils un beau nom et de bons exemples, vous rendra plus chères, si cela est possible, les obligations que vous imposent vos nombreux devoirs. Vous vous sentirez le chef réel d'une famille qui attend tout de vous; si les conseils d'une plus longue expérience vous manquent, vous sentirez plus vivement le besoin de vous reporter par le souvenir au temps où vous pouviez les demander. Enfin, vous le dirai-je, on ne pense jamais plus à son père, sa parole et ses actions ne vous sont jamais plus présentes, que quand on a eu le malheur de le perdre.

Adieu, mon bien bon ami, je souhaite vivement que la santé et le bien-être de votre famille vous laissent tout entier aux légitimes sentiments de regret que vous devez éprouver.

Votre bien dévoué,

E. BURNOUF.

CXXXV.

A M. Émile Burnouf, à Paris.

1er août 1849, à midi.

Mon cher Émile,

J'apprends avec bien de la joie que tu es enfin de retour en France. Nous allons, je l'espère, te voir pendant ton court séjour à Paris. Comme je n'y suis pas cet été, je te laisse, rue de l'Odéon, n° 35, un mot d'instruction pour que tu puisses me rencontrer, en perdant le moins de temps que cela sera possible.

Premièrement, je suis à Paris tous les vendredis, à l'Institut, de deux heures à quatre heures du soir. Voilà pour le cas où tu arriverais juste vendredi 3 août.

Secondement, je reste à Châtillon-sous-Bagneux (banlieue) les autres jours de la semaine, sauf le mercredi, où je viens pour vérifier des impressions à l'Imprimerie nationale, rue Vieille-du-Temple. Je ne pourrais aisément te donner rendez-vous pour ce jour de mercredi, parce que je ne fais que poser rue de l'Odéon, et que l'Imprimerie nationale en est bien éloignée.

Troisièmement enfin, tous les autres jours de la semaine, il faudra que tu prennes la peine de te transporter à Châtillon, voyage considérable et comparable en importance à celui de Paris à Saint-Cloud. Pour le faire, tu trouveras, soit au coin du Pont-Neuf, soit le long de la rue Dauphine, ou de celle de l'Odéon, ou de celle d'Enfer, un omnibus nommé « Montrougienne, » qui, pour cinquante centimes, te conduira à la barrière d'Enfer, où un autre omnibus, également

ment montrougien, te prendra pour te mener à Châtillon pour la même somme. A Châtillon, tu demanderas M. Burnouf, rue du Ponceau, n° 6, route de Bièvre, et, en une heure environ de Paris, à ce n° 6, rue du Ponceau, tu auras accompli cet intéressant appendice à tes grands voyages, lequel nous rendra tous bien heureux.

Voilà pour le plus pressé. L'important est que tu voies quelques personnes. En arrivant, fais une tentative chez M. Guigniaut, 32, rue de l'Odéon. S'il n'est pas à Paris ou à l'Université, tu le trouveras à Fontenay, très près de nous; je t'indiquerai sa demeure, de sorte qu'en venant à Châtillon tu pourras faire d'une pierre deux coups. Il est capital que M. Guigniaut puisse savoir que tu as mis un grand empressement à le voir, car il t'a beaucoup soutenu. Je t'en donnerai encore d'autres raisons de vive voix.

Tout à toi. Je ne puis penser sans émotion combien ton père et ta mère vont être heureux d'apprendre ton retour!

E. BURNOUF.

CXXXVI.

A M. TRITHEN, à Londres.

Paris, ce 3 août 1849.

Monsieur,

Si j'avais pu oublier l'agréable journée que j'ai passée avec vous, il y a déjà quelques années, le précieux cadeau[1] que vous avez bien voulu m'envoyer

1. « The Mâhâ-vira-charita, or the history of Rama, a sans-

par les soins de M. Daremberg m'en aurait fait vivement ressouvenir. Je vous remercie sincèrement de cet envoi auquel j'attache bien du prix, non moins à cause du texte en lui-même qu'en considération de l'éditeur. Ce que j'ai lu de ce drame m'a fort intéressé, car c'est un bien beau sanscrit que celui que parle Bhavabhûti. Votre texte me paraît être d'une correction rare, et, à en juger par plus d'un passage ardu, ce mérite n'était pas très facile à obtenir. Je ne puis vous dire avec quelle impatience j'attends votre traduction et vos notes. Cette dernière partie du travail, composée par un homme d'une aussi grande lecture que vous, ne peut manquer d'être aussi riche qu'intéressante. Tel qu'il est déjà, votre volume est une belle et bonne addition à ce que nous possédons de haute littérature dramatique, et il me semble qu'un tel début devrait vous engager à donner au public ce que l'on possède en Europe des drames de Bhavabhûti. Nul ne serait plus capable que vous de conduire à bonne fin cette entreprise.

En vous remerciant de nouveau, Monsieur, de cette marque précieuse de votre bon souvenir, je vous demande de me le conserver, et je fais les vœux les plus sincères pour que vous ayez la santé et la force nécessaire pour continuer des travaux si heureusement commencés.

Votre tout dévoué,

E. BURNOUF.

crit play, by Bhatta Bhavabhûti. Edited by H. Trithen. » London, 1848. Grand in-8°.

CXXXVII.

A M. Reinhold Rost, à Londres[1].

Paris, le 3 août 1849.

Monsieur,

Je dois vous paraître bien négligent de ne vous avoir pas remercié plus tôt des intéressants détails que vous avez bien voulu me donner sur les manuscrits palis et barmans du British Museum. Mon intention était de répondre à votre intéressante communication par l'envoi de quelques détails analogues sur les manuscrits de même espèce conservés à la Bibliothèque nationale de Paris ; mais des dérangements de tout genre, et surtout le peu d'ordre qu'il y a dans cette partie de ce savant dépôt, m'en ont jusqu'ici empêché. Je vous dirai seulement le nom de quelques manuscrits que j'ai vus ou dont je connais l'existence.....

(Suit l'énumération de huit manuscrits palis et barmans.)

Enfin, j'ai reconnu plusieurs feuilles, mais incomplètes et en désordre, du *Dhammasat*, dont vous voulez bien m'entretenir dans votre lettre. Je pense que vous avez bien raison de regarder ce livre comme l'un des plus précieux que possèdent les Barmans. Je fais les vœux les plus sincères pour que vous puissiez le publier. Avec le Mahâvamsa, qui mériterait tant d'être repris et continué, ce serait ce qu'on pour-

---

[1]. Nous tenons cette lettre de M. le Dr Reinhold Rost, bibliothécaire de l'India Office, qui a bien voulu nous la donner par l'obligeante entremise de M. le Dr Ch. Rieu, conservateur des manuscrits orientaux au British Museum.

rait publier de plus intéressant pour l'histoire des nations buddhistes du sud de l'Inde. Quant à moi, je vois, avec regret, que ce que j'ai rassemblé jusqu'ici sur le buddhisme du sud n'ajoute pas autant que je l'aurais espéré à ce que nous connaissons déjà par les ouvrages imprimés; mais je sens bien que cela vient du manque de livres, et ce manque peut, il faut l'espérer, diminuer d'un jour à l'autre. C'est pour cela que je n'hésiterai pas à solliciter de la Société asiatique [de Londres] la faveur d'obtenir la communication de quelques-uns de ses manuscrits palis et barmans, quoique, comme vous le remarquez très justement, la collection de la Société asiatique soit de beaucoup inférieure à celle du British Museum. M. Mohl, qui va en ce moment à Londres et qui vous fera tenir cette lettre, doit demander pour moi à M. Wilson le *Mâtikâ*, que je trouve souvent cité et que je n'ai jamais vu, et le *Bhuridatta jâtaka*. Ces petits traités des Vies de Buddha, quoique nuls pour l'histoire, ont pour moi l'intérêt des mœurs qu'ils représentent.

Adieu, Monsieur, veuillez quelquefois m'honorer de vos communications savantes, et croyez bien que personne ne prend plus d'intérêt que moi au succès des travaux que vous avez déjà si heureusement commencés.

Votre tout dévoué,

E. BURNOUF.

CXXXVIII.

A M. J. Mohl, à Londres.

Vendredi 10 août 1849.

Mon cher ami,

J'ai reçu hier jeudi une lettre d'Ampère, par laquelle il me prie de lui envoyer les 1,644 francs que vous m'avez remis pour lui. Je les dépose en conséquence chez Rothschild, aujourd'hui vendredi, avant l'Académie, et je vous en donne avis, car, pour écrire à Ampère, cela est impossible, puisqu'il ne donne aucune espèce d'adresse, et que sa lettre n'est pas même datée. Les poètes ont le droit d'être inexacts. Je suppose donc que vous avez quelques occasions de le voir. Si, par aventure, vous n'étiez plus à Londres, Ampère irait peut-être de lui-même chez Rothschild, dans le fameux *lane* que connaît le monde entier, ou il se souviendrait peut-être que, quand on veut une lettre, on donne au moins son adresse.

J'ai oublié de vous prier de me chercher, si cela ne vous dérange pas trop, ce qui me manque du *Journal asiatique du Bengale;* ce sont les numéros de décembre et novembre de l'année 1847 et le numéro de novembre 1848. L'acquisition de ces trois numéros me serait très utile en me complétant une assez longue série.

J'ai aussi reçu un certain nombre de numéros du *Journal de l'Archipel indien*, dont Landresse a aussi un certain nombre, apportés déjà par Fontanieu. Si vous pouvez me trouver le tome I entier, avec les numéros I et II (premier et second) de l'année 1848, cela me procurera un exemplaire complet de ce qui a paru en 1847 et 1848. Car, pour cette dernière année, je possède jusqu'au numéro XII inclusivement. Je ne crois pas vous demander l'impossible en ce qui touche la première année 1847, parce qu'un numéro de l'année 1848 nous apprend que cette année 1847 a été réimprimée en 1848, et qu'on l'a à Singhapore pour trois dollars. Cependant il serait fort possible que les crocodiles n'eussent envoyé aucun exemplaire à Londres.

Je ne suppose pas que la Grammaire barmane de Latter soit un ouvrage très cher. J'ai à ma disposition l'exemplaire de la Société asiatique ; mais j'aimerais bien à posséder ce livre moi-même, dans le cas surtout où quelqu'un voudrait regarder au barman. Je rendrais aussitôt l'exemplaire à notre Bibliothèque.

Adieu, mon cher ami, présentez nos respects affectueux à Mme Mohl, les amitiés des petites à votre chère nièce et croyez-moi

Votre bien dévoué,

E. BURNOUF.

CXXXIX.

A M. J. MOHL, à Londres.

Vendredi, 17 août 1849.

Mon cher ami,

Vous avez dû recevoir de moi une lettre, si vous êtes allé à la Société asiatique. Je vous priais d'aviser

Ampère que le dépôt de son argent chez Rothschild avait été fait par moi le vendredi 10 août. La Société asiatique réside-t-elle toujours Grafton street? De toute manière j'ai écrit à Ampère, poste restante à Londres, pour qu'il se présente St Swithin-lane.

Je vous remercie beaucoup de la négociation que vous avez entamée pour moi avec Wilson. Je regrette que vous n'ayez pas été plus heureux en ce qui touche les manuscrits à acheter. Ce n'est ni de votre faute ni de celle des bouquinistes si les Nababs qui reviennent de là-bas sont si lourdement indifférents. Ce que vous me dites d'une belle collection singhalaise m'affriande singulièrement, mais je suis au moins aussi embarrassé ici pour vous rien demander de précis que vous le serez vous-même quand on étalera devant vous ces jalousies bigarrées de pattes d'araignées. Si la collection est de manuscrits en langue singhalaise ou *elou*, je n'en veux pas pour un farthing; non pas que je méprise le moins du monde le singhalais, mais parce que je n'ai pas le temps de l'apprendre assez à fond pour m'en servir aussi commodément que du sanscrit. Mais il n'est pas probable qu'une *belle* collection venue de Ceylan ne renferme que du singhalais. Vous sentez déjà que le mal me gagne et tout ce que le trait tiré sous *belle* renferme de conséquences compromettantes pour votre repos et vos jambes. Voici le fait : s'il y a des manuscrits palis et qu'on les en veuille détacher, je les prendrai bien volontiers, et ne regretterai plus les manuscrits barmans, car ils sont bien inférieurs en correction aux singhalais. Mais, si vous n'avez pas de titres anglais, comment vous les faire reconnaître sans un Singhalais *at your elbow?* Je ne sais d'autre caractère distinctif d'un manuscrit singhalais comparé à un manuscrit pali, si ce n'est que, dans le singhalais, les lignes sont constamment surmontées de petits drapeaux, placés au-dessus des lettres et assez faciles à distinguer des autres traits supérieurs dominant quelques lettres, traits qui ne sont jamais perpendiculaires, mais bien inclinés soit à droite, soit à gauche, à la différence du drapeau qui est parfaitement droit. Mais je sens bien combien ce détail est fugitif.

Tout cela ce sont des paroles en l'air, qui ne pourraient avoir quelque utilité que si la collection renferme du pali et si on est disposé à la fractionner. Car je tremble pour le prix dans une ville aussi riche. Pour les titres, je ne vous en donne pas quoique je le pourrais faire, car nous sommes si pauvres en textes buddhiques que nous manquons absolument de tout.

Je prends part à vos tribulations, mais je ne m'en étonne pas; un de mes amis, qui était à Londres en 1835, m'écrivait, il y a un mois, que la population avait augmenté d'un quart depuis douze ans.

Nous nous recommandons au souvenir de Mme Mohl, à laquelle nous présentons nos hommages respectueux, et les petites offrent leurs amitiés à votre aimable nièce.

Tout à vous truly,

E. BURNOUF.

CXL.

A M. Charles Burnouf, à Valognes.

Châtillon, 25 août 1849.

Mon cher oncle,

Je n'ai pas répondu plus tôt à votre lettre du 12 courant parce que je ne l'ai reçue que le vendredi 17, à un moment où vous étiez parfaitement rassuré sur le sort de votre cher fils. Nous étions allés, ma femme et moi, conduire nos enfants dans la famille du grand-papa, et je n'étais revenu à Paris que le vendredi. Depuis ce temps, j'ai un peu tardé pour me donner le temps de recueillir quelques renseignements sur la destination qu'on garde pour Émile. Jusqu'ici le travail n'est pas commencé, mais j'ai vu M. Guigniaut deux fois, et toujours il m'a paru dans les meilleures dispositions. M. Guigniaut n'est pas un homme qui se débarrasse des gens par de belles paroles. Il est fort sûr et nous est parfaitement dévoué pour des raisons dont Émile pourra vous dire la principale. Son idée, c'est qu'Émile doit rester à Paris, coûte que coûte. Je suis convaincu qu'il tiendra à voir réalisée cette idée. Une fois à Paris, le sort d'Émile est dans ses mains.

Je ne vous demanderai pas combien vous avez dû être heureux de revoir Émile, après une si longue absence et des vicissitudes de voyages et de santé dont quelques-unes devaient vous donner de l'inquiétude. Un père seul peut sentir tout cela, et votre cher fils me prouve par sa lettre tout ce qu'il a éprouvé lui-même aux témoignages de tendresse de sa mère et de vous. Gardez-le bien portant et heureux de vivre dans sa famille. Pour nous, à son retour à Paris, nous nous chargeons de continuer votre œuvre d'attachement et de soins. Vous n'aurez pas de peine, mon cher oncle, à me déléguer de vos pouvoirs paternels ce qu'ils ont de bienveillant et d'affectueux, quand vous saurez qu'avec mes quarante-huit ans sonnés je serais très aisément le père d'Émile, au moins en Italie ou en Espagne.

Adieu, mon cher oncle. Ma femme et moi nous vous embrassons, ainsi que notre tante, et nous faisons des vœux sincères pour votre santé.

Votre neveu dévoué,

E. BURNOUF.

CXLI.

A M. J. MOHL, à Londres.

Châtillon, 31 août 1849.

Mon cher ami,

Je crains bien d'être le premier à vous annoncer une triste nouvelle qui vous affligera beaucoup. Haughton est mort mardi dernier à Saint-Cloud, où il s'était retiré depuis votre départ pour Londres. Je ne l'ai appris qu'hier à Châtillon; la lettre m'est parvenue trop tard pour que je pusse aller à Paris, au service qu'on lui faisait à l'Oratoire. J'ai écrit immédiatement à ses nièces, en supposant qu'elles ont encore un domicile rue Soufflot. Je ferai tout mon possible pour les voir, car elles doivent être bien abandonnées dans la solitude si triste où les laisse la mort de leur oncle. Il est affligeant de penser que Haughton aura hâté sa fin par le soin même qu'il prenait de sa santé ; mais il était bien difficile qu'il ne pensât pas constamment à lui avec la vie retirée qu'il menait. Voilà encore une perte qui sera bien sensible à Mme Mohl.

Vous penserez sans doute que je ne ferai pas mal, dès que la chose ne sera pas indécente, de pressentir l'Académie pour le choix de son successeur ; ce doit être Wilson, et il n'y aura, j'espère, aucune divergence sur son nom. Je désire pour ma part que notre unanimité lui soit acquise.

Je vous remercie beaucoup des détails que vous me donnez dans votre dernière lettre. Décidément on ne peut lutter avec les Anglais pour l'acquisition des manuscrits transgangétiques ou autres. J'en fais très philosophiquement mon deuil. Si je n'ai pas autant de matériaux pour mon deuxième volume que pour le premier, un autre viendra qui complétera les lacunes. Je vous avouerai d'ailleurs que, maintenant, je travaille plus pour satisfaire ma curiosité personnelle et occuper ma vie que pour me faire un nom auprès du public.

Depuis votre dernière lettre, j'ai reçu d'Ariel[1] une épître volumineuse et très curieuse, d'où j'extrais ceci, qui touche à mes manuscrits palis-barmans : qu'ils sont aussi introuvables dans l'Inde qu'à Londres.

J'ai eu assez de bonheur, dans ces derniers temps, pour le *Journal du Bengale*. Duprat m'en a fourni un *set* de cinq numéros. Il ne me manque absolument

---

1. Secrétaire-archiviste du gouvernement à Pondichéry, disciple d'Eugène Burnouf, dont il avait suivi le cours de sanscrit.

plus que le numéro d'octobre 1848. Avec ce numéro, j'aurai jusqu'à janvier 1849 inclusivement ; c'est assez respectable. Si vous avez fait l'acquisition des autres numéros que je vous demandais, et que j'ai maintenant, ne vous en inquiétez pas. Gardez-les néanmoins, je les glisserai à Duprat ou à n'importe qui ; dussé-je même les garder. Pour un journal aussi difficile à se compléter, il n'y a pas lieu d'appliquer la maxime de droit : *non bis in idem*.

Adieu, mon cher ami, offrez nos respects à Mme Mohl et croyez-moi

Votre dévoué,

E. BURNOUF.

CXLII.

A M. J. MOHL, à Londres.

19 octobre 1849.

Mon cher ami,

Je vous remercie beaucoup des peines que vous vous êtes données pour me trouver des manuscrits palis et barmans. Je vois que la récolte de ces objets n'est pas plus facile à Londres qu'à Paris.

Veuillez présenter mes remerciements sincères à Trithen et à Vaux pour le cadeau qu'ils veulent bien me faire. J'ai immédiatement chargé Duprat d'envoyer à Vaux un exemplaire du Yaçna à l'adresse que vous m'avez indiquée. Quant à Trithen, je ne vois pas pourquoi, quand j'aurai fait de son manuscrit l'usage dont il vaudra la peine, je ne le lui renverrais pas. Vous devez savoir que je ne suis plus aussi maniaque de propriété que je l'étais autrefois ; le communisme me gagne, et je ne suis en ce moment avide que du fonds contenu dans les manuscrits. Ainsi, en remerciant Trithen, dites-lui que j'entends ne pas garder son volume. Quant à Vaux, il me semble que j'achète son paquet probablement ce qu'il vaut. Cependant, si dans ce paquet de feuilles il y avait quelque chose qui en valût la peine, je le copierais et le lui renverrais.

J'ai vu naturellement Landresse, ce qui a retardé d'un jour ma réponse. Il vous remercie du *Bird* qu'il veut bien acheter, en noir ou en couleur, comme vous voudrez, car vous en pouvez juger seul, étant sur les lieux.

Quant à la Grammaire barmane de Latter, je la lui ai coulée adroitement. Vous pouvez donc la commander pour la Bibliothèque de l'Institut. Restent les numéros du *Archipelago*, que vous avez trouvés incomplets du n° 5. Décidément, et vu l'état de ma bourse, je trouve que 35 francs sont beaucoup d'argent pour cela. J'aimerais mieux mettre cette somme au *Yajur* de Weber. Ne me prenez donc pas ces numéros ; je m'en passerai. Mais je vous remercie du numéro d'octobre 1848 du *Journal du Bengale*. Est-ce que je ne ferais pas bien, mon budget étant peu chargé, de vous prier de me prendre ce que vous trouverez de l'année 1849 ? Je n'ai encore reçu que janvier.

Adieu, mon cher ami, pardonnez à l'affreux papier dont je me sers. J'avais prié Dumont de m'acheter une rame d'excellent papier à lettres. Voilà ce qu'il m'a donné !

Mille respects à Madame Mohl de ma part et de celle de ma femme.

L'élection à la place de Letronne est bien pour le premier vendredi de novembre. On ne sait au juste ce qui se passera, vu que Ravaisson n'est pas à Paris et que Longpérier, trouvant le champ libre, a marché en véritable enfant de M. le maire de Meaux, comme disait Dumersan, de vaudevillique mémoire.

E. B.

CXLIII.

A M. Charles Burnouf, à Valognes.

Paris, 30 octobre 1849.

Mon cher oncle,

Nous voici de retour à Paris d'hier au soir, et je ne veux pas laisser passer la journée sans vous écrire pour vous exprimer la satisfaction que nous avons eue du retour d'Émile et de la simplicité toute fraternelle avec laquelle il a accepté jusqu'ici notre hospitalité amicale. Nous espérons bien que notre établissement rue de l'Odéon ne relâchera pas le lien qu'il a contracté avec nous pendant un mois de séjour à Châtillon. Pour notre part, nous ne négligerons rien pour que notre voisinage et notre intimité lui soient agréables et, si cela est possible, profitables. Il a dû vous écrire qu'il avait loué un petit logement de garçon dans la maison que nous habitons, juste au-dessous de nous. Il viendra prendre ses repas chez nous en famille, et le soir, quand il ne sera pas trop pressé de travail, il restera toute la soirée. D'ailleurs, nos après-dîners ne sont pas totalement perdus. Comme, depuis longues années, j'ai consacré chaque soir à l'éducation de mes enfants, dont nuls autres que moi et ma femme ne se sont jamais occupés, quand j'ai donné la leçon d'allemand ou d'anglais, nous faisons à haute voix quelque bonne lecture dont tout le monde profite. Émile aime beaucoup ce passe-temps, qui va bien à son esprit réfléchi et ami de toutes les bonnes connaissances, et moi qui, à force d'apprendre des langues baroques, cours le risque d'oublier la mienne, je pousse beaucoup à la pratique de ce bon exercice. Du reste, dès le mois d'octobre, il a déjà commencé sa thèse de docteur et il ne paraît pas mécontent de ses commencements. J'ai la ferme espérance qu'il réussira et que ce ne sera pas de sa faute s'il n'atteint pas la position qu'il mérite.

Hier au soir, en arrivant, il a pris possession d'une caisse de très belles pommes de pigeonnet et de reinette qu'il a aussitôt mises à la disposition de la communauté. Vous jugez de la joie qu'on aura cet hiver à manger ces pommes. Aussi je ne voulais pas vous écrire sans vous remercier pour notre part, puisque, grâce à l'amitié d'Émile, c'est à nous aussi que vous faites ce joli cadeau.

Adieu, mon cher oncle, nous vous présentons tous nos respects les plus empressés et nous vous prions d'embrasser notre tante bien affectueusement pour nous.

Votre neveu dévoué,

E. Burnouf.

CXLIV.

A M. ÉMILE BURNOUF, à Valognes.

Vendredi 21 juin 1850.

Mon cher Émile,

La mort de mon oncle Amand nous a bien affligés ici ; les dernières nouvelles que tu avais reçues de Valognes ne nous avaient pas préparés à ce triste événement. Quoique ma femme ne connût pas personnellement notre oncle, elle en avait si souvent entendu parler à mon père et à moi qu'elle n'ignorait pas absolument quel homme rare et excellent possédait en lui notre famille. Cette perte doit te rendre bien plus précieux encore le bonheur que tu as de conserver ton père et ta mère ; c'est quand il faut se séparer de ceux auxquels nous devons tant qu'on sent la grandeur de ce sacrifice ; il jette sur le reste de la vie une ombre que rien ne peut plus dissiper.

Je pense bien comme toi que mon oncle aurait grand tort de pousser la vie active au delà des limites que la santé ou la nature lui imposent. Tu es sur les lieux et tu peux lui donner, sinon un conseil, du moins ton impression. Je souhaite vivement que sa santé, rétablie complètement, lui laisse de longs jours de repos. Tu ne nous parles pas de la santé de ma tante ; j'en conclus qu'elle n'est pas mauvaise.

Quant à ta position, quoique j'écoute à toutes les portes universitaires, je n'en entends pas un mot. Ces messieurs me paraissent trop occupés d'eux-mêmes pour songer aux autres. Cependant, je m'efforce de me tenir au courant, et dans quelques heures j'aurai une conversation à ton sujet avec M. Le Clerc.

Adieu, mon cher ami, embrasse pour nous ton père et ta mère bien tendrement et donne-nous de tes nouvelles.

E. BURNOUF.

CXLV.

A SA FILLE AINÉE, à Trouville.

[Châtillon], le 6 août 1850.

Ma chère Laure,

Nous sommes heureux de voir, par ta lettre maritime, que tu es toujours bien portante et que tu t'amuses de plus en plus. Je trouve pour ma part que l'air salubre de la mer influe heureusement sur ton style, qui devient beaucoup plus simple que dans tes premières épîtres. Au commencement de ton voyage, l'enthousiasme gonflait terriblement tes phrases, et je te voyais avec crainte t'élever, sans ballon et sans cheval[1], à des hauteurs où j'étais bien décidé à ne pas te suivre, vu ma nature particulièrement terrestre et l'horreur instinctive que j'ai pour le grand vent. Tout cela s'est calmé peu à peu, et je t'écris pour t'en féliciter. Je suis ravi que tu aies reconnu, sans attendre mes avertissements plus ou moins paternels, que rien

---

1. Au mois de juillet 1850, une aéronaute, Mme Poitevin, avait fait plusieurs ascensions, montée sur un cheval suspendu à la nacelle du ballon; elle était passée au-dessus de Châtillon et avait été aperçue par la famille Burnouf.

ne sied mieux à tout le monde, et surtout à une jeune personne, que la simplicité, qu'on a appelée aimable, je ne sais pas quand ni où, mais certainement avec raison. De tous les genres le plus mauvais est le genre prétentieux, et c'est malheureusement celui qu'on recherche le plus. On a peine à comprendre comment il se fait que les personnes du sexe (style impérial), qui ont un si bon goût dans le choix de leurs rubans, en aient un aussi mauvais, en général, dans le choix de leurs phrases. La raison en est qu'elles veulent faire des phrases, ce qui est une diable de profession pour ceux même qui en vivent. Mais voilà assez de littérature de famille, comme on dirait en Angleterre, sans garantie du gouvernement.

Je ne puis trop te rappeler de remercier constamment ton oncle et ta tante[1] des peines qu'ils se donnent pour t'amuser. Quant à nous, il n'y a que peu de choses de changé à notre situation : ta maman se fatigue très aisément ; tes sœurs fleurissent ; moi je travaille comme si ce que je fais me rapportait un sou ; c'est là ma destinée particulière, et ce qui m'empêche d'aspirer au titre si justement disputé de *travailleur*.

. . . .

Ton père affectueux,

E. BURNOUF.

1. M. et Mme H. Poiret, qui avaient emmené leur nièce avec eux aux bains de mer.

CXLVI.

A M. H.-H. WILSON[1], à Londres.

Paris, 6 octobre 1850.

Monsieur et illustre maître,

Je profite du départ pour Londres de M. Aristide Guilbert pour me rappeler à votre souvenir et vous témoigner une fois de plus mon respectueux dévouement.

M. Guilbert, qui a conçu l'idée d'une belle entreprise, la reproduction et l'achèvement de la Bibliothèque orientale de d'Herbelot, vous entretiendra de son projet, qui a excité ici une vive sympathie parmi les orientalistes. Mais il est juste qu'il désire et vos conseils et votre assentiment, parce que nul en Europe ne peut ni ne doit prononcer le nom de l'Inde sans vous avoir consulté.

Je voudrais être dans la position de M. Guilbert et pouvoir passer quelques instants avec vous; mais des devoirs de plus d'un genre, et la santé de quelques personnes de ma famille, me retiennent et me retiendront encore longtemps en France.

C'est donc seulement par lettres que je puis m'entretenir avec vous des études pour lesquelles vous avez tant fait, et que vous ne cessez de poursuivre avec une supériorité à laquelle l'Europe applaudit toujours avec une admiration qui ne se lasse pas.

Veuillez, Monsieur et illustre maître, agréer l'assurance de mon respect dévoué.

E. BURNOUF.

1. Voy. l'Appendice, n° XX.

CXLVII.

A M. Charles Lenormant.

Mercredi 16 octobre 1850.

Mon cher confrère,

Pétigny, qui a quitté Paris sans pouvoir vous rencontrer, désire que je vous en exprime ses regrets. Je l'aurais fait vendredi dernier si j'avais pu vous voir à la séance de l'Académie. Craignant que vous ne soyez pas encore en ville après-demain, je m'acquitte de ma commission auprès de vous. Pétigny attache un prix extrême à votre suffrage, jusqu'à désespérer du succès si vous ne l'accueillez pas avec bienveillance. Vous pèserez ses titres, non seulement en eux-mêmes, mais en les comparant avec ceux des autres candidats. Quant à présent, sa candidature a été bien accueillie par ceux de nos confrères qui, pensant que l'Académie ne doit pas refuser un représentant à la Province, qui en perd un par la mort de M. de Villeneuve, ne donnent cependant pas les mains à la candidature d'un autre candidat beaucoup plus impétueux. Cette circonstance, jointe au caractère parfaitement honorable de Pétigny, lui assure, si je ne me trompe, d'assez bonnes chances.

J'espère que vous n'avez que des sujets de satisfaction autour de vous, et que la santé de toute votre famille continue d'être bonne. Ma femme relève à peine d'une nouvelle atteinte des plus graves, ce qui nous retiendra pour quelques jours encore à Châtillon.

Veuillez présenter mes hommages respectueux à Madame Lenormant, et recevez pour vous l'expression de mon entier et sincère attachement.

E. Burnouf.

CXLVIII.

A M. Paul Boetticher (Paul de Lagarde), à Halle.

Paris, 13 novembre 1850.

Monsieur,

J'ai l'honneur de vous transmettre la note, que m'a remise un des employés chargés des Manuscrits orientaux de la Bibliothèque nationale, touchant les manuscrits coptes dont vous désirez connaître exactement le numéro.

(Suit la note que nous supprimons ici.)

Je souhaite, Monsieur, que ces détails puissent vous satisfaire.

J'ajouterai que j'ai lu avec un vrai plaisir et un grand fruit pour moi votre dissertation sur l'analogie des lettres arméniennes avec le sanscrit. Vous êtes, à mon avis du moins, dans la bonne voie; je dirai même dans la seule qui puisse conduire à des résultats sûrs. Il faut appliquer à l'étude des langues les procédés rigoureux d'une sorte d'anatomie comparée. Cela est surtout nécessaire pour celles qui, comme l'arménien, cachent sous des caractères tout à fait spéciaux le fonds primitif par lequel elles se rattachent à des bases actuellement oubliées.

Recevez, Monsieur, l'assurance de ma sincère estime.
Votre tout dévoué,

E. Burnouf.

CXLIX.

A M. ÉMILE BURNOUF, PROFESSEUR DE PHILOSOPHIE,
à Grenoble.

Paris, 21 novembre 1850.

Mon cher Émile,

Ta lettre du 12 novembre nous a fait beaucoup de plaisir, et, pour te prouver avec quelle satisfaction je l'ai reçue, je me hâte d'y répondre. Le retour de Châtillon à Paris n'est pas une opération aussi longue que le départ de Paris pour Grenoble, et je n'aurais pas l'excuse d'une installation complète dans un pays nouveau et encore inconnu. Ce n'est pas que je sois libre de mon temps et aussi tranquille ici qu'à Châtillon ; il y a des journées où je ne puis prendre une plume, et, pour comble d'ennui, je suis juré pour quinze jours, faisant tout le jour des études de mœurs sur les voleurs de tout âge et de tout sexe, sur les abus de confiance et les faux en écriture privée.

Tu as bien raison de te féliciter du calme au milieu duquel tu comptes passer quelques années. Ce calme est nécessaire pour pousser un peu rapidement quelque grande et longue étude. Quand j'étais plus jeune, je m'étais fait, au milieu de Paris, une sorte de solitude factice à laquelle je dois les plus heureuses années de ma vie ; mais, depuis que je suis entré dans les corps littéraires, je ne m'appartiens plus, et je vois avec douleur le moment où je n'aurai plus le temps de rien apprendre. Jouis donc et profite de ton repos, surtout pour faire du sanscrit.

Tu es fort heureux d'avoir rencontré deux hommes aussi éclairés que ceux auxquels tu t'es associé pour l'étude de l'Inde. Je savais déjà (car que ne sait-on pas à Paris, même chez les anachorètes comme moi?) que tu avais demandé des livres à Duprat. Tu ne peux, quant à présent, rien faire de mieux que de lire le Ramâyana. Tu y apprendras la langue classique, sans laquelle on ne peut entreprendre, ni l'étude de la poésie plus travaillée, ni celle du style archaïque des Védas. Plus tard tu sentiras le besoin d'un instrument qui te mène plus loin ; mais tu reviendras toujours au style épique, qu'on n'a encore étudié que comme moyen, parce que trop de choses restent à faire et qu'on ira toujours au plus pressé. Au reste, nous causerons de tout cela. Aujourd'hui, il faut apprendre la langue à fond et lire les œuvres des autres, ce qui n'est pas déjà une petite besogne, vu le nombre et la grandeur des ouvrages commencés.

Ta cousine, qui ne se trouvait pas mal au moment de ton départ, est retombée il y a quelques jours dans un état de faiblesse nerveuse qui nous afflige et nous trouble. Tes cousines vont parfaitement bien, sauf toujours les engelures. Elles te font bien leurs amitiés.

Au moment où je t'écris, nous recevons des nouvelles fort inquiétantes de Roulin, qui, revenu précipitamment à Marseille, a demandé son neveu Loysel, qui est immédiatement parti pour le retrouver. Nous n'en savons pas davantage, mais c'est trop pour l'affection que nous avons pour lui.

Adieu, mon cher Émile, travaille, tout en ménageant ta santé, et crois-moi

Ton bien affectionné,

E. Burnouf.

CL.

A M. Morgan Cavanagh, à Londres[1].

Paris, décembre 1850.

Monsieur,

Vous m'avez fait l'honneur de m'écrire, le 19 novembre dernier, pour me rappeler que vous aviez adressé à l'Institut de France, au mois de juillet de cette année, un mémoire manuscrit de vous sur l'Origine du Langage et des Mythes, dans l'espérance, ce sont les termes de votre lettre, d'obtenir le prix Volney au moins, sinon quelque chose de plus. Vous exprimez le regret que la Commission de l'Institut ait préféré à votre mémoire l'Essai sur l'origine de la langue française qu'elle a couronné, et vous en concluez que votre double découverte n'a pas été comprise par le Comité de l'Institut chargé de décerner le prix Volney.

Je n'ai pas qualité pour vous répondre au nom de ce Comité; ses décisions, qui sont prises au scrutin et à la majorité des voix, sont annuellement rendues publiques en ce qu'elles ont de favorable; mais elles ne sont jamais accompagnées des critiques auxquelles ont pu donner lieu les mémoires qui n'ont pas obtenu le prix. Vous comprendrez sans peine la convenance de cette manière d'agir. Un corps savant a rempli sa tâche quand il a décerné à ceux qu'il en croit dignes les récompenses qu'il est chargé de distribuer. S'il aime à donner des éloges, il doit s'interdire de frapper

---

1. D'après la minute.

d'un blâme, même mérité, des ouvrages qu'il n'approuve pas, soit en tout, soit en partie.

Quant à l'examen que vous me priez de faire de votre mémoire, ma position dans la Commission du prix Volney m'interdit formellement de m'y livrer. On ne comprendrait pas comment, après avoir pris part au travail de cette Commission, j'irais en appeler de son jugement auprès d'un tiers, et, comme vous le désirez, auprès du public. Si un membre d'une commission littéraire a des devoirs envers ceux qui consentent à se soumettre passagèrement à son jugement, il n'en a pas de moins stricts à l'égard de ses confrères; car ceux-ci ont le droit de compter sur sa discrétion et sur son empressement à soumettre son jugement à celui de la majorité. Les décisions des corps sont rendues publiques sous la responsabilité des membres qui les composent; nul de ceux qui y ont concouru ne peut décliner la part qui lui revient dans cette responsabilité.

Permettez-moi donc, Monsieur, de ne pas vous en dire davantage, et veuillez ne pas insister sur une demande qui me placerait dans une situation que je ne pourrais accepter. En fait de découvertes littéraires, c'est seulement au public que les inventeurs peuvent demander la revision des arrêts rendus par les corps savants.

Agréez, etc.

E. Burnouf.

CLI.

A M. Émile Burnouf, à Grenoble.

Paris, le 3 janvier 1851.

Mon cher Émile,

Si j'attendais pour t'écrire à te donner des détails de ton affaire, vraisemblablement le mois se passerait, et tu croirais que je t'ai oublié, ce qui n'est pas. J'ai donc remis, au reçu de ta lettre, une note à M. Guigniaut, que j'ai vu et pressé vivement. On ne peut personnellement être mieux disposé pour toi qu'il l'est. Il trouve cependant des difficultés à la solution que nous désirons pour toi; la première est le peu de temps que tu as passé jusqu'ici à Grenoble. Il prévoit aussi des obstacles de la part du « grand Philosophe. » Il a trouvé les bureaux assez froids, et surtout pris au dépourvu. Il n'a même pu me dire si l'on accéderait à la demande du titulaire. La chose est d'ailleurs tombée dans un très mauvais moment. Outre que, vers la fin du mois de décembre, les ministres ne s'occupent guère que de leur budget, la vague incertitude qui règne sur les grandes questions se répand sur les petites; tout le monde en ce moment se ferme les yeux par horreur de la lumière; les uns, parce qu'ils ont peur et dégoût de ce qu'ils verraient; les autres, pour puiser plus sûrement dans la bourse de leurs voisins. Tu connais ces derniers et tu entends parler de leurs succès. Sans afficher d'autre opinion que le goût de l'étude et le respect du devoir, je puis dire que je ne suis pas dans leur camp. C'est te dire que je ne puis rien personnellement dans une question où je rencontrerais des évêques, parmi lesquels j'ai le regret de ne trouver aucun *Guru*. Ajoute que le ministre, qui veut donner M. Cauchy comme successeur à Libri, vient de casser violemment la présentation du Collège de France, qui avait choisi M. Liouville pour son candidat. On sait que j'ai voté pour ce dernier, et j'ai dit tout haut que je voterais encore pour lui dimanche prochain. En deux mots, je ne puis voir le ministre, et je doute fort que, même pouvant le voir, j'eusse aucun crédit auprès de lui.

Tes craintes sur la santé du docteur Roulin n'étaient que trop fondées; il est revenu précipitamment de Constantinople avec une fièvre pernicieuse, qui l'a mis dans un état fort grave pendant près de quinze jours. Il est mieux maintenant et te remercie de ton bon souvenir. Il a trouvé l'École d'Athènes assez éclopée.

Ta cousine n'est pas très forte encore. En somme, nous passons un triste hiver, pas froid, il est vrai, mais débilitant et maussade. Tes cousines se portent bien. Toute cette gent trotte-menu te fait bien des compliments et attend des histoires avec l'avidité de son âge.

Quant à moi, j'espère que tu pousses avec ardeur l'étude du sanscrit, et je n'ai pas manqué d'aller rappeler à Duprat les demandes que tu lui as faites. Il dit qu'il a besoin de faire venir ces livres de l'étranger et que le retard ne dépend pas de lui.

Adieu, mon cher ami, travaille, mais ne t'épuise pas, et donne-nous plus souvent de tes nouvelles.

E. BURNOUF.

CLII.

A M. Émile Burnouf, à Grenoble.

Paris, 18 janvier 1851.

Mon cher Émile,

Je t'écris ce billet pour te tenir au courant de ce qui se passe ici. M. Guigniaut m'apprend à l'instant que M. Legeai est mis à la retraite. Quoique sa pension ne soit pas encore liquidée, le principal n'en est pas moins arrêté, et tu peux considérer la chaire de littérature grecque comme actuellement vacante. Notre ami a cru qu'il importait d'insister sur la première demande, et il a trouvé M. Lesieur beaucoup plus ouvert et mieux disposé. Tu comprends que, dans la triple confusion dans laquelle nous vivons en ce moment, rien ne se fasse par les mains des ministres. A-t-on même des ministres ? Les chefs de division ont donc la haute main. M. Guigniaut croit que M. Lesieur peut beaucoup, et il pense qu'il veut un peu; voilà le résumé du discours qu'il m'a tenu hier. Il a été étonné de ne pas trouver au ministère, entre les mains de Lesieur, une demande formelle venant de toi. Il y a pourvu en lui remettant la lettre que je lui avais écrite, à lui Guigniaut, après ma première conversation avec lui. J'irai aujourd'hui voir M. Dubois.

Je ne sais si je fais bien d'aller de l'avant dans cette partie de ta compétition; mais il m'a semblé que nous devions faire effort pour mettre la main sur quelque chose de certain. L'autre chose ne peut s'obtenir que de haute lutte. Le succès dépend du degré d'influence du préfet et du recteur. Je n'en ai soufflé mot à personne, et je crois que l'administration proprement dite ignore absolument tout. Entre deux ordres de demandes, l'une venant d'une section du Conseil et des Bureaux, l'autre venant de plus haut et du dehors, il me semble bien difficile que le ministre s'abstienne de faire quelque chose pour toi. Voilà pourquoi je profite de l'ouverture que nous offrent les bonnes dispositions de M. Lesieur.

Nous venons tous d'être malades ici de la grippe, du rhume et du rhumatisme. Personne n'y a échappé. Claire et Laure toussent encore beaucoup. Amélie a d'affreuses douleurs de dents. Quant à moi, je vais très médiocrement. Nous avons cependant un hiver très doux, et des journées de beau soleil, mais il paraît que l'humidité suffit pour rendre malade.

Adieu, mon cher ami, je souhaite que tes affaires aillent bien de l'autre côté, et j'espère que tu auras reçu de bonnes nouvelles de mon oncle et de ma tante.

Tout à toi,

E. BURNOUF.

CLIII.

A M. ÉMILE BURNOUF, à Grenoble.

21 janvier 1851.

. . . .

Quant à nous, ici, nous sommes toujours assez souffrants, ta cousine surtout. Les enfants vont mieux. Le *Lotus* avance bien doucement, à cause des travaux dont l'Imprimerie est accablée par l'Assemblée ; mais tu connais ma manière : je ne me presse jamais, et je vais toujours, ce qui fait que, sans reproche, aucun orientaliste français n'a encore autant publié ; je ne dis que matériellement.

Ne me demande pas mon avis sur M. P., je ne le connais pas assez. Au point où tu en seras bientôt, tu verras bien par toi-même ce qu'il sait, et surtout comment il sait. Là comme ailleurs, le point capital est *la manière de s'en servir*. Tu fais bien de continuer le Ramâyana ; il faut insister sur le style épique pendant longtemps, c'est le premier degré, ce sera longtemps le plus accessible et le plus continûment beau. Après le Ramâyana, le Mahâbhârata.

Je suis heureux de tout ce que tu m'apprends de mon oncle. Puisse un peu de repos, et surtout le bonheur d'apprendre que tu réussis, l'accompagner et le consoler sur la fin de sa vie !

Je t'embrasse de cœur.

E. BURNOUF.

CLIV.

A M. ÉMILE BURNOUF, à Grenoble.

Paris, 24 février 1851.

Mon cher Émile,

Quand j'ai reçu ta lettre, il y a quelques jours, je commençais à me faire des reproches de n'avoir pas encore répondu à ta précédente pour te remercier des bons sentiments que tu y exprimais pour nous. J'avais été empêché de t'écrire par une interruption nouvelle de tout travail que m'a causée, au commencement du mois, une nouvelle atteinte de ma néphrite. Elle n'a duré que cinq heures, mais elle a été si violente et m'a pris si soudainement, dans la rue, en revenant de l'Imprimerie nationale, que la lutte a été terrible et m'a laissé très faible pendant la plus grande partie de ce mois. Les enfants et ma femme avaient passé un si triste hiver, souvent dans leur lit et toujours à la chambre, que je ne suis pas étonné d'avoir payé à mon tour mon tribut après les autres. Cette affection est malheureusement de celles que des soucis et des inquiétudes rappellent et augmentent. A cinquante ans, d'ailleurs, il faut s'attendre à voir se répéter et se rapprocher ces sortes de douleurs.

Je vois avec plaisir le commencement de tes nouvelles fonctions. Tu penses bien que je ne t'ai pas oublié pendant que je ne t'écrivais pas. J'ai vu l'abbé Daniel et Dubois, que je savais avoir été très bien pour toi. Je les ai trouvés parfaitement disposés pour l'avenir. Je n'ai pas vu le grand autocrate, qu'on dit mécontent. J'ai bon espoir pour la fin de l'année; il me paraît impossible que, même dans la supposition peu vraisemblable que tu ne fusses pas nommé en titre, on songe à introduire un autre dans une place où tu as la possession de fait.

En fait de nouvelles sanscrites, je te dis comme saint Paul aux Corinthiens : « Laudo vos. » Vous faites bien de vouloir posséder un dictionnaire sanscrit; mais vouloir et avoir sont deux, le livre étant à peu près introuvable. On presse Wilson de donner une nouvelle édition telle quelle, car, pour penser à un dictionnaire plus complet et avec des exemples, ce serait encore aujourd'hui une œuvre très longue et très difficile. Il faut satisfaire aux besoins qui se produisent sur des points nombreux du Continent, et le dictionnaire de Wilson est admirable pour cette destination. Vous feriez peut-être bien de vous procurer le dictionnaire sanscrit-anglais de Yates, qui est un extrait substantiel de Wilson; c'est un gros volume grand in-8°, imprimé à Calcutta; mais ce volume est déjà rare à Paris et même à Londres. Je pense aussi que, quand tu auras lu les deux volumes du Ramâyana, tu ne ferais pas mal de prendre le Bhâgavad-gîta, avec traduction latine de Schlegel, pour te donner une idée de la forme épique de la pensée philosophique de l'Inde. C'est un petit volume qui peut se lire en trois semaines ou un mois. Je l'explique à mon cours le vendredi, au milieu de sentiments d'admiration dignes d'un public plus nombreux et plus français, car je n'ai guère que des étrangers.

Mon oncle m'a écrit pour se plaindre de ce que son successeur n'a pas encore reçu son investiture. Ne connaissant personne à la chancellerie, j'ai chargé un Représentant de poursuivre cette affaire; mais tout est si détraqué ici qu'on ne sait à qui parler, et que les ministres n'administrent même plus.

J'ai fait tes compliments à M. Poiret, qui me charge de te féliciter de ta nouvelle position.

Tout à toi,

E. BURNOUF.

CLV.

A M. Émile Burnouf, à Grenoble.

12 avril 1851.

. . . .
Je compte beaucoup sur la campagne pour nous remettre tous ; nous avons grand besoin d'un peu de santé, car depuis un an et demi nous sommes durement éprouvés. Tu comprends que mes pauvres travaux n'avancent pas aussi vite que je le voudrais. Mais, dans ce grand désastre de toute culture intellectuelle, qui s'occupe de travaux qui, pour se produire et laisser quelque trace dans les esprits, auraient besoin de paix et de calme ? Je ne me porte pas bien d'ailleurs, et la grippe que j'ai eue n'est qu'une phase d'un malaise plus profond, qui, sans me préoccuper autrement, ne me laisse cependant ni toutes mes facultés, ni tout mon temps.

Adieu, mon cher ami, si j'apprends quelque chose de nouveau, je te tiendrai au courant, comme je l'ai fait pour ta précédente affaire.

Tout à toi,

E. Burnouf.

CLVI.

A M. Émile Burnouf, à Grenoble.

1er août 1851.

Mon cher ami,

Je ne veux pas tarder de répondre à ta lettre du 27 juillet, pour qu'il ne lui arrive pas le même sort qu'à la précédente que j'avais égarée ; n'ayant rien à te dire de neuf, toutes choses étant ici en ordre, autant que le permet la saison changeante et peu agréable, j'avais négligé de te répondre. Aujourd'hui j'ai un peu plus de liberté ; mon cours est fini, non sans m'avoir beaucoup fatigué ; nous sortons en partie de nos commissions, discussions et jugements académiques, qui dilapident nos journées ; de tout ce fatras, parfaitement inutile pour moi et très peu utile pour les autres, je n'ai plus sur les bras que le prix Volney. Je puis donc te dire que Châtillon a dissipé les petits rhumes, les maux de gorge, et que ta cousine se trouve passablement ; ses faiblesses ne reparaissent plus qu'à de longs intervalles. Mais tu me juges trop en ami, en pensant que le *Lotus* est près d'être terminé, je n'ai pas été aussi vite que tu crois. C'est même parce que je travaille régulièrement que je ne produis pas rapidement ; je suis comme le maçon qui porte des pierres. En deux mots, l'impression en est à la 75e feuille in-4°, c'est-à-dire à la page 600 ; j'ai 62 feuilles de tirées et 13 en main. Malheureusement ces 13 feuilles sont suspendues par la maladie du correcteur, et elles emploient une masse si considérable de caractères qu'on est obligé d'en fondre pour moi. Tout cela est un peu long. Tu peux juger par là que l'ouvrage sera de dure digestion. J'espère ne pas dépasser 700 pages, cependant il ne faut jurer de rien.

Tu me fais bien plaisir en m'apprenant que ton père se porte bien. Il faut croire qu'enfin on lui a envoyé son successeur et qu'il peut se reposer et s'amuser de son jardin. N'oublie pas de nous rappeler à son bon souvenir quand tu lui écriras.

Je trouve que tu as parfaitement pris ta position là-bas, et que tu fais bien de tendre uniquement dans ce moment vers la Faculté ; tu as là un bon entourage, à ce que je vois, et, par-dessus tout, du temps. Tu sauras le sanscrit quand tu voudras ; tu vois bien déjà que ce n'est pas la mer à boire. Il importe seulement d'être parfaitement maître de l'instrument, et tu fais tout ce qu'il faut pour y parvenir. Tu reconnaîtras la nécessité de faire passer la grammaire, les mots et les idées dans ta propre substance, quand tu aborderas les textes inédits et manuscrits ; car alors la scène change un peu au début. En attendant, lis les bonnes impressions soignées et traduites. Les vilains manuscrits incorrects ne t'effraieront pas.

Sois tranquille sur le fait de M. P., je le connais un peu plus que je n'ai dû te le dire. Je me tiendrai au courant sur la question de la vacance. Je compte en parler à M. Guigniaut, qui a été malade et juré. Tu n'oublieras pas de m'avertir lorsqu'il sera nécessaire d'agir auprès de Lesieur. Malheureusement, mes actions sont en baisse auprès du Conseil. Il serait trop long de te dire pourquoi. Tu n'as qu'à regarder à l'horizon et tu verras d'où vient l'orage.

Tout à toi,

E. BURNOUF.

CLVII.

A M. J. MOHL, à Vichy.

Châtillon, 8 août 1851.

Mon cher ami,

Je ne vous écris pas sur du papier colombe, vu que

je n'ai à ma disposition que des poules auxquelles on a coupé les ailes pour qu'elles n'aillent pas pondre en pays étranger.

Je n'ai absolument rien de neuf à vous apprendre, si ce n'est que nous jouissons de la même saison que vous : pluie, vent, brouillard, nuages et très peu de soleil. On ne sait comment rentrer le blé, il germe sur terre. Le raisin est attaqué du choléra, les pommes de terre sont malades, et l'argent nécessaire pour en acheter de bonnes devient de plus en plus rare. Voilà pour la partie agricole et économique.

Quant au point de vue académique, vous savez sans doute qu'on a donné le prix à Delisle[1], sur un exposé de Guérard, et contre un bien beau discours de J.-V. Le Clerc. Que n'avez-vous pas perdu à ne pas entendre cette pièce cicéronienne, que M. Biot appelait, en levant les yeux au ciel avec l'admiration dont il est capable, « l'éloquence de maître Petit-Jean ! » En résumé, le candidat de Naudet a eu huit voix, celui de Guérard vingt, et celui d'Ampère trois, car Ampère avait bravement ressuscité Ozanam, ce qui avait jeté un grand désarroi dans le bataillon anti-Naudet. Le second prix a été continué à Jal, mais non sans lutte, car Ozanam, qui n'aspire qu'à l'honneur, demandait le second prix dans le cas où il n'aurait pas le premier.

Sauf ces discussions émouvantes, l'Académie fait ses petites affaires bien doucement, et a dix-huit ou vingt membres à la fois : le jeton acquiert une qualité qu'on ne lui connaît pas dans l'hiver.

---

1. L'Académie des inscriptions et belles-lettres avait décerné le premier prix Gobert au livre de Léopold Delisle : *Études sur la condition de la classe agricole en Normandie.*

A la Société asiatique, les Grimauds vous ont payé de votre Rapport en faisant une révolution sournoise dans la commission du Journal. Ils ont remplacé Garcin et Landresse par Bazin et Dulaurier !!! Je crois qu'il ne nous sera pas difficile de prendre notre revanche l'année prochaine; mais pour cela il me paraît indispensable de replacer la séance générale en avril ou en mai, car alors tout le monde est à Paris, et je crois que le nombre serait alors de l'avis du bon sens.

Si vous pensez à la honteuse faiblesse de l'Académie dans l'affaire des monuments[1], croyez bien que je ne l'oublie pas; notre ami Ampère me la rappellerait au besoin; depuis cette séance, je suis en butte à ses quolibets, qui ne sont pas toujours de la première finesse. Sa plus grosse injure est : « Bonjour, homme vertueux, je vous rapporterai le nez du Çiva d'Ellora à mon prochain voyage, et vous serez converti ! » Enfin il est intarissable et presque intolérable, car enfin il a bien ses cinquante ans comme vous et moi, et vraiment n'est-ce pas l'âge d'être un peu sérieux ?

Notre pauvre ami Roulin l'est trop, et bien malgré lui. Son neveu, le mathématicien, vient de perdre presque subitement une de ses petites filles; il en a deux ou trois autres de malades; sa femme est au lit, et lui examine depuis six heures du matin jusqu'à six heures du soir. Le pauvre diable ne sait où donner de la tête. Roulin, bon comme vous le connaissez, s'est chargé de deux de ses enfants, qu'il couche chez lui.

---

1. L'Académie n'avait pu s'entendre sur les mesures à prendre ou à proposer pour assurer la conservation des monuments de l'antiquité.

Vous le voyez donc père sans enfants et garde-malade. Sauf ces soucis, il irait très bien.

Nous n'allons pas mal de notre côté, sauf quelques maux de dents. La détestable saison, que l'on entend maudire partout, nous laisse encore des estomacs pour digérer les mauvais légumes qu'elle nous donne. Nous pensons que vous ne serez plus longtemps à Vichy, et que nous aurons bientôt le plaisir de vous voir. En attendant, présentez nos respects affectueux à Madame Mohl et recevez nos poignées de main amicales.

E. BURNOUF.

CLVIII.
A M. ÉMILE BURNOUF, à Grenoble.

10 décembre 1851.

Mon cher ami,

J'espère que tu n'auras pas attribué à l'indifférence le retard que j'ai mis à répondre à ton avant-dernière lettre. Jusqu'aux événements du 2 décembre, j'avais fait quelques démarches pour connaître quelle était la situation, pour le cas où la Faculté et le Conseil académique te présenteraient au premier rang. J'avais trouvé partout de bonnes dispositions en ta faveur; cependant, on ne me laissait pas ignorer que, si M. Roux était sur la liste, ses rapports avec M. Fortoul lui donnaient de grandes chances. Les événements sont survenus, et depuis lors je n'ai rien pu connaître. Je crains que l'arrivée du nouveau ministre n'augmente encore les chances de M. Roux. Il se pourrait toutefois qu'on lui donnât mieux que la Faculté de Grenoble. Je ne suis en aucune façon en mesure d'agir avec la nouvelle administration, et je suis, moins que jamais, disposé à me lancer au milieu des débats de la politique personnelle. Tout ce que tu me dis dans ta lettre me paraît bien naturel, et de ta part, et de la part de ceux qui ont voulu te tirer de ton repos studieux pour faire des manifestations dont ils auraient probablement retiré plus de profit que toi ; mais tu ne devras pas être surpris si tu n'es pas noté parmi les zélés. Ç'a toujours été notre lot de paraître placés dans l'opposition, quand nous restons dans la modération. Tu as pour ressource l'étude, et, s'il le faut, ta maison de Grèce, avantage que tu as sur nous autres à Paris. Je ne m'étonne pas que tu tournes, avec espérance, les yeux de ce côté ; si j'étais plus jeune, cette perspective me charmerait comme toi.

Adieu, mon cher ami, voilà une lettre bien vide ; mais que pourrais-je te dire, si ce n'est que j'ai repris mon cours, malgré une grande fatigue de poitrine et avec aussi peu d'auditeurs que de coutume ! Dieu sait cependant si je m'épargne pour faire des leçons consciencieuses, et je puis dire, sans trop de vanité, assez neuves, même pour l'Allemagne. Le temps présent est ailleurs.

Mille respects à mon oncle et à ma tante quand tu leur écriras.

Tout à toi,

E. Burnouf.

P. S. — N'oublie pas de me rappeler au souvenir de M. Boyer ; dis-lui combien j'ai été reconnaissant de l'appui qu'il t'a prêté. C'est de sa part un bon souvenir d'ancienne confraternité pour moi et d'estime méritée pour toi.

CLIX.

A M. Charles Burnouf, à Valognes.

Paris, 11 décembre 1851.

Mon cher oncle,

Nous sommes très vivement touchés du bon intérêt que vous voulez bien nous exprimer par votre lettre du 10 courant, que je reçois en ce moment même. Nous n'avons absolument eu aucun dommage par suite des événements du 4 et du 5 de ce mois. Nous habitons un quartier ouvert et tranquille, où la population est homogène et sensiblement différente de celle des faubourgs et du centre de Paris. Je crains même qu'on ne vous ait exagéré un peu ce qui s'est passé ; il est vrai que je ne suis pas un bien bon juge, car je ne suis sorti ces jours-là que pour faire mon cours, le mercredi et le vendredi ; et c'est seulement le 6, le samedi, que je suis allé voir mon beau-frère au delà des boulevards. Il n'y avait plus de troupes de ce côté, mais plusieurs maisons du boulevard Bonne-Nouvelle portaient de nombreuses traces de décharges de mousqueterie. Nous sommes actuellement très tranquilles ici, du moins à la surface ; mais nous avons pour les départements des inquiétudes semblables à celles qu'ils avaient et qu'ils ont encore pour Paris. C'est, comme vous le dites bien, une triste situation pour un pays que d'y voir de si fréquents changements de gouvernement. Il est difficile que rien de solide parvienne à s'établir au milieu de perturbations que produit et que décide la force seule.

Il est bien à craindre que tout cela profite bien peu

à notre cher Émile. Je lui ai écrit hier même, et je ne lui ai pas laissé ignorer que tout ce que j'avais pu savoir ici lui était assez peu favorable. Dieu veuille que je me sois trompé !

Adieu, mon cher oncle, je vous remercie de nouveau, ainsi que ma tante, de votre souvenir affectueux, et je vous prie de recevoir l'expression de notre respectueux attachement.

Votre dévoué neveu,

E. Burnouf.

CLX.

A M. Émile Burnouf, à Grenoble.

Paris, 12 février 1852.

Mon cher ami,

Je ne t'apprendrais rien de neuf en te parlant de ton échec, que tu connais déjà, et je ne pourrais pas t'écrire quelques détails qui l'expliquent. Une des raisons qu'on a données est l'hésitation que tu as marquée dans une certaine circonstance. J'ai lieu de croire que cette hésitation aurait même pu entraîner d'autres conséquences plus fâcheuses. Dieu soit loué que le mal se soit arrêté là ! Mais j'ai besoin que tu sois convaincu que je n'ai pas négligé tes intérêts. J'ai fait tout ce que j'ai pu, et tout ce qui était conciliable avec les convenances, dont la première est à mes yeux l'honneur. Mais les temps étaient tels que je n'ai reçu rien que de vague à mes communications orales, et aucune réponse à mes lettres. Si l'on est aussi peu épistolaire à Paris, je te demande ce qu'on doit être de Paris à la province. Voilà le secret de mon silence : on ne m'écrivait pas, je ne pouvais t'écrire. Je comprenais suffisamment ce silence; ta pénétration naturelle a dû le comprendre également. Il y a dans ce temps des choses dont on fait bien de ne pas parler, et dont il serait absurde et fatal d'écrire. J'espère que tu sauras te consoler dans le commerce de la poésie, de la musique et de son humble sœur la grammaire. C'est la dernière, la seule de ces trois belles filles à laquelle j'aie voué mon culte. Elle n'est pas la plus amusante, mais je lui dois le peu que je sais, et elle m'a toujours aidé à passer les mauvais jours. Il y a cependant, en ce qui te regarde, quelque chose qui a dû te faire du bien, c'est cette double présentation en première ligne; cela constitue à ton égard un droit réellement incontestable, et, de la part de l'administration, qui ne l'a pas reconnu, un passe-droit. Tu as ici le beau rôle.

N'oublie pas de dire à M. Boyer combien j'ai été et combien je suis encore touché du bon appui qu'il t'a donné. Que mon père serait heureux s'il pouvait savoir ce qu'il a fait pour toi! Son zèle pour toi, son courage, car il y en avait de sa part à parler pour un homme qui pouvait ne pas réussir, ne sortiront jamais de ma mémoire; je te prie de le lui dire, comme tu peux le faire, et de lui serrer bien cordialement la main de ma part.

Tout à toi quand même,

E. BURNOUF.

CLXI.

A M. B.-H. HODGSON, à Dardjiling, Bengale[1].

Paris, 16 février 1852.

Monsieur et illustre ami,

Je ne saurais vous dire la vive satisfaction que m'a causée votre dernière lettre datée de Dardjiling. Il y a si longtemps que je n'avais reçu de vos nouvelles! Ce n'était pas cependant faute de vous avoir écrit souvent, et il y a longtemps déjà, pour vous remercier de l'admirable cadeau que vous m'avez fait d'une caisse de livres sanscrits buddhiques. Si vous avez parcouru les premières pages de mon travail critique sur le premier envoi fait par votre inépuisable libéralité à la Société asiatique, vous n'avez encore qu'une idée imparfaite du ravissement avec lequel j'ai reçu les livres que vous me destinez vous-même. J'ai tâché de vous prouver que je n'étais pas ingrat. J'ai revu sur un exemplaire nouveau du Saddharma Pundarika, contenu dans cette seconde caisse, la traduction française que j'avais faite sur l'exemplaire, alors unique, de la Société asiatique. J'y ai ajouté des notes sur la langue, et plusieurs appendices sur diverses catégories philosophiques et morales, parmi celles qui sont le plus souvent citées dans le Saddharma. Le volume, qui est in-4°, et d'une impression serrée, est actuellement parvenu à sa 808e page (rather bulky!), mais malheureusement pas aussi plein que gros. J'y joindrai une ample table pour qu'on puisse s'y recon-

[1]. D'après la copie faite par M. B.-H. Hodgson lui-même.

naître, et, si vous le permettez, je vous le dédierai respectueusement, comme au fondateur de la véritable étude du Buddhisme par les textes et par les monuments[1].

Je ne suis en aucune façon surpris de ce que vous me dites sur l'assistance qu'a tirée M. Cunningham de l'étude de votre volume sur la doctrine ancienne du Buddhisme. Je suis intimement convaincu que je n'en aurais pas moins obtenu d'instruction, si je l'avais eu à ma disposition pendant le cours de mes recherches. Mais, quelques efforts que j'aie faits depuis bien des années, quoique je l'aie demandé partout, à tous les libraires et aux secrétaires de toutes les Sociétés, à Londres, à Calcutta, à Bombay, à Madras, je n'en ai pas même pu voir un seul exemplaire, et Dieu sait si j'eusse épargné un sacrifice quelconque pour me le procurer. Il en est de même de vos recherches ethno-

---

[1]. La mort, en enlevant trois mois plus tard Eugène Burnouf à sa famille dont il était adoré, et à la science pour laquelle il avait tant fait, ne lui a pas permis de terminer complètement l'impression du *Lotus de la bonne loi*, traduction du Saddharma Pundarika. Il lui restait encore à finir le 21e des Mémoires donnés en Appendice, et à rédiger la préface et la table. Un de ses plus savants élèves, M. Théodore Pavie, voulut bien faire la table, et M. Mohl se chargea, avec un pieux dévouement, de donner les derniers bons à tirer, d'annoncer dans quelles douloureuses circonstances le livre paraissait, et d'expliquer ainsi l'interruption du dernier Mémoire et l'absence de préface. Désireux de respecter dans toute leur étendue les intentions de son ami, et d'accord avec Madame Eugène Burnouf, il a fait imprimer la dédicace dans les termes mêmes qu'avait employés Eugène Burnouf en annonçant à M. Hodgson, par la lettre que nous publions ici, son projet de lui dédier son livre. M. Hodgson, à la nouvelle de la mort de son illustre correspondant, s'était empressé d'envoyer à M. Mohl une copie fidèle de cette précieuse lettre.

logiques, qui sont faites pour jeter tant de jour sur la primitive histoire de l'Inde. On trouve ces excellents ouvrages cités dans le Journal du Bengale, qui ne nous parvient lui-même que très irrégulièrement, et même d'une manière très incomplète ; mais on ne peut s'en procurer d'exemplaires ni pour or ni pour argent. Heureusement que votre amitié a pensé à moi pour le dernier ouvrage, et que je vois, par votre dernière lettre, que vous en mettez trois exemplaires à ma disposition. Je désire que vous ne désapprouviez pas l'emploi que je compte en faire dès leur arrivée : un pour l'Académie des inscriptions, un pour M. Mohl, secrétaire de la Société asiatique, et le troisième pour moi.

L'exemplaire destiné à M. Mohl est bien placé comme souvenir du zèle qu'il a montré à soutenir votre candidature auprès de nos confrères, car vous avez deviné juste : c'est moi qui, en effet, ai cru que l'auteur des beaux mémoires des *Asiatic Researches* et du *Bengal Journal* était depuis longtemps digne d'être le correspondant de la classe d'érudition de l'Institut. J'ai exposé publiquement vos titres dans une de nos séances, et, quoique votre nom n'eût pas été porté sur la liste des candidats par la commission chargée de préparer le travail, j'ai eu la satisfaction de l'y voir insérer hors de ligne sur ma demande ; et, à la séance suivante, vous avez eu presque l'unanimité. M. Mohl vous a servi beaucoup dans les conversations particulières. Nous sommes très heureux d'apprendre par votre lettre que vous n'avez pas été indifférent à ce titre. S'il est dans vos intentions d'écrire à l'Académie, votre lettre devra être adressée à M. le baron Walckenaer, secrétaire perpétuel de l'Académie des inscriptions et belles-lettres de l'Institut de France, à Paris, palais de l'Institut. Tout ce qui viendra de vous sera toujours accueilli avec une estime méritée et une reconnaissance très empressée.

Adieu, Monsieur et illustre ami, veuillez me conserver votre bienveillant souvenir, et croyez-moi l'un de ceux qui s'honorent le plus de vous compter au nombre de nos confrères.

Votre bien dévoué et reconnaissant,

Eugène BURNOUF.

CLXII.

A M. J. MOHL, à Paris.

Paris, 17 mars 1852.

Mon cher ami,

Je quitte à l'instant le cabinet du directeur de l'Imprimerie nationale[1]. Non seulement il vous agrée, mais encore il vous désire. Il pense seulement que vous devez lui adresser une demande écrite, que vous lui porteriez vous-même demain jeudi, vers trois heures, pour qu'il s'entende avec vous. Il croit cette démarche indispensable, parce que le garde des sceaux a déjà en main des demandes formelles d'autres membres de l'Institut, et que le directeur sent qu'il échouerait

---

1. Eugène Burnouf donnait sa démission d'inspecteur de la typographie orientale à l'Imprimerie nationale, et souhaitait d'être remplacé dans ces fonctions par son excellent et savant ami, ce qui fut fait.

certainement si le garde des sceaux venait à lui objecter que vous ne lui avez fait aucune demande. Je ne vois pas que vous ayez aucune objection contre ce point de forme. Faites donc diligence, autrement M. de Saint-Georges se verra la main forcée, ce qui serait déplorable.

Ma démission sera déposée le même jour, demain, à l'Imprimerie. Vous êtes donc dans les délais de la délicatesse pour produire votre candidature.

Je serais allé chez vous pour vous presser moi-même; mais je suis extrêmement fatigué, et je ne puis monter le moindre escalier.

Mille respects à Madame Mohl, de la part de ma femme.

Votre tout dévoué,

E. BURNOUF.

CLXIII.

A M. ÉMILE BURNOUF, à Grenoble.

Paris, 18 mars 1852.

Mon cher ami,

Je te remercie de ta bonne lettre d'avant-hier. Sois d'abord bien convaincu que, si j'eusse connu d'avance le désir du ministre à mon égard, je ne t'aurais pas laissé l'apprendre par le *Moniteur*. Mais j'ai su la chose en même temps que le public; car le ministre, qui m'avait vu lui-même, ne m'avait parlé que d'une coopération générale, et ses propositions n'étaient pas aussi précises. Je ne désirais pas, encore moins demandais-je, ces fonctions passablement délicates[1] ; quand on m'en a parlé, il n'était plus temps pour refuser. Ma consolation est de penser que, si je ne puis pas beaucoup en faveur des principes, je ne serai pas si impuissant à l'égard des personnes que ma ferme détermination est de servir de tout mon pouvoir.

Le ministre, pour me décider, a bien voulu me dire qu'en m'appelant à ces fonctions, qui entraînent avec elles des distractions nécessaires, il entendait me sauver du marasme dans lequel m'a plongé, cet hiver, le travail opiniâtre de ces dernières années. Et, dans le fait, je me trouve depuis le mois de novembre dans un état de santé déplorable. Je ne t'en ai pas parlé, parce que tu sais que je n'ai pas l'habitude d'occuper les autres de moi. Ces oppressions et défaillances, que tu m'avais vues cet été, ont éclaté depuis janvier en une véritable affection nerveuse qui m'a ôté toute force, a presque détruit la possibilité du travail intellectuel, ou du moins l'a rendu lent et difficile, et m'a jeté dans une fatigue et une impuissance incurables. Mon docteur, qui m'est dévoué, attend en vain l'arrivée d'une température plus tiède ; nous revoyons, il est vrai, le soleil depuis trois jours ; mais le vent reste toujours d'une froideur implacable. Les choses en sont au point que Vosseur est convenu de consulter M. Chomel, qui doit venir samedi m'examiner à fond. Je me traîne péniblement à mon cours et à l'Académie ; mais il y a des moments où je ne me sens plus que l'ombre de moi-même. Ce m'est une idée bien

---

[1]. Eugène Burnouf venait d'être nommé inspecteur général de l'enseignement supérieur.

pénible que de penser que j'étais presque arrivé au terme de mon *Lotus ;* il ne me restait que vingt pages à écrire (j'en suis à la feuille 108, in-4°), plus la table à faire ; l'idée de ce dernier labeur m'aura épouvanté et hâté la crise. Mais, en voilà assez sur mon compte ; tu ne te plaindras plus, amicalement comme tu l'as fait, que je ne te parle pas de moi. Tes cousines sont bien enrhumées, notamment Pauline. Ta cousine seule va bien absolument ; elle a besoin de toute sa santé pour nous soigner tous.

Parlons un peu de toi : j'ai appris bien des choses qu'on me tenait cachées, mais je ne sais pas tout encore ; seulement, je n'ai pas voulu percer à la fois tous les voiles par un sentiment que tu comprends déjà ; il ne serait pas convenable d'aller jusqu'au bout ; autrement, certains rapports nécessaires pourraient devenir difficiles. Seulement, ce que je puis déjà te dire, c'est que tu aurais le plus grand tort de renoncer à tout, comme tu y parais enclin. M. Lesieur, que je sors de voir, m'affirme de la manière la plus positive qu'il continue à t'être extrêmement dévoué, et qu'il ne cherche que l'occasion de te donner un dédommagement convenable ; il te prie seulement de ne pas lui écrire, ainsi qu'au ministre, des lettres aigres-douces qui pourraient le rendre indifférent. Je crois qu'il te donne un bon conseil ; pense à ce que les temps exigent de prudence. Mon entrée dans l'enseignement public, avec les souvenirs que mon père y a laissés, ne peut pas être absolument stérile pour ton avenir. Il dépendra de toi qu'elle te devienne profitable. On ne te conteste rien pour le mérite et les droits ; tâche qu'on n'ait pas le droit d'objecter ces légères difficultés de caractère qui ne sont rien dans la vie, mais qui, pour les administrateurs, paraissent quelquefois des montagnes.

Ce me serait un bien grand plaisir de pouvoir aller t'embrasser au printemps prochain, si M. Chomel me rend des jambes ; rien n'est cependant encore décidé, quoique je soupçonne qu'on ne verra pas d'obstacle à m'envoyer dans le midi.

Adieu, mon cher ami; quand tu écriras à Valognes, présente à tes parents nos respects affectueux.

Tout à toi,

E. BURNOUF.

Mille compliments pleins de cordialité à M. Boyer.

SUPPLÉMENT.

LETTRES

A

AUGUSTE-GUILLAUME DE SCHLEGEL [1].

CLXIV.

A M. LE PROFESSEUR A.-G. DE SCHLEGEL, à Bonn.

Paris, le 13 mars 1827.

Monsieur,

Je suis bien coupable de n'avoir pas répondu plus tôt à l'honneur que vous avez bien voulu me faire en m'envoyant les deux derniers cahiers de votre savante *Indische Bibliothek*. Je voulais avoir lu ces deux numéros avant de vous prier d'agréer mes remerciements respectueux. L'intérêt des matières qui y sont contenues m'a fait un devoir de donner à cette lecture toute

---

[1]. L'impression de ce volume était presque achevée quand nous avons connu les lettres d'Eugène Burnouf à Guillaume de Schlegel; c'est ce qui nous a empêchés de les insérer à leur date, et nous a forcés d'en faire l'objet d'un supplément.

Les originaux sont conservés, avec les papiers de Schlegel, dans la Bibliothèque royale de Dresde. Nous en devons la copie à l'obligeance du bibliothécaire en chef, M. Schnorr von Carolsfeld.

mon attention. Telle a été la cause de mon long retard.
Il y a d'ailleurs, Monsieur, dans tout ce que vous écrivez, autre chose que ce fonds; à l'intérêt naturel de la matière s'ajoute encore, chez vous, celui de la forme; et, si j'éprouve un regret, c'est que mes connaissances, trop bornées dans la langue allemande, ne me permettent pas de pouvoir apprécier, comme il le mérite, le charme d'un style dont ma qualité d'étranger ne me laisse qu'une apperception toujours trop peu précise. Mais, d'un autre côté, je n'en suis que plus reconnaissant de ce que vous avez bien voulu penser à moi en m'adressant ce précieux envoi, et ma gratitude s'augmente encore d'une distinction aussi flatteuse. Veuillez, Monsieur, en agréer le témoignage, et croire à l'expression sincère du profond respect avec lequel j'ai l'honneur d'être, Monsieur,

Votre très humble et très obéissant serviteur,

Eugène BURNOUF.

CLXV.

A M. LE PROF. A.-G. DE SCHLEGEL, à Bonn.

Paris, 22 juin 1829.

Monsieur,

J'ai tardé quelque temps à vous écrire pour vous remercier du superbe cadeau que vous avez bien voulu me faire en m'envoyant le premier volume de votre Ramâyan. Je voulais me donner le plaisir de lire plusieurs chapitres de ce bel ouvrage, et de prendre connaissance, dans votre ingénieuse préface, du plan que vous avez suivi. Il y a dans ce volume, à part un grand nombre de mérites d'un ordre plus relevé, diverses innovations dont les amateurs de la littérature indienne vous seront certainement reconnaissants ; ce sont, entre autres, les titres des chapitres en latin, la division bien nette de ces chapitres, une table, etc. Mais, ce que, pour ma part, je ne puis trop admirer, c'est la facilité avec laquelle se lit le poème dans votre édition. J'ai un souvenir assez distinct des embarras qu'on rencontre dans les manuscrits, et même dans l'édition de Sérampour. Loin de là, votre texte est suivi, et le tissu du discours n'est, nulle part, interrompu par ces répétitions, ces vers de commentateurs, dont quelques-uns peuvent être dans le génie du style antique, mais dont beaucoup, dans un poème suivi comme le Ramâyan, doivent, ainsi que vous le jugez, avoir été ajoutés après coup.

Je ne puis non plus vous exprimer trop vivement le plaisir que j'ai pris à la lecture de votre préface. Elle contient, sur les manuscrits du Ramâyan, et sur l'antiquité des manuscrits indiens en général, des détails du plus haut intérêt, et qui ne peuvent manquer d'exciter l'attention de toutes les personnes vouées à l'étude des lettres indiennes.

Je voudrais, Monsieur, avoir, plus que je ne l'ai, le droit d'exprimer devant vous mon opinion sur les matières d'érudition indienne. L'expression de mon admiration aurait alors plus d'importance à vos yeux. J'ose espérer toutefois que vous y verrez au moins l'assurance d'un respect sincère, dont je vous prie, en ce moment, de vouloir bien agréer l'hommage. Croyez

en même temps, Monsieur, aux sentiments de reconnaissance avec lesquels j'ai l'honneur d'être
Votre très humble et très obéissant serviteur,

Eugène BURNOUF.

CLXVI.

A M. LE PROF. A.-G. DE SCHLEGEL, à Bonn.

Paris, 3 janvier 1830.

Monsieur,

J'ai tardé à répondre à la lettre si bienveillante dont vous avez bien voulu m'honorer, parce que je voulais me donner le plaisir de lire votre belle édition de l'Hitopadeça, et de la comparer à celles qu'on a eues jusqu'ici. La lecture en est aussi agréable qu'elle l'était peu dans les précédentes éditions, et notamment dans celle de Londres, la seule que je possède. Un nombre très considérable de difficultés a disparu, et ce n'est pas sans surprise qu'on se trouve entendre plusieurs passages qui, dans l'édition de Londres, semblaient tout à fait condamnés. Cette publication doit se placer dignement à côté de votre édition si excellente et si belle du Râmâyana et du Bhâgavad-gîta. Il me semble, pour mon compte, qu'on ne peut trop admirer la direction que vous donnez à l'étude de la littérature sanscrite, en la mettant dans la voie des publications d'ouvrages entiers. C'est seulement ainsi, qu'outre la connaissance des mots, on pourra obtenir celle des choses, et que le mystère encore si obscur de l'Inde pourra nous être révélé. Il est singulier que M. Bopp ne puisse comprendre qu'il y a tout autant de philologie à faire sur un ouvrage complet que sur huit à dix petites portions décousues. J'ai pris la liberté de lui énoncer sur ce point mon opinion, qui n'a de valeur que parce qu'elle est celle de plusieurs personnes habiles de ce pays ; et, d'ailleurs, M. Bopp est très disposé à entendre les opinions différentes de la sienne. Il est certain que, s'il eût voulu mettre bout à bout ses épisodes du Mahâbhârat, en commençant, comme dit Hamilton, par le commencement, nous aurions un joli volume du Mahâbhârat, que nous ne connaissons pas encore et que nous ne connaîtrons que quand un ou plusieurs indianistes auront le courage de l'attaquer, comme vous faites seul pour le Ramâyan.

Je ne puis mieux faire, Monsieur, que d'être tout à fait de votre avis sur la séparation absolue des mots sanscrits ; et votre lettre m'a trouvé faisant amende honorable d'avoir pu, du moins en théorie, adopter ce système absolu. J'en ai été tout à fait détourné par la lecture des derniers épisodes, d'ailleurs curieux, de M. Bopp. Tout au plus pourrait-on l'employer dans quelques discussions grammaticales ; mais, quant à moi, je suis de nouveau ramené à vos idées, et je n'aurai commis la faute qu'une fois, dans quelques misérables lignes d'un sanscrit plus misérable encore, inséré dans la discussion d'un passage zend. M. Lassen me faisait, dans sa dernière lettre, une observation fort juste à ce sujet, en me disant que le seul parti qu'on pourrait prendre serait de faire [en certains cas] abstraction du *sandhi* dans l'écriture ; ce procédé est bon pour la prose ; mais toute autre chose que le système indien est presque intolérable.

Veuillez agréer de nouveau, Monsieur, avec l'assurance de mon profond respect, l'expression de mes vifs remerciements pour le beau cadeau que vous avez bien voulu ajouter à ceux que je tiens déjà de votre libéralité.

Votre très humble et très obéissant serviteur,

Eugène BURNOUF.

CLXVII.

A M. A.-G. DE SCHLEGEL, à Bonn.

Paris, 7 février 1830.

Monsieur,

J'ai un peu tardé à répondre à votre lettre si bienveillante de janvier, parce que j'attendais toujours que j'eusse trouvé le mémoire de M. de Sacy sur les Mille et une nuits. J'ai la certitude qu'il l'a fait tirer à part ; mais, quelques recherches que j'aie faites jusqu'ici, je n'ai pu en trouver un exemplaire. M. de Sacy n'a fait imprimer cet opuscule que pour ses amis ; si j'avais l'honneur d'être de ce nombre, ou j'aurais reçu le mémoire, ou je pourrais le lui demander. Mais, sans avoir jamais recherché le moins du monde à avoir avec M. de Sacy des rapports quels qu'ils fussent, j'en ai été trop maltraité pour songer à lui adresser la plus petite demande. Toutefois ne renoncez pas à l'acquisition de ce mémoire. Je viens à l'instant d'apprendre qu'il a paru dans un recueil du dimanche nommé *Revue de Paris* ; je m'en procurerai le numéro où se trouve cette dissertation certainement anti-indienne. Je regrette bien de ne pas connaître celle dont vous êtes l'auteur. Le volume qui la contient a été enlevé à la Société [asiatique], à laquelle vous avez bien voulu l'adresser, par une personne que je ne connais pas et qui ne l'a pas encore rendu.

Je vous remercie beaucoup, Monsieur, des observations que vous avez eu la bonté de m'adresser sur le court spécimen de mon Commentaire que j'ai pris la liberté de vous soumettre. Je m'y conformerai dans l'impression définitive de ce travail lourd et minutieux. Il faut toute votre indulgence pour tout ce qui se rattache à des objets scientifiques pour avoir passé pardessus la forme pénible dont il m'est impossible de dégager cet ouvrage. Je suivrai surtout votre conseil relativement au gothique. J'ai appris que c'était à Grimm, et seulement à cet auteur, qu'il fallait s'adresser pour avoir des connaissances exactes en ces matières. Mais j'ai eu jusqu'ici ce livre admirable trop peu de temps entre les mains. J'en attends incessamment un exemplaire que j'ai demandé il y a plusieurs mois.

Je désirerais bien pouvoir vous expliquer, d'une manière satisfaisante, les retards qui ont reculé l'impression de votre Mémoire sur les monnaies bactriennes. Je crois pouvoir affirmer qu'il n'y a aucune mauvaise volonté de la part des membres composant la commission du *Journal asiatique*. Je n'en fais pas partie; mais, à part M. Chézy, qui n'y vient jamais, MM. A. Rémusat, Saint-Martin, Klaproth, Hase ne peuvent, je crois, être accusés de la moindre indifférence à l'égard de vos savantes productions. La vraie et unique cause, ce sont les retards qu'éprouve l'impression du Journal à l'imprimerie, soit de M. Dondey, soit du gouvernement. Peut-être les matières ne sont-elles pas distribuées suivant leur genre d'intérêt, et je crois qu'on pourrait, dans certains cas, se départir des règles strictes qu'on s'est faites pour le *tour de rôle*. Toutefois, ces considérations, qu'une lettre de vous à M. Saint-Martin pourrait mieux que moi faire valoir, me paraissent de nature à vous réconcilier un peu avec son si pauvre journal, où la partie sanscrite est si nulle. En ce point, je ne me charge pas de le défendre, parce que j'ai l'intime conviction de sa faiblesse extrême. Mais vous en savez aussi bien que moi la cause : c'est que le sanscrit, qui joue maintenant un certain rôle en Allemagne, n'est nullement représenté en France. Je dis nullement, car le seul homme qui le sache passablement n'a ni la capacité, ni le courage nécessaire pour faire valoir ses connaissances. Quant à quelques jeunes gens, qui ont plutôt des intentions de savoir que du savoir proprement dit, d'abord ils sont en fort petit nombre, il n'y en a en tout que trois ou quatre seulement à Paris, et, de plus, ces études sont si infructueuses en France, elles sont si complètement inutiles pour se faire une carrière qu'on ne s'y livre que quand on a pourvu par d'autres moyens à son existence. Nous tous, tant que nous sommes, qui étudions le sanscrit, nous avons un état fort différent qui nous fait vivre, et c'est pendant les moments que nous dérobons à cet état que nous nous occupons de cette belle étude de l'Inde, qui, cultivée seule, nous mènerait directement à l'hôpital. Quelle différence de ces études tronquées, interrompues, solitaires (car le sanscrit n'est pas *enseigné* en France), avec ces travaux consciencieux, suivis, perpétuels, qu'entreprennent des jeunes gens sous la direction d'un maître tel que vous ! Mais je cesse ce bavardage élégiaque ; vous connaissez de reste les défauts de notre existence sociale.

Je n'avais pas jusqu'ici, Monsieur, fait d'article sur votre beau Ramâyan, parce que je n'ai pas à ma disposition l'édition indienne. Mais, puisque vous me permettez de parler d'un si grand travail, quoique je sois si peu digne de le faire, je pourrais toujours faire connaître la marche de votre travail d'après l'excellente préface qui le précède. Ce sera toujours une annonce, qui n'aura de mérite que ce pour quoi vous y aurez contribué.

Veuillez cependant, Monsieur, agréer l'assurance du profond respect avec lequel j'ai l'honneur d'être

Votre très humble et très obéissant serviteur,

Eugène Burnouf.

P. S. — Seriez-vous assez bon pour vouloir bien me rappeler au souvenir amical de M. Lassen ?

CLXVIII.

A M. de Schlegel, rue de Lille, 78, à Paris.

Paris, 13 novembre 1831.

Monsieur,

Je regrette bien vivement de ne pouvoir aller aujourd'hui vous présenter mes respects et profiter de vos conseils si fructueux. Je suis obligé de sortir pour une affaire personnelle. Je prends la liberté de me faire remplacer par une portion de mon Commentaire sur le Zend-Avesta. Puis-je espérer que le manuscrit sera accueilli par vous avec la bienveillance que vous avez si souvent témoignée à l'auteur? Il y a encore beaucoup d'imperfections dans ce travail; quelques-unes disparaîtront à une seconde lecture de mon travail, dont vous voyez ici le premier jet; les autres ont besoin de votre extrême indulgence. Au reste, c'est uniquement par déférence pour vos désirs, qui sont des ordres pour moi, que je vous soumets un travail aussi fastidieux, encore si peu en ordre.

Veuillez agréer, Monsieur, l'assurance nouvelle de mon profond respect.

Votre très humble et obéissant serviteur,

Eug. Burnouf.

P. S. — Mon père vous présente ses devoirs empressés. Serai-je assez heureux pour obtenir de votre bonté la suite de votre intéressant ouvrage sur l'état de la littérature orientale?

CLXIX.

A M. de Schlegel, rue de Lille, 78, à Paris.

Paris, 31 décembre 1831.

Monsieur,

Je suis véritablement confus de vous occuper aussi longtemps de mon informe Commentaire sur le Zend-Avesta. J'abuse réellement de la bienveillance la plus amicale. Ayez la bonté de m'indiquer un jour où je pourrai, sans vous causer aucun dérangement, aller vous débarrasser de cette besogne. J'ose espérer que vous serez assez indulgent pour m'excuser de n'avoir pas été plus souvent vous rendre mes devoirs dans ces derniers temps. J'ai été dérangé, plus que je ne l'aurais cru, par des occupations peu asiatiques, mais j'espère, avec le commencement de la nouvelle année, pouvoir reprendre mes études encore trop peu avancées sur Zoroastre.

Veuillez agréer, Monsieur, la nouvelle assurance de mes sentiments respectueux.

Votre très dévoué serviteur,

Eug. Burnouf.

CLXX.

A M. A.-G. de Schlegel, rue de Lille, 78, à Paris.

Paris, 9 janvier 1832.

Monsieur,

Je vous envoie le numéro que vous m'avez demandé ; cet exemplaire m'appartient, mais je ne désespère pas encore de pouvoir vous le procurer.

Le Conseil [de la Société asiatique] désirerait obtenir de votre complaisance inépuisable les renseignements suivants sur le caractère devanâgari que vous avez fait graver, et dont vous faites journellement un si excellent usage.

1° A combien se monte le nombre des matrices, et quel serait le prix de chacune de ces matrices, ou de la totalité, dans l'hypothèse où les unes coûteraient moins que les autres?

2° Serait-il possible à la Société asiatique d'acquérir à prix d'argent, du gouvernement prussien, une frappe de ces matrices?

Le Conseil de la Société, en désirant acheter une frappe de matrices plutôt qu'une fonte de caractères, a le dessein de perpétuer ainsi le souvenir de la libéralité avec laquelle le gouvernement prussien lui fit présent d'une fonte du devanâgari que vous avez fait graver. Diverses causes ont hâté la destruction presque complète de ce caractère, qui ne peut plus imprimer à la fois qu'une demi-feuille au plus. Si la Société achetait une nouvelle fonte, elle se verrait exposée plus tard au même inconvénient. Par ce motif, elle s'est décidée à acheter une frappe de matrices, avec laquelle elle pourra fondre autant de caractères qu'elle voudra.

Déjà j'ai été chargé de prendre des renseignements auprès de M. Bopp sur le prix des matrices du petit caractère; ces renseignements sont très satisfaisants, et le Conseil vient de décider qu'une demande serait adressée en son nom à l'Académie de Berlin, pour l'achat des 120 matrices de ce caractère. N'est-ce pas au même corps savant qu'il faut s'adresser pour celui dont vous êtes l'auteur, et, avec votre bienveillante entremise, ne pouvons-nous pas espérer que cette affaire sera aussi facilement conclue que celle du petit avec M. Bopp?

Je suis très occupé de mettre au net le commencement de ma traduction du Bhâgavata Pourâna, dont je voudrais publier bientôt un fragment. Je serais très jaloux de faire paraître quelque chose qui effaçât la mauvaise impression qu'a faite sur votre esprit mon travail sur la glose de Neriosengh. Je n'ignore pas combien, avec votre goût si délicat, vous avez dû être vivement frappé de la barbarie de cette glose. Mais vous l'avez en même temps appréciée sous le rapport de son utilité. C'est ce que ne feront pas les personnes qui, à Paris, s'appuyant sur votre jugement si respectable, flétriront par un jugement peu bienveillant, et avant qu'il ait paru, un travail qui m'a donné tant de peine, et que vous avez bien voulu accueillir avec une indulgence dont je suis vivement touché.

Veuillez agréer mes respectueux hommages, et me faire connaître les points divers sur lesquels le Conseil réclame votre complaisance.

Votre très humble serviteur,

E. BURNOUF.

CLXXI.

A M. A.-G. DE SCHLEGEL, à Bonn.

Paris, 22 septembre 1834.

Monsieur,

Si j'ai tardé aussi longtemps à vous écrire et à vous exprimer ma vive reconnaissance pour toutes les bontés que vous avez eues pour moi pendant mon séjour à Bonn[1], c'est que je désirais pouvoir vous dire quelque

---

1. Eugène Burnouf avait séjourné à Bonn du jeudi 4 septembre au dimanche suivant. Voy. la lettre XLVIII, p. 168 et suiv.

chose de certain sur la commission dont vous m'avez chargé relativement au *Journal asiatique*. Je m'en suis occupé déjà, et j'ai l'espérance de vous envoyer un bon nombre des numéros qui vous manquent; mais nous aurons quelque peine à retrouver les plus anciens, par exemple le n° 3, parce que les premiers volumes de la série ont tous été brochés, et qu'on ne peut plus en détacher les numéros. Toutefois, vous pouvez être certain que je ne négligerai aucune démarche pour tâcher de vous satisfaire à cet égard.

Aux marques nombreuses d'intérêt que vous m'avez données il y a quinze jours, vous joignez encore une lettre remplie des sentiments les plus bienveillants pour moi. Je ne saurais vous dire, Monsieur, combien j'en suis touché. Mais je redoute de tomber dans votre opinion, si vous continuez à faire attention à mes rapsodies zendiques, et vous êtes beaucoup trop indulgent d'appeler mes commentaires des *chemins tortueux*. Pour un homme comme vous, ce doit être (indépendamment des fautes réelles que vous y trouvez) une lecture nauséabonde. Mais quel est le second orientaliste européen qui soit à la fois érudit, poète et écrivain, et qui joigne à la patience de l'éditeur la chaleur de l'imagination et la finesse du goût? Ce n'est certainement pas M. Bopp. Quand on vous a pour juge, il faut donc s'attendre à se voir condamné pour plus d'une faute, et les prévenus que vous appelez à votre tribunal ne peuvent en être quittes à bon marché. Je n'en suis que plus flatté d'avoir mérité cet honneur redoutable; j'y trouve un immense profit pour mes études, et, permettez-moi de le dire, quelque satisfaction pour ma vanité, si tant est que mon fatras vaille la peine que je m'y intéresse à ce point. Si vous le permettez, je ferai usage de vos observations; car j'aurai bien des additions et corrections à faire, et je ne négligerai pas de réparer les omissions dont ma mémoire m'a rendu coupable; si la faute a été publique, la réparation le sera aussi. MM. Lassen et Windischmann m'ont déjà fourni d'excellentes remarques; les vôtres et celles de ces hommes savants seront les véritables ornements de mon volume.

Il est bien heureux que M. Rosen n'ait pas (comme font, à ce qu'il paraît, MM. Benary et Pott) épousé les querelles de M. Bopp. C'est que M. Rosen n'a pas, dans son caractère, la virulence de pédantisme qui a dégoûté ici quelques personnes de la lecture des *Jahrbücher für Wissensch. Kritik*. M. Rosen est bien heureux d'avoir séjourné assez longtemps à Londres pour pouvoir y recueillir des manuscrits. Nous y gagnerons des notes nouvelles pour votre Bhâgavad-gîta, ouvrage pour lequel vous continuez, à notre grand profit, d'avoir la tendresse d'un père. Une des gloires de l'école de Bonn, ce sera de s'être appliquée à la connaissance des choses, et pas seulement à celle des mots; et cette gloire vous appartiendra tout entière comme au fondateur de cette belle école. Le choix d'un morceau comme le Bhâgavad-gîta était bien significatif; peu l'ont compris cependant, et on a continué à éparpiller les fragments de ces grandes et vénérables compositions de la poésie indienne, qui ne peuvent pas plus être brisées en morceaux que les pyramides massives, immenses et ornées comme elles, qui en reproduisent aux yeux les richesses et les proportions. Mais, tôt ou tard, justice sera faite, et vous ne devez pas être en peine de l'avenir pour le sort du séminaire indien qui s'honorera d'avoir été fondé par vous.

Puisque vous avez assez de bonté pour me transmettre le souvenir, si précieux pour moi, dont m'honore M. Lassen, j'oserai vous prier de lui dire que je ne l'ai pas non plus oublié, et que je me donnerai le plaisir de lui écrire bientôt[1]. En ce moment, je gémis sous une masse d'épreuves qui se sont accumulées sur mon domicile pendant mon absence, masse aussi épaisse et aussi pauvre que la couche marneuse qui recouvre le bassin de Paris. Pour un os de paléothérium, que de plâtre et de craie utile! Je me souviendrai toute ma vie que M. Lassen s'est condamné à descendre dans ces catacombes, et que cette promenade pénible n'a pas changé les sentiments qu'il m'avait témoignés jusqu'à ce moment, depuis l'époque où la conformité de l'âge et la différence immense du savoir, qui était si grand chez lui et si petit chez moi, nous avaient rapprochés sous les auspices d'un homme qui vous admirait profondément, Abel Rémusat. Je ne négligerai pas l'occasion de lui exprimer moi-même combien je suis sensible à son amitié.

Mais je m'aperçois que j'abuse de vos moments précieux; je ne puis cependant plus me croire à Bonn, partageant avec M. Lassen ces entretiens auxquels vous m'avez fait l'honneur de m'admettre. Si je ne suis plus assez heureux pour en jouir, il me reste vos écrits, que je méditerai, quoique indigne, et dans lesquels je trouverai de quoi acquérir des connaissances, mais non de quoi augmenter l'admiration profonde que je vous ai

---

1. Voy. la lettre LI, p. 181.

vouée, et dont je vous prie, Monsieur, de vouloir bien, en ce moment, agréer l'expression sincère.

Votre très humble et très obéissant serviteur,

Eugène BURNOUF.

P. S. — Mon père me prie de vous présenter ses respectueux hommages.

CLXXII.

A M. A.-G. DE SCHLEGEL, à Bonn.

Paris, 27 novembre 1834.

Monsieur,

Je suis extrêmement sensible à l'honneur que vous m'avez fait de m'écrire, et je regarde comme une marque, bien précieuse pour moi, de l'intérêt que vous portez à mes travaux le soin que vous avez pris de me transcrire les paroles si honorables de M. Schelling[1]. Évidemment, cet écrivain illustre tient plus compte aux travailleurs de leur bonne volonté que du succès, car, s'il était indianiste, il n'aurait pu qu'être extrêmement choqué d'un grand nombre d'erreurs réelles qui se trouvent dans ma première partie[2], sans parler d'une foule d'inattentions dont je suis honteux, et dont je ferai mon *mea culpa* devant le public. Pour ne parler que des plus choquantes, il faudra faire justice d'une

---

1. Voy. à l'Appendice, n° IX, la lettre de Schlegel à laquelle répond celle-ci.
2. Du Commentaire sur le Yaçna.

note sur *us*, inexacte dans sa plus grande partie, et de confusions erronées, comme *âsa* et *âsît; djamyât*, que j'ai pris pour un subjonctif de la deuxième classe, tandis que c'est bien évidemment un précatif. Je vous dirai, entre nous, que M. Bopp est un peu cause de ces fautes, dont beaucoup viennent de précipitation. S'il ne s'était pas jeté à la traverse de mon travail, pour faire chanter ses découvertes par les recenseurs des *Jahrbücher* de Berlin, j'aurais encore gardé un an mon livre, et, outre qu'il aurait gagné sous le rapport de la coordination des parties, qui y est à peu près nulle, et sous le rapport de la concision, qui y manque malheureusement, je crois pouvoir dire que beaucoup d'ignorances, quelle qu'en soit la cause, en auraient disparu. Maintenant, le mal est fait; il sera toutefois réparable si des médecins comme vous veulent bien y apporter le remède de leurs conseils et de leurs avis que je ne perdrai jamais de vue.

Les nouvelles littéraires que vous voulez bien me communiquer sont du plus haut intérêt. Quelle riche moisson que celle de M. Schilling de Canstadt[1]! Faudrat-il donc, pour aborder le bouddhisme, avaler, comme le Sage indien, les lacs sans fond du Bhôtânta? Cela est effrayant, seulement pour nous, qui sommes sur le seuil, marchant sous vos bannières; mais vous formerez tant et de si bons disciples que le travail divisé paraîtra plus abordable. Quelque intérêt que j'attachasse à cette précieuse communication, je n'ai pas osé en rien laisser mettre dans le *Journal asiatique*, qui devient

---

1. Voy. à l'Appendice, n° IX, l'extrait d'une lettre du baron Schilling de Canstadt à Schlegel.

d'ailleurs, de jour en jour, plus brûlant des feux de la poésie arabe.

Dans l'intervalle de la lettre dont vous m'avez honoré et de celle que je vous écris dans ce moment, vous aurez dû recevoir le paquet complet de ce qui vous manque. Il était déposé chez Maze, auquel j'avais recommandé de la célérité. Quant au Vendidad, je croyais vous avoir adressé le tout ; mais, comme il n'en est rien, d'après les détails que vous me donnez, je vous ferai, de nouveau, l'hommage de ce qui vous manque. Je vous demanderai seulement quelque délai, parce que les banqueroutes de libraires, et même de l'ancienne liste civile, ont porté le trouble dans mes *cent* exemplaires, dont la mort de mon lithographe m'empêche en ce moment de publier la dernière livraison.

Les nouvelles littéraires que j'ai à vous annoncer sont assez pauvres ; il en est une cependant qui doit, dirai-je vous intéresser, tout au moins être connue de vous. M. Langlois, le chef des troupes de l'opéra que vous aviez si heureusement caractérisées, vient de publier la plus grande partie d'une traduction française du *Harivamsa;* s'il ne vous l'a pas envoyée, je crois que vous serez curieux d'y jeter un coup d'œil. En lui-même, le livre est rempli de légendes intéressantes, et il vaut bien la peine d'être lu. Mais quel fond peut-on faire sur la traduction, quand on voit *djyotisch purô gama* traduit par *qui marche devant la lumière*, et quand un traducteur se vante, à cette occasion, d'avoir rendu l'original littéralement ! Il y a des fautes faisables, il y en a d'inévitables ; l'attention nous échappe quelquefois, la mémoire aussi nous manque, parce que nous sommes hommes ; mais il y a une limite à ces fautes, et d'ailleurs, en les supposant très nombreuses, on doit voir au travers, alentour, des traces d'un savoir quelconque, d'une exertion et d'une volonté de bien faire qui rendent indulgents les plus difficiles ; car, pour rabaisser un mot divin, « il sera beaucoup pardonné à celui qui aura beaucoup voulu. » Je crains bien, pour le traducteur français du *Harivamsa*, que vous ne trouviez dans son œuvre que bien peu de qualités rédimantes, et j'ai grand'peur qu'il ne tombe sous votre justice sévère, de laquelle il ne se relèvera pas.

Mais je vois que j'abuse de vos moments, et qu'il me reste à peine l'espace suffisant pour vous prier d'agréer mes hommages respectueux.

Votre très humble et très obéissant serviteur,

Eug. BURNOUF.

P. S. — Seriez-vous assez bon pour présenter mes amitiés les plus cordiales à MM. Lassen et F. Windischmann ?

CLXXIII.

A M. A.-G. DE SCHLEGEL, à Bonn.

Paris, 19 janvier 1835.

Monsieur,

Je commence à être bien coupable de n'avoir pas répondu plus tôt à votre dernière lettre, et j'ai besoin de toute votre indulgence. J'ose y compter quand vous aurez entendu les raisons de mon retard. Je suis en ce moment occupé de l'impression de la deuxième partie du premier volume, et cela me prend une bonne partie de mon temps. Mais le fort du travail a été pour moi depuis la fin de novembre jusqu'au commencement de janvier, parce que l'Imprimerie royale a été à cette époque un peu plus libre dans ses mouvements. C'est un supplice dont vous avez peu l'idée que de dépendre d'une imprimerie qui, tantôt imprime avec emportement un demi-volume à la fois, tantôt vous laisse en repos des mois entiers. Il faut saisir l'instant où, se débarrassant des budgets et des tarifs de poste, elle veut bien se réveiller pour les études impopulaires et improductives. J'ai profité d'un moment de répit, et j'ai imprimé dix feuilles in-4°, du 1er décembre au 15 janvier. Cela avance mon volume, qui cependant ne pourra pas paraître sitôt que je le désirerais, parce que la loi des comptes, ou telle autre composition destinée à prouver aux peuples qu'on mange leur argent avec méthode, viendra, au commencement de février, m'enlever mes compositeurs. Je n'en ai pas moins achevé complètement mon manuscrit; cela formera encore cinquante-cinq feuilles environ, dont trente-trois sont imprimées.

Votre lettre contient tant de choses utiles et instructives pour moi que je ne puis trop vous remercier de vouloir bien quelquefois dérober en ma faveur un peu de ce temps que vous employez si bien au progrès des belles études que, après tant de gloire acquise par d'autres travaux, vous avez embrassées avec une supériorité si incontestée. Veuillez, je vous prie, être indulgent pour mes erreurs dans les langues germaniques; j'ai parlé avec l'ardeur de la jeunesse de ce que je ne savais pas assez; j'en suis maintenant au repentir, et je n'ai d'autre moyen d'expier ma faute que de m'établir, du mois de juillet au mois de novembre, dans quelque ville d'Allemagne, où, bien solitairement, je me mettrai à étudier pour tout de bon l'allemand, avec Grimm et Graff à la main.

Je vous suis bien reconnaissant des offres que vous voulez bien me faire de quelques-uns de vos travaux; je suis déjà comblé de vos générosités. Je possède les deux Calendriers de Berlin; je les ai achetés dans leur temps[1]. Quant à l'Hitopadeça, j'oserai plus tard profiter de votre offre pour mes élèves; mais je crois que vous serviriez très utilement l'étude du sanscrit, en en mettant quatre [exemplaires] chez Maze, que le libraire délivrerait à un prix modéré (que vous auriez fixé) sur un bon signé de moi. Par là vous auriez la certitude qu'aucune personne étrangère ne profite de la remise que vous auriez fixée. C'est ainsi que fait la Société asiatique; elle donne, aux personnes qui s'occupent de langues orientales, ses livres à moitié prix, et dépose les autres chez un libraire qui les vend, ou plutôt ne les vend pas, au public. J'ai la certitude de pouvoir vous compléter le Vendidad Sadé, si vous avez la complaisance de me faire savoir, quand par exemple M. Lassen écrira, ce qui vous manque exactement.

J'ose espérer, Monsieur, que vous me permettrez de faire usage, pour mes additions et corrections, des excellentes notes que vous avez bien voulu me donner dans votre dernière lettre. Il y a, sur les changements de lettres et sur les conséquences que vous en tirez, des choses extrêmement neuves. Ce sera, à la fin de

---

1. Voyez le post-scriptum de cette lettre.

mon volume, un correctif pour les choses, ou complètement erronées, ou inexactes et faibles, que j'ai dites sur les sujets que vous y traitez.

Je n'ai pas encore pu me procurer le journal où se trouve votre mémoire sur l'origine des Hindous. M. Letronne, auquel je m'adresserai d'après votre indication, a été ou malade ou absent de l'Académie pendant ces derniers temps; mais je compte trouver le journal en communication chez Galignani, aussitôt que j'en aurai le titre exact et le numéro, que je ne puis retrouver, parce que j'ai malheureusement égaré votre lettre où il en était parlé. Quoique le *Journal asiatique* soit dans des mains peu brahmaniques, votre nom, je l'espère, trouvera grâce devant Mohammed, et je ne désespère pas de faire de ce mémoire une annonce pour ce recueil.

Veuillez, Monsieur, me permettre de profiter de cette occasion pour vous offrir les vœux sincères que je fais pour le renouvellement d'une année heureuse pour vous, et pour vous faire agréer l'hommage des sentiments respectueux avec lesquels j'ai l'honneur d'être

Votre très humble et très obéissant serviteur,

Eugène BURNOUF.

P. S. — Au moment de fermer cette lettre, je m'aperçois que je n'ai que le deuxième article, celui des Luisades. L'autre Calendrier est celui de 1830, où il y a un article de Ritter; c'est ce qui m'a trompé. Je n'ai donc pas l'article de 1829, et, si vous en avez un exemplaire libre, vous pouvez être convaincu de toute la reconnaissance avec laquelle il sera reçu de moi.

CLXXIV.

A M. A.-G. DE SCHLEGEL, à Bonn.

Paris, 10 août 1836.

Monsieur,

Je prends la liberté de vous adresser la nouvelle assurance de mon respect par M. Regnier[1], un des professeurs les plus habiles de Paris, qui doit passer quelques jours à Bonn. Je ne doute pas que M. Regnier, qui est parent de M. Vindischmann, n'ait auprès de vous de plus dignes introducteurs que moi. Mais je n'ai pas voulu qu'il passât par Bonn sans pouvoir vous renouveler l'expression de mes sentiments d'admiration.

Nous avons appris qu'une portion considérable de la seconde édition de votre Bhâgavad-gîta avait paru ou était sur le point de paraître. Ce sera un nouveau service rendu par vous à la littérature indienne, pour laquelle ont déjà tant fait vos bonnes et belles éditions du Ramâyana et de l'Hitopadeça. M. Regnier a lu avec moi le Bhâgavad-gîta, et, depuis, il a étudié avec soin le premier volume de l'édition de Manou de Calcutta, qui contient le commentaire. Il possède parfaitement la grammaire, et il sera bientôt en état de rendre, par quelque publication, des services aux études dont vous êtes presque le fondateur sur le continent.

J'ai eu l'honneur de remettre au libraire Heideloff, pour vous être transmis, un exemplaire d'un Mémoire

---

1. M. Adolphe Regnier, depuis membre de l'Académie des inscriptions et belles-lettres, né en 1804, mort en 1884.

sur quelques inscriptions cunéiformes que j'avais promis depuis quelques années, et que j'ai fait paraître au commencement de juin dernier. Je suppose que vous pouvez ne pas l'avoir encore reçu. Quand il vous parviendra, il aura besoin de votre bienveillante indulgence. Quelque imparfait que soit ce commencement de déchiffrement des écritures cunéiformes, je n'ai pas voulu négliger de vous en adresser un exemplaire comme un hommage des sentiments que je n'ai cessé de professer pour vous, et de l'admiration qu'inspirent à tous les amis des lettres indiennes les immenses services que vous leur avez rendus.

Veuillez, Monsieur, croire à ces assurances sincères et agréer l'hommage empressé de mon respectueux dévouement.

Votre très humble et très obéissant serviteur,

Eugène BURNOUF.

CLXXV.

A M. A.-G. DE SCHLEGEL, à Bonn.

Paris, ce 17 avril 1839.

Monsieur et illustre ami,

Je ne veux pas tarder plus longtemps à vous adresser mes remerciements pour le beau présent que vous avez bien voulu me faire transmettre par M. le Dr Gildemeister. Je n'ai pas encore pu lire la totalité de votre traduction[1], mais ce que j'en connais déjà m'a

---

1. La traduction latine du Ramâyana.

paru digne de votre nom, et de ce que l'Europe savante attendait de l'étude approfondie que vous avez faite de ce grand poème. Il y a dans cet ouvrage un vif et profond sentiment de l'antiquité indienne qu'exprime avec le plus rare bonheur votre brillante latinité. Ce qui m'a frappé surtout, et ce qui frappera tous les lecteurs, c'est l'exquise mesure de vos notes si pleines de vues neuves et élevées. C'est un excellent exemple que vous avez donné là aux savants qui se proposent d'annoter des auteurs orientaux, et notre savant confrère, M. E. Quatremère, aurait bien fait, dans son histoire des Mongols, de se tracer un plan aussi rigoureux que celui dont vous venez de donner le modèle. Après le magnifique cadeau que vous venez de faire aux amateurs de la littérature indienne, nous devons avoir des espérances assez fondées de voir paraître bientôt la seconde édition de votre Bhâgavad-gîta, dont la première est depuis si longtemps complètement épuisée. Je sais personnellement combien cet ouvrage est déjà avancé.

Je vais rappeler aux membres de la Société [asiatique] qui s'occupent de la librairie les torts que nous avons à votre égard, et tout ce qui pourra être fait le sera certainement pour vous. Il serait peut-être bon que, quand M. Lassen aura l'occasion d'écrire à Paris, vous voulussiez bien lui donner une note de ce que vous désirez, note qu'il me transmettrait pour me diriger.

Vous êtes bien bon de vous occuper de ma santé, qui n'est pas plus brillante que celle d'un homme qui souffre de temps en temps de la gravelle. Ce qui m'est le plus pénible, c'est l'interruption, trop fréquemment répétée, de tout travail qu'entraîne mon état presque habituel. Aussi ne puis-je dire au juste quand je serai en état de vous faire hommage du premier volume du Bhâgavata Purâna, texte et traduction, dont je m'occupe en ce moment. Je ne suis encore qu'à la 29ᵉ feuille, et le volume, qui sera in-folio, doit en avoir 80 ; l'Imprimerie royale, avec son système fastueux et bien inutile d'ornements, cause des retards qui ne sont pas de mon fait, et pendant lesquels je m'occupe de la suite de mon travail sur le Zend-Avesta. Je ne vois pas encore jour à publier la traduction d'un ouvrage buddhique du Népal, que j'ai achevée il y a quelques mois. Au reste, la belle littérature sanscrite n'y perdra pas beaucoup, car la langue de ce livre est d'une barbarie détestable.

Adieu, Monsieur, permettez-moi d'espérer que je recevrai de temps en temps des nouvelles de votre santé, si précieuse à la science, et des travaux que vous faites pour son honneur et le vôtre, et croyez aux sentiments de dévouement respectueux avec lesquels je suis

Votre très humble et obéissant serviteur,

Eugène Burnouf.

APPENDICE.

I.

ADMISSION D'EUGÈNE BURNOUF A L'ÉCOLE DES CHARTES.

Le secrétaire perpétuel de l'Académie des Inscriptions et Belles-Lettres, à M. Burnouf.

11 février 1822.

J'ai l'honneur de vous informer, Monsieur, que Son Excellence le Ministre de l'Intérieur, par une décision du 8 de ce mois et sur la présentation de l'Académie royale des Inscriptions et Belles-Lettres, vous a nommé élève de l'École des chartes pour le cours qui doit s'ouvrir aux Archives du Royaume. Vous voudrez bien vous présenter à M. le Professeur de ce cours pour vous faire inscrire et pour connaître les jours et les heures des leçons.

J'ai l'honneur, Monsieur, de vous saluer avec des sentiments bien affectueux.

DACIER [1].

---

[1]. Le baron Dacier, membre de l'Institut, secrétaire perpétuel de l'Académie des Inscriptions et Belles-Lettres, conservateur à la Bibliothèque nationale, rédacteur du *Journal des Savants*. Né à Valognes (Manche) en 1742, mort à Paris en 1833.

II.

CORRESPONDANCE ENTRE J.-L. BURNOUF ET F. BOPP[1].

1822-1825.

1.

A M. F. Bopp, professeur à l'Université de Berlin, à Berlin.

Paris, 20 août 1822.

Monsieur,

Je me reproche beaucoup de n'avoir pas donné plus d'activité à notre correspondance. J'ai reçu en son temps la lettre que vous m'avez fait l'honneur de m'écrire le 29 décembre 1821. J'ai différé de jour en jour à y répondre, tant à cause de mes nombreuses occupations qu'à cause d'une indisposition habituelle qui me tient depuis plus d'un an et qui ralentit beaucoup mes travaux. J'ai beaucoup de peine à suffire à l'enseignement dont je suis chargé au Collège de France et au collège de Louis-le-Grand. Cette indisposition m'a empêché jusqu'ici de m'occuper sérieusement de la traduction de vos ouvrages, allemands et anglais, sur le sanscrit, que je me proposais de fondre ensemble pour les faire paraître en français avec des annotations. D'un autre côté, j'éprouvais trop de peine à vous dire que ce travail n'avançait pas et j'espérais toujours pouvoir vous annoncer quelque chose de plus agréable. Enfin, je n'y ai pas renoncé, et

---

[1]. Franz Bopp, né à Mayence en 1791, mort à Berlin en 1867. Voy. la « Notice sur la vie et les travaux de M. François Bopp, associé étranger de l'Académie des Inscriptions et Belles-Lettres, par M. Guigniaut, secrétaire perpétuel. » (*Comptes-rendus des séances de l'Académie des Inscriptions et Belles-Lettres*, 1869, nouv. série, t. V, p. 234.)

Pendant un assez long séjour qu'il avait fait à Paris, en 1820, Bopp s'était lié avec J.-L. Burnouf, dont il admirait sincèrement l'esprit judicieux et la profonde connaissance des langues grecque et latine.

sitôt que nous serons revenus, mon fils et moi, d'un voyage que nous allons faire pendant les vacances, mon fils se mettra à l'œuvre sous ma direction. Il a fait beaucoup de progrès dans le sanscrit et, à présent, il peut me seconder très efficacement. Si vous aviez publié depuis ce temps quelques nouvelles observations, je vous prierais instamment de me les envoyer, afin de les insérer avec les autres. Je pourrais même en rendre compte dans le *Journal asiatique*, rédigé par la Société qui s'honore de vous avoir pour membre correspondant.

Vous devez avoir reçu dans les premiers mois de cette année, par l'entremise de MM. Treuttel et Würtz, mon édition de Salluste, avec commentaire exégétique et critique [1]. Je désire que cet ouvrage ne vous ait pas paru trop indigne de vous être offert.

Vous me ferez le plus grand plaisir si vous voulez bien me faire réponse le plus tôt que vous le pourrez, sans imiter ma négligence. C'est la meilleure manière de me prouver que vous me la pardonnez.

J'ai fait dans le temps vos compliments à M. Chézy, qui les a reçus avec plaisir. Ma femme a aussi été très flattée de votre bon souvenir; elle vous en fait ses remerciements.

En attendant l'honneur de recevoir de vos lettres, auxquelles je prends l'engagement de répondre désormais avec exactitude, permettez que je vous offre mes salutations les plus sincères et que je me dise, avec un entier et affectueux dévouement,

Votre très humble serviteur,

BURNOUF.

2.

A M. F. Bopp, professeur à l'Université de Berlin, à Berlin.

Paris, 30 septembre 1823.

Monsieur,

Je suis bien en retard de répondre à la lettre que vous m'avez

---

1. « C. C. Sallustius ad codices parisinos recensitus, cum varietate lectionum et novis commentariis..., curante J.-L. Burnouf. » Paris, 1821. In-8º. (Collection Lemaire.)

fait l'honneur de m'écrire le 7 novembre dernier. J'attendais toujours, dans l'espérance de pouvoir vous annoncer l'impression de votre ouvrage mis en français. Il y a longtemps que mon fils en a achevé la traduction, et vous savez que j'avais fait moi-même, dans le temps, la traduction de votre ouvrage allemand. Mais le mauvais état de ma santé et le nombre infini de mes occupations sont cause que je n'ai pas encore pu mettre la dernière main à ce travail et rédiger quelques observations accessoires que j'avais recueillies. Plus le temps va, plus il y aurait à faire si on voulait faire paraître quelque chose qui ne fût pas trop incomplet; car les travaux se sont bien multipliés en Allemagne depuis trois ou quatre ans, et les connaissances ont avancé d'autant. Ce sont toutes ces raisons qui font qu'en voulant trop bien faire, je finis par ne rien faire du tout, ou, au moins, par différer bien longtemps. Malheureusement, je n'ai pas moi-même poussé l'étude du sanscrit autant que j'aurais dû le faire si j'avais suivi mon goût; mais j'ai tant de devoirs indispensables à remplir que je suis forcé de différer ou de négliger ce qui ne tient pas essentiellement à mes fonctions. Je n'ai cependant renoncé ni au projet de mettre à la portée du public français vos savantes remarques, ni à celui de reprendre avec une nouvelle ardeur l'étude du sanscrit. J'aspire au moment où j'aurai fini la nouvelle traduction française de Tacite[1], dont je crois vous avoir déjà dit que je m'occupais. Cet ouvrage est d'une importance secondaire pour les savants, principalement pour les étrangers. Il est destiné seulement à la grande masse des lecteurs français, et sous ce rapport il a son utilité. D'ailleurs, ce travail tient à mes fonctions de professeur au Collège de France et sert de matière à mes cours.

Je vous remercie, Monsieur, de ce que vous me dites de flatteur relativement à mon édition de Salluste. Elle n'est pas ce qu'elle serait si j'avais eu plus de temps à y donner, et, fût-elle cent fois meilleure, je l'estimerais bien moins que vos excellents

---

1. Cet ouvrage a paru de 1826 à 1833 sous le titre suivant : « Œuvres complètes de Tacite, traduction nouvelle, avec le texte en regard, des variantes et des notes, par J.-L. Burnouf. » Six volumes in-8º.

travaux sur une langue aussi importante que le sanscrit et les rapprochements que vous en faites avec toutes les langues de l'Europe, anciennes et modernes. Voilà la véritable érudition, éclairée par l'esprit philosophique et soutenue d'une sagacité à laquelle rien n'échappe. Aussi, Monsieur, nous attendons votre Grammaire avec la plus vive impatience. Elle est d'autant plus nécessaire que la mauvaise santé de M. Chézy ne lui a pas permis jusqu'ici d'en publier une. Je ne doute pas que l'apparition de la vôtre ne fasse le plus grand plaisir en ce pays et n'y augmente le nombre des amateurs qui, malheureusement, n'est pas aussi grand en France qu'en Allemagne.

J'ai lu avec le plus vif intérêt le petit article imprimé que vous m'avez envoyé. Quant au numéro du Journal de Gœttingue que vous avez la bonté de m'indiquer, je n'ai encore pu me le procurer; il n'y en a en tout qu'un exemplaire aux bibliothèques; les plus pressés s'en emparent dès l'arrivée, puis on le prête à d'autres, et il est assez difficile d'avoir son tour. Je vous prie toujours de vouloir bien me tenir au courant de ce que vous publierez, ainsi que les autres savants, en sanscrit. Mon fils continue cette étude avec beaucoup de zèle. Votre Nalus surtout lui est fort utile, tant par la traduction latine que par les notes qui sont à la fin. Il voit quelquefois des Allemands qui ont l'honneur de vous connaître, au moins de réputation, et qui lui disent combien vos savantes veilles sont appréciées en Allemagne. Je n'en suis point surpris, et il faut faire compliment à l'Académie royale de Berlin de vous avoir choisi pour un de ses membres; elle ne pouvait rien faire qui l'honorât davantage.

J'ai bien envie de voir votre article sur le Dictionnaire de Wilson, et j'espère qu'on me le prêtera sous peu. Un travail utile serait de faire paraître un supplément à ce Dictionnaire à mesure qu'on aurait assez de mots ou de significations nouvelles pour emplir un cahier de quelques feuilles. Vous en avez probablement déjà beaucoup recueilli.

Veuillez agréer, etc.

BURNOUF.

3.

A M. F. Bopp, professeur à l'Université de Berlin, à Berlin.

Paris, 18 août 1824.

Monsieur,

J'ai eu l'honneur de vous écrire en date du mois de septembre 1823, et, quoique depuis cette époque j'aie été privé de votre correspondance, je vois avec reconnaissance que vous ne m'avez cependant pas oublié. Je vous dois, au contraire, mille remerciements pour la bonté que vous avez eue de m'envoyer votre *Indralokâgamanam*. C'est un nouveau service que vous rendez aux études de l'Inde, dont vous avez déjà si bien mérité. Cet ouvrage me sera très utile, et plus encore à mon fils, qui a bien plus de temps à donner que moi au sanscrit, car mes cours de littérature latine et la traduction de Tacite avec notes, dont je vous ai déjà parlé, m'occupent prodigieusement, et je ne suis pas encore à la fin. Je joins à cette lettre quelques questions que mon fils prend la liberté de vous adresser pour son instruction. Il vous sera très reconnaissant, ainsi que moi, si vous avez la bonté de l'éclairer de vos lumières.

On attend avec impatience votre Grammaire sanscrite, qui manque encore aux études, malgré les travaux déjà faits en ce genre. Vous avez eu aussi une idée éminemment utile en préparant un vocabulaire raisonné des mots qui se trouvent dans les ouvrages que vous avez déjà publiés. Je n'ose vous parler, pour la dixième fois, de votre comparaison des conjugaisons sanscrite, grecque, latine, etc. Je suis si coupable à cet égard que je n'y pense qu'avec honte. D'une part ma santé, d'une autre part l'excès de mes occupations m'ont toujours empêché de terminer et de publier un ouvrage auquel j'attache le plus grand intérêt. La traduction française de l'allemand est achevée, celle de l'anglais l'est presque en entier. Il ne reste donc qu'à combiner les deux ensemble et ajouter quelques observations. C'est ce que je n'ai pu encore faire ; et pendant ce temps, notre pays reste privé des excellentes recherches que vous avez consignées dans ces estimables travaux. Cela me fait tant de peine que mon fils est décidé, s'il peut trouver un moment après les vacances, à terminer tout cela sous ma direction. Mais lui-même est très occupé aussi, étant obligé de faire son droit. Il vient d'être reçu licencié; il va travailler à se faire recevoir docteur. Sa prédilection est pour les études orientales; mais, malheureusement, en ce pays la science n'est point une carrière, et il faut absolument faire autre chose. Je prends la liberté de vous adresser, par l'entremise du libraire Dondey-Dupré, de Paris, un exemplaire de la thèse qu'il vient de soutenir sur le droit romain, avec un exemplaire d'un petit article de moi[1] et un de lui[2], extraits du *Journal asiatique*, où peut-être vous les aurez déjà vus. J'ai fait quelques légers changements dans le tableau relatif à la conjugaison.

Veuillez bien, Monsieur, recevoir ces différents morceaux avec indulgence, et comme un très faible hommage à peine digne de vous être offert. Sous le même couvert, j'ai joint un exemplaire des mêmes opuscules pour M. Guillaume de Humboldt, auquel je vous prie d'avoir la bonté de les remettre. C'est sans doute à vous que je dois l'honneur qu'il m'a fait de m'envoyer son excellent discours sur l'origine des formes grammaticales. Je vous remercie beaucoup d'avoir parlé de moi à un homme aussi illustre. Je vous prie de vouloir bien lui remettre le petit mot ci-joint où je lui adresse mes remerciements.

En attendant l'honneur de votre réponse, je suis, etc.

BURNOUF.

1. Voy. l'article de J.-L. Burnouf sur le *Système perfectionné de conjugaison des verbes grecs,* par F. Thiersch, dans le *Journal asiatique,* t. III, 1823, p. 364-378.

2. Eugène Burnouf avait déjà fait paraître deux articles dans le *Journal asiatique :* une fable traduite de l'Hitopadesa (t. II, 1823, p. 150-154), et l'analyse avec extrait d'un fragment du Markandéya Pourana (t. IV, 1824, p. 24-32).

4.

A M. Burnouf, professeur au Collège de France, à Paris.

Berlin, le 1ᵉʳ novembre 1824.

Monsieur,

Depuis quinze jours, je suis de retour d'un voyage que j'ai fait pour visiter ma famille dans les environs de Mayence, où j'ai passé deux mois. A mon retour, j'ai eu le plaisir de trouver votre lettre et celle de M. votre fils, et je profite du premier moment de loisir pour y faire réponse. J'ai reçu aussi la lettre du mois de septembre 1823 dont vous m'avez honoré. Je ne dissimulerai pas que je suis bien coupable d'être la cause d'une si longue interruption d'une correspondance qui est du plus grand intérêt pour moi. Il est bien vrai que j'étais et que je suis encore extrêmement occupé; mais cela n'excuse pas tout à fait la négligence dont je me rends coupable par rapport à toutes mes correspondances. Il était dans mon intention de prendre la liberté de vous adresser une lettre en vous envoyant un exemplaire d'un Mémoire que j'ai lu à l'Académie; mais, comme le temps où le premier cahier de ma Grammaire paraîtra s'approche, je me suis décidé à vous envoyer ces deux petits ouvrages ensemble. Peut-être que vous ou M. votre fils avez déjà vu le premier, contenant une analyse des pronoms de la première et de la deuxième personne, car M. Ritter s'est chargé de quelques exemplaires, et M. Chézy vous en aura peut-être fait part. Il serait bien instructif pour moi si vous vouliez bien m'en dire votre opinion, ainsi que de ma Grammaire, que je soumets également à votre censure judicieuse.[1]

. . . .

Je voudrais bien savoir comment vous trouvez la théorie générale sur la formation des cas que je donne dans ma Grammaire, et dans laquelle je n'avais pas de prédécesseur. Je vous

---

1. Observations sur des règles de la Grammaire sanscrite.

prie de vouloir bien me faire connaître tous les défauts que vous ou M. votre fils y découvrez ; cela me sera d'autant plus utile que je compte publier par la suite un abrégé de ma Grammaire en latin.

J'ai lu avec beaucoup d'intérêt un article de M. votre fils sur l'infinitif sanscrit, inséré dans le *Journal asiatique*[1]. Je suis tout à fait d'accord avec votre heureuse explication de *ulcisci nequitur*. C'est vraiment une analogie frappante avec la construction sanscrite, et je vous demande la permission d'insérer votre note sur ce passage dans l'édition latine de mes Épisodes. J'aurai aussi l'occasion d'en faire mention dans ma Grammaire, quoique, en général, je m'abstienne dans cet ouvrage de toute comparaison avec d'autres langues.

Je n'ai pas encore reçu les ouvrages dont vous faites mention dans votre lettre et pour lesquels je vous fais mes remerciements sincères, ainsi qu'à M. votre fils. Ce qui est inséré dans le *Journal asiatique* est déjà en ma possession, mon libraire m'ayant fait venir les vingt-quatre premiers cahiers. M. de Humboldt a reçu par son frère votre article sur Thiersch, dans le temps qu'il paraissait, et il a eu la bonté de m'en faire part de suite. Je lui ai remis votre lettre. Je prendrai plus tard la liberté d'écrire à M. votre fils, dont j'admire la connaissance profonde qu'il s'est acquise en peu de temps du sanscrit.....

Daignez agréer, etc.

BOPP.

P. S. — La fonte des caractères sanscrits pour la Société asiatique sera finie en deux ou trois semaines, bien avant le temps qu'on me l'a fait espérer ; c'est que le fondeur, étant déjà plus familiarisé avec ce caractère, a pu accélérer son travail plus qu'il ne croyait. Si vous voyez M. Rémusat, je vous prie de vouloir bien lui dire cela, et que j'aurai l'honneur de lui écrire aussitôt que la fonte sera achevée tout à fait.

1. T. V, 1824, p. 120-124.

3.

A M. F. Bopp, professeur à l'Université de Berlin, à Berlin.

Paris, ce 3 janvier 1825.

. . . . [1].

Je n'ai pas eu l'avantage de voir M. Ritter; mais, quand même ce savant célèbre m'aurait honoré d'une visite, il se serait déplacé en vain, car j'étais en vacances, je veux dire en voyage de vacances, quand il était à Paris. M. Chézy, qui doit avoir reçu votre Mémoire, ne m'en a pas parlé. Sa santé languissante ne lui permet pas d'apporter au sanscrit le zèle que cette étude intéressante exige. Cependant, je me suis procuré votre ouvrage à la Société asiatique, et même je l'ai traduit en entier, je puis le dire, avec un vif plaisir et avec la satisfaction que cause la réunion de la finesse, de la justesse et de la profondeur. Mon fils, qui ne peut pas donner au sanscrit tout le temps qu'il désirerait, parce qu'en France la science seule ne fait pas vivre et n'offre pas en fait de chaires de professeurs les ressources de l'Allemagne, a pu cependant trouver le loisir de faire deux articles qui donnent le résultat de vos belles recherches; ils seront probablement insérés dans les numéros de février et de mars du *Journal asiatique*[2]. Il est infiniment touché de la mention que vous faites de lui et de ce que vous voulez bien faire attention à ses observations, bien peu importantes, comme celles d'un écolier. Votre bienveillance l'enhardit à oser se recommander à vous, car, dans l'abandon où se trouve l'étude du sanscrit en France, il est excusable lorsque *aliena circumspicit auxilia,* comme dit Tite-Live. Vos explications lui

---

1. Deux pages d'observations philologiques sur la conjugaison des verbes en sanscrit, et de comparaisons avec le grec.
2. Les articles d'Eugène Burnouf sur cet ouvrage de Bopp (*Vergleichende Zergliederung etc., c'est-à-dire Analyse comparée du sanscrit et des langues qui s'y rapportent*) ont paru dans le *Journal asiatique,* t. VI, 1825, p. 52-62 et 113-124, et dans le *Nouveau Journal asiatique,* t. III, 1829, p. 297-312.

paraissent de la plus grande vérité, et l'admiration qu'il a pour votre science n'est pas, je vous assure, refroidie par le beau travail de l'*Ardschuna's Himmel Reise*. Il commence à le lire autant que le lui permettent ses autres travaux. A cette occasion, il me prie de vous soumettre une petite remarque[1].

. . . .

Les caractères sanscrits vont bientôt arriver; mais de longtemps en France nous ne serons capables de rien imprimer. M. Chézy seul a les connaissances positives dans la langue, nécessaires pour entreprendre un travail de cette difficulté; mais la position où il se trouve pourrait peut-être l'éloigner longtemps de ces opérations pénibles de l'impression. Ceci, au reste, soit dit entre nous. Si vos grandes lectures vous avaient fait découvrir, dans le *Mahâbhârat* ou ailleurs, quelque morceau qui pût faire le coup d'essai d'un commençant, je vous serais très reconnaissant de vouloir bien nous l'indiquer. J'aurais quelque intérêt à ce que mon fils pût livrer bientôt à l'impression quelque chose de sanscrit et qu'il pût prendre les devants sur le petit nombre de ceux qui, dans notre pays, se livrent à cette étude. Excusez cependant ma liberté et prenez-la pour l'expression d'un intérêt paternel bien naturel et d'une haute estime pour vos connaissances.

Croyez, Monsieur, au plaisir que j'ai de m'entretenir avec vous de ces études que mes travaux m'interdisent, et à l'honneur que me font les lettres que vous voulez bien m'adresser.

Je suis, etc.

BURNOUF.

P. S. — Lorsque mon fils aura lu tout l'*Ardschuna's Himmel Reise*, il prendra la liberté de vous exposer ses observations sur ce qui l'aura embarrassé, et, sur votre réponse, il fera un ou deux articles dans le *Journal asiatique*. Il est trop heureux que vous ayez remarqué sa petite notice sur l'infinitif et sur *ulcisci nequitur*. Faites-en l'usage qui vous semblera bon, votre approbation étant le meilleur de tous les suffrages.

C'est M. Klaproth qui avait bien voulu se charger de vous

---

[1]. Remarques et observations sur un mot sanscrit.

faire passer les deux petites brochures que vous me dites n'avoir pas reçues. Il m'assura, il y a déjà un mois, que vous deviez les avoir à présent. Elles seraient perdues que ce serait peu de chose. Nous voulions surtout, mon fils et moi, vous offrir un hommage de respect et de reconnaissance.

A l'instant viennent d'arriver vos deux ouvrages, dont nous vous remercions, moi et mon fils, avec les sentiments les plus reconnaissants.

6.

A M. Burnouf, professeur au Collège de France, à Paris.

Berlin, le 30 janvier 1825.

Monsieur,

J'ai reçu la lettre du 3 janvier que vous m'avez adressée et j'ai lu avec le plus grand intérêt les savantes remarques dont elle est remplie. Je suis bien flatté du bon accueil que vous avez fait, ainsi que M. votre fils, aux petits ouvrages que je vous ai envoyés, et c'est un honneur, que je sais bien apprécier, que vous ayez traduit mon Mémoire sur les racines et les pronoms sanscrits, et que M. votre fils daignera publier à ce sujet quelques articles dans le *Journal asiatique*. On peut justement attendre de son talent distingué et de sa grande activité que, quand les caractères sanscrits seront arrivés à Paris, il publiera bientôt un ouvrage renfermant des textes originaux avec une traduction ou d'autres éclaircissements. Alors ce sera pour moi un grand plaisir si je peux contribuer en quelque chose, par un article dans le Journal littéraire de Gœttingue, à attirer l'attention des connaisseurs sur ses mérites littéraires. L'étendue immense du Mahâbhârata, que j'ai lu en entier, en prenant une copie de ce que j'ai trouvé de plus intéressant, ne m'a pas laissé le temps de lire d'autres manuscrits à Paris, mais, si M. votre fils veut publier un morceau de ce grand et intéressant poème, je veux lui en indiquer un que peut-être il jugera digne d'être publié[1].

---

1. Suivent la description du manuscrit où se trouve l'épisode du Gandharva et l'analyse de cet épisode, puis des observations sur des mots sanscrits.

. . . .

Il me fera beaucoup de plaisir si M. votre fils veut bien me communiquer, comme vous me le faites espérer, ses autres remarques sur ces épisodes. Je vous prie de vouloir bien lui offrir et d'agréer, etc.

Bopp.

7.

A M. F. Bopp, professeur à l'Université de Berlin, à Berlin.

Paris, 15 février 1825.

Monsieur,

Je ne puis m'empêcher d'admirer la promptitude avec laquelle vous avez bien voulu répondre à ma lettre; j'y vois une preuve d'amitié à laquelle je suis très sensible; mais, en même temps, je crains que votre obligeance ne vous ait fait interrompre des travaux importants pour répondre à ma lettre dont l'intérêt n'était pas tel qu'elle ne pût attendre. C'est moi, Monsieur, qui devrais me presser, car la rapidité et, tout ensemble, l'importance de vos productions exposent celui qui veut se tenir au courant avec vous à rester quelquefois en arrière.

Le dernier présent dont vous m'avez honoré m'a paru très beau; je n'ai pu encore, à cause de mes occupations, y donner une attention suivie; mais mon fils, qui a lu votre Grammaire d'un bout à l'autre, ne peut se lasser d'admirer la science et la sagacité profonde que vous avez déployées dans cet ouvrage. Il vous assigne, selon moi, le premier rang parmi les Indianistes du Continent, rang que, du reste, vous assignaient déjà votre *Nala,* votre *Ardjouna* et vos recherches grammaticales. Mon fils, qui, après une première lecture, l'a de nouveau examiné avec tout le soin qu'il peut y mettre, a déjà préparé un article qu'il se propose de faire insérer dans le *Journal asiatique*[1]. La tâche est bien agréable quand on a à parler d'ouvrages pareils.

---

1. Il s'agit ici de la Grammaire sanscrite de Bopp (*Ausführliches Lehrgebäude der samskrita Sprache*) sur laquelle Eugène Burnouf a fait deux articles insérés dans le *Journal asiatique,* t. VI, 1825, p. 298-314 et 359-371.

Au reste, c'est de notre part un devoir que nous remplissons avec un vrai plaisir. L'intérêt et l'amitié que vous n'avez cessé de me témoigner depuis votre voyage à Paris m'en rend l'accomplissement facile. Mon fils, à cet égard, n'est nullement en arrière, et c'est avec une profonde reconnaissance qu'il vous remercie, et moi avec lui, des indications que vous voulez bien lui donner. Aussitôt qu'il le pourra, il extraira l'épisode en question et se mettra à le travailler. Le style large et la manière homérique du Mahâbhârata me font espérer qu'il pourra l'entendre, au moins en grande partie; mais je crains que vous ne présumiez un peu trop favorablement de ses forces en le croyant en état de donner un texte dans un délai assez rapproché. C'est une entreprise de haute importance, et d'un rude travail, et ce n'est qu'avec vos connaissances, à la fois littéraires et grammaticales, en sanscrit qu'on peut se charger hardiment de cette tâche. Toutefois il cherche une occasion de travail, et, comme le temps est devant lui, il peut mettre à la traduction de l'épisode du Gandharva plus ou moins de temps, sauf plus tard à retirer un fruit quelconque de sa peine. Ce fruit, au reste, il vous le devra tout entier; et si votre extrême complaisance veut bien, dans les endroits où il sera embarrassé, lui donner les explications des scholiastes et vos remarques fécondes, on peut dire d'avance que c'est vous qui aurez été l'auteur de l'ouvrage.

Permettez-moi de vous occuper encore un instant de nous : dans le premier article de mon fils sur vos recherches [1], il a été commis des fautes d'impression absurdes, qui dénaturent complètement le sens de quelques phrases. Cela ne peut pas être autrement ici. Les membres de la Société peuvent, il est vrai, faire insérer des articles dans le Journal, mais ils n'ont pas le droit d'en revoir les épreuves, et ils se trouvent abandonnés à la discrétion d'un prote ignorant. Un membre très savant est bien chargé de surveiller l'impression ; mais, au milieu de mille autres occupations, il serait surprenant qu'il pût prévenir ou réparer toutes les bévues de l'imprimeur. Aussi l'article de mon fils

---

1. Voy. dans le *Journal asiatique*, t. VI, 1825, p. 52, l'article d'Eugène Burnouf sur le *Vergleichende Zergliederung etc.* de Bopp, déjà cité plus haut.

a-t-il été pitoyablement maltraité. Page 55, à la ligne 19, il faut lire : *il y a bien plus de spontanéité dans les créations de l'esprit humain, et surtout dans la création la plus spontanée de toutes, la formation du langage.* — Page 57, ligne 24, au lieu de : *suppose la modification*, lisez : *supporte la modification*. — Même page, avant-dernière ligne : *et avaient déterminé*, lisez : *et en avaient déterminé*. — Page 58, la phrase de la quatrième ligne a été défigurée d'une manière ridicule : *et si au moment où elle subsistait, etc.*, lisez : *et si au moment où elle subissait cette révolution, etc.* — Enfin, ce qui est moins important, page 64, au lieu de : *Swasri, sour*, lisez : *Swasri, sœur*.

Pardonnez-moi, Monsieur, de vous entretenir de choses si légères ; mais cela n'est pas tout à fait sans intérêt à mes yeux, puisque cela me donne occasion de penser de nouveau à vos excellents travaux.

Recevez cependant nos remerciements de votre bonne attention à notre égard et, avec la vive expression de la reconnaissance de mon fils, le sincère témoignage de l'amitié avec laquelle je m'honore d'être, etc.

BURNOUF.

M. de Humboldt m'a honoré d'une lettre à laquelle je compte répondre très prochainement.

8.

A M. Burnouf, professeur au Collège de France, à Paris.

Londres, le 6 novembre 1825.

Monsieur,

J'espère que vous avez reçu et accepté avec bienveillance la seconde livraison de ma Grammaire, que j'ai chargé mon libraire de vous envoyer avant de quitter Berlin, dans le mois d'août. Il y avait encore, à mon départ, deux tableaux à imprimer dont la correction a été soignée par mon élève, M. Rosen. Vous aurez aperçu dans cette livraison l'emploi d'un petit caractère sanscrit que j'ai fait graver à Berlin pour l'Académie royale. Je serai bien content si vous et M. votre fils ne trouvez pas cette entreprise mal réussie. Vous conviendrez, je m'en flatte, que ce petit caractère pourra être d'une grande utilité pour publier des dictionnaires et des recherches grammaticales. Je me propose de publier bientôt en latin un Vocabulaire qui doit contenir tous les mots des lois de Manou, du Hitopadesa, du Nalus et de mes autres extraits du Mahâbhârata. C'est pour cette raison, en grande partie, que je passe cet hiver à Londres, pour revoir les manuscrits du Mahâbhârata et pour collationner soigneusement ceux de mes extraits que je n'ai pas pu achever à mon premier séjour ici. Je publierai plus tard, en plusieurs volumes, un choix de fragments intéressants du Mahâbhârata, avec une traduction latine sur le bord. Il ne tardera pas, j'espère, que, par les soins de M. votre fils, les presses de Paris nous fourniront des textes sanscrits avec de bons éclaircissements, car je vois, par ses savants articles dans le *Journal asiatique*, qu'il possède une connaissance profonde du sanscrit. Il est donc à désirer qu'il mette bientôt à l'œuvre le compositeur que j'ai envoyé à Paris et dont je peux garantir la plus grande exactitude. Si, pendant mon séjour à Londres, je peux être de quelque service à M. votre fils, je le prie d'être bien persuadé de l'empressement que j'y mettrai. Je voudrais bien savoir aussi si M. votre fils se décide à publier le texte de Sakuntala, car, dans ce cas, je lui enverrai, aussitôt qu'il le voudra, les variantes et les gloses que j'ai trouvées ici. Je trouve que, pour publier un bon texte, la collation des manuscrits de Londres est d'une nécessité urgente.

J'ai lu avec un très grand intérêt le savant article de M. votre fils sur la première livraison de ma Grammaire sanscrite[1], et je lui dois des remerciements sincères d'avoir attiré, d'une manière si avantageuse pour moi, l'attention des philologues sur cette petite production littéraire.

Je vous prie, Monsieur, de vouloir bien agréer l'assurance de la haute estime et de l'amitié sincère avec lesquelles je suis, etc.

BOPP.

Mon adresse est : 43, Windsor-terrace, City-road, London.

1. *Journal asiatique*, t. VI, 1825, p. 298 et suiv.

III.

Extrait du Rapport de M. Abel Rémusat[1]
sur les travaux de la Société asiatique en 1825[2].
(Journal asiatique, 1826, annexe au t. VIII, p. 13.)

... L'une de ces langues, dont le nom avait été le plus souvent cité par les voyageurs, et qui peut-être était la moins connue de toutes, est celle qu'on appelle *Pali,* à Ceylan, chez les Barmans et dans le royaume de Siam. On présumait vaguement qu'il devait y avoir de l'analogie entre des dialectes qui paraissaient ainsi sous la même dénomination en des pays si divers. On entrevoyait de plus que cette langue, exclusivement employée par des peuples voués au culte de Bouddha, devait avoir été portée chez eux avec les livres de cette religion célèbre, et les faits qui s'y rattachaient n'en inspiraient que plus de curiosité, parce que l'histoire d'une langue sacrée se lie toujours d'une manière plus ou moins étroite à celle des révolutions morales et religieuses des nations qui en ont adopté l'usage : au reste, on ne savait rien de la nature de celle-ci, de ses formes grammaticales, des rapports de divers genres qu'elle pouvait avoir avec d'autres idiomes asiatiques, ni du lieu de son origine, ni des époques où elle avait pu se former, ni des circonstances qui

---

1. Jean-Pierre Abel Rémusat, 1788-1832, membre de l'Académie des Inscriptions et Belles-Lettres, professeur de chinois au Collège de France, conservateur des manuscrits orientaux à la Bibliothèque du roi, secrétaire puis président de la Société asiatique.

La mort prématurée de cet illustre orientaliste, homme aimable et d'infiniment d'esprit, causa à Eugène Burnouf un profond chagrin. Jamais il ne cessa de témoigner de sa vive et affectueuse reconnaissance envers le savant qui avait de bonne heure encouragé son goût pour les études orientales et qu'il se plaisait à nommer son maître.

2. L'*Essai sur le pali,* dont M. Abel Rémusat rend compte dans ce rapport, avait déjà été l'objet d'un rapport spécial inséré au *Journal asiatique,* 1825, t. VII, p. 358.

l'avaient transportée en des contrées séparées par toute la largeur du golfe du Bengale.

Un de nos confrères, M. E. Burnouf, et un jeune étranger, M. Lassen, disciple et collaborateur du célèbre M. G. de Schlegel, sollicités par l'importance et la nouveauté des questions qui se rattachaient à l'étude de la langue pali, ont combiné leurs efforts pour les résoudre. Tout était à faire dans la matière qu'ils avaient entrepris d'éclaircir, et leurs devanciers ne leur avaient légué que de faibles matériaux à mettre en œuvre, ou plutôt des renseignements fautifs à rectifier. Quelques manuscrits du Cabinet du roi, qui n'avaient jamais été examinés à fond, leur ont suffi pour lever successivement tous les obstacles qui s'opposaient à leur savante investigation. Les principaux provenaient des écritures assez variées qu'on observe dans les manuscrits pali ; un triple alphabet, résultat des déchiffrements comparatifs de ces manuscrits, mettra désormais en état de les lire tous. Les règles grammaticales de la langue n'avaient été enseignées nulle part ; les deux jeunes auteurs, guidés par quelques analogies et aidés d'une connaissance profonde de l'étymologie sanscrite, les ont déduites de leurs lectures et ont reconstitué une grammaire pali, sinon complète, suffisante du moins pour l'objet qu'ils s'étaient proposé. Enfin, le contenu des manuscrits, tous relatifs à des sujets de religion et de métaphysique, n'a pu échapper à deux savants nourris de ce que les conceptions des Brahmanes et des Bouddhistes ont de plus difficile en ce genre.

. . . .

IV.

Note pour la Lettre du 12 mars 1828.

Nicolas-Christophe Poiret, né à Arnouville le 5 décembre 1777, mort à Roissy[1] le 1er janvier 1866, avait été le camarade de Jean-Louis Burnouf au Collège d'Harcourt, et là s'était formée

---

1. Roissy-en-France, département de Seine-et-Oise, à distinguer de Roissy-en-Brie, département de Seine-et-Marne.

entre eux une amitié solide que le mariage de leurs enfants
devait rendre encore plus étroite. Il faisait son droit à Paris et
se destinait au notariat quand la mort de son père, fermier de
M. de Machau et maître de poste à Arnouville, le rappela dans
la maison paternelle. Il se maria en 1803 à Mlle Reine-Char-
lotte-Angélique Ducrocq, et vint s'établir à Roissy, qu'il ne
quitta plus, et dont il fut maire pendant de longues années.
Quand il cessa la culture des champs, à laquelle il s'était voué
avec la conscience, le dévouement et la sagesse qu'il mettait à
toutes choses, il devint juge de paix de son canton et membre
du conseil général de Seine-et-Oise. Ses vertus et ses lumières,
l'élévation de son caractère, sa bienveillance et les services nombreux qu'il aimait à rendre lui avaient acquis le respect et l'affection de tous. Ces sentiments, qui se sont bien souvent fait
jour, sont exprimés d'une façon vive et vraie dans une lettre du
savant sinologue G. Pauthier, que l'on trouvera à sa date, sous
le n° XVII de cet Appendice.

C'est la fille aînée de M. Poiret, Mlle Reine-Victoire-Angélique
Poiret, qu'Eugène Burnouf avait épousée le 25 septembre 1826.
Il avait vingt-cinq ans; elle allait en avoir vingt-deux. Elle était
dans tout l'éclat de la beauté et, sous une modestie charmante,
elle cachait les rares et grandes qualités qui ont fait d'elle une
femme accomplie et une mère incomparable dont on ne peut
assez bénir la mémoire.

Les lettres échangées entre N.-C. Poiret et ses amis, Jean-
Louis et Eugène Burnouf, n'existent plus; on peut le regretter :
elles eussent montré l'union parfaite de ces âmes délicates et
tendres et les aimables rapports qui en étaient l'expression.
Trois petits billets de M. Poiret se sont retrouvés, et leur date
les plaçait tout naturellement ici.

1.

A M. J.-L. Burnouf, à l'ancien Collège du Plessis,
rue Saint-Jacques, 115.

Roissy, 21 juillet 1826.

Mon cher et vieux camarade,

Tu ne peux plus t'en dédire, te voilà tombé sous ma férule

administrative. J'ai arrêté ce soir ton logement à Roissy. Ainsi plus de voyages lointains. Pendant deux mois de vacances tu vas parcourir un espace de trente-sept perches du matin au soir. Tu ne courras aucun des dangers auxquels sont exposés tous les voyageurs par diligence. Plus de mauvaises auberges à craindre; au retour de ta longue promenade, un dîner apprêté par les mains de ton aimable épouse, et que tu partageras avec ton bon Eugène, sera bien préférable à ces dîners souvent insipides de table d'hôte.

Présente, je te prie, à Madame Burnouf mes hommages respectueux, mon amitié à M. Chavarin, au bon et aimable Eugène et à son cousin Charles. Je suis maintenant assez certain de l'amitié qu'ils nous portent tous pour croire à la satisfaction qu'ils éprouveront à la lecture de ma lettre.

Adieu, mon vieil ami, nous voilà donc encore une fois réunis !
Ton dévoué ami,

N.-C. POIRET.

2.

A M. Eugène Burnouf, place de l'École-de-Médecine, 13, à Paris.

Roissy, 9 août 1827.

Mon cher Eugène,

Martin vous remettra une seconde lettre allemande dont je vous prie de me donner la traduction.

Dites à Angélique que je n'ai pas encore fait une moisson aussi désagréable que celle-ci. Nous manquons d'ouvriers, ils travaillent donc comme ils veulent, et font bien peu de cas des observations que nous leur adressons sur leur mauvais travail; aussi ai-je pris le parti de ne rien dire et de les laisser faire; je me trouve encore heureux d'en avoir plus que d'autres. Il est des fermes dans les environs qui n'ont pu encore commencer leur récolte faute d'ouvriers.

Mes amitiés, je vous prie, à toute votre famille. J'embrasse notre Angélique.

Votre bon père et ami,

N.-C. POIRET.

3.

Roissy, 20 août 1827.

Nous avons reçu, mon cher Eugène, avec un plaisir bien vif les communications que vous nous avez faites par votre dernière lettre. Une seule chose nous contrarie, c'est que le surcroît de travail auquel vous allez vous livrer retardera de quelque temps le plaisir que nous nous promettions à vous posséder, et cependant je ne vous dirai pas : hâtez-vous de terminer. Votre santé nous est trop chère pour que je vous donne un pareil conseil ; ajoutez l'intérêt que nous prenons à votre réputation [1].

Voulez-vous bien vous charger de présenter nos amitiés à vos parents? Victoire se porte bien et vous attend pour vous offrir ses pêches.

Adieu, mon cher Eugène, embrassez pour nous notre Angélique.

Votre bon père et ami,

N.-C. POIRET.

V.

LETTRE DE F. ROSEN [2] A EUGÈNE BURNOUF.

Londres, ce 25 mars 1829.

Monsieur,

Je prends la liberté d'introduire auprès de vous M. le colonel Briggs, qui, par les articles intéressants dont il a enrichi les

---

1. Eugène Burnouf venait de se charger de faire le texte de l'*Inde française*. Voy. la lettre à Lassen du 15 décembre 1827.
2. Frédéric Rosen, orientaliste éminent, éditeur du Rig-véda, né à Hanovre en 1805, mort en 1837.
Doué du plus aimable caractère et passionné pour les études orientales, il fut vivement regretté d'Eugène Burnouf, qui, l'ayant retrouvé à Londres en 1835, s'était lié intimement avec lui.

Mémoires de la Société royale asiatique, ainsi que par son excellente traduction de *Ferishta*, qui vient de paraître, vous est déjà connu de la manière la plus avantageuse. Une carrière politique et militaire au service de la Compagnie des Indes orientales lui a fourni une occasion (digne de notre envie) de visiter et d'examiner une partie de la contrée qui est le sol classique de nos études. Vous admirerez bientôt, d'accord avec moi-même, les grands avantages que M. Briggs a su tirer du peu de loisir que sa position officielle lui laissait. M. Briggs se propose de retourner aux Indes au bout de deux années. Son désir de se préparer à de nouvelles recherches est un des motifs les plus puissants qui le mènent à Paris. Je méconnaîtrais votre bonté, Monsieur, et il me faudrait avoir oublié les marques réitérées de votre bienveillance envers moi, si je n'espérais pas que vous recevrez M. Briggs comme un collaborateur zélé dans ce jardin oriental que nous cultivons et des arbres enchantés duquel nous tâchons de cueillir des fruits durables.

Je vous prie, Monsieur, de vouloir bien présenter mes respects les plus sincères à M. votre père.

Je suis, etc.

F. ROSEN.

VI.

FRAGMENTS DE TROIS LETTRES DE JULES MOHL[1] A EUGÈNE BURNOUF.

1.

Londres, 17 avril 1830.

Mon cher Burnouf,

Il y a longtemps que je médite une longue et belle lettre pour

---

1. Jules Mohl, né à Stuttgard le 25 octobre 1800, naturalisé français, membre de l'Institut, professeur de persan au Collège de France, secrétaire de la Société asiatique et inspecteur de la typographie orientale à l'Imprimerie nationale, mort à Paris le 3 janvier 1876.

A la mort de J.-L. Burnouf, il avait été élu par l'Académie

vous raconter mes aventures tant par terre que par mer; mais cette malheureuse Babel de ville ne me laisse aucun temps. Les formes de la société ici sont si raides et si pénibles! On est toujours sur ses deux pattes pour laisser tout juste le nombre convenable de cartes chez les gens.

Je me trouve fort embarrassé, parce qu'on n'a pas de nouvelles du bateau à vapeur de Bombay; on s'empresse de me donner une infinité de conseils, les uns que je fasse le tour de l'Afrique, les autres que j'aille, avec une commission d'officiers du génie, par Khiva, Bokhara, Balkh, Lahore; mais j'ai l'entière conviction qu'ils auront tous le cou coupé. Elphinston me prêche d'aller dans tous les cas en Égypte, de remonter le Nil jusqu'à Thèbes, de passer le désert à Djenny, de prendre un bâtiment arabe pour Moka, et de là un vaisseau marchand, soit arabe, soit européen, pour Bombay. Sir Gore Ouseley et Briggs veulent me persuader d'aller à Tebriz et de là à Schiraz, de rester là six mois ou un an, et d'aller ensuite dans l'Inde. Je médite cela et je n'ai pas pu encore prendre une résolution.

. . . .

2.

Londres, 10 juin 1830.

. . . .

Je ne sais pas si je vous ai écrit que j'ai vu chez Lady Macdonald, la femme de l'ambassadeur en Perse, la correspondance officielle sur la mort de Schulz. Les Curdes ont vendu ses armes, chevaux et effets et cinq volumes de livres, et disent qu'ils ont poursuivi les assassins sans pouvoir les saisir, mais qu'ils ont confisqué leurs maisons et leurs propriétés. J'espère que les livres sont des journaux. Ces lettres m'ont laissé peu de doute que c'est le chef dont le neveu fut tué par Monteith qui l'a fait assassiner. Pauvre Schulz!

. . . .

des Inscriptions et Belles-Lettres le 14 juin 1844, et ce fut pour Eugène Burnouf un adoucissement à sa douleur que de voir son père remplacé par son meilleur ami.

3.

Londres, 6 septembre 1830.

Mon cher Burnouf,

Il y a un siècle que je n'ai eu de vos nouvelles, ce qui n'est pas trop beau, car vous ne pouvez pas dire que la matière vous manquait. Prenez donc la plume du repentir et le papier de la contrition, et écrivez-moi ce que vous faites, et quelle influence le nouvel état de choses a sur vos affaires, ce que font nos amis, tant blancs que tricolores. Je vois dans les journaux, avec étonnement, les nouvelles nominations ; le règne de la Doctrine et le ministère de la Pédanterie ; Gauja et Thierry préfets, Mignet et Thiers conseillers d'État. Bon Dieu ! quels administrateurs ! C'est le temps pour Sphynx, ou jamais. Que fait donc Cousin dans tout cela? Je vois qu'il a organisé la garde nationale lorsque la bataille était gagnée ; mais je ne vois pas qu'il ait été récompensé dignement. Il me semble que le pouvoir est tombé dans des mains fort faibles ; mais j'espère que tout ira bien. L'enthousiasme ici n'est pas aussi grand que les journaux le disent. L'aristocratie voit la révolution de mauvais œil, et son influence est tellement prépondérante que le Gouvernement finira toujours par faire ce qu'elle demande. Mais trêve de politique.

Je suis de fort mauvaise humeur ; Briggs devait aller comme ambassadeur en Perse ; vous sentez comme cela m'arrangeait. Il me pria de voyager avec lui, tout était convenu, et j'attendais de jour en jour sa nomination. La négociation traînait, et lorsque tout paraissait certain l'affaire manqua. Il vient de partir pour Portsmouth, pour s'embarquer immédiatement pour Madras. Quant à moi, je suis fort vexé de cela, d'autant plus que les nouvelles de Perse sont telles qu'il ne sera guère possible d'y voyager sans un caractère officiel. Je pense, tout bien considéré, que le meilleur sera de renverser mon voyage, d'aller d'abord à Calcutta, de chercher un bon moushir et un pandit, et de me fixer pour quelques années dans une place tranquille et pas trop loin de la ville. J'irai après à Benarès et à Dehli. Tout cela me vexe au delà de ce que je peux dire ; j'étais si désolé de ces contretemps continuels que je pensais à abandonner tout le voyage et à me fixer à Paris ; mais, après tout, je ne veux pas me laisser aller à ma paresse ; je reviendrai quand je saurai la philosophie hindoue. Je ne me cache pas la difficulté de la tâche ; mais c'est ce qui m'intéresse le plus dans ce monde ; et pourquoi ne le tenterais-je pas [1] ?

Je reçois dans ce moment votre lettre du 30 août et je vois que vous m'attendiez à Paris. Tout était prêt, et j'allais partir lorsque la nouvelle de la mort de Macdonald est arrivée, et Briggs fut désigné pour son successeur ; vous savez le reste. Je me pendrai certainement de ne pas avoir été à Paris. Ces choses [2] ne se voient pas deux fois. Je suis enchanté de vous voir si *sanguin* sur la continuation de la liberté en France. On n'a aucun moyen de juger ici du véritable état des choses.

Votre lettre était mal adressée et m'est parvenue par pur hasard. Je voudrais vous voir avec le fusil et le bonnet de poil, si cette horreur existe encore. Ce bon Zoroastre s'est peu imaginé qu'il serait « retrouvé » (c'est, je crois, le mot de Sphynx) par un garde national.

Ici nous n'avons pas eu besoin de Révolution pour ne rien faire, nous nous acquittons de cela fort bien pendant toute l'année. Fitz-Clarence se propose de donner des dîners pour implanter quelque vigueur dans le *Translation Committee*. Des dîners pour avoir des traductions, comme si les gens qui les font dînaient en ville, ou même dînaient *at all, at all*, comme disent les Irlandais ! Briggs s'est chargé de revoir et de remodeler la traduction du *Scir Almoutakheria*, faite par un renégat français, mais dans un anglais incroyable ; et puis il veut traduire *Khafee Khan* qui remplit la lacune entre *Ferishta* et le *Scir*. Mais tout est en vain ici. La nation n'a pas de goût pour des études intellectuelles, et ce n'est pas par des Sociétés qu'on pourra le lui donner, d'autant plus que les membres des Sociétés eux-mêmes ne se soucient pas de leur objet. — Rosen a imprimé

---

1. M. Mohl ne tarda pas à abandonner ses projets et à se fixer définitivement à Paris.

2. La Révolution de juillet 1830. Voy. la lettre d'Eugène Burnouf à Mohl, du 29 août 1830, ci-dessus, p. 103.

cinq ou six hymnes tirées du Rig-véda ; en tout trente à quarante Slokas ; ce qu'il avait trouvé de plus intelligible. Il parle de publier le Rig-véda entier, 1,500 pages in-4°, mais je crois qu'il se fait illusion sur ses moyens. J'ai beaucoup travaillé au *Schah-nameh*. Je me sers de l'édition de Macan, qui est beaucoup au-dessous de mon attente ; j'en suis fort fâché ; j'avais espéré qu'il me dispenserait de cette ennuyeuse collation de manuscrits ; mais il n'a pas plus de critique qu'un chat.

Je suis bien seul ici ; toutes mes connaissances sont à la campagne, et je n'ai littéralement pas une âme à qui je pourrais dire bonjour. Il pleut avec cela continuellement, et mes pensées ne sont rien moins que gaies.

A propos : la Société asiatique [de Londres] faisait mine de nous subtiliser les *Transactions*, à nous autres membres honoraires ; j'ai défendu la cause sacrée, et la patrie est sauvée. Je suppose que vous avez reçu le nouveau volume, ou que vous le recevrez bientôt. Au reste, Hattmann [1] est un bon diable et tâche de maintenir la paix avec les puissances étrangères.

Je vous envoie la liste de vos livres, que je vous expédierai par la voie de Debure. Ils ont coûté 24 l. 15 sch. 6 p. Veuillez bien calculer ce que cela fait en francs, en déduire les 300 francs que vous m'aviez donnés, et m'envoyer une lettre de change à vue pour le reste. Je n'ai pas acheté les derniers textes sanscrits qui sont venus de Calcutta, parce que je ne désespère pas que vous les ayez gratis. J'ai acheté 400 aiguilles pour Madame, et si ce ne sont pas les meilleures qu'on fait, ce sont certainement les plus chères ; je me suis laissé guider dans cette affaire par les conseils de trois dames ; si c'est mal fait, je m'en lave les mains. Vous allez les recevoir.

On dit que le collège de Fort-William sera fermé : on ne laissera que les examens. C'est tout un avec le système actuel de la Compagnie [des Indes], qui est d'une mesquinerie et d'une étroitesse incroyable. Le collège est certainement fort mauvais maintenant ; mais à qui la faute, sinon au Gouvernement ?

Que fait donc Rémusat, et Saint-Martin, et tutti quanti ?

---

1. Le secrétaire de la Société asiatique de Londres.

J'espère qu'on donnera une chaire à Fauriel pour le retenir en France.

Haughton est allé à la campagne ; il s'imagine qu'elle lui fera du bien ; mais je ne le crois pas ; je ne pense pas qu'il se rétablisse jamais. Son estomac est tout à fait détruit, et ses nerfs sont si irritables que la moindre attention qu'il prête à quoi que ce soit le rend malade pour longtemps.

Mais il faut que je finisse. Je n'ai pas le temps de relire cette lettre, qui, probablement, contient un tas de stupidités.

Dites mille choses à Ampère et écrivez-moi. Je présente à Madame mes respects les plus affectueux.

Tout à vous.

Mohl.

VII.

Rapport sur le Concours du Prix Volney par le baron Silvestre de Sacy.

(Séance publique de l'Institut du 30 avril 1831.)

La commission chargée d'exécuter la fondation faite par M. le comte de Volney avait proposé, pour sujet du prix qu'elle devait adjuger dans la séance générale des quatre académies en 1831, *d'établir, pour les idiomes savants de l'Hindoustan dont les alphabets sont dérivés du dévanagari, un système de transcription méthodique régulier, tel qu'un texte écrit d'après ce système pût toujours être transcrit de nouveau et avec exactitude en caractères originaux.* On devait exclusivement faire usage de l'alphabet européen, modifié et complété, selon la nécessité, par l'addition de signes simples et empruntés à la typographie ordinaire, et rédiger un tableau de la concordance orthographique, applicable aux trois systèmes de prononciation, français, allemand et anglais, de manière que les noms propres, les mots ou les phrases transcrits par un individu de l'une des trois nations pussent être reconnus et rendus conformément à l'orthographe des deux autres à volonté.

Trois mémoires ont été envoyés au concours. La commission a adjugé le prix au mémoire inscrit sous le numéro I, portant pour épigraphe : *Non obstant hæ disciplinæ per illas euntibus, sed circa illas hærentibus.* (Quintil., I, 7.) L'auteur est M. Eugène Burnouf fils.

VIII.

Lettre de F. Bopp à Eugène Burnouf.

Berlin, ce 31 mai 1832.

Monsieur,

Permettez-moi de vous recommander un ami et ancien élève, M. Poley, qui vous présentera cette lettre et qui vous est connu sans doute d'une manière favorable par sa savante édition du Devimahâtmya. Il est sur le point d'aller à Constantinople, où il sera attaché à notre ambassade; mais auparavant il veut passer quelques mois à Paris, et, sachant que vous avez beaucoup de bonté pour moi, il m'a prié de lui fournir l'occasion de s'introduire auprès de vous.

Je regrette que son départ soit si proche, car en huit ou dix jours j'aurais pu profiter de cette occasion pour vous présenter la seconde livraison de ma Grammaire sanscrite, dont l'impression est finie jusqu'à la préface. Je recommencerai maintenant une Grammaire comparative écrite en allemand, et qui était déjà assez avancée quand j'ai été obligé de l'interrompre pour achever l'édition du Nalus et de la Grammaire spéciale du sanscrit. Comme mon système de conjugaisons ainsi que mes mémoires et divers articles de critique me fournissent, à l'ouvrage mentionné, les matériaux les plus essentiels, je peux aller assez vite et je n'ai souvent qu'à mettre en ordre mes observations éparses. Cependant je ne crois pas que je puisse en publier une partie avant l'année prochaine.

J'espère que vous aurez reçu une lettre que j'ai eu l'honneur de vous adresser il y a quelques semaines pour vous rendre compte des matrices en question, destinées à la Société asiatique.

Je vous prie de vouloir bien offrir mon respect à M. votre père et agréer la nouvelle assurance de la haute estime et de l'amitié sincère de
Votre très dévoué,

BOPP.

IX.

LETTRE DE A.-G. DE SCHLEGEL[1] A EUGÈNE BURNOUF.

Bonn, 9 novembre 1834.

My dear Sir,

Vous me dites des choses beaucoup trop flatteuses que je ne saurais accepter. Si le mot de reconnaissance était applicable à nos relations d'amitié, au moins l'obligation serait mutuelle. Je m'instruis autant par vos entretiens que vous pouvez le faire par les miens. Je m'intéresse vivement à l'avancement et au succès de vos travaux savants; vous faites de même à l'égard des miens, et nous nous empressons l'un et l'autre d'en signaler le mérite au public. La seule différence est que vous êtes jeune et avez un bel avenir devant vous, tandis que je suis un vétéran et l'étais déjà ailleurs lorsque je suis entré, il y a vingt ans, dans cette nouvelle carrière.

Il vous sera peut-être agréable d'apprendre que notre célèbre philosophe Schelling, qui ne se communique guère au public, a

---

1. Auguste-Guillaume de Schlegel, né à Hanovre le 5 septembre 1776, mort à Bonn le 12 mai 1845.

Ses premiers travaux avaient d'abord été consacrés à l'histoire et à la littérature de l'antiquité, et ce n'est que plus tard qu'il se passionna pour les études orientales.

Dans un de ses séjours à Paris, il avait fait la connaissance personnelle d'Eugène Burnouf, avec lequel il entretint jusqu'à sa mort une correspondance remplie de part et d'autre des plus aimables témoignages d'estime et d'admiration. Voy. les lettres d'Eugène Burnouf à A.-G. de Schlegel, ci-dessus, p. 449 et s.

parlé de vous avec de grands éloges. Probablement vous n'avez pas cet écrit sous la main. Je vous ai transcrit le passage [1].

J'ai lu l'article de Fr. Windischmann, qui est assez bien fait ; l'observation la plus importante que j'y aie trouvée est celle sur l'identité des verbes *dá* et *dhá* en zend. J'avais anticipé cette remarque à l'égard du latin dans mon commentaire de la Bhagavad-Gîtâ, qui est imprimé, mais pas encore publié. Je vous avoue que j'ai toujours eu de la peine à concevoir qu'en zend, *donner* signifiât *créer*. Mais ceci change la thèse. En grec aussi, le nom de la divinité est dérivé du verbe τίθημι.

Mes observations particulières sont peu de chose, mais j'oserai vous donner un conseil général. Ne forcez jamais l'étymologie. Les rapprochements hasardés nuisent au crédit de ceux qui sont légitimes. Nous ne pouvons pas rendre compte de la dérivation de tous les mots dans les langues dont nous possédons tous les trésors et même des monuments de diverses époques de leur développement. A plus forte raison cela doit arriver souvent dans une langue dont nous n'avons qu'un fragment. Il faut alors tâcher d'éclaircir le sens par la comparaison des passages parallèles ; s'il ne s'en trouve point, il faut s'en tenir à la tradition. Rien n'est plus trompeur que de courir après l'identité des significations ; par exemple, la *main* peut être envisagée et, par conséquent, désignée de bien des manières différentes. Au contraire, lorsque l'identité des mots est bien constatée, en ayant égard aux mutations régulières, la diversité des significations ne me fait pas hésiter le moins du monde. Le sanscrit *carna* est bien positivement identique avec le latin *cornu* (anciennement de la seconde déclinaison), et avec le gothique *haurn* (c'est la diphtongue brève qui répond à l'omicron), aujourd'hui *horn*; sanscrit *çringa*; francique *hringa*; aujourd'hui *ring*, cercle, anneau ; *carpara*, *corpor-is*; etc., etc. J'ai fait, dans ma Bibl. ind., cette observation à l'égard des animaux, où ce phénomène est fort étonnant.

Le passage d'Hérodote est des plus importants ; il pourrait favoriser l'hypothèse que l'orthographe des livres de Zoroastre

---

[1]. Voy. plus loin, p. 508, la traduction de ce passage, copié par Schlegel sur un feuillet à part.

eût été rajeunie du temps des Sassanides. Car, généralement parlant, l'évaporation de l'S final doit être postérieure à la prononciation distincte. Les Persans auxquels Hérodote avait entendu articuler leurs noms étaient sans doute venus de la Susiane, de la Médie et de la Perse proprement dite; les livres de Zoroastre, au contraire, auront été rédigés en Bactrie; soit ! Il est toutefois singulier de voir dans des livres sacrés un dialecte plus moderne que le langage classique du pays où la religion est établie. D'ordinaire, dans les livres sacrés des divers peuples, on a affecté et soigneusement conservé les formes surannées, et avec grande raison, parce que cela leur donne un air vénérable et mystérieux. Il serait important de constater si l'S final du nominatif masculin se trouve dans les inscriptions cunéiformes.

Je vous suis bien reconnaissant de la peine que vous prenez de rassembler les cahiers du *Journal asiatique* qui me manquent. Si quelques-uns ne se trouvent pas séparément, il faudra que j'achète quelques volumes entiers. C'est un soin de bibliothèque pour ne pas avoir un livre dépareillé; car beaucoup de cahiers sont totalement vides pour moi. Mais il y a quelque chose de plus grave : dans une revue de ma bibliothèque, j'ai découvert que je n'ai reçu de votre magnifique Vendidad lithographié que les livraisons I-IV, ensuite VII et VIII. Si vous m'avez, en effet, envoyé les livraisons V et VI, elles doivent être restées en chemin. Chez moi, rien ne peut se perdre. Ne trouveriez-vous pas dans vos notes par quelle voie vous les avez expédiées, pour prendre des informations ? Peut-on acheter séparément les livraisons ? Je serais désolé de ne pas posséder ce beau monument complet.

Voici un extrait d'une lettre intéressante[1]. J'ignore si le baron Schilling a rendu compte au public de sa riche trouvaille. Cependant, je ne suis pas autorisé à faire imprimer sa lettre, autrement elle serait bien placée dans le *Journal asiatique*.

Je vous envoie aussi mes épigrammes sur Bopp, que je n'ai pas pu retrouver lorsque vous étiez chez moi. Rosen m'a envoyé

---

1. Lettre du baron Schilling de Canstadt à Schlegel, publiée plus loin, p. 508.

un second commentaire de la Bhagavad-Gîtâ, probablement le seul exemplaire en Europe. Je l'ai déjà lu en grande partie ; c'est un fatras de paroles abstruses ; mais il faut fouiller partout.

Mon mémoire sur l'origine des Hindous est imprimé à Londres, et le volume des Transactions de la Société royale de littérature, où il est inséré, doit être arrivé à Paris. N'oubliez pas que cet écrit a été rédigé il y a trois ans, que je n'y ai depuis ajouté que quelques notes et qu'il a été envoyé à Londres avant que votre Commentaire ne me fût parvenu.

Lassen vous salue fraternellement et vous écrira un de ces jours.

Mille amitiés. Tout à vous,

A.-W. DE SCHLEGEL.

Annexes à la lettre précédente.

1.

Extrait de la Préface de Schelling à l'ouvrage de Cousin sur la Philosophie française et allemande, p. XXVIII.

..... Il est vraiment fâcheux que le ton et les manières des discordes politiques passent aussi dans la littérature ; mais cela même ne peut pas détruire le vrai génie scientifique en France, où, au milieu de tous les bouleversements, les études les plus profondes et les plus solides conservent toujours leur mérite et où, pour prendre un exemple dans un domaine étranger à la philosophie, quoique non sans importance pour les recherches philosophiques, il surgit encore des hommes comme Eugène Burnouf.

2.

Extrait d'une lettre adressée au professeur Schlegel, à Bonn, par M. le baron Paul Schilling de Canstadt, conseiller d'État, etc.

Saint-Pétersbourg, 6 août 1834.

..... Il y a quatre ans que je suis parti pour un petit voyage par la Sibérie aux frontières de la Chine. J'ai longé cette frontière sur une étendue d'environ deux cents milles allemands, depuis Kiakhta jusqu'aux mines de Nertchinsk. J'ai nomadisé pendant dix-huit mois au delà du lac Baïkal parmi les tribus mongoles et toungouses qui sont sous la domination russe et qui professent le Bouddhisme. Vous connaissez la défiance et la jalousie des Lamas pour ce qui concerne leur religion, et les difficultés qu'éprouvent les intrus pour se procurer le moindre petit traité ; vous serez donc bien étonné d'apprendre que j'ai été très heureux dans mes investigations. Mes faibles connaissances en tibétain ont beaucoup étonné nos Lamas mongols; elles m'ont procuré accès à leurs trésors religieux et littéraires. Ces bons et hospitaliers nomades ont eu la bonhomie de me prendre pour une *incarnation* et m'ont rendu des honneurs presque divins. Vous sentez bien que je n'ai rien fait pour les désabuser et que j'ai tâché de jouer mon rôle de mon mieux. Maintenant je suis déchu de ma grandeur, je suis redevenu *ein Alltagsmensch;* mais, toutefois, cette heureuse méprise m'a valu une moisson littéraire qui surpasse tout ce que vous pouvez imaginer. Le nombre des divers ouvrages et traités que j'ai rapportés de la Mongolie n'est pas moins de 2,000. Dans ce nombre se trouve le Gandjour, en cent gros volumes, qui, à lui seul, contient plus de mille traités. Je n'ai pas pu me procurer le commentaire du Gandjour, qui est connu sous le nom de Dandjour ; il ne s'en trouve qu'un seul exemplaire au delà du lac Baïkal. Cette dernière collection se compose de 224 gros volumes et contient environ 3,900 traités différents, dans le nombre desquels se trouve l'*Amara Cosha* en tibétain. Pendant mon séjour au delà du Baïkal, j'ai fait, avec le secours de mes bons Lamas, des index systématiques et alphabétiques de ces deux grandes collections. Les quatre-vingt-dix-neuf centièmes de tous les traités qu'elles contiennent sont traduits du sanscrit, et chaque traité, grand ou petit, porte en tête le titre complet en cette langue. Il me faudrait un sanscritiste pour traduire tous ces titres ; mes faibles connaissances en sanscrit ne vont pas assez loin pour oser entreprendre une pareille tâche. Il faudrait faire un voyage en Allemagne ou attendre l'arrivée d'un sanscritiste à Saint-Pétersbourg. La facilité des communications au moyen des bateaux à vapeur pourrait peut-être engager quelque amateur à venir.....

X.

Lettre de Christian Lassen[1] à Eugène Burnouf. (*En anglais.*)

Bonn, le 26 novembre 1834.

Mon très cher Monsieur,

J'aurais certainement répondu depuis longtemps à votre trop bonne lettre, que j'ai reçue par M. Plücker, n'eût été l'ouverture de nos cours d'hiver, qui a nécessité la lecture ennuyeuse, quoique utile, de bien des livres inutiles. J'ai cependant reçu votre aimable cadeau par l'intermédiaire de M. de Schlegel, dont vous avez entièrement gagné le cœur en lui procurant les numéros manquants du *Journal asiatique*; ce dont il vous remerciera lui-même très sincèrement. Je vous félicite bien cordialement du progrès de votre second volume et je regrette seulement de ne pas être assez près pour profiter des feuilles quand elles vous arrivent *prelo madentes*.

Quant aux Kéaniens, je pense que c'est une découverte des plus intéressantes, et je n'en mets pas la vérité en doute. Savez-vous que, parmi les rois mentionnés dans les Védas, il y a un Kavi? Les Kalkayas n'ont certainement rien à faire là. Quant à *ădĕm*, *ădăm*, mon opinion est que M. Bopp s'est trompé.

. . . .

A propos, avez-vous vu la préface de Schelling à une traduction des *Fragments philosophiques* de Cousin[2]? Vous vous y trouverez mentionné d'une façon très honorable. Schelling va aller à Berlin pour occuper la chaire de Hegel. Vous voyez que la Prusse, quoiqu'elle ne suive pas toujours le même système philosophique, tient à avoir le plus célèbre philosophe du jour.

La publication des papiers de M. Schulz est un événement très heureux, que j'attends avec une vive impatience. Il n'y a pas, à présent, en philologie, de plus grande découverte à faire

---

1. Christian Lassen, né le 22 octobre 1800 à Bergen en Norvège, mort à Bonn, où il était professeur à l'Université, le 8 mai 1876. — Collaborateur d'Eugène Burnouf pour l'*Essai sur le pali*.
2. Voy. plus haut, p. 508.

que le déchiffrement des caractères cunéiformes, et j'espère que vous l'entreprendrez. Vous en avez déjà le point de départ[1], et, le caractère du genre le plus simple étant déchiffré, les plus compliqués suivront peu à peu. La découverte des noms des anciennes provinces de la Perse est extrêmement importante ; j'espère que vous la communiquerez bientôt au public sous une forme ou sous une autre. La Société asiatique n'a-t-elle pas le projet de publier un recueil de toutes les inscriptions cunéiformes connues ? C'est une chose essentiellement utile au progrès de la science, et aucun particulier ne l'entreprendra.

Le *Foë-Konë-Ki* m'intéresse extrêmement, et j'espère bien y trouver beaucoup de choses qui éclaireront des points de l'histoire de l'Inde encore bien obscurs et très insuffisamment expliqués par les hypothèses creuses des *Red faces*. Soyez assez bon pour m'avertir quand le livre paraîtra, afin que je me mette en mesure de me le procurer immédiatement. Quel malheur que ce livre soit la dernière œuvre d'une main si habile, si capable ! Peut-être qu'au souvenir d'Abel Rémusat se mêle pour moi le souvenir délicieux du temps où, en votre compagnie et stimulé par votre zèle, j'étais chaque jour conduit vers quelque nouvelle et intéressante question dans le champ immense de l'histoire et de la philologie orientale ; mais je crois sincèrement que depuis longtemps on n'avait pas eu à déplorer la perte d'un érudit plus aimable, plus ingénieux, plus profond. Il est certain qu'un monde de connaissances multiples est descendu avec lui dans l'ombre. Mais assez sur ce sujet.

Vous avez reçu, ou vous recevrez bientôt, un exemplaire complet du *Prabodha Chandrodaya*, don de M. Brockhaus. Vous y trouverez plus de fautes d'impression qu'il ne devrait y en avoir ; mais beaucoup viennent du peu de netteté du manuscrit.

---

1. Longtemps avant la date de cette lettre, le monde savant était au courant des études d'Eugène Burnouf sur les inscriptions cunéiformes. Un correspondant lui écrivait le 14 septembre 1833 : « Nous avons appris que vous aviez fait des découvertes dans les écritures cunéiformes de Persépolis. Nous espérons que vous publierez bientôt le résultat de vos recherches. »

Je répondrai dans quelques jours à l'aimable lettre de M. Jacquet. J'attends seulement le mémoire de l'imprimeur. Je ne comprends pas, dans l'introduction, toutes les allusions à son docteur chinois. Quand vous écrivez des épigrammes, vous devriez, du moins, y ajouter des notes manuscrites pour nous autres gens d'au delà du Rhin.

En M. Windischmann vous avez un très sincère admirateur, pas plus sincère pourtant que

Votre entièrement dévoué,

Chr. Lassen.

XI.

Lettre de Fr. Creuzer[1] a Eugène Burnouf. (*En allemand.*)

Heidelberg, 2 janvier 1835.

Monsieur,

J'ai encore le souvenir vivant de l'heure trop courte qui, cet automne, me fit jouir de votre agréable et savante conversation, et déjà vous me donnez l'occasion de me dire de nouveau votre obligé en m'envoyant un précieux cadeau. — Le tome I de votre *Commentaire sur le Yaçna* m'est arrivé exactement, et je vous en adresse mes remerciements les plus vifs et les plus sincères.

Puissiez-vous passer heureusement cette nouvelle année! et daigne la Providence vous accorder beaucoup d'années sereines, pour vous permettre de donner encore à l'Europe savante maint travail de valeur, et de nous éclairer, nous autres amis de l'antiquité, par vos magistrales recherches sur l'ancien Orient! Soyez persuadé que vous n'avez en aucun philologue un disciple plus reconnaissant que moi, qui me sens si vivement attiré par votre aimable caractère.

1. Frédéric Creuzer, né à Marbourg en 1771, mort à Heidelberg en 1858; associé de l'Académie des Inscriptions; auteur de la *Symbolique et Mythologie des peuples de l'antiquité*. Voy. plus haut, p. 163, la lettre d'Eugène Burnouf du 2 septembre 1834.

J'ai fait exprès de retenir les volumes d'Hérodote qui vous sont destinés, parce qu'on attend pour Pâques l'achèvement du quatrième et dernier volume. J'aurai donc alors le plaisir de pouvoir vous envoyer mon petit 'ἀντίδωρον complet, en même temps que les exemplaires qui doivent être adressés à messieurs vos collègues.

Ayez la bonté de me rappeler au bon souvenir de ceux de ces messieurs dont j'ai l'honneur d'être connu.

Si vous vouliez bien vous employer pour me faire recevoir le volume paru (année 1834) des *Mémoires de l'Académie des Inscriptions*, vous m'obligeriez beaucoup.

Veuillez renouveler à votre honorable père mon souvenir et mes vœux les plus ardents pour sa bonne santé, et recevez l'assurance de la haute considération et du dévouement avec lequel je suis

Votre obéissant serviteur,

Frédéric Creuzer.

XII.

Six lettres de J.-L. Burnouf a Eugène Burnouf.

1.

A M. Eugène Burnouf, à Oxford.

Paris, 24 avril 1835.

Mon cher Eugène,

Voilà la troisième lettre que nous t'écrivons et nous ne sommes pas encore informés que tu aies reçu les deux premières. Puisse-t-il ne pas leur être arrivé le même sort qu'à celle que tu as remise à Barclay à Londres, et qui ne nous est pas parvenue ! Nous ne savons donc pas encore en combien de temps tu as fait la traversée et si tu as eu le mal de mer. Au surplus, c'est à présent qu'il s'agit de te bien porter, et pour cela il ne faut pas trop travailler ni gagner de refroidissement à la promenade. Dieu veuille que le temps soit plus doux à Oxford qu'ici ! Il fait toujours un froid noir et perçant qui est insupportable. Ta maman n'est pas encore guérie de son rhume.

Nous sommes bien isolés, nous autres trois vieilles têtes[1], restés seuls d'une maison passablement nombreuse. Et je vais encore, d'ici à peu de temps, diminuer le nombre, pour aller je ne sais où, ni avec qui.

J'ai rencontré ce matin, d'abord M. Ampère, le père, puis M. Raynouard, qui tous deux m'ont chargé de te faire leurs compliments. MM. Bonhoure et Regnier sont venus deux fois savoir de tes nouvelles et me donner la même commission. Ajoute M. Jacquet, qui n'oublie pas sa visite du mercredi depuis ton départ. Ajoute encore M. Girodet, qui, tous les soirs, au Luxembourg, me charge de civilités pour toi, avec toute la politesse que tu lui connais.

. . . .

Tu ne dis pas dans tes lettres comment tu vis, comment tu trouves la soupe anglaise, ni où tu dînes habituellement. Il faut espérer que tu seras un peu mieux à Londres que dans cette aristocratique Oxford, où la vie matérielle n'a pas l'air trop confortable, à en juger par le peu que tu nous en as dit.

Adieu, mon cher Eugène, nous t'embrassons tendrement, ta maman, ton oncle et moi, et nous nous ennuyons de tout notre cœur.

Ton père et ami,

BURNOUF.

2.

A M. Eugène Burnouf, à Londres.

Paris, 26 avril 1835.

Mon cher Eugène,

Nous avons reçu hier ta dernière lettre d'Oxford, par laquelle tu m'annonces le bel ordre où les hauts et puissants seigneurs

---

1. M. et Mme Burnouf et le capitaine Chavarin, Mme Eugène Burnouf et ses enfants étant à Roissy. M. Burnouf, inspecteur général des études, allait partir en tournée d'inspection.

de l'Université tiennent leurs manuscrits. Pour ma part, j'en suis enchanté, puisque cela abrège ton séjour dans ce pays presque inhospitalier. Il paraît qu'au moment où tu m'as écrit tu n'avais encore reçu aucune de nos lettres. Nous les mettons à l'Ambassade, comme tu l'as recommandé.

J'ai reçu hier l'ordre de partir du 1er au 10 mai; mais nous n'avons pas encore les instructions. Le ministre m'annonce que j'irai avec Dinet, d'où je conclus qu'il n'a pas accepté sa démission. Il ne l'avait donnée que verbalement, et on l'aura regardée comme non avenue. A présent, il est trop tard pour qu'il la donne par écrit. Je n'en suis pas fâché. Nous allons dans l'Ouest. Cela fait que je verrai la Bretagne, que je ne connais pas, Brest, Nantes, Angers, la Rochelle, etc. Cela ne va pas jusqu'à Bordeaux.

Tu as reçu vendredi, c'est-à-dire j'ai reçu pour toi, une lettre de M. Ewald[1], en allemand, dont voici la traduction très littérale :

Très honoré Monsieur,

J'ai attendu trop longtemps pour vous remercier, comme je le devais, de votre dernière aimable lettre, et tout particulièrement de votre beau présent. Ce présent (quelque agréable et quelque flatteur qu'il ait été pour moi de recevoir de vos mains un livre qui m'était indispensable) m'a cependant véritablement fait rougir à cause de sa grandeur et de mon indignité; car comment pourrais-je, moi si pauvre (*ärmster*), reconnaître dignement votre bonté ? La dernière édition de ma Grammaire hébraïque, dont aujourd'hui même je mets la fin à la poste pour vous, est un contre-présent (*gegengabe*) tout à fait inégal, pour lequel je ne puis compter que sur votre indulgence. Il me reste une seule chose à espérer, c'est de paraître peut-être un jour plus dignement devant vous. Comme, dès l'apparition du premier cahier de votre édition et de celle d'Olshausen, je m'étais mis assez au courant de la lecture du zend pour pressentir ce que c'était proprement, j'ai lu votre livre avec le plus grand empressement et avec le meilleur fruit, admirant presque partout la sûreté et la profondeur de vos recherches et de votre exposition. Une annonce un peu longue, que j'ai rédigée

---

1. H.-G.-A. Ewald, professeur à l'Université de Göttingue, auteur d'une « Histoire du peuple d'Israël, » né à Göttingue en 1803, mort en 1875.

sur votre ouvrage pour notre feuille, n'est pas encore imprimée, quoique depuis plusieurs mois je voulusse vous l'envoyer avec cette lettre. Sitôt qu'elle paraîtra, je me permettrai de vous l'adresser.

Il y a une seule chose que j'oserais vous exposer ici à titre de prière, c'est qu'il vous plût, dans la continuation de votre travail, d'abréger un peu la discussion quand il s'agit d'écarter des explications aussi bouffonnes (*possenhafte*) que celle de *ahura* par *ungott*. M. de Bohlen et Bopp lui-même, si respectable d'ailleurs, n'ont pas chez nous une autorité générale et obligatoire (*bindendes*), et les idées arbitraires (*Einfälle*) du premier méritaient à peine une réfutation étendue dans un ouvrage aussi fondé et aussi profond que le vôtre. Notre excellent Jacob Grimm, qui, maintenant déchargé des soins de la Bibliothèque, peut vivre plus exclusivement pour notre Université, a lu votre magnifique ouvrage (*herrliches Buch*) avec un grand intérêt.

Je suis, avec le plus grand respect et une sincère reconnaissance,
Votre très dévoué,
H. Ewald.

Göttingen, 18 avril 1835.

Je vous prie de remettre le mandat ci-joint à son adresse.

(C'est un bon de 40 francs pour la Société asiatique, que je porterai mardi chez M. Lajard avec les 1,000 francs de M. Guizot.)

Voilà, j'espère, une lettre polie et satisfaisante. Je t'engage à lui répondre (lui se rapporte à Ewald). Elle est arrivée franche de tout port. Il parle de la fin de sa grammaire hébraïque. Tu as donc reçu le commencement? La poste où il dit avoir mis cette fin est sans doute la diligence, et cela nous arrivera probablement par quelque libraire.

Le professeur de géographie n'est pas encore nommé; on ne fera les présentations qu'au mois d'août, et une décision ministérielle exige que les candidats présentent le diplôme de docteur ès lettres. Or, nos deux amis du Plessis et de la rue de la Harpe ne sont docteurs ni l'un ni l'autre. Et j'en sais un qui n'est pas disposé à se mettre sur la sellette après avoir professé vingt ans avec succès. Je ne sais ce que fera celui du Plessis[1]. On présume que

---

1. M. Guigniaut fut nommé et quitta la direction de l'École normale.

la décision est calculée dans l'intérêt de notre autre ami Michelet, qui, lui, est docteur. Mais que fera Sa Seigneurie, M. Cousin, pour prendre à l'École normale la place de son protégé ?

Je n'ai pas encore reçu de lettre pour la séance générale de la Société asiatique. J'ignore quel jour elle aura lieu.

Écris-moi au reçu de la présente, quand même tu m'aurais écrit la veille, et écris-moi par la poste afin que je sois sûr de recevoir la lettre. Je suis bien aise d'en voir encore plus d'une avant de m'en aller. Dis-moi si tu es content de tes progrès dans la conversation anglaise ?

Adieu, mon cher Eugène, tâche de bien ménager ta santé et de ne pas gagner d'esquinancie ; ta maman et ton oncle t'embrassent, ainsi qu'Émile[1], qui est ici présent aujourd'hui dimanche. Je l'ai eu sept jours à Pâques, et je lui en ai fait avaler de ce grec ! Son jugement se développe bien, il commence à interroger sur ce qu'il ne comprend pas.

Ton père et ami,

BURNOUF.

3.

A M. Eugène Burnouf, à Londres.

Paris, 30 avril 1835.

. . . .

J'ai vu M. Lajard et je lui ai fait tes compliments. Il a paru enchanté de recevoir de tes nouvelles. Il m'a dit qu'il lui était revenu que ton Yaçna avait un grand succès en Allemagne. Il m'a dit aussi que Flourens avait fait de vifs reproches à Velpeau de la manière dont il t'avait reçu ; mais il paraît qu'il reçoit ainsi tout le monde. Sur la sommation que Flourens lui a faite de déclarer s'il t'avait assez examiné la gorge pour te donner un conseil en connaissance de cause, il a répondu affirmativement et a dit qu'il persistait dans sa prescription en cas de mal de gorge. Mais tâche de n'en pas avoir, cela vaudra beaucoup mieux, et ne t'échauffe pas trop à courir dans cet immense laby-

---

[1]. Émile Burnouf, le jeune neveu de M. Burnouf père, était élève du collège Saint-Louis.

rinthe de Londres. Est-ce qu'il n'y a pas des omnibus dans diverses directions comme ici? Il faut aussi aller un peu à pied, pour voir la ville, mais modérément.

Il paraît, par ce que tu dis de Lenz, qu'il est revenu avec toi à Londres, tant mieux! Tu ne parles pas de Rosen; est-ce qu'il n'y serait pas? Tu vas sans doute avoir l'avantage d'y rencontrer ton éloquent et savant ami Garcin de Tassy; M. de Sacy m'a dit qu'il y était allé pour un mois avec sa femme.

Rien de nouveau pour la séance générale de la Société asiatique; Mohl m'a dit que Stahl avait demandé qu'on la reculât, pour qu'il eût le temps de faire un *grand* rapport. On avait proposé qu'il ne fût rendu compte que des travaux du Conseil, mais ce cadre eût été trop exigu pour le génie du secrétaire adjoint.

Tu auras appris, par les Allemands qui sont avec toi, la mort du baron Guillaume de Humboldt. C'est une perte véritable pour la science.

Rien de nouveau ici. Le procès[1] va commencer le 5 mai, et tout sera parfaitement calme, quoi qu'en disent les journaux. J'ai lu dans un d'eux que tout le monde déménageait des environs du Luxembourg et de l'Odéon; moi, qui y suis, je sais que c'est un impudent mensonge. J'y ai lu aussi que la garde nationale refusait le service, tandis qu'elle n'a jamais été plus dévouée. Le ministère a eu hier cent trente voix de majorité pour les fonds secrets. C'était une question de cabinet, et le plus léger amendement entraînait la retraite de tous les ministres. Ils sont plus consolidés que jamais, et la Chambre commence à entendre raison. Jouffroy[2] a eu un beau succès oratoire dans cette discussion, en défendant le système du gouvernement. Son discours, froid comme sa personne, mais spirituel, bien raisonné, empreint d'un bout à l'autre d'une ironie socratique propre à calmer les passions, tout en disant aux gens

---

1. Le procès des insurgés d'avril devant la Cour des pairs.
2. Théodore Jouffroy, professeur de philosophie à la Sorbonne et au Collège de France, député de Pontarlier, son pays natal, depuis 1831 jusqu'à sa mort en 1842. Eugène Burnouf avait suivi ses leçons avec un ardent enthousiasme.

leur fait, a produit une grande impression sur l'assemblée. Il n'avait pas encore fait soupçonner ce dont il était capable en ce genre. Encore une preuve que les gens de lettres valent mieux dans une assemblée que les avocats. O Jupiter ! quand nous délivreras-tu des avocats ? Les agitateurs se morfondent et le peuple travaille.

Je ne sais pas encore quel jour je partirai ; il est probable que ce ne sera pas avant le 8 mai ; ainsi j'aurai encore le temps de voir deux ou trois de tes lettres. Mon confrère persiste à donner sa démission, j'espère que le ministre persistera à ne pas la recevoir. Pendant mon voyage je t'écrirai peut-être une fois ou deux. J'enverrai la lettre ici, ou je l'affranchirai jusqu'à Douvres.

Adieu, mon cher Eugène, porte-toi bien et reste le moins longtemps possible. Nous t'embrassons tous.

Ton père et ami,

BURNOUF.

4.

A M. Eugène Burnouf, à Londres.

Paris, 5 mai 1835.

. . . .

Nous voyons avec plaisir que tu organises passablement ta vie dans ce grand gouffre de Londres et que tu commences à te reconnaître au milieu de ce visible *darkness*. Tu as seulement oublié de nous dire une chose pour notre tranquillité : loges-tu près de Barclay ou près de quelqu'un de tes Allemands, afin d'avoir un ami à ta portée si tu étais malade ? Je désirerais beaucoup le savoir avant mon départ. Il y a un autre article dans ta dernière lettre qui ne nous promet pas poire molle. Tu perdras trois Allemands à la fin de juillet, et tu t'arranges déjà pour avoir de la compagnie après leur départ. Combien donc comptes-tu rester de temps ? J'espérais que la subvention de M. Guizot serait épuisée au bout de quatre mois et que l'heureuse absence des manuscrits d'Oxford abrégerait la tienne.....

Le jour de mon départ n'est pas encore fixé, quoiqu'on ne nous ait donné que jusqu'au 10. C'est mon confrère qui me tient en suspens. J'ignore, et probablement il ignore lui-même, si sa démission est acceptée. J'espère qu'elle ne le sera pas. Je ne vois pas du tout qui l'on enverrait à sa place.

C'était hier la séance mensuelle de la Société asiatique; mais je ne sais ce qu'on y a fait; j'ai complètement oublié d'y aller. Ce n'est pas un grand malheur. Je crois t'avoir déjà mandé que j'avais remis à M. Lajard, contre son reçu, les mille francs alloués par M. Guizot [à la Société asiatique].

Aujourd'hui commence le grand procès. Notre quartier et particulièrement notre place[1] sont fort animés par des troupes de toutes armes qui stationnent ou circulent. Du reste, pas le moindre indice de rassemblement. Le peuple travaille et gagne de l'argent. Jamais on n'avait tant bâti dans tous les quartiers de Paris. C'est une garantie de plus contre l'émeute.

Adieu, mon cher Eugène, tâche de te bien porter et de nous revenir sain et sauf le plus tôt que tu pourras.

Ton père et ami,

BURNOUF.

5.

A M. Eugène Burnouf, à Londres.

La Rochelle, 14 juin 1835.

Mon cher Eugène,

Je ne t'ai pas encore écrit depuis mon départ, et cela n'a pas dû t'inquiéter puisque je donnais des nouvelles à ta maman tous les cinq ou six jours et qu'Angélique devait t'en faire part dans ses lettres. Tu sais, d'ailleurs, que les voyages fortifient ma santé, et que je n'y suis jamais malade. Voilà vingt-quatre jours que je suis parti, et j'ai déjà fait bien de la besogne. Du reste, je connaissais en partie les pays que j'ai parcourus : Orléans, Blois, Tours, Poitiers. Je n'ai vu de nouveau qu'une partie du Poitou et la Saintonge, provinces dont l'aspect n'offre rien de remarquable. Rochefort est curieux par son port en terre ferme (car il est à trois lieues de la mer), et par son arsenal de la marine. Mais le tout est enclos de hautes murailles

---

1. La place de l'Odéon.

et on pourrait habiter la ville dix ans sans voir une goutte d'eau ni un bâtiment. Un officier de marine nous a fait voir tout assez en détail. Le port n'est rien autre chose que la Charente, rivière large comme un des bras de la Seine à Paris, mais contenant trente-cinq pieds d'eau et recevant la marée. La ville est grande, peu peuplée, tirée au cordeau et fort ennuyeuse. Il n'en est pas tout à fait de même de la Rochelle, ville moins régulière, mais plus grande encore, plus animée, et possédant un assez beau port sur la mer, comme Dieppe ou le Havre. Je ne parle que de la situation, car, pour la beauté et l'importance, le port de la Rochelle est à celui du Havre comme la Mantoue de Virgile était à Rome. Qu'est-ce que tout cela auprès de ton grand Londres ?

Je vais aller d'ici à Nantes, puis à Angers, au Mans, à Rennes, à Brest, etc., je ne parle pas des lieux intermédiaires. Je ne pourrai guère être de retour à Paris avant la fin de juillet; car j'ai un confrère qui ne tient pas à être revenu le 15, que la besogne soit faite ou non. Mon nouveau confrère[1] est un homme de mérite, fort instruit dans les sciences mathématiques et physiques, et même dans la philosophie, qu'il a professée. Aussi, me débarrasse-t-il, à ma grande satisfaction, de l'examen des classes de philosophie. Il fait beaucoup plus de travail et expédie beaucoup plus de rapports que ne faisait mon ancien collègue, si bien qu'à part la vieille camaraderie, j'ai gagné au change sous bien des rapports. Nous sympathisons d'ailleurs fort bien pour le caractère et pour la manière de voir en toutes choses, études, politique, désir de connaître, etc. Il est aussi bon marcheur et aussi curieux que moi, en sorte que nous ne traversons pas la France les yeux fermés comme le courrier des dépêches. S'il y a quelque chose à voir dans une ville, nous prenons notre temps pour le voir.

Et toi, mon cher Eugène, que fais-tu à Londres ? Es-tu toujours content de ta santé et de tes manuscrits ? As-tu calculé à présent quand tu pourras revenir ? Écris-moi quelques détails

---

1. M. Demonferrand, inspecteur général des études pour les sciences. La conformité des goûts et une estime réciproque avaient fait naître entre les deux collègues une amitié qui s'est transmise à leurs enfants.

sur tout cela. Adresse la lettre à Paris, dans une à ta maman qui me l'enverra où je me trouverai, car je lui donne mon adresse tous les cinq ou six jours. Ne regarde pas à trente sous de port de plus ou de moins, pour que je voie, après si longtemps, une page ou deux de ton écriture. Je suis enchanté que notre chère Angélique soit allée te rejoindre. Donne-moi de ses nouvelles et dis-moi comment elle s'est trouvée du voyage. Es-tu venu la chercher à Douvres ou à Calais ? J'observe le temps depuis son départ et je crois qu'elle aura eu une traversée favorable, si elle a passé le détroit le 12 ou le 13. Quand j'aurai reçu une lettre de toi, je t'écrirai de nouveau. Hâte-toi donc de me donner cette satisfaction ; tu as plus de temps que moi pour écrire ; cependant je trouverai toujours un moment pour te répondre.

Adieu, mon cher Eugène, je t'embrasse ainsi que ta bonne Angélique.

Ton père et ami,

BURNOUF.

6.

A M. Eugène Burnouf, à Londres.

Paris, 29 juillet 1835.

. . . .

Tu sais probablement déjà l'horrible attentat essayé hier par la République sur la personne du roi, et dont le maréchal Mortier a été victime, avec des généraux, des colonels, des femmes et des enfants. On compte quinze morts et un nombre encore inconnu de blessés. La machine infernale a vomi la mitraille de la fenêtre d'une petite maison voisine des Funambules, vis-à-vis du café Turc. Le roi ni aucun de ses enfants n'a reçu une égratignure. Seulement le cheval du roi a été atteint d'une chevrotine au cou. M. de Broglie a reçu une balle qui ne lui a fait qu'une légère contusion. L'assassin est arrêté, et cette fois ils n'auront pas la ressource de dire que c'est la police qui a fait le coup, quoique pourtant le *Messager* cherche à l'insinuer. La tranquillité publique n'a pas été un seul instant altérée. Le coup étant manqué, la République est rentrée dans sa coquille.

L'indignation de la garde nationale et de la ligne sont au comble, ainsi que leur enthousiasme pour le roi. La fête d'aujourd'hui est contremandée.

J'écris à M. Poiret pour lui donner de tes nouvelles et lui dire que nous irons voir nos petites-filles dimanche prochain. Mlle Victoire n'est pas venue, ni Laure, et nous nous en félicitons ; car qui sait si nous ne serions pas allés voir la revue à l'endroit fatal ?

Adieu, mon cher Eugène, réponds-moi dès que tu auras arrêté quelque chose et embrasse pour nous Angélique, dont nous apprenons avec le plus grand plaisir le rétablissement.

Ton père et ami,

BURNOUF.

XIII.

LETTRE DE F. ROSEN A EUGÈNE BURNOUF. (*En allemand.*)

Detmold en Westphalie, 18 septembre 1835.

Mon cher ami,

Je me sers d'une occasion qui se présente pour vous envoyer, avant mon retour à Londres, la copie que je vous ai promise du Nigantu, copie que je viens de terminer ici. Le texte que contient cette copie repose principalement sur trois manuscrits différents de la Compagnie des Indes. Cependant, l'un de ces manuscrits est si incomplet et si négligemment écrit qu'il mérite à peine l'attention ; et même les deux autres ne me paraissent nullement suffisants pour établir un texte auquel on puisse se fier. J'oserai donc vous prier de vous servir avec prudence de cette copie pour vos études, et si, d'ailleurs, quelques passages attireraient, par hasard, votre attention, je me ferais un plaisir de vous en donner de plus exacts renseignements lorsque je serai à Londres. Je projette sérieusement de faire l'examen critique de tout ce petit livre, aussi bien que je le pourrai, et de le publier avec les notes des scoliastes et mes propres remarques. D'ici là, ma copie pourra peut-être vous rendre quelques services provisoires. La manière dont je me sers des lettres latines pour copier le sanscrit vous est déjà connue par les premières feuilles de mon Rig-véda.

Peu de jours avant de quitter Londres, vers le milieu du mois passé, j'avais reçu de Paris vos affectueuses lignes, dont je vous remercie ici trop tardivement. J'avais, en effet, conçu quelques inquiétudes en apprenant des gens de votre maison les nouvelles de votre départ. Je craignais les suites de la peur et du trouble de la dernière nuit de Londres, pour madame votre épouse, déjà lassée et surmenée par les fatigants préparatifs du départ[1]. J'ai donc appris avec une grande joie que vous aviez, l'un et l'autre, achevé heureusement votre voyage.

Mon principal désir pendant mon séjour dans la maison paternelle est de me remettre, par une vie naturelle, des fatigues de la vie de Londres. Cependant, je n'ai pas été, même ici, complètement inactif pour la continuation du travail auquel vous prenez un intérêt si bon et si encourageant. Vers le 15 octobre, je retournerai à Londres, et j'espère pouvoir alors pousser avec une nouvelle ardeur l'impression de mon Rig-véda. J'ai abandonné mon logis et je vous prie, au cas où vous voudriez bien me favoriser d'une lettre, de me l'adresser : 14, Grafton Street.

Dans mon voyage, je n'ai touché aucune de nos universités, ni même aucune ville un peu scientifique; je n'ai donc rien de nouveau à vous apprendre. La deuxième livraison de la Grammaire comparative de Bopp vous aura certainement été envoyée de Mayence. Je l'ai reçue ici dès mon arrivée.

Portez-vous bien, mon honorable ami, et rappelez-moi au souvenir de votre père et de madame votre épouse.

Je suis, avec une parfaite estime,
Votre tout dévoué,

F. ROSEN.

[1]. Pendant la nuit qui précéda le départ de M. et de Mme Eugène Burnouf, un épouvantable incendie avait dévoré la maison contiguë à celle qu'ils habitaient et fait plusieurs victimes. Il leur en était resté une pénible et ineffaçable impression.

XIV.

Le baron Silvestre de Sacy a M. J.-L. Burnouf.

Paris, le 11 mars 1836.

Le Secrétaire perpétuel de l'Académie des Inscriptions et Belles-Lettres.

Monsieur et cher confrère,

Je n'ai point la prétention de vous apprendre que vous avez été élu aujourd'hui par l'Académie, en remplacement de feu M. Mongez; toutefois, je ne veux point renoncer au droit, que j'ai et auquel je tiens, de vous en donner la notification officielle, ne fût-ce que pour y joindre mon compliment personnel. Je vous prie d'avoir la bonté de l'agréer, ainsi que l'assurance de mon affectueux dévouement.

Le baron Silvestre de Sacy.

Monsieur votre fils nous prépare une surprise à laquelle j'applaudirai de bon cœur, toute jalousie à part. *Illum oportet crescere.*

XV.

Lettre de Robert Lenz[1] a Eugène Burnouf.

Saint-Pétersbourg, ce 13/25 mars 1836.

Mon cher ami,

Je vous fais ma *Poudjâ* ou si vous l'aimez mieux mon *Izeschné*

---

1. Robert Lenz, l'aimable compagnon d'Eugène Burnouf pendant son laborieux séjour à Oxford et à Londres, était retourné en Russie à l'automne de 1835. Nommé aussitôt professeur de sanscrit à l'Université de Saint-Pétersbourg, ce jeune savant mourait en août 1836, à peine âgé de vingt-huit ans.

pour le plaisir que m'a fait votre lettre amicale. C'est une véritable fête pour moi que de recevoir comme ça de temps en temps un petit morceau de Paris, un petit rayon du foyer du monde spirituel pour allumer la pipe de ma bonne humeur, qui ne brûle pas très bien dans ces brouillards hyperboréens. Mais, comme vous ne fumez pas, je ne veux plus en parler.

Le sanscrit prospère ici, malgré les brouillards. J'ai commencé mon cours à l'Université devant un public de vingt-cinq personnes et trois chevaux; je veux dire trois officiers de cavalerie. Qu'est-ce que vous en pensez, vous, à la tête de vos huit ou dix chameaux au Collège de France? Je ne veux pas vous humilier davantage en vous décrivant le firmament de décorations et de ventres aristocratiques qui m'entoure. Cela vous paraîtra une énigme. Voici la solution : je suis encore dans la *Charlatanerie*, ou dans ce qu'on appelle ordinairement le discours préliminaire. La catastrophe doit arriver. Ce sera quand je commencerai la grammaire même. Consolez-vous donc; il n'y a pas de doute, le mot *ă-kára* sera un sauve-qui-peut pour toute la foule décorée à pied et à cheval. Ils paraissent déjà sentir l'approche de ce terrible moment; car de la centaine de disciples, qui m'écoutaient, la bouche ouverte, dans la première leçon, il ne me reste maintenant qu'un quart; et ce quart a encore à passer par l'épreuve grammaticale. Mais il y a toujours l'espoir qu'il restera de ce corps brillant un petit noyau sale et mesquin, mais fécond pour notre métier. Nous vous enverrons peut-être, de temps en temps, les meilleures productions de notre fabrique de Brahmanes, pour y mettre la dernière main.

Je fais mes compliments solennels à la Société asiatique pour avoir ouvert ses bras maternels à ma réception, et en particulier à vous et à M. Pauthier, pour avoir été mes parrains à cette occasion. Je paierai, comme un fidèle enfant, mes faibles secours pécuniaires et littéraires pour mon maintien.

L'Académie des sciences [de Saint-Pétersbourg], dont je suis membre adjoint, va publier un nouveau Journal, une espèce de bulletin scientifique à la manière de l'Institut, où je ferai paraître quelquefois des souvenirs de l'*East-India-House*. Mais le diable paraît avoir condamné nos productions académiciennes à une obscurité infernale, et je m'adresse à votre auguste Société asiatique pour qu'elle condescende à en sauver quelquefois les pauvres enfants de ma plume, en les insérant dans son journal. Peut-être vous trouveriez bon quelquefois de les accompagner même de quelques mensonges amicaux. Le charlatanisme doit être combattu par le charlatanisme, et il y a ici quelques coquins qui prétendent que le sanscrit est une invention du diable, qui doit être supprimée dans un état réglé. Comme nous avons eu l'indiscrétion d'y faire aussi une rubrique pour la correspondance étrangère, vous nous tirerez d'un grand embarras en me donnant, dans vos lettres, quelques nouvelles littéraires, chose qui ne manque jamais chez vous.

Quant à M. Brosset, je vous dirai en confiance qu'il a fait des démarches pour être appelé ici, et que je pense qu'on va prévenir ses désirs, ce qu'on a toute raison de faire. Est-ce un homme aimable?

Avez-vous vu jamais l'ouvrage anglais de Murphey : « *Plans, elevations, views, etc., of the Church of Natalha in Portugal*, London, 1795, in-fol.? » La dernière planche contient une grande inscription sanscrite du xiiie siècle assez lisible. Elle a été trouvée près de Cintra. Je suis maintenant à la déchiffrer et à la traduire. Il paraît que ce monument curieux a tout à fait échappé aux orientalistes. Ou me saurez-vous dire le contraire? Ceci sera ma première publication, et l'analyse du *Lalita-Vistara* la seconde. Puis suivra le *Prithwi-Râja*.

Où en sont les Oupanichads de Poley? Rosen m'a écrit qu'il a été à Londres pour ramasser des matériaux.

J'espère que la Société asiatique m'enverra mon journal et mon compte à payer. Ce serait une bonne occasion d'y joindre ce qui a paru de mon exemplaire des Oupanichads et de renvoyer de ma part l'argent de la souscription.

Est-il vrai que Frank a publié le Védanta-sara? Racontez-moi quelque chose de Mohl et de son Schah-nameh, de Pauthier, de Jacquet, etc. — Qu'est-ce qu'on doit attendre des publications posthumes de Rémusat et de Klaproth? M. Charmoy est-il encore à Paris? et le *Bouddhâvatâra* Schilling de Canstadt? Je viens de lire le petit ouvrage paléographique de Lepsius, qui me plaît beaucoup. Saluez aussi M. Müller. Où en est son Pehlvi?

Voici la réponse de votre ami exotique le Zarewitch, c'est un drôle de corps ; il ne parle que le vilain jargon de ses ancêtres, et un russe à chasser les punaises ; mais il vous estime beaucoup, ainsi que M. Brosset.

Vous ne m'avez rien raconté l'autre fois sur les progrès du Yaçna. En paraîtra-t-il quelque chose cette année ? Quant à moi, je suis obligé de dire que je vais bien. Quelquefois seulement il me prend l'ennui et l'envie de voyager, surtout à Paris. Au reste, je suis loin de croire que l'année 1835 a été la dernière que nous ayons passée, en partie, ensemble. Vous seriez étonné de voir comme j'ai vitement perdu ma peau anglaise; à la vérité, il n'en reste que quelques misérables lambeaux. Mais ce que je regrette, c'est que j'ai aussi perdu l'habitude de boire les liqueurs fortes. Je ne peux plus les supporter. Voici une sympathie de plus entre nous deux.

Il faut finir parce que je n'ai plus que du non-sens pour remplir la feuille. Gardez-moi votre amitié et ne nous faites pas la guerre. Que nous veulent vos journalistes ? Veulent-ils que nous disions des compliments à ceux qui nous crachent dans la figure ?

Assurez votre famille de mes respects et profitez bientôt de notre ambassade pour m'envoyer quelques mots de réponse, une lettre sous l'adresse de l'Académie des sciences sera sans doute promptement expédiée par nos diplomates.

Tout à vous,

R. LENZ.

XVI.

LETTRE DE JAMES PRINSEP [1] A EUGÈNE BURNOUF. (*En anglais.*)

Calcutta, 17 juin 1837.

Mon cher Monsieur,

Un merveilleux changement en bien semble s'être produit

---

1. James Prinsep (1799-1840), secrétaire de la Société asiatique du Bengale, directeur de la monnaie à Calcutta, célèbre par le déchiffrement et la lecture des inscriptions de l'Inde et des médailles indo-bactriennes.

Voy. dans le *Journal asiatique* (3e série, t. VIII, p. 22, et t. X, dans les facilités des communications entre Paris et Calcutta. Au lieu des deux années qu'il me fallait attendre d'abord, j'ai maintenant sous les yeux votre lettre datée du 15 février 1837, et j'ai présenté à la dernière séance de notre Société la continuation de votre *magnum opus*, le Yaçna, et l'Alphabet des inscriptions cunéiformes si heureusement expliqué, dont je dois aussi vous remercier de m'avoir envoyé un exemplaire pour moi personnellement. Il semble que ce soit vraiment le temps de la divulgation des mystères des anciens alphabets. Moi-même, dans mon humble voie, j'en ai, le mois passé, pénétré deux de plus, quoique certes ils fussent bien plus faciles que ceux que vous avez traités. Dans le Journal de mai, qui paraît aujourd'hui, vous verrez un de mes essais sur le sanscrit des médailles de Saurashtra, et dans le numéro suivant je me hâterai de vous donner le caractère *lât*, que j'ai eu la bonne fortune de déchiffrer tout d'un coup par la découverte du mot *dànam* dans vingt-cinq ou trente courtes inscriptions de ce caractère autour des *dehgopa* de Bhilsa. Une fois le fil trouvé, tout était fait : les inscriptions *lât* se lisaient couramment, et la connaissance des médailles avait acquis les plus importants accroissements. Pour calmer la curiosité de M. Jacquet, je vais vous importuner de cet alphabet, quoique je sois presque fatigué de l'écrire à tous les amis qui me questionnent à ce sujet[1].

. . . .

Tout ce qui est écrit en ce caractère appartient à la langue palie (sauf quelques-unes des lettres doubles) et concerne le Buddhisme, comme on le soupçonnait déjà. L'inscription *lât* se trouve être un *Dharmalipi* ou promulgation de la loi, au nom du roi de Ceylan (Devenipiatissa de Turnour, voy. mes *Chronol. Tables*), qui avait été converti au Buddhisme sous le règne du grand Açoka. Une bien jolie antiquité, quoi qu'il en soit ! Le style est celui de nos édits scripturaux, grand et simple.

p. 109) les rapports sur les travaux de la Société asiatique faits par Eugène Burnouf le 17 juin 1839 et par J. Mohl le 18 juin 1840.

[1]. Voy. dans le *Journal of asiatic Society of Bengal*, juin 1837, t. VI, 1re partie, p. 475, l'alphabet tout entier, que, faute de caractères spéciaux, nous omettons ici.

« Le bien-aimé Raja Devanampiya parle ainsi : « Dans la
« 12ᵉ année de mon sacre, pour régler l'écriture de la loi, ceci a
« été écrit... » — Mais dois-je tenter une traduction en présence
de celui dont l'Essai sur la grammaire palie a véritablement été
mon principal guide dans l'étude des terminaisons et des
flexions? Les différences des textes que nous nous sommes
procurés du Guzerat et de Cuttack ont merveilleusement confirmé l'évidence de ces résultats. Je vous ai donné ci-dessus la
version de Girnar, qui est de beaucoup la meilleure.....

Mais inutile de continuer, car tout viendra en temps opportun, et peut-être, après tout, M. Jacquet aura-t-il lu les mêmes
inscriptions avant que ceci vous parvienne, car, nous le savons
maintenant, rien n'est plus simple que ce système alphabétique.....

Je me suis déjà occupé de votre commission *barmane* et j'ai
chargé le colonel Burney d'acheter tous les manuscrits qui
pourraient vous intéresser. Le pays est actuellement en révolution à cause de l'usurpation du trône par un jeune prince.

Je vais donc m'occuper des Mimangsas et j'assurerai l'exactitude de nos futurs copistes en les mettant sous la responsabilité d'un Pandit payé (celui-là même qui a lu les Védas avec
M. Wilson). Je l'ai engagé aussi, non sans difficulté, pour
surveiller la copie des Védas destinée à la Bibliothèque royale,
et je vais le mettre à l'œuvre avant même d'avoir reçu l'envoi
des 1,500 francs, car il n'y a pas de temps à perdre.

La dernière lettre d'Allen et Cⁱᵉ m'informe que les manuscrits d'Hodgson ont été envoyés par l'ambassade à Paris ; j'ai
donc la confiance que tout va prospérer dans notre nouveau
commerce.

Vous demandez, je pense, combien d'exemplaires des ouvrages
français de philologie peuvent se vendre ici ? Envoyez-nous-en
une douzaine pour essayer la vente, si vous pouvez le faire sans
exiger d'être payés tout de suite. Ils s'enlèveront sans doute peu
à peu, et nous allons ouvrir un compte courant pour chacun
d'eux. Je présume que vous chargerez de cela M. Cassin. Il nous
fera débiteurs, en compte balancé, de tous les volumes qu'il
enverra ici, et nous ferons de même de notre côté ; et il y aura
ensuite un compte général selon les ventes.

Qu'est-il arrivé du recueil de Jacquemont ? Il me tarde de voir les fac-similés de Tod. Où est donc le Jacquemont promis depuis si longtemps ? Et les livraisons finales de votre Vendidad lithographié ?

Nous venons d'apprendre que le *Board of Control,* désireux de soutenir son Macaulay, a mis son veto à la lettre de la Cour des directeurs qui était favorable à la littérature orientale. Que peut-on faire contre les intrigues des partis ? Et cependant nous avons donné ici 7,000 roupies pour collationner les manuscrits tamouls de la collection Mackenzie et 5,500 pour le dictionnaire cochinchinois !

Le mois prochain, j'aurai le troisième volume du Mahâbhârata prêt à être expédié, et, par la même occasion, j'espère vous envoyer un bon supplément d'autres ouvrages ; quelques-uns aussi pour M. Garcin de Tassy, auquel je vous prie de faire mes compliments.

Je n'ai que très peu de temps pour écrire, et il faut que je vous demande d'être, « auprès de tous mes amis savants, » l'interprète du plaisir que j'aurai toujours à leur rendre tous les services en mon pouvoir.

Croyez-moi, mon cher Monsieur, toujours sincèrement à vous.

J. Prinsep [1].

XVII.

Lettre de G. Pauthier [2] a Eugène Burnouf.

Paris, le 11 janvier 1838.

Mon cher Monsieur Burnouf,

Je vous prie de faire parvenir à M. Poiret, votre beau-père, juge de paix du canton de Gonesse, l'exemplaire ci-joint de ma

---

1. Au dos, de la main d'Eugène Burnouf : « Répondu le 27 décembre 1837. »

2. G. Pauthier, savant orientaliste, auteur de travaux estimés sur la littérature et l'histoire de la Chine et d'une édition des voyages de Marco-Polo, né à Besançon en 1801, mort en 1873.

première livraison des OEuvres morales de Confucius. Les nombreux rapports que j'ai eus avec lui dans une affaire d'arbitrage, que je l'avais prié d'accepter sur son excellente réputation de justice et d'équité, m'ont fait reconnaître que son caractère, ses vertus et ses lumières étaient encore bien au-dessus de sa réputation. Je me trouve donc heureux de le lui témoigner, quoique faiblement, par l'hommage du livre d'un sage dont il met si bien les préceptes en pratique.

Agréez, etc.

G. Pauthier.

XVIII.

Lettre de M. Guizot a Eugène Burnouf.

Dimanche 27 mai 1838.

Je vous remercie beaucoup, Monsieur et cher confrère, de l'intéressante lettre[1] que vous avez bien voulu me communiquer. Puisqu'il ne faut que 6,000 francs pour faire faire une copie complète de ces Védas, je ne comprendrais pas qu'on hésitât. Et, si on hésitait, vous feriez fort bien, ce me semble, de publier ce curieux document. Dans tous les cas, je me félicite de vous avoir un peu aidé à mettre en train un si utile travail, et j'espère que vous le mènerez à bien.

Agréez, je vous prie, Monsieur et cher confrère, l'assurance de mes sentiments les plus distingués.

Guizot.

---

1. Une lettre de J. Prinsep au major Troyer relative à la copie des Védas. Eugène Burnouf a inséré dans le *Journal asiatique* (3ᵉ série, t. VI, p. 86) une traduction de la lettre de Prinsep.

Voy. plus haut, p. 318, la lettre d'Eugène Burnouf à M. Guizot, en date du 26 mai 1838.

XIX[1].

DERNIÈRE LETTRE DE J. PRINSEP A EUGÈNE BURNOUF. (*En anglais.*)

Calcutta, 24 octobre 1838.

Mon cher Monsieur,

Vous serez quelque peu surpris de la nouvelle que je vais vous annoncer : je suis envoyé en Angleterre par les médecins pendant que j'ai encore une apparence de bonne santé. Une trop grande application à mes fonctions et aux inscriptions a détraqué la machine. Je n'ai plus de pouvoir sur mes muscles et je suis presque comme était le vieux colonel Wilford quand je le vis pour la première fois à Bénarès, un homme faible et vieux prématurément, tout juste capable de se tenir assis, la tête soutenue par des oreillers et par ses propres livres.

C'est une immense interruption de mes recherches, car je ne serai pas assez longtemps en Europe pour augmenter la somme de mes connaissances, et, faute d'un Pandit à côté de moi, je serai incapable d'y poursuivre mon projet de lire les inscriptions, dont j'ai encore un si grand nombre entre les mains !

Je jouirai cependant de l'avantage de vous faire une visite et de voir aussi plusieurs autres *lions* orientaux du continent.

Je tâcherai d'emporter avec moi le quatrième volume du Mahâbhârata et je prendrai des arrangements ici pour la réception et la vente des livres que j'attends de Paris. Il faut que dans deux ans je sois revenu à mon poste ; mais je crains que le Journal ne reste silencieux pendant cet intervalle.

Je placerai la copie des Védas sous la direction de M. Malan, un professeur du Bishop's College, qui promet beaucoup et qui, je l'espère, me succédera comme secrétaire.

Ma main tremble et rend mon écriture plus illisible que d'ordinaire.

Très sincèrement à vous,

J. PRINSEP.

---

1. On avait d'abord placé sous le n° XIX la lettre de M. Guizot qui est maintenant sous le n° XVIII.

Cette lettre accompagnait, sur le second feuillet du même papier, une lettre officielle dont voici la traduction :

A M. Eugène Burnouf, secrétaire de la Société asiatique de Paris.

Calcutta, 24 octobre 1838.

Monsieur,

Je m'empresse de transmettre à Paris l'accusé de réception, par M. B.-H. Hodgson, de la médaille d'or qui lui a été décernée par la Société dont vous êtes l'éminent organe.

Permettez-moi, en même temps, de vous exprimer combien la Société asiatique de Calcutta s'est sentie fière de cet honneur rendu au zèle littéraire d'un de ses membres par un Corps si célèbre et si savant.

J'ai l'honneur de me dire, Monsieur,
Votre très obéissant serviteur,

James Prinsep,
Secrétaire de la Société asiatique.

XX.

Lettre de H. H. Wilson[1] a Eugène Burnouf.

Londres, East-India House, 21 mai 1839.

Monsieur,

J'ai enfin trouvé une occasion favorable pour vous accuser réception de votre lettre qui m'a été transmise par les soins de M. Westergaard, et j'ai été bien heureux de faire la connaissance

---

1. Horace Hayman Wilson (1789-1860), professeur de sanscrit à l'Université d'Oxford, bibliothécaire de la Compagnie des Indes, associé étranger de l'Académie des Inscriptions et Belles-Lettres. Chargé par la Compagnie des Indes de réorganiser les anciennes écoles de Denarès, il séjourna dans l'Inde de 1811 à 1832, et fut, avant J. Prinsep, secrétaire de la Société asiatique du Bengale. Ses ouvrages les plus connus sont une traduction du théâtre hindou, dont il est question dans les lettres d'Eugène Burnouf à Lassen et à Mohl, une grammaire et un dictionnaire sanscrits.

de ce jeune savant et de faciliter les recherches qu'il a jusqu'à ce moment poursuivies dans la Bibliothèque de la Compagnie des Indes. Vous pourrez toujours compter sur mon empressement de donner tout le secours en mon pouvoir aux études de ceux qui se présentent ici avec des recommandations de votre part.

A l'égard de votre demande d'obtenir communication du manuscrit du *Saddharma Pundarika*, je l'ai communiquée au Conseil de la Société asiatique et j'ai obtenu la permission de vous l'envoyer pour le temps qu'il vous sera nécessaire. Il y a eu quelque délai pour le trouver parmi les manuscrits de M. Hodgson, et après pour trouver un moyen convenable de vous le remettre; mais, à présent, M. le Dr Gibson, qui va partir pour Paris, a bien voulu s'en charger, et j'espère qu'il vous arrivera en sûreté.

Vous serez très affligé d'apprendre que M. J. Prinsep, qui est de retour en Angleterre, continue d'être tellement malade que nous n'entretenons que de très faibles espérances de sa vie.

Je suis, Monsieur, très sincèrement, votre serviteur,

H. H. WILSON.

XXI.

DEUX BILLETS DE DAVID D'ANGERS [1] A EUGÈNE BURNOUF.

1.

Paris, 24 avril 1840.

Ce n'est pas seulement à l'homme de génie que j'offre ce

---

1. David d'Angers, le célèbre statuaire dont tout le monde connaît les belles œuvres, et en particulier le fronton du Panthéon, à Paris, avait entrepris de faire une série de médaillons de ses contemporains les plus illustres. C'est à cette noble pensée qu'on doit le portrait d'Eugène Burnouf, dont une reproduction héliographique figure en tête de ce volume.

Pierre-Jean David, né à Angers en 1789, mort à Paris en 1856, était membre de l'Institut (Académie des Beaux-Arts).

médaillon, que j'ai eu tant de plaisir à faire, c'est aussi à l'homme dont j'estime profondément le caractère.

Je serais bien heureux si cette occasion d'avoir fait la connaissance particulière de Monsieur Burnouf devait être durable, car je lui ai voué une bien vive affection et un sincère dévouement de cœur.

David.

2.

Jeudi 8 septembre 1842.

Mon cher et honorable confrère,

Vous êtes pour moi d'une bonté inépuisable et vous ne sauriez croire combien je vous suis reconnaissant du souvenir amical que vous gardez à votre statuaire et ami. Je vais être heureux de lire ce nouveau volume[1] d'une si noble et si grande littérature dont vous venez de doter le pays.

Croyez-moi toujours votre bien dévoué de cœur,

David d'Angers.

XXII[2].

DEUX LETTRES DE FR. CREUZER A EUGÈNE BURNOUF.
(*En allemand.*)

1.

Heidelberg, 2 janvier 1841.

Très honoré Monsieur et ami,

Aujourd'hui, seulement quelques mots de remerciements ! Peu de jours avant la fin de l'année, j'ai reçu votre *Bhâgavata Purâna*, ainsi que votre lettre du 1er novembre 1840. — Je n'ai donc pu, jusqu'à présent, jeter qu'un rapide coup d'œil sur

---

1. Le Bhâgavata Purâna.
2. Le n° XXII avait été affecté primitivement aux deux billets qui forment ci-dessus le n° XXI.

l'Introduction de cet admirable ouvrage, — et déjà vous êtes occupé d'autres *opera phidiaca* qui réjouiront et instruiront les contemporains et la postérité. — Moi, pauvre, je ne peux vous annoncer que deux livraisons de la *Symbolique*, la 2ᵉ et la 3ᵉ du tome II, que vous recevrez en février. Mais vous êtes déjà accoutumé à envoyer à vos amis χρύσεα χαλκείων.

Puissiez-vous pendant cette nouvelle année jouir d'une bonne santé! Votre ami M. Lajard peut vous raconter quelle triste année 1840 a été pour moi.

Ne vous étonnez pas si, dans ma vieillesse, je plie peu à peu mes ailes; mais soyez convaincu que je suis toujours heureux de voir voler plus haut les jeunes aigles.

Votre respectueux et reconnaissant

Fr. CREUZER.

2.

Heidelberg, 18 octobre 1841.

Très honoré Monsieur et ami,

J'ai été très heureux de recevoir des mains de M. Egger une lettre de vous et en même temps effrayé à la vue de sa bordure noire.

Une mort subite vous a donc enlevé, à vous Madame votre mère, et à Monsieur votre père, au seuil de la vieillesse, la fidèle compagne de sa vie! Soyez persuadé, cher confrère, de ma plus chaude sympathie pour cette grande perte et dites aussi à votre digne père que je sens très vivement ce qu'il a perdu et ce qu'il a à pleurer.

Je vous aurais écrit pour vous offrir mes condoléances si je n'en avais pas été empêché par beaucoup d'affaires lors du départ de M. Egger. Au commencement des vacances, je suis allé faire un voyage de délassement. Mon absence m'a même privé du plaisir de renouveler ici la connaissance personnelle de M. Jomard. Vous m'obligeriez beaucoup si vous vouliez bien, à l'occasion, lui exprimer mon regret et le saluer de ma part.

Puissiez-vous voir quel cas immense je fais de vos travaux dans ce fait que, étant bien vieux et voulant en assurer la possession à notre Université d'Heidelberg, j'ai déposé les exemplaires dont vous m'avez honoré à notre Bibliothèque publique ! Que Dieu veuille vous accorder, à vous qui êtes encore si jeune, de longues années de force et de santé pour étendre encore plus loin le cercle de vos immortels travaux !

Vous recevrez vers la fin de l'année, par notre ami Guigniaut, deux livraisons de la *Symbolique*, pour lesquelles je réclame de vous un accueil bienveillant.

En vous remerciant encore une fois de m'avoir procuré la connaissance du savant et spirituel M. Egger, et en vous priant de me conserver votre amitié, je suis avec considération,

Votre tout dévoué serviteur,

Fr. CREUZER.

XXIII.

LETTRE DE SCHELLING [1] A EUGÈNE BURNOUF.

Munich, 25 juin 1841.

Monsieur et illustre confrère,

Ce n'est que dans les premiers jours de cette année que j'ai reçu votre aimable lettre du 26 octobre de l'année dernière, ainsi que le premier volume du *Bhâgavata Purâna*, que vous avez bien voulu me destiner. Depuis ce temps, j'ai encore laissé s'écouler six mois sans vous répondre. Vis-à-vis d'un ouvrage aussi distingué, quelques phrases banales ne m'auraient pas suffi ; je tardai d'en parler avant d'avoir lu au moins la préface, dont je devinais l'importance ; mais le temps me manquait absolument pour cette lecture ; c'est aujourd'hui seulement que je me vois en état de vous dire combien je suis de nouveau pénétré d'admiration pour l'étendue et la profondeur de votre esprit et de vos recherches, et combien vos discussions ont servi à m'éclairer et, en même temps, à me confirmer dans quelques idées que je

---

1. L'illustre philosophe Schelling, né en 1775 à Leonberg, dans le Wurtemberg, mort en 1854 aux bains de Ragatz, en Suisse.

m'étais formées en conséquence de vues générales, par exemple sur l'âge des Purânas. Je regarde surtout comme un résultat du plus haut intérêt ce que vous dites sur la doctrine de la foi et de la dévotion, que vous jugez de beaucoup postérieure à la doctrine védique des œuvres. Il est donc vrai que l'Inde aussi avait, ou bien a encore, son Vieux et son Nouveau Testament.

Le bel exemplaire du *Bhâgavata Purâna*, que je dois à votre intercession, sera toujours pour moi un monument précieux de votre amitié. J'ose vous prier de vouloir bien aussi être mon interprète auprès de S. Exc. M. le Garde des sceaux, à la décision duquel je dois la possession de ce chef-d'œuvre de la typographie française, preuve éclatante de la manière dont elle aussi sait honorer des travaux et des études tels que les vôtres.

Je vous écris ces lignes au moment des arrangements que j'ai à prendre pour me transporter à Berlin, où je pense passer au moins un an sans quitter définitivement la Bavière et le midi de l'Allemagne.

Je vous prie de compter toujours sur ma profonde estime et une amitié sincère que je vous ai vouée depuis longtemps et avec laquelle je ne cesserai jamais d'être, Monsieur,

Votre très humble et tout à fait dévoué serviteur,

SCHELLING.

XXIV.

DEUX LETTRES D'ALEXANDRE DE HUMBOLDT [1] A EUGÈNE BURNOUF.

1.

Berlin, ce 24 août 1843.

Quoique je puisse me flatter de l'espoir de vous offrir sous peu, et à Paris même, l'hommage de mon inaltérable attache-

---

1. Alexandre de Humboldt (1769-1859), aussi illustre dans les sciences que son frère aîné, Guillaume de Humboldt, en politique et en philologie, avait comme lui une profonde estime et une vive amitié pour Jean-Louis Burnouf et pour Eugène Burnouf.

ment, je veux pourtant, avant cette époque, vous demander la grâce d'accueillir avec bonté un excellent élève de Lassen, jeune homme de vingt-un ans, qui vient de traduire l'inconcevable drame théologico-philosophique de Krishna Miçra, le *Prabodha-Chandrodaya*. L'introduction ajoutée au drame est excellente.

Daignez faciliter à M. Goldstücker les études de philosophie indienne. Je m'intéresse vivement à ses succès.

Agréez, mon cher confrère, l'hommage renouvelé de ma haute et affectueuse considération.

A. Humboldt.

2.

[Paris, ... 1843.]

Je m'empresse de vous remercier bien sincèrement de l'envoi que vous avez daigné me faire, mon cher et excellent confrère. Je vous rapporterai ces trésors moi-même, en vous écrivant la veille pour être plus sûr de ne pas perdre l'occasion de vous entendre bien seul chez vous sur tant d'objets d'*outre-temps* qui occupent si vivement mon imagination dans les études historiques. Vous appartenez à ce bien petit nombre de personnes qui réunissent à l'aménité du caractère et à la supériorité d'un beau talent cette ferveur d'action littéraire qui devient si rare dans un pays où les petits intérêts du moment absorbent et refroidissent tout. Cette manière de vous juger et d'admirer ce que vous êtes et ce que vous faites est héréditaire dans ma famille, et je sentais un besoin du cœur de vous offrir *tudesquement* ce dont je suis si vivement pénétré.

Le bouddhisme est un de ces grands éléments du monde moral et intellectuel qui renferment la clef des plus importants problèmes. Quand je pense qu'il n'y a pas trente ans qu'on a découvert ce qu'il y a de puissant dans cet instrument, cela me rappelle la découverte de quelques nouveaux agents dans le monde physique. Et l'on croyait pouvoir raisonner météorologie avant de connaître l'électricité, et pouvoir raisonner l'Asie et les origines des philosophie et religions grecques avant de connaître le Bouddhisme! Cela prouve que rien n'est achevé, épuisé, que toujours on ne fait que commencer. Qu'il est pénible de voir que dans ce beau pays, si riche en hommes d'un grand savoir et en matériaux pour l'étude, les moyens de publication sont si difficiles et si mal (irrationellement) partagés.

La note sur les *plateaux* me sera bien utile, quoique je sois un peu effrayé de cette multiplicité de significations d'un même mot, depuis la ferme du sommet jusqu'au santon qui l'habite. Tout se lie dans les idées comme dans le langage de ces peuples merveilleux.

Mille affectueux hommages,

A. HUMBOLDT.

Ce mardi.

XXV.

TROIS LETTRES SE RAPPORTANT A LA MORT DE M. J.-L. BURNOUF (8 mai 1844).

1.

J. Michelet[1] *à Eugène Burnouf.*

10 mai 1844.

Ma poitrine très souffrante m'oblige de faire un petit voyage; autrement, j'aurais été vous voir, cher, bien cher ami. Personne ne sent plus que moi votre blessure, ce bouleversement du cœur, de la famille, des habitudes; c'est déjà mourir.

Nos études si diverses nous éloignent et nous tiennent séparés; mais qui m'est plus cher que vous ?

J. MICHELET.

A ce billet Michelet avait joint les paroles qu'il avait prononcées la veille à son cours du Collège de France :

« ..... Je rêvais ce matin au xviiie siècle, dont je dois vous

---

[1]. Jules Michelet, le célèbre historien, né à Paris en 1798, mort en 1874. Membre de l'Institut (Académie des sciences morales et politiques), il avait remplacé Daunou au Collège de France dans la chaire d'histoire et morale, qu'il occupa de 1838 à 1851.

entretenir, lorsque j'ai eu le malheur d'apprendre la mort d'un de ses plus honorables représentants, de M. Burnouf, Messieurs, auquel nous devons tous un reconnaissant souvenir, et pour ses savants travaux, et pour avoir donné à la France, à la science européenne, cet illustre fils !

« M. Burnouf appartenait à cette forte, courageuse et patiente génération qui nous a faits ce que nous sommes, à cet âge énergique auquel le nôtre doit son point de départ, et peut-être tout ce qu'il a de meilleur !

« Grand siècle ! et tant calomnié ! Qu'a-t-il fait pourtant, sinon de continuer avec force et patience, en pleine lumière, ce que les temps antérieurs avaient commencé dans l'ombre ? L'avenir l'appellera le temps de la sincérité ! »

2.

Chr. Lassen à Eugène Burnouf. (*En anglais.*)

Bonn, 22 mai 1844.

Très cher ami,

C'est avec un grand chagrin que j'ai appris par les journaux que vous venez de perdre votre père, et je me hâte de vous exprimer ma très sincère sympathie pour cette irréparable perte. Je n'essaierai pas de vous offrir des consolations, qui seraient impuissantes à soulager votre douleur, par des raisons que vous ne sauriez accepter, pas plus que je ne saurais vous les exprimer. Seulement, permettez-moi de vous dire ceci : c'est que vous possédez dans toute son étendue cette consolation que votre père est mort respecté et aimé de tous ceux qui l'ont connu, qu'il a rendu à son pays et à la science tous les services qu'il était en son pouvoir de leur rendre et qu'il a quitté la vie avec le sentiment consolant de laisser après lui, en vous, un si digne représentant de son nom.

. . . .

3.

Philippe Le Bas[1] *à Eugène Burnouf.*

Athènes, le 30 juin 1844.

Comment vous exprimer, mon cher Eugène, toute la part que je prends au malheur qui vient de vous frapper? Que vous dire en présence d'une si juste douleur? Que je me mets à votre place et que je sens mieux qu'aucun autre combien une pareille perte doit être sensible, quel vide affreux elle doit laisser dans l'existence. Qui mieux que moi sait tout ce qui vous est ravi? Je connaissais depuis longtemps, j'aimais, je vénérais votre père, j'étais, je me plais à le croire, aimé et estimé de lui. Nul ne peut donc s'associer plus sincèrement que moi aux regrets de tous ceux qui l'ont connu. Le deuil est général. Toutes les lettres que je reçois de Paris, de quelque nom qu'elles soient signées, que ce soit Regnier, Lenormant ou tout autre, témoignent du sentiment commun à cet égard.

Mais, si vous avez droit de pleurer, il ne faut pas non plus vous laisser abattre par le trop légitime chagrin qu'une aussi cruelle séparation doit inspirer à un fils tel que vous. Pensez bien que vous vous devez à votre excellente femme, à vos charmants enfants, à de véritables amis, à la science dont vous avez reculé les limites, à votre pays auquel le nom de Burnouf fera un éternel honneur. Ce sont là des conseils que vous donnerait votre excellent père s'il pouvait encore vous faire entendre sa voix. Il faut écouter l'amitié quand elle invoque un souvenir aussi cher.

Je regrette vivement de n'être pas en ce moment à Paris pour aider nos amis à combler le vide que la mort vient de faire dans nos rangs par un nom qui vous soit agréable. C'est l'occasion

---

[1]. Philippe Le Bas, savant helléniste, membre de l'Académie des Inscriptions et Belles-Lettres, né en 1794, mort en 1860, fils du conventionnel Le Bas.

Pendant ses voyages en Grèce et en Asie-Mineure, il écrivait à Eugène Burnouf des lettres pleines de sentiment, d'esprit et de détails curieux sur ce qu'il faisait et ce qu'il voyait.

ou jamais de faire arriver M. Mohl. Je voudrais pour beaucoup pouvoir contribuer à son succès. Mais je suis retenu en Grèce jusqu'au mois d'octobre, et d'ici-là, sans doute, l'élection aura lieu. Je ne puis donc m'y associer que d'intention.

Adieu, mon cher Eugène, comptez plus que jamais sur l'inaltérable attachement de

Votre tout dévoué confrère et ami,

Ph. Le Bas.

XXVI.

Note pour la Lettre du 18 novembre 1844.

Les détails touchant Gardin-Dumesnil et l'abbé Martin seront complétés et rectifiés par les pièces suivantes qu'Eugène Burnouf n'avait pas sous les yeux quand il écrivait sa lettre à M. Travers :

1º Une notice biographique sur Gardin-Dumesnil, par J.-L. Burnouf[1];

2º Deux lettres ou fragments de lettres de l'abbé Martin à son ancien élève J.-L. Burnouf.

L'abbé Martin, mort en 1811 curé de Saint-Cyr, près Valognes, était, avant la Révolution, vicaire de cette paroisse, et c'est lui qui donna les premières leçons de latin à J.-L. Burnouf. En effet, celui-ci, recueilli à Saint-Cyr par son oncle Jean Ruel, dont plus tard il éleva à son tour le jeune fils, suivait les classes de l'école fondée dans le village par Gardin-Dumesnil. Ce savant et excellent homme avait remarqué les heureuses dispositions du jeune orphelin, qui dut à sa recommandation et aux soins de l'abbé Martin d'être admis comme boursier au Collège d'Harcourt. J.-L. Burnouf a consigné, dans la Notice ci-jointe, l'expression de sa reconnaissance envers son protecteur, et c'est sans aucun doute à l'abbé Martin qu'il fait allusion quand il parle de « l'habile maître que Gardin-Dumesnil associa à ses vues généreuses et qui partagea son exil pendant nos troubles civils. »

---

1. Cette notice se trouve en tête de la troisième édition des *Synonymes latins* de Gardin-Dumesnil, publiée par Jamet en 1813. 1 vol. in-8º.

1.

Notice sur Gardin-Dumesnil par J.-L. Burnouf.

Jean-Baptiste Gardin-Dumesnil naquit en 1720 au village de Saint-Cyr, près Valognes, en basse Normandie (département de la Manche). Ses premières années furent consacrées à l'étude des lettres, et sa vie entière s'est passée à les cultiver et à les enseigner. D'abord professeur au collège de Lisieux, nommé ensuite (le 1er janvier 1758) professeur de rhétorique au collège d'Harcourt, son nom se distingue avec honneur parmi ceux des illustres maîtres qui firent, pendant le xviiie siècle, la gloire de l'Université de Paris. Une connaissance profonde des langues grecque et latine, un esprit solide, un goût sûr et un talent admirable pour transmettre à ses élèves la science qu'il possédait et leur inspirer l'amour de l'étude, le rendront à jamais le modèle de tout bon professeur. Son goût est suffisamment prouvé par ses *Synonymes latins* eux-mêmes. Quant à son talent pour l'instruction, nous en avons pour garants des membres distingués de la nouvelle Université qui se souviennent avec reconnaissance d'avoir été ses élèves et qui lui rendent le plus honorable témoignage.

En 1764, après la suppression de la Société des Jésuites, M. Gardin fut chargé de la direction du collège de Louis-le-Grand (à présent Lycée impérial). Il sut, dans des circonstances difficiles, établir dans cette maison un ordre et une discipline qui firent le plus grand honneur à son caractère et à son habileté comme principal.

La vertu, chez cet homme estimable, ne le cédait en rien à l'art de l'enseignement et de l'administration. Retiré dans son pays natal plusieurs années avant la Révolution[1], il employait le fruit de ses économies à répandre des bienfaits sur ses concitoyens.

Les habitants de Saint-Cyr n'oublieront jamais l'école qu'il avait fondée chez eux pour l'instruction gratuite de leurs

---

1. C'est en 1770 que Gardin-Dumesnil quitta la direction du collège de Louis-le-Grand.

enfants. Malgré la médiocrité de sa fortune, il avait fait bâtir à ses frais, pour le logement du maître et la tenue des classes, une maison commode et agréable, et avait assuré pour toujours, par une rente constituée, la subsistance et les honoraires de l'instituteur. Celui-ci devait, non seulement donner l'instruction primaire et indispensable, mais encore savoir le latin et l'enseigner aux deux enfants de l'arrondissement qui annonceraient le plus de disposition pour cette étude. C'est là que l'auteur de cette Notice a reçu les premières leçons des langues anciennes. Qu'il lui soit permis de consigner ici, en faisant mention de ce fait indifférent au public, l'expression de sa gratitude envers un bienfaiteur dont il chérit la mémoire.

Dans ce temps de désordre et d'anarchie dont le souvenir est effacé par tant de gloire et de prospérité, l'école fut anéantie et le fondateur forcé de se réfugier dans une terre étrangère avec l'habile maître qu'il avait associé à ses vues généreuses. Rentré dans sa patrie à la fin de nos troubles civils, il termina en 1802, à Saint-Cyr près Valognes, lieu de sa naissance, une carrière qui fut tout entière consacrée au bien public et à la pratique des vertus.

2.

L'abbé Martin à J.-L. Burnouf.

Saint-Cyr, 29 janvier 1808.

Monsieur et cher ami,

J'ai reçu avec bien de la reconnaissance l'expression des vœux que vous avez formés pour ma conservation. Soyez persuadé de la sincérité des miens pour la vôtre et celle de votre aimable famille ; je vous félicite de la place que vous occupez ; j'ai confiance qu'elle fera votre bonheur et qu'elle sera très utile au bien et à l'éducation publique négligée depuis longtemps. Je me trouve glorifié d'avoir été pour quelque chose dans la vôtre, puisque vous en faites un si bon usage.....

Saint-Cyr, le 18 novembre 1809.

Monsieur,

C'est avec bien du plaisir que je vous félicite de votre nomination définitive à la chaire de professeur de rhétorique au lycée Charlemagne ; je n'ai jamais douté de votre capacité pour remplir cette place avec distinction. Les jaloux et les envieux, souvent plus intrigants pour s'élever au-dessus de leur mérite, étaient à craindre.

Je prétends une part dans les compliments que je vous fais, comme vous ayant donné les premiers principes d'éducation qui n'ont pas été stériles en vous. Et comment ne me glorifierais-je pas, moi qui compte parmi mes écoliers des professeurs de rhétorique, des ingénieurs, des curés, des prêtres? Il ne me manque plus que des évêques et des gens de barreau. Ce qui me contente encore davantage, ce sont les bonnes mœurs et la religion dont ils sont doués.

. . . .

Votre oncle Jean Ruel, son épouse et votre tante veuve Jacques m'invitent à vous remercier de la bonté dont vous usez envers leur petit Charles. Ils vous prient instamment de la lui continuer et d'excuser des défauts que vous savez être ordinaires à la jeunesse. Ils désirent ardemment, ainsi que moi, qu'il puisse vous contenter. Ils sont persuadés que vous connaissez parfaitement la dose de patience qu'il faut avoir pour supporter le caractère de chaque enfant en particulier. Ils vous embrassent et vous font mille compliments et amitiés ainsi qu'à Madame votre épouse et à vos enfants. Ils comptent le leur de ce nombre[1].

. . . .

Recevez, etc.

J.-F.-J. MARTIN, prêtre,
Desservant de Saint-Cyr.

---

[1]. Charles Ruel, le jeune cousin élevé par J.-L. Burnouf avec ses propres enfants, devint en effet pour sa nouvelle famille un véritable fils, dont l'affection constante et dévouée ne se démentit jamais. Après avoir fourni une honorable carrière dans l'administration, il mourut en 1862, laissant quatre fils qui tous se distinguèrent dans la guerre de 1870; l'un d'eux fut tué à l'attaque du Bourget; l'aîné, colonel du 141e régiment d'infanterie, est mort, à l'âge de cinquante-huit ans, le 11 février 1891.

XXVII[1].

Lettre de Jules Mohl a Eugène Burnouf.

Berlin, 20 septembre 1847.

Mon cher ami,

J'ai reçu ici votre lettre qui m'a fait rire aux larmes. Je suis arrivé ici après des courses de toute espèce en Saxe et traîne mes guêtres ici depuis quinze jours. Je n'ai pas trouvé Bopp, qui fait ses vendanges sur le Rhin. Le scélérat y a une bonne petite propriété. D'ailleurs, il m'eût été difficile de faire votre paix avec lui, puisqu'il paraît qu'il m'en veut avant tout et tous. Que Dieu bénisse les gens de lettres, et leurs vanités insensées ! Je n'ai pas trouvé non plus Ritter, ni Meyendorff, qui m'aurait mieux montré la ville que qui que ce soit, excepté le Diable boiteux; mais peu à peu il est revenu beaucoup de monde des eaux, et j'ai vu Boeckh, Raumer, Ranke, Lepsius, Panofka, les deux Grimm, Schelling, Humboldt, Schott, Savigny, etc., et il commence à être temps que nous partions pour nous refaire un peu en route des dîners et soupers qu'on nous donne. Boeckh m'a donné hier un grand dîner au Thiergarten, où nous avons été fort gais et où j'ai vu les gros bonnets du pays *in their cups* et je puis attester qu'ils ont le vin très aimable. Boeckh a fait un speech en mon honneur, qui était si bien tourné que j'ai renoncé à y répondre, à ma honte éternelle.

J'ai vu le Musée égyptien qu'on est en train de bâtir et qui est superbe; je n'ai rien trouvé à la bibliothèque de bien important. La tradition d'un manuscrit de Firdousi du xiiie siècle repose sur une erreur du vieux Wahl, et celle de l'existence d'un manuscrit du *Bargon-nameh* ne paraît pas plus fondée ; mais je n'ai pas pu acquérir de certitude là-dessus, quoiqu'on ait été extrêmement complaisant pour moi et qu'on m'ait ouvert tout. J'ai acquis à cette occasion l'assurance qu'on vous prêtera tous les manuscrits sanscrits que vous voudrez avoir. J'ai souvent

---

1. On avait d'abord mis sous ce n° XXVII les pièces qui forment maintenant le n° XXVI de l'Appendice.

entendu parler de votre Buddhisme, qui a été beaucoup lu ici parmi les savants et même parmi les simples lettrés. Mon rapport à la Société asiatique a eu ici un succès singulier. Tout le monde me l'a demandé et je n'en avais pas assez pour une si grande consommation. Ils espèrent que le roi fera exécuter le plan de voyage que j'y ai tracé, mais, comme il a beaucoup d'autres emplois de son argent, j'espère qu'on le fera en France; il y en a d'ailleurs pour tout le monde. Dans tous les cas, j'espère qu'on me laissera la satisfaction d'organiser l'exploitation d'Ecbatane.

J'ai vu Potsdam et Sans-Souci. C'est un endroit charmant. Je n'aurais pas cru qu'il fût possible de faire quelque chose d'aussi beau dans ce pays et ce climat. Il y a une quantité d'autres châteaux dans les environs de Potsdam, parce que les eaux et les mouvements du terrain y fournissent de beaux emplacements; mais je n'en ai vu qu'un ou deux qui soient très bien et très habitables; mais rien n'est comparable à Sans-Souci; je n'aurais jamais cru que le vieux Frédéric avait si bon goût.

Il y a ici un état de choses que je ne puis encore bien comprendre. C'est un gouvernement très personnel du roi et en même temps très routinier dans l'administration, le tout saupoudré d'une opposition gouailleuse du public et d'un mouvement inquiet et ambitieux des esprits. C'est difficile à saisir pour un étranger, et mes impressions étonnent beaucoup les gens d'ici, et leur étonnement me surprend à mon tour.

Schelling parle de venir à Paris au printemps et d'y rester six mois. Je l'ai trouvé très vieilli, mais s'intéressant à tout; il veut publier ses leçons, mais j'en doute. Je crois que l'Université ici a perdu peu à peu, et que le roi, avec son amour des grands noms, lui a fait plus de mal que de bien; mais, avec tout cela, il y a de la vie et une confiance dans l'avenir qui me frappent beaucoup.

Si vous voyez Piccolos, dites-lui que je me suis donné une peine infinie pour acheter la médaille de Sophocle; qu'on a refusé de me la vendre, parce que le roi s'en est réservé exclusivement la distribution; qu'alors j'ai eu recours aux grands moyens pour me la faire donner par S. M. aussitôt qu'elle sera de retour ici, et que tout cela est arrangé. Malheureusement, je partirai avant le retour du roi, mais je suis presque sûr que j'aurai la médaille, et dans ce cas je l'offrirai en holocauste à Piccolos pour être placée dans le socle du buste. Si, par un effet du hasard, mon entreprise manquait, j'ai au moins la consolation d'avoir fait tout ce qui peut se faire et d'avoir donné bien de la peine à Boeckh, qui est mon intermédiaire principal dans cette belle négociation.

J'ai aussi travaillé dans les affaires de ce scélérat de Dumont, à qui j'espère avoir deux bibliothèques pour prendre toutes les collections académiques à partir du 1er janvier. Au reste, il faut que je sois de retour à Paris pour cela. Je n'ai trouvé jusqu'à présent pas un traître bouquin pour Landresse, je veux dire de bouquin donné à la bibliothèque, quoique j'en aie vu qu'il devrait acheter, mais il me paraît que le monde ici n'est pas très donateur de livres. Je n'en ai pas acheté pour moi, car je mange beaucoup d'argent.

Je crois que nous irons pour quelques jours à Münich et que nous serons de retour à Paris au commencement d'octobre.

Le 21.

Je crois que je ne démarrerai jamais d'ici. Voilà Briggs qui arrive et me retiendra encore un peu. Eichhorn, le Salvandy du pays, m'a fait venir hier pour me parler d'un tas de choses. J'ai été ensuite souper chez Savigny, qui reçoit tous les soirs et vous donne un petit souper très propre, très suffisant et très bon, et que ces imbéciles ici accusent d'avarice, parce qu'il ne donne pas de ces grands soupers lourds et absurdes qui sont ici de mode. Mais que voulez-vous? Il n'y a ici qu'un grand saint, c'est saint Boustifaille, qui a partout et en tout lieu des temples, des chapelles, des autels grands et petits. Vraiment, on mange trop dans ce pays, même ici où ils passent dans le reste de l'Allemagne pour des affamés qui vivent de thé et de pain beurré. Au contraire, leur thé est détestable et leur mangeaille excellente ; et ils ne s'en font pas faute.

Après tout, je suis très content d'être venu ici ; mais il faut que je m'en aille. Le roi va revenir, et je ne puis pas le voir, parce que j'ai oublié d'apporter mon gros bouquin. L'histoire du manuscrit que j'étais venu chercher est une véritable comédie. J'ai fini par la savoir jusqu'au fond, mais c'est infiniment trop long.

Dites mille choses au docteur[1], à Landresse, à Ampère et surtout à la marmaille. Jacob Grimm me charge de ses tendresses pour vous. Ils sont très aimables l'un et l'autre, et vous êtes très populaire parmi tout ce monde.

Mais il faut que je finisse. Mes respects à Madame, à laquelle j'ai une quantité de choses à raconter. Mais, à force de ne rien faire, je suis devenu si paresseux que cela me paraît un effort héroïque d'avoir achevé une lettre.

Tout à vous,

MOHL.

XXVIII.

Lettre de Jules Mohl a Eugène Burnouf, après les journées de juin.

Paris, 27 juin 1848.

Mon cher ami,

J'allais vous écrire lorsque j'ai reçu votre billet. Nous n'avons rien eu. J'ai été employé tous ces jours-ci à la garde de l'Assemblée et à l'Intérieur, où j'ai trouvé Roulin, Landresse et Mérimée en bon état. Ma femme est restée chez elle et est un peu souffrante à cause de l'état de fièvre dans lequel nous avons été tenus. Quelle horreur que tout cela! et quelles histoires dont nous avons été nourris d'heure en heure!

Je suis inquiet de Jussieu, de Lajard, s'il n'est pas parti, et d'autres de nos amis dans l'intérieur [de Paris] dont les maisons ont été en possession des insurgés. Et ce pauvre archevêque assassiné! La garde nationale a voulu fusiller Louis Blanc et Lagrange, qu'ils ont trouvés dans un cabriolet sur un boulevard. Un colonel de dragons les a sauvés. La garde nationale était dans une fureur curieuse. J'étais devant la Chambre quand un

---

1. M. le Dr Roulin.

représentant nous a annoncé la mise en état de siège, et aussitôt s'est élevé un cri assourdissant : « Vive l'état de siège! » J'en étais bien aise moi-même, mais j'avoue que je n'ai pas pu crier.

Il est impossible d'aller à dix minutes de distance, la rue du Bac est comme assiégée. Il y a à tous les coins de rue une rangée de factionnaires qui vous empêchent de circuler. Il n'y a que les bonnes et les gardes nationaux en uniforme qui peuvent faire un peu de chemin, et encore difficilement. Au reste, je n'ai pas la force de sortir, je tombe de fatigue et de sommeil. Heureusement, tout est fini, au moins pour le moment; mais quelles journées !

Tout à vous,

Mohl.

Ma femme, qui dormait, me prie de faire ses amitiés à Madame Burnouf et à la marmaille. Nous viendrons prochainement vous compter nos caravanes. Le plus curieux était les petits mobiles, qui se sont battus comme des chats sauvages. Et, comme me disait un vieux capitaine d'infanterie, ce sont des enfants qui ne savent pas se battre; ils grimpent sur les barricades sans tirer et se font écharper.

XXIX.

Lettre de Charles Lenormant[1] a Eugène Burnouf.

Paris, 18 janvier 1849.

Mon cher confrère,

Les conversations que j'ai eues avec plusieurs de Messieurs vos collègues au Collège de France m'ont fait craindre que

---

1. M. Charles Lenormant, né à Paris en 1802, mort à Athènes le 22 novembre 1859. Membre de l'Institut (Académie des Inscriptions et Belles-Lettres), professeur au Collège de France, conservateur du Cabinet des médailles de la Bibliothèque nationale.

quelques-uns d'entre eux n'eussent pris le change sur la nature de l'enseignement auquel j'aurais l'intention de me livrer si j'avais l'honneur d'être appelé à la chaire d'archéologie.

On a réclamé pour la généralité du titre de la chaire, ce qui est un fait ; on en a déduit le droit qu'aura le nouveau professeur, quel qu'il soit, de traiter toutes les matières de l'archéologie. Mais de là à conclure que, pour m'être placé dans le vrai point de vue de l'institution, mon intention soit de substituer à un enseignement sérieux et positif des généralités plus ou moins attrayantes pour la masse du public, c'est là une conséquence très inexacte, diamétralement contraire aux intentions que j'ai exprimées dès le premier moment de ma candidature et contre laquelle je vous demande la permission de protester entre vos mains. Vous, mon cher confrère, qui avez été le témoin journalier de ma vie académique, qui connaissez la nature des communications que j'ai faites, pour ainsi dire sans interruption, au corps savant qui s'honore de vous compter parmi ses membres, vous pouvez mieux que personne attester que jamais il ne m'est arrivé d'entretenir l'Académie d'objets qui ne fussent dignes de son attention, précisément par le caractère tout spécial des questions soulevées. La persévérance même que j'ai mise à cultiver une branche des connaissances humaines qui exige l'appréciation et la combinaison d'une multitude de détails suffit, je pense, pour prouver en moi l'amour comme l'esprit de la science, et si je joins désormais, à ces conditions qui ne m'ont point manqué jusqu'ici, la perspective d'un devoir à remplir, le sentiment d'une obligation étroite envers des études auxquelles je dois mes premiers pas sérieux dans la carrière et envers la mémoire d'un maître à jamais illustre, il me semble que ceux qui douteraient encore de moi resteraient sous l'influence d'un déplorable malentendu. En un mot, l'aridité des détails plutôt que l'éclat de l'ensemble, lorsque la recherche de la vérité et l'intérêt de la science l'exigent, l'ambition de faire des élèves et non le désir de captiver un auditoire nombreux et mobile, tel est le point de vue sous lequel j'envisage l'enseignement du Collège de France.

Telles sont, mon cher confrère, les résolutions que j'ai le plus grand intérêt à faire connaître et que je vous prie de communiquer à qui de droit de la manière qui vous semblera opportune et convenable.

Agréez la nouvelle expression de mes sentiments les plus affectueux et les plus dévoués.

LENORMANT.

XXX.

LETTRE D'ALEXANDRE DE HUMBOLDT A EUGÈNE BURNOUF.

A Sans-Souci, le 18 août 1850.

Mon cher et illustre confrère,

Les nominations de l'Ordre pour le mérite dans les Sciences et les Arts, composé de trente membres indigènes et de trente membres étrangers, se font aux anniversaires des jours de naissance (27 janvier), d'avènement au trône (31 mai) et de la mort (17 août) du grand Frédéric. Cette institution, comme l'a très bien dit mon ami intime M. Arago, est plutôt une Académie qu'un Ordre. Les étrangers sont nommés par le souverain sur la présentation d'une liste de trois savants ou artistes choisis au sein des deux Académies des sciences et des arts. Les membres indigènes se choisissent eux-mêmes par libre choix, mode de remplacement, qui, pour les membres étrangers, serait trop long et presque impossible des deux côtés de l'Atlantique. Je commence par vous exposer nos *libertés*, et je suis heureux de pouvoir me vanter de leur application en vous annonçant, mon illustre ami, comme chancelier de cette institution, que votre nomination a été proclamée hier dans le *Journal officiel*. Je suis tout fier de pouvoir inscrire votre nom, illustré par de grands et nobles travaux, à côté des noms d'Arago, Boeckh, Melloni, Gaup, Schelling, Bopp, Robert Brown, Brewster, Herschel, Léopold de Buch, Charles Ritter, Manzoni, Thomas Moore, Meyerbeer, Rossini, Ingres, Horace Vernet..... Je me hâte d'étaler nos richesses à vos yeux dans des temps qui sont si tristes pour la liberté des peuples et dans lesquels de plus graves et de plus pressants intérêts absorbent l'attention publique. Vous avez eu la presque unanimité dans l'élection de l'Académie. Vos concurrents ont été le duc de Luynes et l'astronome M. Struve, car, fidèles aux principes d'abstraction et de généralisation (je dirais presque aux traditions de nos ancêtres zends et hindous), nous tenons plus encore à l'unité du Cosmos intellectuel qu'à celui qu'on nous vaccine sans *Volkshause* dans les assemblées dynastiques de Francfort.

Ma santé se conserve miraculeusement, plus que mes espérances. La pétrification d'un homme antédiluvien se fait avec une certaine lenteur, et je tâche de travailler avec ardeur avant que l'imbécillité soit complète.

Agréez, je vous supplie, l'hommage renouvelé d'un dévouement qui date de bien loin et dont vous n'avez jamais douté.

Alexandre Humboldt.

BIBLIOGRAPHIE

DES

TRAVAUX D'EUGÈNE BURNOUF.

I. — Travaux publiés isolément.

1. De re judicata et de rei judiciariæ apud Romanos disciplina exercitationem, præside summo viro Blondeau, in Parisiensi juris facultate antecessore, tuebitur die 6 augusti 1824, ad licenciatus gradum promovendus E. Burnouf. — *Lutetiæ Parisiorum, Aug. Delalain*, 1824. In-8° de 72 p.

2. Analyse et extrait du Dévimahatmya, fragment du Markandéya Pourana.

P. 17-27 de l'opuscule intitulé : « Examen du système perfectionné de conjugaison grecque par M. Fr. Thiersch, ou indication de quelques rapports du grec avec le sanskrit, par J.-L. Burnouf, suivi des analyse et extrait du Dévimahatmya, fragment du Markandéya Pourana; traduit du sanskrit par E. Burnouf fils. — *Paris, Dondey-Dupré,...* 1824. In-8° de 27 p. » — Extrait du Journal asiatique.

3. Essai sur le pali, ou langue sacrée de la presqu'île au delà du Gange, avec six planches lithographiées, et la notice des manuscrits palis de la Bibliothèque du roi; par E. Burnouf et Chr. Lassen... — *Paris, à la librairie orientale de Dondey-Dupré,...* 1826. In-8° de 224 p., plus 4 feuillets préliminaires et 6 planches lithographiées.

4. Observations grammaticales sur quelques passages de l'Essai sur le pali de MM. E. Burnouf et Lassen ; par E. Bur-

nouf. — *Paris, à la librairie orientale de Dondey-Dupré,...* 1827. In-8° de 30 p. avec une planche.

5. L'Inde française ou collection de dessins lithographiés représentant les divinités, temples, costumes, physionomies, meubles, armes et ustensiles des peuples hindous qui habitent les possessions françaises de l'Inde, et en général la côte de Coromandel et le Malabar; publiée par M. J.-J. Chabrelie; avec un texte explicatif par M. E. Burnouf... — *Paris, Chabrelie éditeur,* 1827 et 1835. Deux volumes in-folio.

L'ouvrage, qui a paru en 25 livraisons, comprend la reproduction lithographique, coloriée dans quelques exemplaires, de 144 sujets peints ou dessinés dans l'Inde par Géringer. En regard de chaque planche est un feuillet de texte explicatif. Les planches sont ainsi réparties :

Dans le tome I, Divinités, 15; Portraits, 15; Vues, cérémonies religieuses et scènes de la vie privée, 60.

Dans le tome II, Divinités, 22; Portraits, 9; Vues, cérémonies religieuses et scènes de la vie privée, 54.

Ce tome II, dont le titre porte le nom de M. E. Jacquet à côté de celui de M. E. Burnouf, se termine par un appendice de 118 pages : « Extraits d'un manuscrit inédit intitulé : Religion des Malabars, publiés par M. E. Jacquet. » — Le texte des trois dernières livraisons est de M. E. Jacquet.

6. Vendidad Sadé, l'un des livres de Zoroastre, lithographié d'après le manuscrit zend de la Bibliothèque royale et publié par M. E. Burnouf. — *Paris, Dumont,...* 1829-1843. In-folio de 562 pages, plus deux feuillets pour le titre et l'avertissement.

Les neuf premières livraisons furent publiées, de 1829 à 1833, aux frais d'Eugène Burnouf. La mort de l'artiste chargé du calque autographique, M. Hippolyte Jouy, interrompit le travail. La dixième et dernière livraison fut exécutée aux frais du libraire Dumont et lithographiée par M. Racinet. Il n'a été tiré que cent exemplaires de cet ouvrage.

7. Extrait d'un commentaire et d'une traduction nouvelle du Vendidad Sadé, l'un des livres de Zoroastre, par M. E. Burnouf. — [*Paris, Imprimerie royale,* 1829.] In-8° de 31 p.

Extrait du Nouveau journal asiatique.

— 559 —

8. Funérailles de M. Saint-Martin,... le mercredi 11 juillet 1832. [*Paris, typographie de Firmin Didot*, 1832.] In-4° de 8 p.

P. 7 et 8. Discours de M. Eugène Burnouf au nom de la Société asiatique.

9. De la langue et de la littérature sanscrite. Discours d'ouverture prononcé au Collège de France. — [*Imprimé chez Paul Renouard.*] In-8° de 15 p.

Extrait de la Revue des Deux-Mondes, livraison du 1er février 1833.

Ce discours a été reproduit dans le Nouveau journal asiatique, mars 1833, t. XI, p. 251-272.

10. Observations sur la partie de la grammaire comparative de M. F. Bopp, qui se rapporte à la langue zende, par M. Eugène Burnouf. — *Paris, Imprimerie royale*, 1833. In-4° de 48 p.

Extrait du Journal des Savants.

11. Commentaire sur le Yaçna, l'un des livres religieux des Parses, ouvrage contenant le texte zend expliqué pour la première fois, les variantes des quatre manuscrits de la Bibliothèque royale et la version sanscrite inédite de Nériosengh, par Eugène Burnouf... — *Paris, imprimé par autorisation du roi à l'Imprimerie royale*, 1833. In-4°.

Avant-propos et observations préliminaires sur l'alphabet zend, p. I-CLIII.

Commentaires sur le Yaçna, p. 1-592.

Notes et éclaircissements, p. I-CLVII.

Additions et corrections, p. CLIX-CXCVI.

La seconde partie de ce volume, qui comprenait les pages 161-592 du commentaire et CXLI-CXCVI des notes et additions, a été quelquefois indiquée comme formant un tome II. Elle a paru au commencement de l'année 1835; un exemplaire en fut offert le 6 avril à la Société asiatique.

L'avant-propos a été tiré à part pour servir de prospectus à l'ouvrage; in-4° de I-XXXVI p., plus un double feuillet pour le titre.

12. Observations sur les mots zends et sanscrits Vahista et Vasichtha et sur quelques superlatifs en zend, par Eugène Burnouf. — [*Paris, Imprimerie royale*, 1834.] In-8° de 33 p.

Extrait du Nouveau journal asiatique.

13. [Compte-rendu de :] « L'Art libéral, ou Grammaire géorgienne, par Brosset jeune... » [*Paris, Imprimerie royale*, 1835.] In-4° de 8 p.

Extrait du Journal des Savants.

14. [Compte-rendu de :] « Nouveau choix de poésies originales des troubadours, par M. Raynouard... Extrait du Journal des Savants. Janvier 1836. » — [*Paris, Imprimerie royale*, février 1836.] In-8° de 12 p.

15. Mémoire sur deux inscriptions cunéiformes trouvées près d'Hamadan et qui font maintenant partie des papiers du docteur Schulz, par M. Eugène Burnouf. — *Paris, Imprimerie royale*, 1836. In-4° de vii et 196 p., avec 5 planches.

Imprimé à 250 exemplaires, aux frais de l'auteur, qui avait communiqué ce mémoire à l'Académie des Inscriptions et Belles-Lettres, dans la séance du 25 mars 1836 et dans les séances suivantes.

16. Funérailles de M. le baron Silvestre de Sacy,... le vendredi 23 février 1838. — [*Paris, typographie de Firmin Didot*, 1838.] In-4° de 9 p.

P. 6 et 7. Discours de M. Eug. Burnouf, au nom de MM. les professeurs du Collège de France.

17. Le Bhâgavata Purâna ou Histoire poétique de Krichna, traduit et publié par M. Eugène Burnouf...

Tome I. *Paris, Imprimerie royale*, 1840. In-fol. de i-clxiii et 1-603 p.

Tome II. *Paris, Imprimerie royale*, 1844. In-fol. de i-xvi et 1-709 p.

Tome III. *Paris, Imprimerie royale*, 1847. In-fol. de i-c et 1-581 p.

Fait partie de la « Collection orientale : manuscrits inédits de la Bibliothèque royale, traduits et publiés par ordre du roi. » Dans les exemplaires tirés en volumes de format grand in-4°, la traduction est imprimée à la suite du texte, et non pas en regard, comme dans l'édition in-folio. — Il a été fait un tirage à part de la préface du tome III; grand in-8° de i-cviii p., plus un double feuillet pour le titre.

Le tome IV de cet ouvrage a été publié par M. Hauvette-Besnault. *Paris, Imprimerie nationale,* 1884. In-fol. de VIII et 471 p.

18. Études sur la langue et sur les textes zends, par E. Burnouf... Tome I. — *Paris, Imprimerie nationale,* 1840-1850. In-8° de IV et 429 pages.

Ce travail avait d'abord paru de 1840 à 1846 dans le Journal asiatique.

19. Considérations sur l'origine du bouddhisme, par M. Eug. Burnouf,... lues dans la séance publique annuelle des cinq Académies, le mardi 2 mai 1843. — [*Paris, typographie de Firmin Didot,*... 1843.] In-4° de 18 p.

Extrait du second mémoire sur les livres religieux des bouddhistes du Népal, lu par l'auteur à l'Académie des Inscriptions, en janvier et février 1843. — Reproduit dans la Revue indépendante, n° du 25 mai 1843.

20. Introduction à l'histoire du buddhisme indien, par E. Burnouf. Tome I. — *Paris, Imprimerie royale,* 1844. In-4° de V et 649 p.

Une seconde édition en a été imprimée en 1876 :

20 *bis*. Introduction à l'histoire du buddhisme indien, par E. Burnouf... Deuxième édition, rigoureusement conforme à l'édition originale et précédée d'une notice de M. Barthélemy Saint-Hilaire sur les travaux de M. Eugène Burnouf. — *Paris, Maisonneuve,*... 1876. Grand in-8° de XXXVIII et 587 p.

21. Notice sur les types étrangers du Spécimen de l'Imprimerie royale.

Pages 1-67 du « Spécimen typographique de l'Imprimerie royale. Paris, Imprimerie royale, 1845. In-folio. »

22. Discours de M. Burnouf, [président de l'Institut,] prononcé dans la séance publique annuelle des cinq Académies, le mercredi 25 octobre 1848. [*Paris, typographie de Firmin Didot,* 1848.] In-4° de 8 p.

Extrait du fascicule contenant les lectures faites à cette séance.

23. Funérailles de M. Letronne,... le samedi 16 décembre 1848. — [*Paris, typographie de Firmin Didot*, 1848.] In-4° de 10 p.

P. 1-6. Discours de M. Burnouf, président de l'Académie des Inscriptions et Belles-Lettres.

24. Le Lotus de la bonne loi, traduit du sanscrit, accompagné d'un commentaire et de vingt et un mémoires relatifs au buddhisme, par M. E. Burnouf... — *Paris, imprimé par autorisation du gouvernement à l'Imprimerie nationale*, 1852. In-4° de IV et 897 p.

L'index général qui occupe les p. 871-897 a été rédigé par M. Th. Pavie; il comprend à la fois les mots et les matières dont il est question dans le Lotus et dans l'Introduction à l'histoire du buddhisme. — En tête, avertissement de M. Jules Mohl, par les soins duquel les dernières feuilles du volume ont été imprimées.

25. Recherches sur la géographie ancienne de Ceylan dans son rapport avec l'histoire de cette île, par M. Eugène Burnouf. — *Paris, Imprimerie impériale*, 1857. In-8° de 116 pages.

Extrait du n° I de l'année 1857 du Journal asiatique.

La publication de ce mémoire, dont une partie avait été communiquée à l'Académie des Inscriptions et Belles-Lettres le 21 et le 26 mars 1834, a été faite par les soins de M. Jules Mohl.

II. — Travaux publiés dans le Journal asiatique.

Journal asiatique, 1re série.

Tome II, 1823, p. 150-154. Le serpent et les grenouilles, fable traduite de l'Hitopadésa.

Tome IV, 1824, p. 24-32. Analyse et extrait du Dévi Mahatmyam, fragmens du Markandéya Pourâna.

Tome V, 1824, p. 120-124. Sur un usage remarquable de l'infinitif sanscrit.

Tome VI, 1825, p. 3-15 et 95-106. Sur le Bhoûmikhandam, section du Padmapourâna.

Tome VI, 1825, p. 52-62 et 113-124. [Compte-rendu de :] « Vergleichende Zergliederung, etc., c'est-à-dire Analyse comparée du samskrit et des langues qui s'y rapportent. 1824. In-4°. Premier essai. » (Voyez plus loin, p. 564.)

Tome VI, 1825, p. 165-179. [Compte-rendu de :] « Transactions of the Royal asiatic society of Great Britain and Ireland, vol. I, part. I. London, 1824. In-4°. »

Tome VI, 1825, p. 298-314 et 359-371. [Compte-rendu de :] « Ausfürliches Lehrgebaude der samskrita Sprache, von F. Bopp. Premier cahier, in-4°; = c'est-à-dire : Grammaire développée de la langue samskrite, etc. »

Tome VI, 1825, p. 383-384. Sâhityavidyâdhari Tikâ, c'est-à-dire : Commentaire contenant l'indication des diverses combinaisons métriques et l'explication du texte du Naichadhêya-Tcharita... (Note sur un manuscrit donné à la Société asiatique par le major Tod.)

Tome VII, 1825, p. 46-60, et 193-205. Notice sur un manuscrit du Shri-Bhâgavata Pourâna, envoyé par M. Duvaucel à la Société asiatique.

Tome VIII, 1826, p. 110-114. Lettre au rédacteur du Journal asiatique, sur une inscription sanscrite du Guzarate (signée : un Membre de la Société).

Tome VIII, 1826, p. 129-149. Mémoire sur quelques noms de l'île de Ceylan, et particulièrement sur celui de Taprobane, sous lequel elle était connue des anciens.

(Mémoire lu à l'Académie des Inscriptions et Belles-Lettres dans la séance du 17 février 1826.)

Tome VIII, 1826, p. 355-372. [Compte-rendu de :] « Transactions of the Royal Asiatic Society of Great Britain and Ireland, vol. I, part. II. 1826. London. »

Tome IX, 1826, p. 125-127. [Annonce d'une] « Traduction anglaise des livres sacrés et historiques des bouddhistes de Ceylan, faite d'après les originaux palis et singalais sous la direction de sir Alexander Johnston... »

Tome IX, 1826, p. 243-255. [Compte-rendu de :] « Mânava dharma shâstra, or the Institutes of Manu, edited by Chamney Haughton. »

Tome IX, 1826, p. 257-274. Observations grammaticales sur quelques passages de l'Essai sur le pali.

(Tiré à part, voyez plus haut, p. 557, n° 4.)

Tome IX, 1826, p. 374-378. [Analyse de :] « Corporis radicum sanscritarum prolusio, scripsit F. Rosen. »

Tome X, 1827, p. 113-125 et 236-251. [Compte-rendu de :] « Asiatic Researches or Transactions of the Society instituted in Bengal, etc., t. XV. »

Tome X, 1827, p. 126-127. Note non signée relative à l'acquisition, par la Bibliothèque du Roi, de la Collection de manuscrits palis et singhalais rassemblés à Ceylan par feu M. Tolfrey.

Tome X, 1827, p. 129-146. Sur la Littérature du Tibet, extrait du n° VII du Quarterly oriental Magazine. Calcutta, 1826.

Tome XI, 1827, p. 163 et 164. Avertissement en tête du « Mémoire sur la séparation des mots dans les textes sanscrits, » par le baron G. de Humboldt.

Tome XI, 1827, p. 315-319. Rapport fait au Conseil de la Société asiatique sur la Collection des vues de l'Inde, par M. W. Daniel.

Nouveau Journal asiatique, 2ᵉ série.

Tome I, 1828, p. 257-290. Lettre à M. le Rédacteur du Journal asiatique sur l'Alphabet tamoul.

Tome I, 1828, p. 397-400. Note sur les Inscriptions sanscrites découvertes par M. le lieutenant-colonel Tod dans le Râdjasthân et données par lui à la Société asiatique.

Tome II, 1828, p. 241-277. Seconde lettre à M. le Rédacteur du Journal asiatique sur quelques dénominations géographiques du Drâvida ou pays des Tamouls.

Tome III, 1829, p. 224-236. [Compte-rendu de :] « Ghatakarpara, oder das zerbrochene Gefäss, etc. Traduit par G. M. Dursch. »

Tome III, 1829, p. 297-312. [Compte-rendu de :] « Vergleichende Zergliederung, etc., ou Analyse comparée du sanscrit et des langues qui s'y rapportent, par M. Bopp. Deuxième et troisième mémoires. »

Tome III, 1829, p. 321-349. Extrait d'un Commentaire et d'une traduction nouvelle du Vendidad Sadé, l'un des livres de Zoroastre.

Tome IV, 1829, p. 210-218. [Compte-rendu de :] « A Grammar of the T'hai or siamese language, by Cap. J. Low. »

Tome IV, 1829, p. 337-356. Notes ajoutées à la traduction du mémoire de M. G. H. Hough : « Inscription gravée sur la grande cloche de Rangoun. »

Tome IV, 1829, p. 374-389. [Compte-rendu de :] « Annals and Antiquities of Radjasthan, or the central and western Radjpoot states of India, by lieut.-col. Tod, t. I. »

Tome IV, 1829, p. 452-461. Rapport fait au Conseil de la Société asiatique sur la Collection de manuscrits et d'antiquités rapportée de l'Inde par M. Bélanger.

Annexe au tome V, 1830, p. 13-25. Rapport [sur les travaux du Conseil, pendant l'année 1829,] lu par le secrétaire de la Société le 29 avril 1830.

Tome VI, 1830, p. 466-471. Notes ajoutées à un article d'E. Jacquet sur la Collection des manuscrits palis et singhalais de Copenhague.

Annexe au tome VII, 1831, p. 13-58. Rapport [sur les travaux du Conseil, pendant l'année 1830,] lu par le secrétaire de la Société le 28 avril 1831.

Tome VIII, 1831, p. 121-129. Rapport fait au Conseil de la Société asiatique sur la Collection d'antiquités indiennes de M. Lamare-Picot. — Ce rapport a été réimprimé dans le volume intitulé : « Les Origines du Musée d'ethnographie, par le docteur E. T. Hamy » (Paris, 1890, in-8°), p. 110-115.

Tome IX, 1832, p. 53-61. Affinité du zend avec les dialectes germaniques.

Tome X, 1832, p. 84-87. Rapport fait au Conseil [de la Société asiatique] sur les collections de manuscrits et de dessins rapportées de l'Inde par M. Ducler.

Tome X, 1832, p. 352-379. Fragment d'une traduction inédite du Bhâgavata Pourâna.

Tome XI, 1833, p. 251-272. Discours sur la langue et la littérature sanscrite prononcé au Collège de France. (Voyez plus haut, p. 559.)

Tome XI, 1833, p. 492-534. Rapport [sur les travaux du Conseil pendant l'année 1832-1833,] lu par le secrétaire de la Société le 29 avril 1832 (sic, lisez 1833).

Tome XIII, 1834, p. 56-86. Observations sur le rapport des mots zends et sanscrits Vahista et Vasichtha et sur quelques superlatifs en zend. (Voyez plus haut, p. 559.)

Journal asiatique, 3ᵉ série.

Tome I, 1836, p. 521-539. Rapport sur les travaux du Conseil pendant les six derniers mois de l'année 1835 et les quatre premiers de l'année 1836, fait à la séance générale de la Société le 2 mai 1836.

Tome III, 1837, p. 488-506. Rapport sur les travaux du Conseil pendant les huit derniers mois de l'année 1836 et les quatre premiers de l'année 1837, fait à la séance générale de la Société asiatique le 22 mai 1837.

Tome VI, 1838, p. 85 et 86. Notice nécrologique sur Eugène Jacquet.

Tome VIII, 1839, p. 12-26. Rapport sur les travaux du Conseil pendant les six derniers mois de l'année 1838 et les cinq premiers de l'année 1839, fait à la séance générale de la Société le 17 juin 1839.

Tome X, 1840, p. 5-52, 237-267 et 320-358. Études sur la langue et sur les textes zends. (Voyez plus haut, p. 561.)

Tome XIII, 1842, p. 366-378. [Compte rendu du :] « Voyage en Sardaigne, ou Description statistique, physique et politique de cette île, avec des recherches sur ses productions naturelles et ses antiquités, par M. le comte Albert de la Marmora. »

Journal asiatique, 4ᵉ série.

Tome IV, 1844, p. 449-505. Étude sur la langue et sur les textes zends. (Suite.)

Tome V, 1845, p. 249-308 et 409-436. Suite du même travail.

Tome VI, 1845, p. 148-161. Suite du même travail.

Tome VII, 1846, p. 5-72, 105-160 et 244-279. Suite du même travail. (Voyez plus haut, p. 561.)

Tome XI, 1848, p. 66-85. Catalogue des ouvrages indiens, arabes, etc., rapportés par M. Ch. d'Ochoa, chargé d'une mission scientifique dans l'Inde par M. le Ministre de l'instruction publique. (La partie de ce Catalogue relative aux manuscrits indiens, p. 66-81, a été rédigée par M. E. Burnouf.)

Journal asiatique, 5ᵉ série.

Tome IX, 1857, p. 1-116. Recherches sur la géographie ancienne de Ceylan, dans son rapport avec l'histoire de cette île. (Voyez plus haut, p. 562.)

Tome IX, 1857, p. 248-286. Notice des manuscrits zends de Londres et d'Oxford. (Publié par les soins de M. Mohl.)

III. — Travaux publiés dans le Journal des Savants.

Année 1827.

Avril 1827, p. 223-230. — « Yadjnadatta badha, ou la Mort d'Yadjnadatta, épisode extrait du Râmâyana, poème épique sanscrit, donné avec le texte gravé, une analyse grammaticale très détaillée, une traduction française et des notes par A.-L. Chézy..., et suivi, par forme d'appendice, d'une traduction latine littérale, par J.-L. Burnouf... Paris, F. Didot, 1826. 1 vol. in-4°. »

Année 1828.

Janvier 1828, p. 45-55. — « The Mission to Siam and Hue, etc., c'est-à-dire : Mission à Siam et à Hué, capitale de la Cochinchine, dans les années 1821 et 1822, d'après le journal de feu G. Finlayson ; avec une notice sur l'auteur par sir Th. Stamford Raffles. Londres, 1826. In-8°. »

Année 1832.

Août 1832, p. 457-470. — « Commentatio de origine linguæ zendicæ, è sanscrita repetenda, auct. Petro a Bohlen, philol. doct. Regimontii, 1831. In-8°. »

Octobre 1832, p. 585-598. — « Yakkun Nattannawa, a cingalese poem..., c'est-à-dire : Yakkun Nattannawâ, poëme singhalais contenant la description du système de démonologie des Singhalais...; traduit du singhalais par John Callaway. Londres, Comité des traductions orientales, 1829. In-8°. »

Décembre 1832, p. 705-717. — « Translation of several principal books..., c'est-à-dire : Traduction de plusieurs des principaux livres, passages et textes des Védas..., par Râdja-Rammohun-Roy; seconde édition. Londres, 1832. In-8°. »

Année 1833.

Janvier 1833, p. 18-34. — « Journal of an embassy..., c'est-à-dire : Journal d'une ambassade envoyée par le gouverneur général de l'Inde à la cour d'Ava, en 1827, par M. John Craufurd..., par le professeur Buckland et M. Clift. Londres, 1829. In-4°. » — Second article dans le cahier de mars 1833, p. 129-140.

Avril 1833, p. 232-242. — « Miscellaneous translations from oriental languages..., c'est-à-dire : Mélanges traduits de diverses langues de l'Orient et publiés par le Comité des traductions orientales de la Société royale asiatique de Londres. Vol. I. In-8°. »

Juillet 1833, p. 412-429. — « Vergleichende Grammatik des sanscrit..., c'est-à-dire : Grammaire comparative des langues sanscrite, zende, grecque, latine, lithuanienne, gothique et allemande, par François Bopp ; première partie, contenant la théorie des sons, la comparaison des radicaux et la formation des cas. Berlin, 1833. In-4°. »

Le deuxième article dans le cahier d'août 1833, p. 494-503.
Le troisième dans le cahier d'octobre 1833, p. 588-603.
Le tirage à part de ces articles est indiqué plus haut, p. 559.

Septembre 1833, p. 548-563. — « The Mahavansi..., c'est-à-dire : Le Mahâvansi, le Râdjâratnâkari et le Râdjâvali, formant la Collection des livres sacrés et historiques de Ceylan, avec un recueil de traités destinés à éclaircir les doctrines et la littérature du Bouddhisme, et traduits du singhalais, ouvrage publié par Ed. Upham... Londres, 1833. 3 vol. in-8°. »

Le deuxième article dans le cahier de janvier 1834, p. 17-33.
Le troisième article dans le cahier d'avril 1834, p. 193-206.

Novembre 1833, p. 641-653. — « A Narrative of a visit to the court of Sind..., c'est-à-dire : Relation d'un voyage à la cour du Sinde, avec un Essai de l'histoire du Catch, depuis l'époque des premiers rapports de ce pays avec le Gouvernement anglais de l'Inde jusqu'à la conclusion du traité de 1819..., par James Burnes. Édinbourg, 1834. 1 vol. grand in-8°. »

Année 1835.

Mars 1835, p. 129-136. — « L'Art libéral ou Grammaire géorgienne, par Brosset jeune... Paris, 1834. 1 vol. in-8°. » Cet article a été tiré à part; voyez plus haut, p. 560.

Année 1836.

Janvier 1836, p. 37-46. — « Nouveau Choix des poésies originales des Troubadours, par M. Raynouard..., t. II, contenant le Lexique roman, ou Dictionnaire de la langue des Troubadours, comparé avec les autres langues de l'Europe latine. Lettres A-C. Paris, 1836. In-8°. » Cet article a été tiré à part; voyez plus haut, p. 560.

Mai 1836, p. 283-295. — Extrait d'un mémoire sur deux Inscriptions cunéiformes trouvées près d'Hamadan. — (Lu à l'Académie des Inscriptions dans la séance du 25 mars 1836.)

Le second article dans le cahier de juin 1836, p. 321-335.

Année 1837.

Février 1837, p. 112-121. — « A Description of the Burmese Empire, etc. — Description de l'empire Barman, compilée principalement d'après des documents originaux, par le Rév. Père San Germano, et traduite de l'italien en anglais par W. Tandy, membre du Comité des traductions orientales établi à Rome. Rome, 1833. 1 vol. in-4°.

Le second article dans le cahier de mars 1837, p. 129-137.

Mars 1837, p. 160-176. — « Foë Kouĕ Ki, ou Relation des royaumes bouddhiques; voyage dans la Tartarie, dans l'Afganistan et dans l'Inde, exécuté à la fin du IVe siècle par Chy fa hian. Traduit du chinois et commenté par M. Abel Rémusat[1]; ouvrage posthume, revu, complété et augmenté d'éclaircissements nouveaux par MM. Klaproth et Landresse. Paris, 1836, in-4°. »

Le second article dans le cahier de juin 1837, p. 350-366.

---

[1]. Un autre ouvrage d'Abel Rémusat (Mélanges asiatiques, Paris, 1825 et 1826) avait été le sujet d'un des premiers écrits d'Eugène Burnouf, inséré dans la Revue encyclopédique, t. XXVIII, p. 279, et t. XXX, p. 533.

Mai 1837, p. 267-280. — « Ueber die Monatsnamen einiger alter Völker...; c'est-à-dire : Sur les noms des mois chez quelques anciens peuples et en particulier chez les Perses, les Cappadociens, les Juifs et les Syriens; par MM. Théodore Benfey et Moriz A. Stern. Berlin, 1836. In-8°. »

Le second article dans le cahier de juin 1837, p. 321-331.

Année 1840.

Mai 1840, p. 294-309. « The Vishnu Purâna, a system of Hindu mythology and tradition...; c'est-à-dire : Vichnu Purâna, ou système de mythologie et de traditions indiennes, traduit de l'original sanscrit et accompagné de notes extraites en partie des autres Purânas, par Horace Hayman Wilson. Fort volume in-4°. »

Année 1844.

Mars 1844, p. 129-142. — « Râmâyana, poema indiano di Valmici, testo sanscrito secondo i codici manoscritti della scuola Gaudana, per Gaspare Gorresio... Vol. I et II. Parigi, della stamperia reale, 1843 et 1844. Grand in-8°. »

Avril 1844, p. 226-233. — « Voyage dans l'Inde, notes recueillies en 1838, 39 et 40 par Saint-Hubert-Théroulde. Paris, 1843. In-12. »

IV. — LISTE DES TRAVAUX MANUSCRITS D'EUGÈNE BURNOUF.

(Extrait de l'article inséré par M. Barthélemy Saint-Hilaire dans le *Journal des Savants* du mois de septembre 1852.)

« ..... Je divise les manuscrits de M. Eugène Burnouf en cinq classes, selon qu'ils appartiennent aux diverses études et aux langues dont il s'est occupé : au zend, aux inscriptions cunéiformes, au sanscrit, au pali, au bouddhisme, etc., etc., sans parler de ceux dont j'ai déjà fait mention plus haut, [et qui sont :]

1° Le cours professé par lui à l'École normale (1830-1833). — Manuscrit de 450 pages in-4°, d'une écriture fine et serrée; il ne va pas au delà des deux premières années du cours.

2° Des notes pour le mémoire qui a remporté le prix Volney en 1831.

La rédaction originale doit se trouver dans les archives de l'Institut.

3° Une masse considérable de notes [relatives au zend] qui pourraient fournir la matière de plusieurs volumes aussi intéressants et aussi étendus que les *Études sur la langue et sur les textes zends*[1].

4° La traduction du Vispered, à peu près achevée en 1833, comme l'annonçait l'avant-propos du Yaçna (p. xxxv).

Première classe des manuscrits; langue zende.

1° Index contenant tous les mots zends du Vendidad Sadé, Paris, 1833, grand in-fol. de mille pages à peu près, avec un supplément qui n'en a pas moins d'une centaine. Les mots zends sont transcrits en lettres latines et classés dans l'ordre que M. Eugène Burnouf a donné à l'alphabet zend et qui se rapproche beaucoup de l'ordre de l'alphabet sanscrit. Cet index répond au volume du Vendidad Sadé que M. E. Burnouf a fait lithographier, 1829-1843. Mss. Anquetil, suppl. n° 1; et de plus, il sert de table de renvoi au volume des variantes du Vendidad Sadé contenues dans l'index suivant.

2° Index contenant les variantes du Vendidad Sadé collationné sur les manuscrits de Paris, d'Oxford et de Londres et sur l'édition des Parses de Bombay. 1 vol. grand in-fol. du même format que le précédent, de 571 pages.

3° Index contenant tous les mots tant zends que pazends du volume des Jeschts et des Néaeschs. Mss. Anquetil, suppl. n° 3. Paris, 1835, de 686 pages, du même format que les deux précédents.

4° Index contenant tous les mots du Minokered et ceux du Schekend Goumani, ouvrages écrits en pazend. Mss. Anquetil, suppl. n° x et n° xviii. Paris, 1838, de 231 pages in-fol., même format.

Il est bon d'ajouter qu'outre les index il y a dans les manuscrits de M. Eugène Burnouf beaucoup de textes zends transcrits

---

1. Voyez plus haut, p. 561, n° 18.

et collationnés d'après les documents d'Anquetil Duperron et ceux de Manakdji-Cursetdji. Je puis citer entre autres :

Le Sirouzé tout entier, avec des tables de mots composées sur le même plan que les grands Index, et le Minokered transcrit d'après la copie de la Bibliothèque nationale.

De plus, dans l'exemplaire du Vendidad Sadé lithographié dont se servait l'auteur, il se trouve une foule de notes de sa main et de traductions de mots jusqu'à la page 90, sur 562 dont le livre entier se compose.

M. Eugène Burnouf avait aussi préparé plusieurs mémoires qu'il destinait au Journal asiatique ou à l'Académie des Inscriptions. Parmi ces matériaux je distingue un ouvrage à peu près achevé : *Sur la langue zende considérée dans ses rapports avec le sanscrit et les anciens idiomes de l'Europe.* C'eût été en quelque sorte le résumé philologique du commentaire sur le Vendidad Sadé. J'y vois aussi un article complet : *Sur le IXe chapitre du Yaçna*, et cet article devait faire suite, avec bien d'autres, aux *Etudes sur la langue zende.*

Deuxième classe des manuscrits; inscriptions cunéiformes.

1° Une masse considérable de notes, de transcriptions, d'éclaircissements de tout genre et d'essais de déchiffrement sur les inscriptions de Ninive.

2° Un projet de lettre à M. Botta sur les inscriptions de Khorsabad.

3° Trois lettres à peu près achevées à M. de Saulcy sur le même sujet.

Troisième classe des manuscrits ; langue sanscrite.

1° Un index de Panini, contenant les axiomes de ce grammairien, disposés par ordre alphabétique, avec renvoi à l'édition de Calcutta et avec l'indication de la grammaire de Bhattodji où se trouve cité chacun de ces axiomes..... — 687 pages in-4°.

2° Une transcription en lettres latines du Brahma Veivartta Pourâna. Elle s'étend jusqu'au sloka 54 du livre IX, et elle est accompagnée d'une traduction latine placée au bas des pages. Ce travail est de 1827.

3° Une transcription et une traduction des trois premiers livres de Narasinha, faites sur le même plan et dans la même année.

4° Un mémoire de 30 pages, à peu près, sur quelques médailles indiennes trouvées à Dehli.

5° Un mémoire sur quelques points de l'ancienne législation civile des Indiens.

6° Des notes sur les Digestes hindous.

Quatrième classe des manuscrits; langue palie.

1° Une Grammaire palie, presque toute faite, et où il n'y a guère d'incomplet que le morceau qui concerne les verbes, ainsi que l'indique une note de la main de l'auteur.

2° Une traduction littérale du Sandhikappa, ou théorie du Sandhi dans la grammaire palie. 240 pages in-4°.

3° Abhidanappadipika, ou explication des mots, dictionnaire pali en vers, transcrit en lettres latines et traduit. Ce travail de 90 pages, accompagné de notes, remonte à 1826.

4° Le Mahavansa, transcrit en lettres latines et traduit presque tout entier en latin. 273 pages in-4°, 1826.

5° Buridatta djataka, ou Histoire de l'existence du Bouddha Sakyamouni sous la figure du naga Buridatta, copié sur le ms. de la Société asiatique de Londres, texte pali et glose en barman, traduit avec explication et avant-propos. 520 pages in-4°. [Daté : « Paris, 20 novembre 1849. »]

6° Némi djataka, ou Histoire de la naissance du Bouddha sous la figure de Némi, pali et barman, traduit avec explication et avant-propos. 416 pages in-4°. [Daté : « Châtillon, 10 juillet 1849. »]

7° Suvanna Sama djataka, ou Histoire de la naissance du Bouddha sous la figure de Suvanna Sama, pali et barman, traduit avec explication et avant-propos. 449 pages in-4°. [Daté : « Châtillon, 23 août 1849. »]

8° Des fragments considérables du Mahadjannaka djataka, pali et barman, traduits de même. (Matériaux pour le 2e vol. de l'*Introduction à l'histoire du bouddhisme indien.*)

9° Kudda Sikkadîpani, ou le Flambeau de la petite inscription « Études sur le bouddhisme des Barmans, » pali et barman, traduit; 320 pages in-4°. [« Châtillon, 2 octobre 1848. »]

10° Patimokka Nissaya, traduction barmane du Patimokka pali, ou Règles du salut pour les religieux; pali et barman, traduit; 611 pages in-4°. [De la main d'Eugène Burnouf : « terminé à Châtillon le lundi 28 mai 1849. »]

11° On peut rattacher aux études sur le pali des *Recherches sur la géographie ancienne de Ceylan dans son rapport avec l'histoire de cette île*. M. Eugène Burnouf n'a pu exécuter que la première partie de cette tâche dans un mémoire de 50 p. in-fol. environ sur les noms anciens de l'île de Ceylan; il l'a lu en 1834 à l'Académie des Inscriptions et Belles-Lettres[1].

Il laisse aussi tout un travail sur les dénominations géographiques qui se rencontrent dans le Mahavansa.

12° Je joins encore à cette classe de manuscrits des *Études sur la langue barmane* et des *Notes* nombreuses destinées à une *Grammaire siamoise*.

Cinquième classe des manuscrits ; Bouddhisme du Népal.

1° Huit cahiers, dont quelques-uns de 100 pages et plus, comprenant des traductions de légendes bouddhiques du Népal.

2° Le commencement de la traduction du Lalita-Vistara, l'une des légendes les plus célèbres de la vie de Sakyamouni.

3° Une légende bouddhique sans titre, traduite du sanscrit, et formant 430 pages in-4°. [L'auteur a mis en tête : « Commencé le 14 novembre 1837. »]

4° Des documents très nombreux pour des additions et des corrections aux notes et aux appendices du *Lotus de la bonne loi*. Parmi les matériaux de ce genre dont M. Eugène Burnouf n'a pu faire usage de peur de grossir démesurément le volume, mais qui sont tout préparés, je distingue un *Examen de la langue du Lotus*, très long, et une *Comparaison des textes sanscrits et palis*.

5° Enfin des extraits thibétains de diverse étendue qui devaient servir à éclaircir plusieurs passages du *Lotus de la bonne loi*.

On sent que dans cette énumération, quelque longue qu'elle

---

1. Ce mémoire a été publié en 1857 par les soins de M. Mohl; voyez plus haut, p. 562, n° 25.

soit, je n'ai pas tout mentionné. Je ne me suis arrêté qu'aux morceaux les plus importants...... »

[En tout 110 volumes, la plupart in-folio, donnés par Madame Eugène Burnouf à la Bibliothèque nationale.]

A la liste dressée par M. Barthélemy Saint-Hilaire il convient d'ajouter un mémoire sur les Iles Philippines, composé en 1845, sur l'invitation de M. Guizot, alors ministre des affaires étrangères ; il devra se retrouver au ministère des affaires étrangères, où l'auteur l'avait déposé le 16 avril 1845.

V. — Articles sur les travaux d'Eugène Burnouf et notices biographiques.

« Rapport [d'Abel Rémusat] à la Société asiatique, sur l'ouvrage de MM. E. Burnouf et Lassen, intitulé : Essai sur le Pali. »

(*Journal asiatique*, 1825, t. VII, p. 358-370.)

Abel Rémusat a de nouveau rendu compte du même ouvrage dans son « Rapport sur les travaux du conseil [de la Société asiatique]... lu dans la séance... du 27 avril 1826, » p. 14-18.

— Compte-rendu de l'Essai sur le Pali, par Abel Rémusat. *Journal des Savants*, juillet 1826, p. 415-425.

— Compte-rendu du « Commentaire sur le Yaçna. » Article signé : E. L. (Lherminier).

(*Revue des Deux Mondes*, 15 janvier 1834, 3ᵉ série, t. I, p. 237-240.)

— « Rapport sur les travaux philologiques de M. E. Burnouf, relatifs à la langue zende... » [par J.-B.-F. Obry]. Amiens, 1835. In-8° de 58 p.

(Extrait des *Mémoires de l'Académie des sciences, agriculture, commerce, belles-lettres et arts du département de la Somme* (Amiens, 1835), p. 485-542.)

— Compte-rendu du « Commentaire sur le Yaçna. »
(*Le Temps*, n° du 11 mai 1835.)

— Compte-rendu du même ouvrage.
(*Le Moniteur du Commerce*, un des n^os parus entre le 15 et le 19 mai 1835.)

— Compte-rendu du même ouvrage. Article signé : « L. Jourdain. »
(*Journal général de l'instruction publique*, 28 mai 1835, p. 291 et 292.)

— Compte-rendu du même ouvrage.
(*Journal de Paris*, 30 mai 1835.)

Cet article et ceux du Temps et du Moniteur du commerce sont indiqués dans des lettres de M. Burnouf père, qui écrivait à sa femme en parlant du compte-rendu inséré dans le Journal de Paris : « Cet article est excellent pour donner une grande idée de l'ouvrage et de l'auteur. Si tu vois M. Regnier, je te prie de l'en remercier ; c'est lui qui l'a fait insérer. Je ne crois pas que ce soit lui qui l'ait fait. »

— Compte-rendu par J.-B.-F. Obry, d'Amiens, du « Mémoire sur deux inscriptions cunéiformes... »
(*Journal asiatique*, 1836, 3e série, t. II, p. 365-391.)

— « Littérature orientale. Antiquités de la Perse. Travaux de M. E. Burnouf. » Article de J.-J. Ampère.
(*Revue des Deux Mondes*, 1er décembre 1836, 4e série, t. VIII, p. 575-594.)

— « Le Bhâgavata Purâna, traduit par M. E. Burnouf. » Article de J.-J. Ampère.
(*Revue des Deux Mondes*, 15 novembre 1840, 4e série, t. XXIV, p. 496-518.)

— « Introduction à l'histoire du buddhisme indien... Article de M. Biot, extrait du Journal des Savants, avril, mai et juin 1845. » [Paris, 1845.] In-4° de 35 pages.
(*Journal des Savants*, 1845, p. 233-244, 257-269 et 337-349.)

— « Histoire du bouddhisme indien. » Articles de M. Félix Nève.
(*Le Correspondant*, 10 septembre et 25 novembre 1845, t. XI, p. 676-703, et t. XII, p. 567-597.)

— « Funérailles de M. Eugène Burnouf, secrétaire perpétuel de l'Académie [des Inscriptions et Belles-Lettres]. Discours de M. de Wailly, président de l'Académie. — Discours de M. Barthélemy Saint-Hilaire, au nom des professeurs du Collège de France. — Discours de M. Guigniaut, au nom de l'Université et de l'École normale. » — [Paris, 1852.] In-4° de 16 pages.

— « Eugène Burnouf, par Charles Lenormant. » Paris, 1852, In-8° de 15 p.

(Extrait du *Correspondant*, 10 juin 1852, t. XXX, p. 307-319.)

— « M. Eugène Burnouf. » Article de M. Ernest Renan.
(*Le Moniteur universel*, 13 juin 1852.)

— « Eugène Burnouf. » Article de Philarète Chasles.
(*Journal des Débats*, 23 juin 1852.)

— Article nécrologique par Adolphe Tardif.
(*Bibliothèque de l'École des chartes*, année 1852, 3ᵉ série, t. III, p. 508-510.)

— Notice sur la vie et les travaux d'Eugène Burnouf, par Jules Mohl.
(*Rapport annuel fait à la Société asiatique dans la séance générale du 3 juillet 1852*, par M. J. Mohl (Paris, 1852), p. 22-36. — Reproduit dans *Vingt-sept ans d'histoire des études orientales*, par Jules Mohl (Paris, 1879, in-8°), t. I, p. 458-468.)

— Article nécrologique, signé Ed. Ariel.
(*Le Moniteur officiel des établissements français dans l'Inde*, 23 juillet 1852.)

— « Sur les travaux de M. Eugène Burnouf. Articles de M. Barthélemy Saint-Hilaire, extraits du Journal des Savants (cahiers d'août et de septembre 1852). » [Paris, Imprimerie nationale, 1852.] In-4° de 29 pages.

Cette notice, qui a d'abord paru dans le *Journal des Savants*, année 1852, p. 473-487 et 561-575, et qui a été réimprimée dans la seconde édition de l'Introduction à l'histoire du buddhisme (voyez plus haut, p. 561, n° 20 *bis*), contient l'indication sommaire des travaux manuscrits d'Eugène Burnouf qui est reproduite ci-dessus, p. 570-575.

Tous les papiers indiqués par M. Barthélemy Saint-Hilaire ont été donnés ou légués par Mme Eugène Burnouf à la Bibliothèque nationale ; ils y forment, au Département des manuscrits, une collection de 110 volumes de différents formats.

— « Eugène Burnouf. » Articles d'Edélestand du Méril.
(L'*Athenæum français*, 3 et 17 juillet, 14 et 21 août 1852, p. 11-13, 35-39, 107-109 et 125-126.)

— « Notice sur les travaux de M. E. Burnouf..., par J.-B.-F. Obry. »
(*Mémoires de l'Académie des sciences, agriculture, commerce, belles-lettres et arts du département de la Somme*, années 1850-1853, t. IX, p. 319-338.)

— « Les Pouranas. » Articles de M. Félix Nève.
(*Le Correspondant*, année 1852, t. XXX, p. 37-51, 96-108 et 219-245.)

— « Notice sur les travaux de M. Eugène Burnouf, par M. Th. Pavie. » Paris, février 1853. In-8° de 28 pages.
Cette notice a d'abord paru en deux articles sous le titre de : « M. Burnouf, ses travaux et son enseignement, » dans le *Journal général de l'Instruction publique*, 12 et 16 février 1853, p. 84-87 et 92-94.

— « Le Lotus de la bonne loi... » Articles de M. Barthélemy Saint-Hilaire.
(*Journal des Savants*, année 1853, p. 270-286, 353-370, 409-426, 484-509, 557-573 et 640-659 ; année 1854, p. 43-59, 115-130 et 243-256.)

— « Notice historique sur MM. Burnouf, père et fils, par M. Naudet..., lue dans la séance publique annuelle de l'Académie des Inscriptions et Belles-Lettres du vendredi 18 août 1854. » Paris, 1854. In-4° de 45 pages.
Une deuxième édition, augmentée de notes complémentaires, a paru en 1861 dans les *Mémoires de l'Académie des Inscriptions et Belles-Lettres*, t. XX, partie I, p. 285-337. — Une nouvelle édition de la Notice de M. Naudet a été donnée après la mort de Mme Eugène Burnouf (Paris, 1886 ; in-8° de 54 pages).

TABLE DES LETTRES.

		Pages
I.	A M. Chr. Lassen, 1825	1
II, III.	A M. F. Bopp, 1825	3
IV-XII.	A M. Chr. Lassen, 1826	12
XIII.	A M. le Dr J. Mohl, 1827	48
XIV-XIX.	A M. Chr. Lassen, 1827	52
XX, XXI.	A Mme Eugène Burnouf, 1828	70
XXII-XXIV.	A M. Chr. Lassen, 1828 et 1829	75
XXV.	A M. Chézy, 1829	84
XXVI.	A M. Chr. Lassen, 1830	86
XXVII-XXIX.	A M. J. Mohl, 1830	88
XXX.	A M. Chr. Lassen, 1830	96
XXXI-XXXV.	A M. J. Mohl, 1830 et 1831	100
XXXVI, XXXVII.	A M. F. Bopp, 1831	118
XXXVIII.	A M. Hippolyte Royer-Collard, 1832	124
XXXIX.	A M. F. Bopp, 1832	125
XL.	A Mme Eugène Burnouf, 1834	127
XLI.	A Mme veuve de Chézy, 1834	130
XLII.	A M. Chr. Lassen, 1834	131
XLIII-XLVIII.	A Mme Eugène Burnouf, 1834	134
XLIX.	A M. F.-A. Pott, 1834	177
L.	A M. le Mis de Barbé-Marbois, 1834	179
LI-LIII.	A M. Chr. Lassen, 1834 et 1835	181
LIV-LVI.	A Mme Eugène Burnouf, 1835	190
LVII.	A M. Burnouf père, 1835	208
LVIII-LIX.	A Mme Eugène Burnouf, 1835	209
LX.	Lettre commune à toute la famille, 1835	219

LXI.	A Mme Eugène Burnouf, 1835 . .	226
LXII.	A M. Burnouf père, 1835	230
LXIII-LXIX.	A Mme Eugène Burnouf, 1835 . .	233
LXX.	A M. J. Mohl, 1835.	262
LXXI.	A Mme Eugène Burnouf, 1835 . .	265
LXXII, LXXIII.	A M. J. Mohl, 1835	270
LXXIV.	A M. Chr. Lassen, 1835	274
LXXIV bis.	A M. Obry, 1836	280*
LXXV.	A M. Chr. Lassen, 1837	281
LXXVI-LXXVIII.	A Mme Eugène Burnouf, 1837 . .	284
LXXIX.	A M. Burnouf père, 1837	293
LXXX-LXXXIII.	A Mme Eugène Burnouf, 1837 . .	296
LXXXIV.	A M. Burnouf père, 1837	309
LXXXV.	A M. James Prinsep, 1837 . . .	312
LXXXVI.	A M. Charles Lenormant, 1838 . .	314
LXXXVII.	A M. James Prinsep, 1838 . . .	316
LXXXVIII.	A M. Guizot, 1838	318
LXXXIX.	A M. Adolphe Pictet, 1838 . . .	320
XC.	A M. J. Mohl, 1838	323
XCI.	A M. David d'Angers, 1840 . . .	325
XCII.	A M. Th. Benfey, 1841	326
XCIII, XCIV.	A M. Charles Lenormant, 1841 . .	329
XCV.	A M. E.-A. Bétant, 1841	331
XCVI.	A M. J. Mohl, 1841	333
XCVII.	A M. E.-A. Bétant, 1841	334
XCVIII, XCIX.	A M. J. Mohl, 1841	337
C.	A M. E.-A. Bétant, 1841	341
CI.	A Mme Charles Lenormant, 1841 .	342
CII.	A M. E.-A. Bétant, 1842	343
CIII.	A M. Th. Benfey, 1842.	345
CIV.	A M. F. Bopp, 1843.	346
CV.	A M. Th. Benfey, 1843	348
CVI.	A M. Aristide Guilbert, 1843. . .	349
CVII.	A M. F.-A. Pott, 1844	350
CVIII.	A M. J.-P. Rossignol, 1844 . . .	353
CIX.	A M. le prof. E.-A. Bétant, 1844 .	354
CX.	Fragment de la préface du Bhagavata Purâna, 1844.	355
CXI.	A M. Julien Travers, 1844 . . .	356
CXII.	A M. Charles Burnouf, 1845. . .	361
CXIII.	A M. L. de Raynal, 1846. . . .	363

CXIV.	A M. F.-A. Pott, 1846.	365
CXV.	A M. G. Duplessis[1], 1846.	367
CXVI.	A M. le prof. E.-A. Bétant, 1846	368
CXVII.	A M. A. Weber, 1846.	369
CXVIII.	A M. J. Mohl, 1847.	371
CXIX.	A M. Th. Benfey, 1847.	373
CXX.	A M. Paul Bœtticher (Paul de Lagarde), 1847	375
CXXI.	A M. Ch. Lenormant, 1848	376
CXXII.	A M. Charles Burnouf, 1848.	377
CXXIII.	A M. le Dr Roulin, 1848	379
CXXIV.	A M. Charles Burnouf, 1848.	380
CXXV.	A M. Émile Burnouf, 1848	381
CXXVI, CXXVII.	A M. Charles Burnouf, 1848.	383
CXXVIII.	A M. Th. Benfey, 1848.	386
CXXIX.	A M. Émile Burnouf, 1849	388
CXXX.	A M. J.-P. Rossignol, 1849.	390
CXXXI.	A M. Charles Burnouf, 1849.	391
CXXXII.	A M. Émile Burnouf, 1849	392
CXXXIII.	A M. Paul Bœtticher (Paul de Lagarde), 1849	395
CXXXIV.	A M. L. de Raynal, 1849.	396
CXXXV.	A M. Émile Burnouf, 1849	398
CXXXVI.	A M. Trithen, 1849.	399
CXXXVII.	A M. Reinhold Rost, 1849	401
CXXXVIII, CXXXIX.	A M. J. Mohl, 1849.	403
CXL.	A M. Charles Burnouf, 1849.	407
CXLI, CXLII.	A M. J. Mohl, 1849.	408
CXLIII.	A M. Charles Burnouf, 1849.	412
CXLIV.	A M. Émile Burnouf, 1850	414
CXLV.	A sa fille aînée, 1850	415
CXLVI.	A M. H. H. Wilson, 1850.	417
CXLVII.	A M. Charles Lenormant, 1850.	418
CXLVIII.	A M. Paul Bœtticher (Paul de Lagarde), 1850	419
CXLIX.	A M. Émile Burnouf, 1850	420
CL.	A M. Morgan Cavanagh, 1850	422

1. Nous devons l'original de cette lettre à l'amitié de M. G. Duplessis, membre de l'Institut, conservateur du Département des estampes à la Bibliothèque nationale, fils du destinataire.

CLI-CLVI.	A M. Émile Burnouf, 1851 . . .	424
CLVII.	A M. J. Mohl, 1851	433
CLVIII.	A M. Émile Burnouf, 1851 . . .	436
CLIX.	A M. Charles Burnouf, 1851 . . .	438
CLX.	A M. Émile Burnouf, 1852 . . .	439
CLXI.	A M. B. H. Hodgson, 1852 . . .	441
CLXII.	A M. J. Mohl, 1852	444
CLXIII.	A M. Émile Burnouf, 1852 . . .	445

SUPPLÉMENT.

CLXIV-CLXXV.	A M. A.-G. de Schlegel, 1827-1839.	449

TABLE DE L'APPENDICE.

		Pages
I.	Admission d'Eugène Burnouf à l'École des chartes (1822)	477
II.	Correspondance entre J.-L. Burnouf et F. Bopp (1822-1825)	478
III.	Extrait d'un rapport d'Abel Rémusat relatif à l'*Essai sur le pali* (1826)	493
IV.	Note pour la lettre du 12 mars 1828	494
	Trois billets de N.-C. Poiret (1826-1827)	495
V.	Lettre de F. Rosen à Eugène Burnouf (1829)	497
VI.	Fragments de trois lettres de J. Mohl à Eugène Burnouf (1830)	498
VII.	Rapport sur le concours du prix Volney, par le baron Silvestre de Sacy (1831)	503
VIII.	Lettre de F. Bopp à Eugène Burnouf (1832)	504
IX.	Lettre de A.-G. de Schlegel à Eugène Burnouf (1834)	505
	Extrait d'une préface de Schelling	508
	Extrait d'une lettre du baron Schilling de Canstadt	508
X.	Lettre de Christian Lassen à Eugène Burnouf (1834)	510
XI.	Lettre de Fr. Creuzer à Eugène Burnouf (1835)	512
XII.	Six lettres de J.-L. Burnouf à Eugène Burnouf (1835)	513
XIII.	Lettre de Rosen à Eugène Burnouf (1835)	523
XIV.	Lettre du baron Silvestre de Sacy à J.-L. Burnouf (1836)	525
XV.	Lettre de Robert Lenz à Eugène Burnouf (1836)	525
XVI.	Lettre de James Prinsep à Eugène Burnouf (1837)	528
XVII.	Lettre de G. Pauthier à Eugène Burnouf (1838)	531
XVIII.	Billet de M. Guizot à Eugène Burnouf (1838)	532
XIX.	Dernière lettre de James Prinsep à Eugène Burnouf (1838)	533
	Lettre officielle au secrétaire de la Société asiatique	534

XX.	Lettre de H. H. Wilson à Eugène Burnouf (1839)	534
XXI.	Deux billets de David d'Angers à Eugène Burnouf (1840 et 1842)	535
XXII.	Deux lettres de Fr. Creuzer à Eugène Burnouf (1841)	536
XXIII.	Lettre de Schelling à Eugène Burnouf (1841)	538
XXIV.	Deux lettres d'Alexandre de Humboldt à Eugène Burnouf (1843)	539
XXV.	Trois lettres se rapportant à la mort de J.-L. Burnouf (8 mai 1844)	541
	J. Michelet à Eugène Burnouf	541
	Paroles prononcées par lui au Collège de France.	541
	Chr. Lassen à Eugène Burnouf	542
	Philippe Le Bas à Eugène Burnouf	543
XXVI.	Note pour la lettre du 18 novembre 1844	544
	Notice sur Gardin-Dumesnil par J.-L. Burnouf (1813)	545
	Fragments de deux lettres de l'abbé Martin à J.-L. Burnouf (1808, 1809)	546
XXVII.	Lettre de J. Mohl à Eugène Burnouf (1847)	548
XXVIII.	Lettre de J. Mohl à Eugène Burnouf après les journées de juin 1848	551
XXIX.	Lettre de Charles Lenormant à Eugène Burnouf (1849)	552
XXX.	Lettre d'Alexandre de Humboldt à Eugène Burnouf (1850)	554

TABLE GÉNÉRALE.

	Pages
AVERTISSEMENT.	V à XVI
LETTRES D'EUGÈNE BURNOUF	1 à 448
SUPPLÉMENT.	449 à 475
APPENDICE	477 à 555
BIBLIOGRAPHIE	557
I. Travaux publiés isolément.	557
II. Travaux publiés dans le *Journal asiatique*.	562
III. Travaux publiés dans le *Journal des Savants*.	567
IV. Liste des travaux manuscrits	570
V. Articles et notices sur la vie et les travaux d'Eugène Burnouf	575
TABLE DES LETTRES	579
TABLE DE L'APPENDICE	583

Nogent-le-Rotrou, imprimerie DAUPELEY-GOUVERNEUR.

www.ingramcontent.com/pod-product-compliance
Lightning Source LLC
Chambersburg PA
CBHW060408230426
43663CB00008B/1420